U0139487

走出思想的边界

knowledge-power
读行者

日暮皇陵

清东陵地宫珍宝
被盗记

岳南 著

湖南文艺出版社
HUNAN LITERATURE AND ART PUBLISHING HOUSE

博集天卷
CS-BOOKY

图书在版编目（CIP）数据

日暮皇陵：清东陵地宫珍宝被盗记 / 岳南著. --
长沙：湖南文艺出版社，2023.8
ISBN 978-7-5726-1234-3

Ⅰ. ①日… Ⅱ. ①岳… Ⅲ. ①盗窃－陵墓－历史－中国 Ⅳ. ①D691.98

中国国家版本馆CIP数据核字（2023）第104789号

上架建议：考古·纪实

RIMU HUANGLING:QING DONG LING DIGONG ZHENBAO BEIDAO JI
日暮皇陵：清东陵地宫珍宝被盗记

著　　者：岳　南
出 版 人：陈新文
责任编辑：匡杨乐
监　　制：秦　青
策划编辑：康晓硕
营销编辑：柯慧萍
封面设计：利　锐
版式设计：李　洁
内文排版：麦莫瑞
出　　版：湖南文艺出版社
　　　　　（长沙市雨花区东二环一段508号　邮编：410014）
网　　址：www.hnwy.net
印　　刷：三河市鑫金马印装有限公司
经　　销：新华书店
开　　本：680 mm × 955 mm　1/16
字　　数：523千字
印　　张：33
版　　次：2023年8月第1版
印　　次：2023年8月第1次印刷
书　　号：ISBN 978-7-5726-1234-3
定　　价：90.00元

若有质量问题，请致电质量监督电话：010-59096394
团购电话：010-59320018

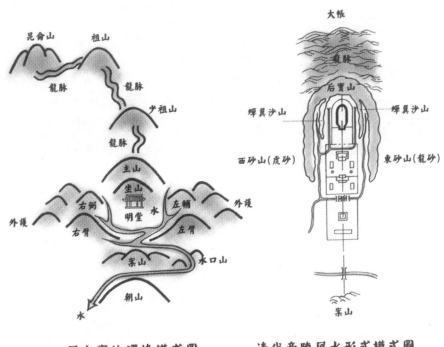

昆侖山　祖山

龍脈　　　龍脈

　　　　　少祖山

龍脈

　主山

　祖山

右砂　　　左輔　　　外護

外護　明堂　水

右臂　　　左臂

　　案山　　　水口山

水　　朝山

風水寶地環境模式圖
（清·樣式雷繪）

大帳

龍脈

后寶山

蟬翼沙山　　　　　蟬翼沙山

西砂山（虎砂）　　　東砂山（龍砂）

案山

清代帝陵風水形式模式圖
（清·樣式雷繪）

清东陵风水图

清东陵石牌坊

清东陵大红门

顺治皇帝的孝陵格局

孝陵石像生

顺治皇后的陵墓孝东陵，葬有孝惠章皇后和 28 名妃嫔

孝东陵的方城和明楼

康熙皇帝的景陵神道两侧武将石像生

景陵牌楼门

位于景陵东面的景陵妃园寝，俗称"馒头坟"

乾隆皇帝的裕陵

裕陵前的圣德神功碑楼

乾隆皇帝戎装像

裕陵地宫内的天王雕刻像

裕陵地宫

裕陵地宫金券，内设宝床，上置乾隆皇帝及五位后妃的棺椁。因孙殿英盗陵，两棺被毁，现仅存四具，尸骨均在棺内

在裕陵西侧，有一座裕陵妃园寝，这里葬着乾隆皇帝的36位后妃

裕陵妃园寝中埋葬的被贬的皇后乌喇那拉氏，这位皇后因"性忽改常，迹类疯迷"被贬后，以皇贵妃之礼入纯惠皇贵妃的地宫之中入葬，其棺椁安放在纯惠皇贵妃金棺左侧

咸丰皇帝的定陵

定陵隆恩殿与明楼风貌

同治皇帝的惠陵宝顶

定东陵，埋葬着慈安、慈禧两位皇后，两陵并排建立，规制大小相同，之间隔一条排水的马槽沟

慈安陵的明楼与方城

慈禧陵隆恩殿

慈禧陵隆恩殿前"凤引龙"丹陛石

慈禧陵的宝顶

慈禧陵隆恩殿内明柱金龙与天棚镶金被剥去的痕迹

慈禧陵西配殿内的豪华装饰

慈禧陵地宫与棺椁

慈禧的头发与牙齿

慈禧的纱袍夏装

慈禧着色照

慈禧太后出殡时的棺椁和杠夫

慈禧太后安葬时纸人纸马组成的仪仗队

孙殿英盗陵之前，守陵人在慈禧陵隆恩殿和配殿之间的合影。清朝灭亡后，民国政府承诺给守陵人发饷，但时局动荡，粮饷逐渐断绝，迫使许多守陵人开始监守自盗，过起了"靠陵吃陵"的生活

从慈禧陵盗出的显字金枝叶

宋汝梅盗走的牌匾之一

慈禧陵明楼后被匪兵揭开的盗洞与散乱的砖石

慈禧陵地宫被匪兵撞断的顶门石

清东陵被盗后，国府调查人员前往清东陵调查

国民政府人员在勘察慈禧陵被盗现场

目 录

Contents

　　岳南是我的朋友，他的书我早已读过。昌平明十三陵是我经常去的地方，我看过定陵发掘报告，还在定陵博物馆和长陵祾恩殿里多次参观过定陵地宫出世的文物精华。偶尔闲谈中，十三陵的朋友也讲过一些定陵地宫发掘时的故事，可是总不如岳南写的《风雪定陵》那么生动。许多章节扣人心弦，有的段落催人泪下，确实是一本好书，凡是看过这本书的朋友，都与我有同鸣共感，难怪《风雪定陵》曾获得台湾《中国时报》的十大好书奖。

　　岳南曾为这部《日暮皇陵》的采访事宜，专程从北京到遵化清东陵找我，也许缘分有限，尽管在电话中谈得那么融洽，但因忙于公务，当他从东陵来遵化时，我竟从遵化去了东陵。虽然没见面，彼此都看过各自的书，以文会友，还是心心相通的。除了我已看过的《风雪定陵》外，《复活的军团》以及他与商成勇合著的《万世法门》等也曾拜读，这些书从不同角度反映出中国历史上秦朝、盛唐、明代的灿烂文化。而且每本书都有一个带有悬念的副题，一目了然，如"法门寺地宫佛骨现世记""秦始皇陵兵马俑发现记""明定陵地下玄宫洞开记"。只看封面上的题目，读者就想进入那扑朔迷离的境界，翻开书再看那些章节目录，更令人爱不释手。看来岳南并不满足于已有的成果，面对历史悠久的文明古国，灿烂的历代文化，在这取之不尽用之不竭的创作源泉中，他已开始谱写新的篇章了。

岳南托我给他的新作写个"序"。我欣然领命，认认真真地阅读了《日暮皇陵》文稿，许多人、许多事、许多景、许多情，都是那么熟悉，因为清东陵是我后半生工作和生活的地方。得天独厚的机遇和苦心钻研的几十年，使我对东陵的山山水水、亭台殿宇，以及对东陵入葬的帝后妃嫔，都寄予深厚的情感，正是由于这种感情，此前我就写了《清东陵大观》《东陵盗宝记》《清东陵》《慈禧乾隆墓被盗始末》《香妃》等著作，还零零散散发表了一些文字。这字里行间，凝聚着心血，也渗透着对东陵炙热的爱。

清东陵是中国现存规模庞大、体系完整、布局得体的帝后陵墓群之一。清朝帝王为什么选中了离北京一百二十五公里的这块地方，东陵又怎样称得起天造地设的风水宝地呢？通常都引用少年天子狩猎亲定万年吉地的故事为依据。其实仰慕东陵这块风水的人，早在明朝初年就有过。明成祖朱棣迁都北平，在大修紫禁城宫殿的同时，也在到处选择他身后享用的万年吉地。风光绮丽的凤台岭终因属燕山余脉且地处边关而没被选中。明朝末年，崇祯皇帝嫌昌平祖陵再无佳穴，也曾看中了凤台岭山林茂密、景色宜人，想安葬在这里。只可惜大明江山岌岌可危，最后李自成进京，江山破碎，崇祯皇帝吊死在煤山，不得不放弃了这块万年吉地，这才又被清朝帝王选中。

清东陵坐落在河北遵化马兰峪境内，始建于顺治十八年（1661年），占地二千五百平方公里，整个陵区以昌瑞山绵亘的明代长城为界，山南为陵寝重地，山北为风水禁区。修建陵寝时，为贯通风水地脉，拆除了山顶长城。登临凤台岭（清朝赐名昌瑞山），俯视南面号称"前圈"的陵区，满目苍翠，朱墙金顶辉映其间，环顾左右，山峰依次低下，井然有序；极目北眺"后龙"，但见山连山、岭套岭，气势磅礴，绵绵不绝，风水胜地，雄奇灵秀相济，宏伟秀丽并举，令人目不暇接，心旷神怡。清东陵十四座帝后妃陵园中，埋葬着顺治、康熙、乾隆、咸丰、同治五位皇帝，孝庄、慈禧等十五位皇后，还有一百三十多位妃嫔，在这一百五十七人中，有入主中原的顺治皇帝，有中国历史上在位时间最久的康熙皇帝，有寿命最长的乾隆皇帝，有中外驰名的慈禧太后，有清初杰出的女政治家孝庄文皇后，还有给人以扑朔迷离之感的乾隆宠妃"香妃"。除此之外，东陵周围还葬有王爷、皇子、公主、保姆、勋臣等人，他们的陵园均按妃园寝规制用绿瓦盖顶，而皇帝、皇后的陵园则用黄琉璃瓦盖顶，充分显示出帝王的等级与尊严。清朝时，清东陵有着严密的管理机构，内务府管理日常事务，礼部管陵寝祭祀，工部备办工程及物资，兵部负责巡逻和保卫。自清朝灭亡，陵寝在民国政府保护下，仍设有管理机构。后来军阀入侵陵园，这些机构如同虚设，护陵大臣逃之夭夭。1928年7月流氓军阀孙殿英以剿匪之名，赶走了欲图不轨的马福田，又以军事演习为借口，荷枪实弹进入陵区，用了七天七夜，将乾隆、慈禧两座地宫打开，把棺木中葬宝洗劫一空，酿成了中外文明史上一件惊天动地的大案。岳南将军阀混战和孙殿英的丑恶行径写得淋漓尽致。

我在调查东陵盗案时，走访了许许多多陵户，了解了两座地宫开放前的清理工作，专程在北京访问了文强先生。最重要的是在第一历史档案馆里翻阅了《溥仪档》，其中一册《盗陵汇编》记载得最为详细。有守陵官员郝省吾的报告，有陵户和钧的报告；有盗陵犯被审的记录和他们的自首书。在国民政府派遣的善后调查组里，组长刘人瑞代表政府写下了《东陵纪事》。最详尽的材料是宝熙的《于役东陵日记》、陈毅的《东陵纪事诗》、耆龄的《东陵日记》，还有当时陈伯陶、陈望曾等致谭延闿、阎锡山、商震等的函电。陈毅，字诒重，湖南湘乡人，湘军将领陈湜之子，光绪二十九年（1903年）癸卯科进士。丁巳年张勋复辟时，他也是一员健将，做了短短十天的"侍郎"。耆龄，字寿民，满洲正蓝旗人，监生出身，光绪三十二年（1906年）任商部右参议，三十四年（1908年）迁内阁学士。宝熙，字瑞臣，又号沈庵，清宗室，正蓝旗人，光绪十八年（1892年）壬辰进士，授编修，官至学部左侍郎。这些清朝遗臣是受逃往天津张园的溥仪指使，亲赴东陵安葬乾隆和慈禧尸身的。关于刘人瑞我知道的并不多，刘人瑞的公子刘绍韬曾到东陵找过我，还赠送给我一张他父亲的照片，也讲了他父亲的为人。1987年刘绍韬还在中国社会科学院近代史研究所近代史资料编辑室编印的《近代史资料》中写了一篇《刘人瑞事略》，其中提到刘人瑞在《东陵纪事》中详述查勘东陵破坏的情形。他写道："当时，东陵虽几经浩劫，大批宝物失盗，但存留器物数量仍较多。"刘人瑞在查处过程中，严令属下不得擅动。他指出"革命原为造成廉洁政府，物件均应保存，何能携取？"孙殿英及其上司第六军团总指挥徐源泉为掩盖事实真相，缩小事态，曾贿以数万重金，请求刘人瑞修改给国民政府的报告，刘严词拒绝，不同意修改呈文。后来蒋介石当局迫于孙之实力，以及孙殿英等直接向蒋宋家族和有关要人行贿成功，遂使此案最终不了了之。岳南在《日暮皇陵》中不仅运用了上述重要资料，而且还介绍了徐榕生日记。徐榕生虽不是清室遗臣，仅是一名随员，但因他一直坚守现场，所以他的日记写得最为真切。

一场轰动中外的东陵盗案，已过去七十年了，几经沧桑的清东陵也发生了巨大的变化，破败的殿宇、荒芜的陵园，都维修得完完整整，已正式向游人开放。凡参观过东陵的人，无不对其宏伟的布局、旖旎的风景而啧啧称赞；康熙景陵神道弯弯，他一生的文治武功业绩辉煌，在他的陵园中总能听到游人的称颂；乾隆裕陵地宫，在九券四门和券顶四壁满布着精美的石雕佛像和遒劲有力的经文，既是一座石雕艺术宝库，又是一座庄严肃穆的地下佛堂；咸丰定陵是在战乱之中修建的，规制改变，材料不足，其特色是地形落差大，建筑紧凑，对后代影响极大。皇后陵中最突出的就属慈禧的菩陀峪定东陵了。其三殿木材用黄花梨木，内壁雕砖贴金及金龙和玺彩画，都属清陵之冠，还有石雕陛阶石及栏板和望柱，均以凤在上龙在下，或凤在前龙在后的纹样装饰，充分显示出女人当政的那股威风，引来观众各种各样的评说。除了地表堂皇富丽的殿堂吸引着千千万万的游客，还有慈禧的地宫、乾隆容妃（香妃）的地宫开放，更具有神秘色彩，在每座陵园中举行着不同特色的展览，其中也有清理各陵地宫中之遗物，格外被游客赏识。最后，在祝贺岳南此作取得成功的同时，也欢迎各界朋友到东陵来，真正领略历史之沧桑，今日之风貌。

于善浦

2011年4月30日改毕

【简介】于善浦（1932—2022），祖籍山东蓬莱，生于辽宁西丰县。沈阳东北美术专科学校毕业。多年来潜心于清代官廷史研究，注重史料的考证，著有《清东陵大观》《香妃》《珍妃》《东陵盗宝记》《清东陵》《慈禧乾隆墓被盗始末》等书。曾任文博研究员。

历史在他的情感中激活

——著名作家岳南纪实文学作品简评

王久辛

　　克罗齐（Benedetto Croce，1866—1952）说："一切历史都是当代史。"这是一句令人耳目一新的说法。它提示人们：一、既然所有的历史都是当代史，那么所有当代人的思考与想象，尤其是对历史的想象，就有可能通过思考与想象呈现出来。至于呈现出来的这一"历史"，还是不是当初的那一段"历史"，在我看来，就很难说啦。二、克罗齐的这一说法的确是极其实用的，尤其对那些想象力极其丰富但缺少史学素养的人来说，克氏的理论便极具"解放思想"的魅力。一方面，它催生了大批以想象力来写作的人们的创造激情，产生了一大批以历史为名号的各类丛书的出笼；而另一方面，它又使那些扎实而又认真钻研历史、考究历史的人们产生了困惑。是的，现在研究历史、考究历史，还有多少现实意义呢？沉浸于历史之中能发家致富吗？眼看着一批又一批以离奇的想象力来写作的作家，用玄之又玄的所谓"戏说"，一遍又一遍地走"红"市场与影视界，还在历史的考究中泥足深陷，不是显得极其愚笨与痴傻吗？

　　所幸，我遇到的著名纪实文学作家岳南既沉浸于考究历史的深层次的追究之中，又能于此间超脱出来；既像一位考古专家那样陷于发掘古迹的现场，又能沉浸于过往的故纸堆中苦研细钻地寻找拓展历史新发现的蛛丝马迹；既循史而上，又能展开想象；既把克氏的话不当回事，又能把考古学的新发现融进自己的一本又一本的著作，如此次出版的《日暮皇陵》《绝代兵圣》《天赐王国》等纪实性文学作品，即是其例。

岳南不是那种正面强攻历史正史的写作者，而是寻找正史，靠拢正史，接近正史，力求以考古人的眼光来看待历史，理解历史，发现历史，写作历史，当然也就是创造"当代人的历史"的写作者。作为岳南的老同学，我是极其欣赏岳南的写作的。之所以用"写作者"而不用"创造者"的提法，是因为岳南的写作更接近由考古的发现而生发想象的创造，而不是由想象力的激活创造的想象的历史。这是两种对待历史的态度，也是两种不同的对待克罗齐理论的态度。前者是严谨的想象与创造，它们当然同时都是创造，这里的关键问题是——我们应当向读者提供怎样的历史创造？在我看来，作家岳南此前创作出版的《风雪定陵》（与杨仕合著）、《西汉孤魂》、《复活的军团》、《万世法门》（与商成勇合著），以及后来创作出版的《日暮皇陵》《绝代兵圣》《天赐王国》等长篇历史纪实文学，向人们提供的这个文本，就不仅是想象的极致，更是考究历史，甚至深入到考古现场，通过一件一件的出土文物来想象与创造的历史报告。他的创造，准确地说是他的写作，复活的不仅仅是定陵、清东陵、《孙子兵法》、三星堆、金沙等等历史，其内在的文化与精神特质，更在他的考证与追寻之中实现了历史的"复活"。我欣赏这种复活，因为在我们这个有着五千年文明史的东方古国，的确淹埋了无数的如《日暮皇陵》《天赐王国》一般的历史。对后人来说，对于历史的认识、理解与评判，实际上就是文明进步与否的尺标。

我还记得，早在1990年冬天，岳南与我在解放军艺术学院文学系的宿舍中就默默地对坐无语。那时我并不知道他正与杨仕女士合著《风雪定陵》。我们对坐着，他一句话也没有，我也没有一句话。我那时就十分奇怪，同学中的阎连科、徐贵祥、陈怀国、石钟山等，都在一篇又一篇地在大刊物上发表重头大作，而这个岳南却不知在干些什么！转眼十年过去了，岳南却抱来了一尺厚的著作要我指正。除了以前在台湾出版的繁体字版本的作品外，又增加了此次出版的《日暮皇陵》《绝代兵圣》和《天赐王国》三部考古纪实文学作品。我想，岳南在写完一本又一本的新书之后，特别是将一堆又一堆的历史资料变成了条理清晰的历史报告之后，他能对我说些什么呢？他来了，只字不提书，不提让他写得如此辛劳的书，却非要请我喝酒，好像酒更招他的喜爱。其实，我私下里想，真正用心干事的人，比如屈原、比如李白等等，为什么都好酒呢？慨然长叹的书生们，哪一位不是壮怀激烈的勇士呢？我没有听见岳南长叹，但我知道，他把对历史的叹息化作了写作的执着，执着地写着，写着那一声声复活了的喟然长叹！就作家岳南来说，我仅从《日暮皇陵》中看到的历史，就深深地感知到了历史的紧张氛围与历史人物的一个又一个复杂与多变的人性。岳南没有直接去写东陵被盗的过程，而是从东陵被盗前的历史背景入手，先写即将出场的盗陵者与盗陵者有关的所有大小人物，尤其写历史人物的沉浮和他们的沉浮对东陵的影响，及至最后终于发生的被盗的事实。写得轻松，看似说史，实则在文字背后正在揭示着东陵被盗的历史必然。不动声色，又笔笔含情，把满腔的保护国家文物宝藏的历史责任心与使命感，埋在了平静的对历史的叙述之中，使我辈读完全书，竟不住地喟然长叹！我想，这长叹的人群中，第一个长叹者肯定是我的这位优秀的同学岳南。

就岳南而言，他似乎从来不在乎所谓奖项，像农民种地从来也不问把地种好了丰收了又能怎样一样，他就那样任劳任怨地写着、采访着、劳苦奔波着，甚至顾不了家室。他是天生的写作者，是上天安排他让他马不停蹄地去写这些将在历史上留下永久地位的光辉著作。这一系列凝聚了他心血的作品，即使百年之后他仍将在书店的书架和读者的手中被广泛传播。或许，时代越久远，越能显示出这一系列作品在文学、历史上的价值与地位。

岳南正是清醒地意识到了这一点，他对这一系列作品才乐此不疲，甚至成瘾成好。理解他与不理解他，他并不在意。他本来就是在人们不注意的时候，突然"冒"出来的，只是他"冒"出来并不是为了引人注意，而是希望为历史留下一笔精神的文化的财富，并希望人们能感受着这笔财富，亲近历史，亲近我们的祖先。

岳南，是高尚的写作者。无论何时，无论何地，我都敬佩他，并希望自己能像他这样，把自己的生命献给自己热爱的"事业"。

王久辛

2011年4月1日改毕

　　【简介】王久辛，1959年生于西安市，1977年上山下乡，翌年入军队服务。历任排长、军区文艺战士、兰州军区战斗话剧团主任、《西北军事文学》副主编、《中国武警》主编等职，大校军衔。1991年毕业于解放军艺术学院文学系，以长诗《狂雪》轰动文坛。另有大型史诗《香魂金灿灿》、散文集《绝世之鼎》等问世。荣获解放军文艺作品奖、首届鲁迅文学奖。2004年10月作为中国作家代表团成员出访波兰，2007年11月再次作为中国作家代表团成员出访俄罗斯。2008年在波兰出版波文版诗集《自由的诗》。先后出席中国作家协会第七次代表大会、全国青年作家创作会、全军文学创作座谈会，第一、二届中国诗歌节，第一、二届青海湖国际诗歌节等。曾任第三届鲁迅文学奖短篇小说奖初评评委，延安大学文学院、解放军艺术学院客座教授等。

第一章

帝国的落日

—— 日暮皇陵 ——

🏵 慈禧最后的日子

清光绪三十四年十月^①（1908年11月），严酷的冬季过早地笼罩了北国旷野，凛冽的北风裹挟着枯枝败叶，在古都北京大街小巷窜动不息。神圣威严、王气逼人的紫禁城^②，弥漫着厚重的沉寂、神秘和紧张气氛。

十月十四日深夜，中南海^③仪鸾殿四周一片漆黑，几棵古树的枝条在朔风的吹动中，不时发出嘎吱嘎吱的声响。夜幕的遮掩下，太监宫女在殿角亭廊无声又紧张不安地来回穿行。此时，宽敞的仪鸾殿内，尽管陈设未改，华丽依旧，却沉寂得令人恐怖。几支特制的红色御用蜡烛端放在御案上，飘忽荡动的火苗映照着不远处垂挂的黄色帏帐。帏帐内的软床上，侧卧着一个女人，跳动的烛光透过半边撩起的帏帐缝隙，洒到她那枯黄并夹杂着几丝惨白的脸——这张脸由于身心的极度痛苦而不时地抽动，原本被脂粉填平的褶皱，随着连续的扭动，像蛛网一样在整个面部、脖颈慢慢散开凸现出来，同那不时颤动着的满头青丝，形成了一个鬼气四散、骇人心魄的景象。

慈禧太后在西苑仪鸾殿外赏雪

这就是大清帝国权倾朝野、威震四海、最为显赫和高贵的慈禧皇太后。现在，她要死了。

随着几声痛苦但极其微弱的呻吟，她的身子在不住地抽搐、颤抖，两条干瘦的小腿伸开，蜷回，又伸开。看得出，在即将拥抱死神的最后日子，她是那样地不情愿，又是那样地于心不甘。但当她想要将已经瘦脱干瘪的躯体翻转时，却总未能如愿。或许，只有此时，她才真正意识到，命运不可抗拒了，她应该为那个关乎大清帝国命运的千古大事，做出最后的抉择了。昏暗的烛光下，她痛苦地闭上眼睛，焦灼而沉重地思虑着。

翌日晨，慈禧在仪鸾殿的病榻上召见了军机首辅、庆亲王奕劻，令他即日起程赴直隶遵化州④清东陵，查看自己的陵寝工程——这是慈禧在若干年前耗费大量金银，为自己在菩陀峪山峰下修建的陵寝。由于工程在不断地修整，至今尚未全部完工。在自己即将撒手人寰之际，她不能不派朝廷重臣去做最后的安排。

庆亲王接命后，未敢有半点停留，即携带随从火速赶赴东陵。消息传出，举朝惊惶，哪怕是最愚笨的臣僚官宦也已预感到，本朝一件惊天动地的大事就要发生了。

但是，所有的臣僚包括庆亲王自己在内都没有料到，慈禧让他火速奔走东陵的真正用意并不在自己丧事的安置，而她最为关心的也并不是自己陵寝修建的进度。事实上，这个陵寝早在多少年前，就按照她的意志修得富丽堂皇、固若金汤了。现在所要做的只不过是一些零碎的装饰罢了，或好或坏亦无关在整个陵区力压群芳的大局了。那么，庆亲王赶赴东陵，到底意味着什么？

自光绪三十四年（1908年）六月，慈禧开始患病，虽经太医张仲元等精心调理，仍久治不愈。进入这个冬天之后，咳嗽加剧，并头痛目倦，面目浮肿。至十月十日她七十四岁生日时，由于重病缠身，且此时的光绪皇帝亦患重病，于是改为只在内廷行礼。此时的慈禧深知"皇帝之病，必不能愈"，而自己又病入膏肓，将不久于人世。因此，皇位的继承问题，已成为刻不容缓的首要大事。她还深知，大清帝国在自己手中近半个世纪，已衰弱颓败得千疮百孔，极不成样子了。尽管后来有曾湘乡（曾国藩，湖南湘乡人）、张南皮（张之洞，直隶南皮人）等重臣苦苦支撑，延缓了帝国全面崩溃的时日，但仍未摆脱它最终的命运。在这帝国的太阳行将西沉之日，皇位由谁继承显得格外重要。同时她还意识到，在这座表面看似平静的紫禁城内，有几十双甚至更多的眼睛，正紧紧地盯着太和殿（俗称金銮殿，系故宫外朝之正殿）里那把象征着人生辉煌顶点和爱新觉罗氏⑤最高荣耀的龙椅，稍有半点差错，后果将不堪设想。这件关系着大清帝国前途命运的千古大事，慈禧已经思虑了许久，要不是她听到了死神急促的敲门声，也许还要斟酌、拖延下去。现在，死神已经逼近，她不能再做片刻犹豫。就在十月十四日那个凄冷、孤独的深夜，她做出了最后的抉择。

当这个抉择在她脑海中定格的片刻，她蓦地想起了一个人，一个令自己讨厌又无可奈何的人。如果在这关乎帝国沉浮的非凡时刻，此人还能自由地进出宫中，一旦自己撒手归天，这个人便极有可能兴风作浪，图谋不轨，甚至问鼎皇位——这个人就是庆亲王奕劻。

慈禧深知，作为军机处⑥首辅的庆亲王，在朝野内外，私党云集，大有羽翼丰满，扶摇冲天之势。同时她还听到这样一个密报：奕劻在自己病重期间，正在和北洋大臣、实力派人物袁世凯勾结，准备秘密起事，废掉光绪帝，让奕劻的儿子继登大位。这一非同寻常的信号，无疑证明奕劻已是伏在宫门内的一只极其危险的猛虎。这样一只伏在宫门内的猛虎，又怎会在一个新旧交替的非凡时刻平静守卧？想到这里，慈禧越来越意识到厄运就在眼前，这既是爱新觉罗皇朝的厄运，也是她个人的厄运！她在打了个寒战的同时，从尚清醒的脑海中，蹦出了一条调虎离山的奇计。庆亲王毫不犹疑地赶赴东陵，便是这条奇计的应验。

就在庆亲王奕劻赶赴东陵的当天，这个以铁腕著称的女人，又以精明老辣的权谋和心机，迅速发出十万火急的两道懿旨，把统辖京师的北洋军阀段祺瑞的第六镇全部调出北京，命自己的心腹重臣、军机大臣、陆军部尚书铁良，速遣陆军第一镇入京接防，以备不测（因北洋军六镇中，仅第一镇由满人铁良控制，其余均由袁世凯之亲信操纵）。

当这一切都在秘密而又急如星火地安排进行时，十月二十一日，光绪皇帝晏驾于被囚禁的中南海瀛台⑦居所，清末紫禁城上空最后一颗希望之星陨落了。这位皇帝神秘而又极其凄苦地撒手人寰，使许多立志改良的人士在经过了一阵大悲大痛之后又深深地惋惜：假如这位力求变法和改革的光绪帝死在他的政敌慈禧之后，那么帝国的太阳或许还可以以另一种方式斜挂西天。

摄政王一语成谶

但是，历史老人偏偏没有这样安排，他所赋予众生的是这样一幅夕阳晚照的画面：

当清宫内尚处在一片悲恸之中时，慈禧急召醇亲王载沣入中南海，确定立嗣之事。

载沣慌忙来到仪鸾殿，跪倒在慈禧的帏帐前，轻声呼唤："老祖宗，御体可安？"

慈禧强打起精神，缓缓转过那张惨白的脸，断断续续地说："载沣，予召你进宫，有要事训示。皇帝晏驾，予又于病中。念汝父奕譞平生与予忠心无贰，乃清室之忠良。予决定立你的儿子溥仪为嗣，赐汝为监国摄政王。嗣后军政要事，均由汝裁定。凡事还要与皇后计议。切！切！"

载沣听到这里，早已涕泪俱下，呜咽不止，连忙叩头谢恩。正欲退下，又听慈禧喘了口粗气唤道："回来，予还有训示。"

载沣又慌忙回身跪下。慈禧吩咐太监撩起帏帐，眼直愣愣地盯着他说道："载沣，抬起头来。汝速回王府，将溥仪挟进宫来，嗣后即刻登极，免出枝节。登极的名义就叫作'承继同治，兼祧⑧光绪'吧！"

"嗻！奴才遵旨，即刻行事。"

载沣颤颤抖抖地起身时，平生第一次瞥见慈禧的脸。只见那张瘦骨嶙峋又惨白无光的脸上，慢慢滑下了两行浑浊的泪水。

载沣回到家中，醇王府顿时大乱。溥仪的老祖母、奕譞的侧福晋⑨刘佳氏，刚听完懿旨就昏厥在地。年仅三岁的溥仪见家中老小惶恐不已，也似懂非懂地连哭带打不让跟来的太监抱走。无奈之中，只得由溥仪的乳母王焦氏用奶水止住这个幼儿的哭叫，并由她抱着随醇亲王一起进宫，再交内监抱去见慈禧太后。从未离开过王府的溥仪来到慈禧的病榻前，被阴气森森的帏帐和那张惨白、扭曲的脸吓得直打哆嗦，并号哭不止。慈禧示意内侍找了串冰糖葫芦来哄溥仪，谁知这个不知好歹的黄口小儿，一把将手中的糖葫芦摔了出去，差点落在慈禧的头上，同时哭喊着要找乳母。大病缠身的慈禧本想在归天之际，最后看一下自己的又一"杰作"，但面前的一幕使她极不痛快，她狠狠地瞪了一眼这位即将登基的小皇帝，示意将他抱下去。

宣统小皇帝与其父摄政王载沣

十月二十二日，紫禁城内的空气短暂地凝固之后，本朝惊天动地的大事终于发生了。驾驭大清帝国近半个世纪的铁血女人，七十四岁的慈禧皇太后咽下最后一口气，死于西苑⑩仪鸾殿。自此，一个即将全面毁灭的帝国残局，落到了年仅三岁的溥仪身上。

当然，只有三岁的溥仪自然无法也没有能力驾驭帝国的航船，千斤重担由属于庸才之辈的摄政王载沣和属于蠢材之流的隆裕太后（光绪帝皇后、慈禧的侄女）担起。而这两个被慈禧生前视为亲信的庸才与蠢材的短暂合作，却加快了奄奄一息的大清帝国走向灭亡的脚步。

慈禧死后第十七天的十一月九日，在阴气弥漫的紫禁城太和殿，溥仪被抱上龙床，以大清皇朝入关后第十位皇帝的九五之尊，接受文武百官的朝贺。当司礼大臣读到新天子的年号定为宣统时，溥仪突然哭喊着要回家找乳母吮奶。其父载沣急步向前侧扶着幼子，以十足的庸才之言焦急地喊道："别哭，别哭，快完了，快完了！"

这不祥之语一经出口，跪拜的群臣大为惊骇，同时又无不忧心忡忡，长吁短叹："天意至此，看来这大清真的是要完了！"

摄政王载沣不幸而言中。

就在溥仪登基不到三年的辛亥年（1911年），大清帝国的丧钟被南方的革命党人敲响。随着武昌起义的发生，全国掀起了暴风骤雨般的反满狂潮。革命党人和人民大众崇拜的新偶像孙中山于1912年1月1日，以中华民国临时大总统的身份，在南京宣誓就职，成立临时政府，以1912年为民国元年。

民国政府的成立，使日薄西山的清王朝在革命党人的胁迫和本朝北洋大臣袁世凯的诱逼、欺骗下，极不情愿但又无可奈何地做出了让小皇帝溥仪退位的决定。

1912年2月12日，在袁世凯的阴谋策划下，隆裕太后带着六岁的小皇帝溥仪，在紫禁城养心殿举行了清王朝最后一次御前会议，正式宣告退位。参加御前会议的袁世凯，面对大清皇朝这最后也是最为凄惨的一幕，假装不忍，伏在地上，满目含泪地再请皇族会议议定。此时的蠢材隆裕太后像是在对溥仪，又像是对自己说道："他们都已挟资走脱了，剩我母子二人，还有何说？不过祖宗创业维艰，却不能轻送在咱们孤儿寡母手里，致成为千古憾事。咱们不自修政，贻误大事，坐失江山，将来有何颜面去见祖宗先帝？但事到如今，说也无益，你们去拟旨逊位好了。"说到这里，不禁泪如雨下。

遵照懿旨，退位诏书很快由本朝状元张謇拟就，内称："今全国人民心理，多倾向共和。南中各省，既倡议于前；北方将领，亦主张于后。人心所向，天命可知。予亦何忍以一姓之尊荣，拂兆民之好恶。是用外观大势，内审舆情，特率皇帝将统治权公诸全国，定为共和立宪国体。近慰海内厌乱望治之心，远协古圣天下为公之义……"隆裕太后看过，颤抖着双手将诏书钤宝，又忍不住泪流满面。这位一生并未得到过多少幸福的悲剧性女人，终于又以无限的悲怆之情为大清帝国的百年基业画上了句点。

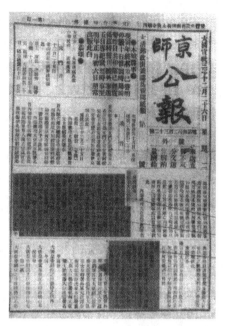

《京师公报》发布的清帝退位"号外"

在清廷公布的退位诏书中，中华民国《关于大清皇帝辞位之后优待条件》等也一并公布于众。这个在后来的许多年中，曾引起过纠缠不清、恩怨不明又和清东陵被盗案以及溥仪的人生轨迹有着紧密关联的重要文件这样写道：

（甲）关于大清皇帝辞位之后优待条件。

今因大清皇帝宣布赞成共和政体，中华民国于大清皇帝辞退之后，优待条件如左（编者注：传统行文从右至左，故）：

第一款　大清皇帝辞位之后，尊号仍存不废。中华民国以待各外国君主之礼相待。

第二款　大清皇帝辞位之后，岁用四百万两，俟改铸新币后，改为四百万元，此款由中华民国拨用。

第三款　大清皇帝辞位之后，暂居宫禁，日后移居颐和园⑪，侍卫人等，照常留用。

第四款　大清皇帝辞位后，宗庙陵寝，永远奉祀，由中华民国酌设卫兵，妥慎保护。

第五款　德宗陵寝未完工程，如制妥修，其奉安⑫典礼，仍如旧制。所有实用经费，并由中华民国支出。

第六款　以前宫内所用各项执事人员，可照常留用，惟以后不得再招阉人。

第七款　大清皇帝辞位以后，其原有之私产，由中华民国特别保护。

第八款　原有之禁卫军，归中华民国陆军部编制，额数俸饷，仍如其旧。

（乙）关于清皇族待遇之条件。

第一款　清王公世爵，概如其旧；

第二款　清皇族对于中华民国国家之私权及公权，与国民同等；

第三款　清皇族私产一体保护；

第四款　清皇族免当兵之义务。

（丙）关于满、蒙、回、藏各族待遇之条件。

第一款　与汉人平等；

第二款　保护其私有财产；

第三款　王公世爵，概仍其旧；

第四款　王公中有生计过艰者，设法代筹生计；

第五款　先筹八旗[13]生计，于未筹定之前，八旗兵弁俸饷，仍旧支放；

第六款　从前营业居住等限制，一律蠲除，各州县听其自由入籍；

第七款　满、蒙、回、藏原有之宗教，听其自由信仰。

皇帝退位诏书和民国优待清室条件公布天下，宣告了大清皇朝统治中国的正式终结。自明山海关守将吴三桂迎清兵入关，多尔衮定都北京，以摄政王开基，入主中原，奠定大清基业，此时也以摄政王终结，共传十主，凡二百六十八年，若加上入主中原前，清王室在满洲[14]称帝时的二主（清太祖努尔哈赤、清太宗皇太极），总计十二朝。

按照清廷和民国政府事先达成的协议，紫禁城一分为二，以乾清门广场为界，前朝部分即三大殿[15]和文华、武英等殿宇归民国政府所有，内廷部分即后三宫[16]和东、西六宫等处，仍为清廷占据。

🌸 僵尸与怪胎合演的一出历史闹剧

大清帝国的太阳彻底落下了。此时的清王朝，如一具僵尸静卧在紫禁城，进入了入土前的黄昏。而刚刚诞生的民国，则如同一个怪胎，迎来了一个晦暗的黎明——一个在密布的云层中有几道不祥红光的黎明。

就在这个黄昏与黎明交替时分，孙中山宣布把临时大总统位置让给自己尚不能与之抗衡的袁世凯。而随着袁世凯的登位，北京城的紫禁城和中南海并立着两个政府。一个是仍保留着"宣统皇帝"尊号，以溥仪为首的小朝廷；一个是堂而皇之的以袁世凯为首的中华民国大总统府。从此，中国政局进入了一个僵尸与怪胎共存，群鬼与虎狼共舞，阴谋与邪恶同在的时代。

在这以后的十几年里，紫禁城内小朝廷那穷奢极侈的生活方式未有丝毫变更，宫里宫外驻有大批的护军，森严气氛一如既往。一些满蒙王公旧臣遗老，以及念佛吃素的僧侣，照例进进出出，向高踞在宝座上的"小皇帝"叩头礼拜。仍有大批太监、宫女、侍卫供"小皇帝"和"后、妃"及"皇室"人员役使，并有"内务府⑰"、"宗人府⑱"等衙署为小皇帝和"皇室"人员操办事务。1913年2月22日，四十六岁的隆裕太后在抑郁中死去，其丧仪仍按清廷旧的礼制操办，皇室人员穿孝百日，并素服二十七个月。民国政府下令全国下半旗志哀三日，穿孝二十七天。

　　1922年12月1日，已是十六岁的溥仪在紫禁城举行了大婚典礼，将皇后婉容（郭布罗氏）接进了储秀宫，又接淑妃文绣（额尔德特氏）入主长春宫。从此，小朝廷中的一招一式更加有板有眼，皇帝、皇后、妃嫔的梦也越做越香、越品越甜。而处于不祥黎明中的民国政府，大总统袁世凯先是装出一副为民请命、身手不凡的气派登台亮相，又暗中恢复帝制，并最终冕冠龙服，当起了皇帝（史称"洪宪帝制"）。这一反常的举动，遭到了实力派政客和军官首领唐继尧、蔡锷的竭力声讨，各省亦纷纷高举义旗响应讨伐。袁世凯不久便被活活气死。总统改由最早在武昌发动起义的军事首领黎元洪来做。谁知好景不长，那拥兵自重的大辫子张勋，见袁世凯死了，便不再理会黎元洪的号令，竟率领他的辫子军⑲从徐州一路杀到京城，将溥仪重新按坐到龙椅上，又让其做了皇帝，并在城里城外挂起了象征着清皇朝的龙旗，完全实行了复辟。重新当上皇帝的溥仪没有想到，他的这个举动，为后来被驱逐出宫和东陵盗案的善后事宜，带来了许多意想不到的麻烦。更令他想不到的是，对这次历史上称为"丁巳复辟"的事件极为不满的北洋实力派人物段祺瑞，立即在马厂誓师，率军杀来，直杀得张勋丢盔弃甲，逃到了荷兰使馆。那梦想着重振大清雄风的溥仪，也不得不第二次颁布"退位诏书"，天下暂时又得以平静。这之后的几年中，民国政府又接连经历了几任总统的更替（黎元洪、冯国璋、徐世昌），整个中国渐成军阀割据混战不息的更加动荡不安的新格局。在这个色彩斑斓的历史舞台中，男人哭哭笑笑，女人咿咿呀呀，各色大旗、各种势力，呼呼啦啦、轰轰隆隆，你方唱罢我登场。在无数的剑拔弩张和滑稽热闹中，历史终于迎来了以直系军阀曹锟为政府总统的不凡的1924年和在这一年里发生的北京政变。这次中国近代史上非同凡响的政变，在使总统下台、紫禁城内的小朝廷烟消云散的同时，也为几年之后清东陵发生的惊天大案埋下了深深的伏笔。

注释：

①中国古代通行阴历，人称农历或皇历，与西方大部分地区通行的阳历相别。但自民国元年元旦起，官方正式采行西洋新历，传统的旧历只运用于民间。故本书所提月日，若无特殊情况，即以此标准区分阴、阳历。

②紫禁城：明清故宫的代称，是北京皇城内的宫城，壁垒森严，北京在元代称大都，明洪武初改称北平府，永乐元年（1403年）再改称顺天府，立为京师。紫禁城始建于永乐四年（1406年），永乐十八年（1420年）基本建成，坐落在北京城中轴线上。平面呈长方形，南北961米，东西753米，占地面积72万余平方米，建筑面积15万平方米，共有房屋9000余间。周围城垣长约3000米，高9.9米，底面宽8.6米，顶面宽6.6米，顶部外侧筑雉堞（凹凸垒起之短墙），形成垛口，内侧砌宇墙（不超过胸部的矮墙，又称女儿墙），顶覆黄色琉璃瓦。墙体内夯土，外包砌城砖，势陡且坚实。城垣四壁辟门，南曰午门，北曰神武门（原称玄武门，清代为避康熙皇帝玄烨之名讳而改），东西曰东华门、西华门，均设门楼，四隅立角楼（用以向外瞭望的小楼），集防御与装饰为一体。城垣外四周环以52米宽的护城河，河与城垣之间建禁卫值房（或作直房）及仓库。紫禁城内主要分为"外朝"和"内廷"，前者是朝廷举行盛大典礼及部分办事机构的活动场所，后者是皇帝处理政务及帝后等皇室人员生活起居之处。紫禁城集历代宫殿建筑之大成，其气势恢宏，布局严谨，是中国现今规模最大、保存最完整的古建筑群，也是世界极为珍贵的文化遗产。

③中南海：在今北京市西城区，故宫和中山公园西侧。初辟于金元时期，元代掘中海造山，明初于此修筑宫室，扩展中海，开发南海。至清时规模已臻完善，成为皇家避暑胜地及皇帝处理国政朝务之处所。现为中共中央委员会和国务院办公处，重要党和国家领导人也长期居此。

④遵化州：即今河北省遵化市。河北省，清代称直隶省。遵化在明代属县，清康熙十五年（1676年）十一月升为州，乾隆八年（1743年）升为直隶州（明清地方行政单位，直属于省，地位略次于府），民国时期又设县（唐山市所辖），1992年以后改制为市。

⑤爱新觉罗氏：清朝国姓，为皇家所专有。"爱新"或作爱星、爱绅，满语，汉译为金。"觉罗"在满语中没有解释，可能是一处满族的居地，因以为姓。清制，凡显祖宣皇帝塔克世（努尔哈赤之父）本支之子孙为宗室，腰束黄带子；旁支为觉罗，腰束红带子。清朝皇室一系的先人在关外时原姓佟（或作童），至努尔哈赤称汗后始改姓爱新觉罗。

⑥军机处："办理军机事务处"的简称，清代直接为皇帝办理机要政事、赞襄皇帝对国家大政方略之决策的中枢机构。其始设时间说法不一，一般认为是雍正七年（1729年）因西北用兵而设。初名军机房，或称军需房，雍正十年（1732年）改是名。乾隆初一度由"总理事务处"代之，乾隆二年（1737年）复置军机处，光绪二十七年（1901年）另设"督办政务处"以略分其职，一直至宣统三年（1911年）清廷宣布成立责任内阁后才撤销。军机处无正式衙署，其办公处所设于内廷隆宗门内，称为值房；无专职官员，全部工作由军机大臣主持，设军机章京（或作獐鹰，满语，汉译为有职务的文武官员）处理一切事务。军机大臣全称为"军机处大臣上行走"，俗称大军机，由满汉大学士、尚书、侍郎、总督等奉特旨入值（或作入直，即面见长官，至衙门办公），均为兼差，无定额亦无任期限制，其中由皇帝指派满汉各一人为领班，称为揆首、领袖。军机章京俗称小军机，又称司员，初无定额，由军机大臣在内阁中书等官员中选调，乾隆年间改于内阁、六部、理藩院等衙门取用，嘉庆四年（1799年）始定军机章京分满汉各两班，每班八人，共三十二人。军机处原本秉承皇帝意旨以

办理军机事务，后扩及所有国家重要政事，等于旁夺了内阁的权力，进一步加强了君主专制独裁的制度。

⑦瀛台：西苑南海小岛上的建筑群。明代原称南台，清代自顺治年间修葺后开始使用，因其景色秀丽多姿，美如画中的海上仙山"瀛洲"，故改名瀛台。

⑧兼祧：祧，承继为后嗣。旧时称一子同嗣两房为"兼祧"，这是在乾隆、道光年间议定的宗法条例，以穆宗载淳早崩无子，按照清王朝的家法，本应从"溥"字辈里选出一人为嗣皇帝。但慈禧为了擅权干政，不愿被晋尊为太皇太后，故假称替文宗奕詝立嗣，以载湉入继大统，并声言日后载湉生有皇子，再给穆宗立嗣，借以搪塞舆论。结果德宗载湉亦早崩无子，慈禧遂立溥仪为嗣皇帝，兼祧同治、光绪二帝。

⑨侧福晋：即侧室福晋。"福晋"或作福金、夫金、富金，满语，清代贵妇爵名。原为女真人对汉语"夫人"之讹译。清制，亲王、世子（亲王之嗣子）、郡王、长子（郡王之嗣子）的嫡、继正室封为福晋，侧室封为侧福晋、庶福晋。另外，在清太祖时典制草创，后宫中没有其他的位号，均沿用满洲习俗，称嫡妻为大福晋，妾为侧福晋、庶福晋（即侧妃、庶妃）。例如努尔哈赤的孝慈高皇后（叶赫那拉氏，皇太极之生母）被称为大福晋，皇太极的孝端文皇后（博尔济吉特氏）被称为中宫大福晋。直至康熙年间，后妃定制，始不再混用此一名称。

⑩西苑：位于紫禁城西侧，是有八百年历史的皇家园林。初辟于金元时期，元代建大都后又加以扩展，明清两代续有增建，称为西苑或西海子，面积约是紫禁城的六倍。中心地带为南海、中海、北海，合称三海，水面相连通，四周有很多宫殿、景点、官廨、庙宇，至今尚存者已十无一二。现北海已开放为公园。

⑪颐和园：清代著名皇家园林，前身为乾隆十五年（1750

年）建造的清漪园。咸丰十年（1860年）被英法联军焚毁。光绪十四年（1888年），慈禧挪用北洋海军军费，再次兴建，作为起居、理事、游憩之处，并易其名曰"颐和园"。位于北京西郊，占地二百九十万平方米，由万寿山（原称瓮山，乾隆十六年为皇太后六旬大寿而改名）、昆明湖（原称瓮山泊、西湖，乾隆皇帝建园后改名）、宫殿区三部分组成，共有建筑三千余间。其中水面约占全园面积的四分之三，主要集中于万寿山之阳。现已列为中国古代皇家园林的典范，对外开放参观。

⑫奉安：亦称永安，即恭奉皇帝的灵柩从殡宫（入葬前灵骨暂安之处）移往陵寝，入地宫安葬。

⑬八旗：清代常备军之一。满族的先世女真人以射猎为业，每年到采捕季节，以氏族或村寨为单位，十人结伴入山，由有名望者统率，每人各出箭一支，这种组织称为"牛录"（或作牛鹿，满语，汉译为大箭），首领称为牛录额真（或作厄真，满语，汉译为主人）。万历二十九年（1601年），努尔哈赤将所辖人民编为黄、白、红、蓝四旗，旗皆纯色。万历四十三年（1615年），努尔哈赤在原有牛录制的基础上，增编镶（俗亦写作"厢"）黄、镶白、镶红、镶蓝四旗，创建了八旗制度。旗帜除四正色旗外，黄、白、蓝均镶以红，红镶以白。其制规定，每三百人为一牛录，设牛录额真一人；五牛录为一甲喇（或作扎兰、札拦、加喇、加蓝、家喇、夹喇，满语，汉译为竹节、段，有"行伍"之意），设甲喇额真一人；五甲喇为一固山（满语，汉译为八旗之"旗"），设固山额真一人，掌该旗之户籍、田宅、教养、营制、兵械，以及选官序爵、操演训练等军政事务，下置左右两位梅勒（或作美凌，满语，汉译为肩，有"副"之意）额真。八旗制度乃军民合一，以旗统人，凡满族成员皆入旗为兵，这便是"满洲八旗"的前身。后金天聪八年（明崇祯七年，1634年），将梅勒额真以下

的额真改为"章京"，翌年分设蒙古八旗，清崇德七年（明崇祯十五年，1642年）分设汉军八旗，旗色皆与满洲八旗同。从此，八旗的每一旗下都包括满洲、蒙古、汉军三个部分，共计二十四旗，但以满洲八旗为主。顺治七年（1650年）多尔衮死后，清世祖福临为了加强对八旗的控制，将皇帝自将的镶黄、正黄、正白等三旗，称为"上三旗"，由王公所统的其余五旗，称为"下五旗"。八旗兵是清王朝开国的武装力量，入关后又分为京营和驻防两部分。京营八旗负责皇宫和京师的安全，形同禁军，驻防八旗则派驻全国各大城市和军事要衢。顺治十七年（1660年），定八旗各级官员之汉名，牛录章京为佐领，甲喇章京为参领，梅勒章京为副都统，固山额真为都统。

⑭满洲：地名，因满人起源于中国的东北地区，故将奉天（今辽宁）、吉林、黑龙江三省泛称为"满洲"。在明代和朝鲜的官私著述中都不见这一名称，他们经常用的是建州、女真、女直，而满族的官方档案自万历四十一年（1613年）就有"满洲国"一词，一般则自称女直、诸申、肃慎。明崇祯八年（后金天聪九年，1635年），皇太极正式下令，满族一律称满洲，禁用其余旧名。从此，有清一代，满洲一直作为民族的名称，与汉、蒙、回、藏等并用，至于满洲二字之含义如何，说法很多，现在尚无定论。

⑮三大殿：太和殿、中和殿、保和殿之总称，是位于紫禁城内中轴线上的主体建筑，也是明清时期外朝的中心，三大殿南北依次坐落在土字形的台基之上，以门庑相连，四角有崇楼，为一封闭式院落。占地八万余平方米，约占紫禁城总面积的九分之一，是宫中最大的院落，至今建筑保存完好。

⑯后三宫：乾清宫、交泰殿、坤宁宫之总称。位于前三殿后的中轴线上，是明清时期内廷的中心。后三宫南北依次坐落在两米高的台基之上，以门庑相连，平面呈矩形，南北长约二百二十米，东西宽约一百二十米，占地约二万六千平方米，

房屋四百二十余间，至今建筑大致保存完好。

⑰内务府：或作内府，"总管内务府"的简称，清代总辖宫廷事务的机构，凡帝后的衣、食、住、行、育、乐都由其负责承办，并管理太监、宫女等。清入关前即设置，顺治十一年（1654年）废，改设十三衙门。顺治十八年（1661年）又废十三衙门，复置内务府，遂成定制，直至1924年宣统皇帝溥仪被逐出宫为止。内务府的组织源于满族的包衣（满语，汉译为家里的，即奴隶，身份世代相袭）制度，其主要人员分别由满洲八旗中的上三旗所属包衣组成。最高长官为总管内务府大臣，简称为内务府大臣，正二品，皆由满族王公大臣兼任，无定员，等于是皇帝的大管家。

⑱宗人府：管理皇族事务的机构。明洪武二十二年（1389年）改大宗正院而置，设宗人令一人，左右宗正各一人，左右宗人各一人，以亲王领之。清沿明制，于顺治九年（1652年）置，改宗人令为宗令，一人，宗正、宗人各一人，俱以宗室王公充任。宗人府掌皇族属籍，按时纂修玉牒（皇帝家谱），书宗室子女嫡庶、名封、嗣袭、生卒、婚嫁、谥葬之事，对确保皇族特权、维护皇家宗法等具有重要作用。

⑲辫子兵：又称辫军。辛亥革命后，张勋驻节徐州，为了表示自己仍效忠清廷，遂命他的定武军官兵禁剪发辫，共五十七营，两万多人。故时称张勋为"辫帅"，所部为"辫子兵"。复辟失败后，张勋下台，留在徐州一带的辫子军为安徽督军倪嗣冲收编。

第二章

『龙困牢笼』

日暮皇陵

军阀割据，直奉大战再起。炮火隆隆，旌旗猎猎，冯玉祥中途倒戈，北京政变。总统被困，吴佩孚兵败南逃，奉军大举入关，新内阁再次组建。末代皇帝被逐出紫禁城，困于天津张园。清皇室恢复帝国之梦未果，却传来清东陵被盗的噩耗。

北京政变

1924年初，雄踞于浙江的卢永祥和江苏的齐燮元两个敌对军事领袖之间发生了冲突。关于卢齐之间争斗的起因无须去做过多的介绍，因为自民国这个怪胎产生后的十余年间，这种军阀之间的争吵和打斗，几乎从未停止过。这次稍有不同的是，卢齐之间相互搏杀的结果，很快使中国北方最具实力的两大军事集团——占据东北三省的奉系军阀张作霖同占据中原的直系军阀吴佩孚、靠贿选登上总统宝座的直系首领曹锟之间大动干戈，相互搏杀起来。因为张作霖是卢永祥的盟友，而吴佩孚和曹锟则是齐燮元的盟友。正是出于对盟友也是对自身利益的考虑，才使这两个军事集团不惜一切代价而决一雌雄。

奉系军阀张作霖

早在1922年，直奉之间曾有过一次规模庞大的交锋，结果是不到一个星期，奉军大败而归。大败后的奉军不甘心失败，在一番痛定思痛之后，开始重新组织，整编了陆、海、空三军，摩拳擦掌，欲报当年的一箭之仇。这次卢齐之间的火并，恰好给予奉军一个出兵关内的借口和武装"调停"的理由。奉军将领们自不可能坐失良机。

秀才出身的直系军阀首领吴佩孚，对奉军的动向及心态是了如指掌。他知道作为辽西巨匪出身的张作霖，不会由于上次的兵败而善罢甘休。随着卢齐之间争斗的加剧，直奉之间的恶战也迫在眼前了。鉴于紧张的军事形势，吴佩孚决定立即派重兵云集山海关前，同时扣留京奉路列车，断绝交通，修筑工事，并派出游动哨遍布在绥中一带的长城脚下，以便更准确地观察、探听奉军的动向。

面对直系军的部署和采取的军事措施，张作霖虽怒火中烧，但不敢贸然行事。他不断派密探入关刺探曹、吴内部动静，以求知己知彼。当他得知自曹锟贿选以来，直系军阀已分裂为保定、洛阳两派（首领分别是曹锟、吴佩孚），以致貌合神离、各怀鬼胎，且吴佩孚手下大将冯玉祥又满腹牢骚，对吴颇为不满并准备拥兵自立时，张作霖大喜过望。他知道冯玉祥这位脑后有反骨的"倒戈将军"，什么事情都可能做得出来，便断然决定在直奉大战爆发前，先从冯玉祥身上下手，并密请北洋军阀元老段祺瑞和民国政府教育总长黄郛，策反冯玉祥。其条件是，一旦冯玉祥倒戈，奉军击败曹、吴直军后不再入关，北京政局由冯玉祥组阁主持。与此同时，张作霖又令他的儿子张学良密赴冯部，向冯玉祥暗中赠送"军饷"五十万元，以加重诱饵和砝码。冯玉祥听信了游说，收下了奉军的巨款，并答应见机行事。

当一切准备工作按预期计划就绪后，急于复仇的张作霖于1924年9月12日，宴邀各国驻奉天的领事，宣布由于直军增兵进迫山海关，所以奉军决定兴兵入关，请各国领事通知侨民迅速离开秦皇岛，同时通电讨直。

9月15日，张作霖将东三省保安军恢复为原镇威军，总司令是曾自称"镇威上将军"名号的张作霖本人，总参谋长是老谋深算的留日派军官首领杨宇霆。在杨宇霆的主持下，奉军将领张学良、姜登选、韩麟春、郭松龄、李景林、张作相、张宗昌等人，共同制定了对直作战的整个战略。这个战略是由热河南路、北路及山海关正面，三路并进。当热河两路到达喜峰口、冷口一带，与山海关一线齐平时，三路大军同时发动猛攻，力争一战而置直军于死地。

9月下旬，张作霖指挥六个军团，号称三十万众，分三路向山海关、热河南北路进发。同一天，由葫芦岛起飞的奉军飞机开始出现在山海关上空，一字型舰队也开足马力向秦皇岛方向集结。整个奉军已刀出鞘、弹上膛，一场恶战即将来临。

面对张作霖刺来的锐利剑锋，北京中南海总统宝座上的曹锟，急如星火地电召直系军阀实力派人物、在洛阳的吴佩孚火速进京主持应战事务。一日之内连拍三封紧急电报，由十万火急到百万火急，再到限时限刻。尽管如此，远在洛阳的吴佩孚却总是不肯动身。焦急万分的曹锟只好派心腹内侍李彦青，作为自己的全权代表亲赴洛阳劝驾。吴佩孚见到这位曹锟面前的大红人，仍不急不慢地说："打仗要钱，平时欠饷还则罢了，现在不发足饷，谁肯去前方卖命？"

精明的李彦青知道吴佩孚肚里有气，想借此机会给曹锟个脸色看看。但在李彦青一番承诺、吹捧和苦苦哀求之后，吴终于答应即刻北上，担起御敌重任。

事实上，这时的吴佩孚从京城和前线发来的战情报告上，清楚地知道奉军已逼近山海关，他不能再等了。

9月17日下午八时，吴佩孚的专列抵达北京。为了迎接吴佩孚，惊喜交加的曹锟含着激动的泪水，举行了盛大的欢迎仪式，并于当天晚上在总统府摆下盛宴，以示心迹。当这一切在激动、兴奋、热闹中结束后，直系军队的高级将领举行了秘密军事会议。会上，曹锟以民国政府大总统的名义宣读了对张作霖的讨伐令，并任命吴佩孚为"讨逆军"总司令，王承斌为副总司令兼后方筹备司令。接下来，根据吴佩孚所开列的名单，任命彭寿莘、王怀庆、冯玉祥为第一、二、三军总司令。

军情紧急，容不得半点耽搁，在经过一天的密谋策划后，吴佩孚要正式发兵北上了。

这天晚上，设在中南海四照堂的直军总司令部灯火通明。前来参加会议的除直系各军将领外，还有因奉军进关，顾维钧坚辞代理国务总理职务，由曹锟坚邀承接的颜惠庆，以及全国陆军总长陆锦、海军总长李鼎新、海军总司令杜锡珪、航空署长敖景文等六十多人。一时，四照堂内将星闪耀，大有八方风雨聚京都之势。

正当众人围坐在会议桌前焦急

美国《时代》周刊封面人物吴佩孚此为这家杂志封面刊登的中国人物中最早的一位，时间是1924年9月8日，下面的小字说明为：吴总司令。直到1927年4月4日，《时代》周刊封面才有第二位中国人出现，小字说明是：总司令蒋介石

地等待会议召开时，只听副官高声报告："总司令到！"霎时，殿内嘈杂之声顿寂，六十多人包括新任国务总理颜惠庆在内，都不约而同"唰"地站了起来。

吴佩孚从外面慢慢踱了进来。只见他下身着一条白布打裹腿的裤子，上身穿一件酱色宁绸夹袄，外套玄色坎肩（罩在长袍外的背心），纽扣却都未扣，嘴里衔一根纸烟。他向众人点了点头，接着在会议桌的一端盘腿坐下。在这战云密布、直军吉凶难测的严峻时刻，吴佩孚主持如此重要的军事会议不着军服而穿便装，着实让各位将领大吃一惊。他们在先后落座的同时，眼睛仍在吴佩孚这身打扮上不时地晃动。吴佩孚已猜到了将领们的疑惑，但他没有主动解释。他此时特意穿一身便装而不穿军服的用意，无疑是在暗示各位将领，让他们意识到自己的心情极为轻松，压根就没把气势汹汹的张作霖放在眼里。同时，他又示意众人忆起，去年自己五十寿辰时，康有为当场手撰的那副对联："牧野鹰扬，百岁功名才半纪；洛阳虎踞，八方风雨会中州。"这副对联在迅速传遍四方的同时，他的声威也随之名扬天下——那天，他几乎就是这身轻松而又干练的打扮。

吴佩孚扔下烟蒂，轻轻咳嗽了一声，习惯性地摸了摸两撇黄胡子，开始说道："奉张大逆不道，杀我人民，夺我土地，侵我主权，藐我武功。本总司令奉大总统之命，统率三军，大张挞伐，誓必除此元凶。切盼诸将用命，早奏凯歌。"说到这里，他环顾了一下众人，见大家都以极为崇敬的目光望着自己，不免更加得意，遂继续说道："兵来将挡，水来土掩。奉张既分三路来犯，本总司令亦分三路迎击。第一军出山海关。再分三路进击。第一军总司令彭寿莘兼第一路司令，副总司令王承斌兼第二路司令，董政国兼第二路司令。第二军由总司令王怀庆率领迎击热河南路；第三军总司令冯玉祥率部出古北口，迎击热河北路。后援军共分十路，派张福来担任总司令……"

这便是中国近代史上著名的"四照堂点将"。由于曹锟予以全权，诸将唯命是从，吴佩孚慷慨激昂，神采飞扬，以未曾有过的非凡气度，实实在在地过了一把"全国兵马大元帅"的官瘾。

点将完毕，已过午夜。就在众人散去时，吴佩孚示意援军第二路司令胡景翼留了下来，悄悄赋予他一个秘密任务：监视冯玉祥。

同张作霖一样，吴佩孚也深知冯玉祥"脑有反骨"，所以这次点将，他

冯玉祥将军

特别强调古北口一路关系重大，非劲旅不足以胜任。其实这一路关山险阻，地瘠民贫，军队接济极为困难。吴佩孚有意要陷冯玉祥于绝地。尽管如此，他仍旧放心不下，除了密派副总司令王承斌，以指挥热河方面作战为名，随第三路行动，作为监视以外，另派胡景翼由喜峰口进军热河，表面支援第二军王怀庆，实际上是暗中对付冯玉祥。第二天，为防万一，吴佩孚又对胡景翼下达了一道密令："只要冯玉祥一有越轨的举动，你立刻解决他的部队，使用任何手段都可以。"

吴佩孚的这一安排，自以为万无一失，然而他错了。他只知道胡景翼在陕西当护国军总指挥时，冯玉祥曾有过对他不利的举动，而去年胡率陕军第一师随冯玉祥入河南后，又因军饷问题加大了原有的裂隙，胡景翼由此与吴佩孚的心腹张福来及靳云鹏的胞弟靳云鹗结成"小三角联盟"，合力倒冯，胡冯之间的矛盾越来越深。这时的吴佩孚尚不知道，胡景翼在此之前，已被冯玉祥的至交、大名镇守使孙岳拉拢，和冯玉祥一起又秘密结成了一个倒吴的"小三角联盟"。吴佩孚的这个计划，自然很快被胡告知了冯玉祥。

此时的冯玉祥并未表示出多大的吃惊，他早就看出自己与吴佩孚之间，已到了水火难容，且必须挑明的时刻了。此前在教育总长黄郛的策动以及张作霖那五十万"军饷"的诱惑下，他已准备轰轰烈烈地干一场"首都革命"。得此不利的消息，越发加强了他的决心。他很快向曹锟保荐自己的心腹孙岳为首都警备司令，孙与曹锟的关系极深，自然一保就准。与此同时，冯玉祥又暗中联络王承斌、胡景翼、孙岳、鹿钟麟等，秘密制订了两套行动计划：一种是吴佩孚获胜，他们就将自己的军队集中榆关，阻止吴军挥师入京，一面胁

迫曹锟任命吴为
东三省巡阅使，
这是排吴而不倒
曹的计划；一种
是吴被打败，冯
玉祥部应迅速回
师北京发动政
变，这是曹、吴
并倒的计划。

　　当这一切商
量妥当后，冯玉
祥才在吴佩孚派
人几番催促下，

山海关城楼与明代
铁炮

率领一师三个混成旅，于9月24日陆续开拔前线，这是直军
参战部队最后一支离开京城的力量。临行之前，冯玉祥又在
南苑①留下了部分军队，让孙岳率领，以做事后策应；同时
又给教育总长黄郛留下了一个密码本，以保持京师内外的相
互联络。

　　尽管直军内部产生了不祥的阴谋，但直奉之间一场残酷
的厮杀还是不可避免地开始了。

　　当直军的精锐彭寿莘部到达山海关前沿时，遭到了奉军
第一军姜登选部和第三军张学良部的猛烈冲击。奉军派出飞
机在轰炸山海关、北戴河直军精锐的同时，又分别对直军第
十五师司令部及彭寿莘驻地天泰栈进行轮番袭击，致使彭寿
莘不得不向北京发出急电，请求空中支援。9月28日下午，
九架直军飞机飞过山海关，开始轰炸奉军阵地，其中两架是
当时世界上最先进的大维梅式飞机。与此同时，吴佩孚还派
来一个配置了意大利高射炮的炮团，专门对付奉军飞机。此
时的山海关前沿阵地，直奉双方旗鼓相当，各不相让，厮杀
进入白热化。

奉军向直军
阵地开炮

9月30日，奉军以重炮轰击直军阵地。

10月2日，奉军主力相继攻占了山海关前沿的万家屯、黄场、龙王庙、姚家庄等直军阵地。

10月4日，奉军接着攻克了红墙子，剑锋直逼直军第十五师阵地姜女庙。直军总司令彭寿莘急调大军进驻姜女庙一带，阻击奉军的进攻。

10月7日拂晓，奉军凭借从英、美等国购进的火力明显强于直军的大炮，开始轰击直军阵地。上午九时，奉军一、三联军司令姜登选、张学良，下令奉军进击，并严令官兵只许前进，不许后退，务必攻下直军前沿阵地姜女庙。随着冲锋号的吹响，两万余名奉军跃出战壕，兵分两路向前扑去。面对奉军的强大攻势，直军司令官彭寿莘指挥几乎和奉军人数相当的部队拼命反击，奉军没有成功，只得退却。

下午三时，奉军在暂缓了一口气之后，再次向直军阵地开炮，并以重炮集中轰击姜女庙一带。几乎与此同时，张学良又调来十七架飞机，配合炮兵对直军阵地狂轰滥炸。在强大的炮火和飞机的猛烈轰击下，直军支持不住，阵地出现溃败的迹象。奉军趁势再次发起总攻，直军终于支撑不住，被迫撤退，姜女庙落入奉军之手。紧接着，张学良、姜登选指挥大军向山海关扑来，却不料踏响了直军布下的地雷阵，奉军官兵伤亡惨重，不得不停止攻击，开始撤退。直军司令彭寿莘趁势挥师进击，姜女庙很快被夺回。此时的山海关战场，直奉双方已经过七八个昼夜的鏖战，虽打得昏天黑地，死尸遍野，但都没有多大进展，双方暂呈对峙的僵局。

就在山海关正面战场枪炮轰鸣，山摇谷应之时，九门口一带，由奉军李景林、张宗昌为正副军长的第二军的一个团，突破了黄土岭口，接着攻克了九门口。九门口是除山海关之外，又一条通向关内的通道，为兵家必争之地，此处失守，对直军构成了极大威胁。

按照吴佩孚的战略，先用大量兵力，在山海关至九门口一线，吸引奉军主力第一、第三联军，再由冯玉祥出热河，牵制奉军在锦州、绥中一带待命的预备队。这个预备队是张作相的第四军与吴俊升的第五军，官兵素质和装备虽不如一、三两军，却是能征惯战的老兵，是奉军的第二主力。至于李景林、张宗昌的第二军，吴佩孚并没有放在眼里，只以为王怀庆的第二军凭险便可固守无忧。

此战略看似极为高明，但让吴佩孚想不到的是，冯玉祥的第三路军，将行军路线拉得极长，而且越到前线官兵越少，但战报却很热闹，经常有"遭遇敌军，力战歼之"的报告飞往北京。事实上，冯玉祥一出古北口便拥兵观望，时时刺探情报准备倒戈，哪里还有心思和精力去牵制锦州、绥中一线的奉军。

冯玉祥这一反常举动，使本来就不算精干的王怀庆倒了大霉。面对各路进击的奉军，他感到了独木难支的痛苦与惊慌。

9月20日，奉军李景林、张宗昌部集中兵力进攻王怀庆部的阵地朝阳县城，直军退却。

9月29日，奉军张宗昌部相继攻克王怀庆部的直军阵地建平、凌源。

10月8日，直军阵地赤峰落入奉军之手。10月11日，直军在奉军张宗昌部的猛攻下，撤离玉麟山，退守冷口。至此，热河的重要地区全被奉军占领。

自9月17日之后，向以儒将自誉的吴佩孚一直在中南海四照堂饮酒赋诗，颇有一番运筹帷幄，决胜千里的样子。尽管曹锟对直军在前线的节节败退忧心忡忡，心急如火，但吴佩孚好像一点都没放在心上，继续吟诗作赋，谈笑风生，仍不把土匪出身的张作霖放在眼里。直到九门口失守，热河全区几乎落入奉军之手时，他才感到事态严重，自己不能不亲自出马上阵了。

10月10日上午，吴佩孚到中南海怀仁堂向曹锟辞行，决定即日赴山海关督战。"总统不必担忧,佩孚此去山海关,与前方将士协同抗敌,胜利在握。只是近几日我有一事仍放心不下,这就是冯玉祥。我总在担心他有倒戈的可能。为稳妥起见,我意撤掉他的总司令职务,将他的部队划归王怀庆统一指挥,以绝后患。"吴佩孚说到这里看了一眼曹锟。

曹锟知道吴冯之间有些芥蒂,但自己对冯玉祥不薄,心想他还不至于干出如此背信弃义的事来,便说道:"子玉(吴佩孚字),兵书云:用人不疑,疑人不用。冯玉祥已率部奔赴前线,我们怎好撤换他,况且临阵换将,也为兵家所忌呀……"吴佩孚知道曹锟有意袒护冯玉祥,也就不好再说什么。"只是我走后,总统在京中要多加提防,免生不测才好。"吴佩孚关照说。

曹锟听了,极为感动地点了点头。

10月11日晚九点,吴佩孚身穿上将军服,率领直属部队,坐上"讨逆军总司令"的专列,由北京前门站出发,随行的有各国观战武官及中外新闻记者共一百余人,浩浩荡荡地向东北开去。此时的吴佩孚觉得风光无比,神气十足,认为比一年前在洛阳过生日时,那"八方风雨会中州"的场面还要心情畅快。

第二天凌晨四点半,吴佩孚的专列抵达山海关,并在黎明的夜幕中视察了直军的前沿阵地。凭着多年的作战经验和对地形的侦察知识,吴佩孚在分析了当时直奉两军的情势后,认为非夺回已被奉军占领的石门寨不能扭转战局。他立即命令由温树德指挥的直军渤海舰队预定进攻葫芦岛的两万名预备队员,全部在秦皇岛登陆,由后援军总司令张福来指挥,务必夺回石门寨与九门口。同时吴佩孚又调集各路军队赶赴山海关正面战场,欲与奉军决一雌雄。张作霖见吴佩孚亲临前线,各路直军纷纷向山海关扑来,也火速调兵遣将,向山海关集结。一时山海关前沿阵地,大军云集,气氛几至凝固。

10月22日,吴佩孚亲自指挥八个师又三个旅近二十万精兵,在山海关全线及山羊寨一带向奉军扑去。顿时,山海关前沿炮火连天,乱石纷飞,横尸遍地。

直军如此强大的攻势,使奉军受到了未曾有过的重创,战局急转直下,胜利的曙光朝着吴佩孚指挥的直军悄然降临。

正当前沿阵地的奉军将领张学良、姜登选、韩麟春、张作相等在惊天动地的炮火中为战事忧心忡忡时，突然接到总参谋长杨宇霆自奉天司令部发来的一份密电："金坛密示，大树回师，延陵全线动摇。"隐语中的"大树"指冯玉祥，"延陵"指吴佩孚，"金坛"指

奉军入关

段祺瑞。这一消息的突然到来，使奉军将领如释重负，由忧转喜。看来那五十万"军饷"果然起了作用，冯玉祥倒戈了。

当吴佩孚指挥直军精锐在山海关和奉军激战时，冯玉祥在古北口外承德以西的滦平，正和他手下的将领谋划着如何倒戈、回师北京的大计。为了稳妥起见，冯玉祥向山海关"讨逆军总部"发了一份电报，报告所部途经承德，因沿途粮饷接济困难，炮弹又受潮湿，战斗力大受影响，同时探问第一路军作战的情况。

吴佩孚此时正命他的参谋长张方严电催各军，火速前进。给冯玉祥的复电，同样是催促进军。为了加强语气和显示战局的紧迫，特缀一句："大局转危为安，赖斯一举。"冯玉祥召集手下将领对电报内容进行了分析，同时参看了由密探发来的"直军牺牲惨重，势已不支"等战情报告，认为直军兵败已成定局，回师北京的时机已经到来。冯玉祥立即发电报叫京中的孙岳将驻防在大名的军队迅速调回南苑和留守的部队会合，同时下令所部将士，后队变前队，火速回师北京。这支三千余人的队伍，沿途割断电话线，封锁消息，以最快的行军速度悄无声息地向北京直扑而来。

此时在山海关的吴佩孚对这支军队的倒戈毫无察觉，而冯玉祥自然也不知道九门口已被直军第三师夺回，这时恰是吴佩孚组织他的精锐对奉军进行全面反攻的前夜。

10月22日晚，冯玉祥率部赶到密云，和前来接应的教育总长黄郛会面，并召集部下又开了一个短暂的会议。就在这次会议上，冯玉祥将所部改称为国民军，并以"为停止内战，不恤执戈以相周旋，实现全国和平统一"的名义向全国发出通电，以示倒戈之理由。

几乎在通电发出的同时，冯玉祥部的前锋，第八旅旅长李鸣钟、第二十二旅旅长鹿钟麟两部已开进北京，并迅速占领了各城门以及车站、电报局、电话局等交通电信机关。次日凌晨时分，鹿钟麟亲率一个营和孙岳的部队配合，用大车堵塞了北京城内的交通要道，同时切断了总统府和政府各机关的电话线，包围了总统府。至拂晓时分，冯玉祥的部队完全占领了北京——一场政变就这样悄无声息地发生了。

"北京政变"时的鹿钟麟

10月23日九时，总统府卫队营营长孙海清，被孙岳部队叫了出来，并命令他率部缴械投降，否则，大总统的性命难以保证。这位卫队营营长，曹锟的干儿子，一看政变军队的阵势，立刻意识到事态的严峻和抵抗的结果。他二话没说，返回中南海向曹锟急急地禀报。

这时的曹锟尚不知外面已发生了天翻地覆的变化，他只是觉得有些不对劲，因为从早晨到现在，他没有见到一个幕僚，电话也奇怪地接不通。正在房间踱着步暗自疑惑时，孙海清哭着跑了进来，第一句话就是："大总统，不好了，冯玉祥政变了！"

如一瓢冷水浇到曹锟那昏昏沉沉的头上，他猛地打了个冷战，顿时目瞪口呆。

当孙海清把中南海外的情形大体说了一遍时，曹锟才木讷地张着口断断续续地说道："冯玉祥……政变?！"

"是政变了，他们的军队包围了总统府，还命令我的卫队缴械，如不缴械……"孙海清没有将后边那可怕的话说出来。

这时的曹锟才稍稍回过神来，他想起吴佩孚临赴山海关时对自己说过的话，但自己却没放在心上，想不到真被吴佩孚言中了。现在冯玉祥的大军已经控制了整个北京城，后悔已是无济于事了。况自己一个小小的卫队营，怎能抵得冯玉祥的虎狼之师，如若反抗也只有死路一条。想到这里，曹锟对站在身边的孙海清说："你们缴械吧！"说完，整个身子退压到一把太师椅上，闭上眼睛不再吭声。

一个小时后，总统府的卫队营被迫缴械。鹿钟麟的一个营进驻中南海，将曹锟居住的延庆楼团团围住，并称：没有冯玉祥的命令，曹锟不得离开延庆楼半步。

当日下午，冯玉祥请内阁总理颜惠庆到延庆楼，向曹锟提交了三项条件：一、颁停战令；二、免吴佩孚本兼各职；三、召集各省代表会议，共决时局。

曹锟虽被困牢笼，但依然对前线的吴佩孚抱有战胜奉军的幻想，他望着颜惠庆长叹一声道："虎落平阳遭狗欺，你先回去办理一下以示应付，一切等子玉回师北京再做计较。"颜惠庆听罢即同内阁召集会议商讨对策。

下午六时，颜惠庆拿着会议决议来到延庆楼请曹锟过目。曹锟看了"吴佩孚免去本兼各职，派任青海垦务督办，其余职务一律撤销"等字样后，沉思片刻，说了句："我对不起子玉啊！"随即颤抖着双手，将总统大印拿了出来。随着鲜红的大印落于纸面，几滴浑浊的泪珠也溅到曹锟的手上。

就在冯玉祥指挥军队把北京政局搅得翻天覆地之时，在山海关前线的吴佩孚得到了消息。这个不幸的消息是他的日本军事顾问冈野增次郎最早传来的。冈野增次郎同时拿出两份已由日文译成中文的电报给他看。这两份电报，一份来自北京日本守备队，一份来自天津日本驻屯军司令部，内容大致相同，说："讨逆军第三军司令冯玉祥，于23日下午六时退出战场，未经枪战，即攻入北京，发动政变。曹锟总统已失自由，北京情况不明。"下面列着一串发动政变人士的名单。

吴佩孚看过电报，大惊，接着长叹一声："果然不出我之所料。当初我本想撤换他的第三军司令之职，因大总统替他求情方才作罢。看来曹大总统今日是作茧自缚，自作自受了。"停顿片刻，他又望着硝烟弥漫的战场前沿说："最近这几天，我辗转反侧，夜不成寐，身子转到这面，想到张作霖，转到那面，又想到冯玉祥。事情到底还是发生了，这让我怎么办好？！"

正当吴佩孚悔恨交加又焦灼万分之时，一个参谋送来了一份由洛阳大本营发来的电报，内称驻守洛阳的第二十七师憨玉琨部的团长孙殿英发生哗变，其部纠集了一个机关枪连、一个骑兵连，先后攻占了彭婆镇、临汝镇、郏县、禹县和嵩县县城。孙殿英自封独立旅旅长，沿途广招土匪、散兵游勇，从者甚众，声势颇大，洛阳受到威胁……

吴佩孚看完电报，沉思片刻，回头对站立的参谋说："我怎么不记得有这么个团长？"

参谋干脆利落地回报道："据司令部调查，孙殿英其人原是一名土匪，后投河南陆军第一混成团丁香玲部，由士兵升任机枪连连长，再后来被憨玉琨部收编，任混成营营长，后升团长。两年前，其人在洛阳聚众制造烈性毒品，曾被大帅严令缉捕过，但未能捕获……"

吴佩孚轻轻"噢"了一声，接着说道："我想起来了，是有这么个人。"吴佩孚看了参谋一眼，脸上明显带着不可遏制的愤怒，声音不由得提高了几分："一个小小河沟里的癫蛤蟆也想兴风作浪，你电告憨玉琨，让他迅速派兵将这个悍匪擒获，等我杀了冯玉祥，再回去杀他。"

"是！"参谋答应着转身返回司令部。

"奶奶的，前院后院都在起火。"向以儒将自称的吴佩孚已没有了早年那个山东秀才的儒家风范，禁不住恨恨地骂了一句。

面对极其严峻的局势，吴佩孚不敢迟疑，立即下令召开军事会议。此时直军正在山海关正面战场进入总反攻。除此之外，王承斌指挥的第二十三师及第九师，正奉命出义院口，经千沟镇，直攻东面的绥中。此地是山海关第一个屯兵要地，如果攻下来，足以截断山海关正面奉军的归路，这是吴佩孚此次用兵的一个绝好计划。而王承斌在率部浴血奋战,即将大功告成之际,接到了冯玉祥倒戈、吴佩孚召集会议的急电。他不得不下令暂停进攻,以待后命。

吴佩孚向匆匆赶来的直军将领叙说了事情经过后,又严令各军:"暂停进攻,坚守阵地,我回去杀冯玉祥。等我回来,再全面反攻,直捣黄龙,活捉张作霖。"接下来他宣布:"我走之后,直军总司令一职,由张福来代理。"

吴佩孚带了一个旅的兵力乘车南下,准备先到天津,与驻守此处的曹锟七弟的一个旅合兵一处,杀向北京,活捉冯玉祥。吴佩孚自认为这样安排还是恰当的,他对捉冯败奉仍充满了信心。但他没有料到,自己的出走,使刚刚鼓舞起来的直军士气一落千丈,而奉军却士气倍增。奉军前线将领张学良等抓住这个千载难逢的绝妙时机,迅速调动大军进行全面攻击,直军的总崩溃已成无法挽回的定局了。

处在冷口一线的张宗昌部,刚刚和直军交火,直军便大举溃退,团以上的军官纷纷逃亡,士兵无路可逃,只好弃城束手就擒。张宗昌乘胜率军一路冲杀,东起昌黎,西至唐山一线的直军不下七万人,全部被张宗昌部俘获收编,枪炮器械所获不计其数。张宗昌部兵力由此一下子扩充到十几万人。被收编的直军,原二等兵当班长,班长当连长,连长当团长,团长升旅长,旅长自然升师长、军长,肩章来不及改换,就用锡箔纸染成黄色用以代替。张宗昌以一个暴发户的姿态和实力,在奉军各路将领中扶摇直上,威势倍增。与其说冯玉祥的倒戈,吴佩孚的兵败,成全了张作霖,不如说成全了张宗昌。正是这次大战,才使在奉军地位卑微的张宗昌, 跃成为后来势力庞大得连张作霖都无可奈何的直鲁联军②总司令。

当然,号称奉军精锐之师的一、三联军,在姜登选、张学良的指挥下,自是勇猛无比,势如破竹。在攻克山海关后,又占领了秦皇岛。直军溃兵遍野,四散奔逃。为了扩大自己的势力,张学良在趁机收编了五万多直军官兵后,又指挥军队向京津一线疾速推进。遗憾的是他比张宗昌晚了一步。这时的张宗昌已先于张学良接近了京津,并指挥部队将滦州、唐山一线的直军收编,然后又唆使部下趁着混乱,将沿线大户店铺的财物洗劫一空。同时,他以搜捕直军溃兵为名,亲率心腹部下进入地处遵化县③马兰峪镇的清东陵禁区，将陵区地面建筑和祭祀陈设等所有值钱的物品，大肆劫掠了一遍，仅劫掠的金银器物就装载了几十大车。由于战局紧张和张学良、李景林等部迅速开来，张宗昌放弃了原打算掘陵盗宝的计划，在一阵匆忙的劫掠之后，命令部队撤出东陵禁区，向天津推进。张宗昌和几个亲信部下最后离开陵区，当他骑着高大的战马踏着神道④走出大南门⑤后，又忍不住回过头来，对着苍茫的陵园和若隐若现的黄色琉璃大殿，轻轻说了句："再等来日吧！"说完，带着无限的遗憾，打马飞驰而去。

自从这次匆忙地告别了清东陵，张宗昌那盗陵掘宝的梦想再也没有机会得以实现了。令他想不到的是，此时的遗憾，在四年之后竟由一个叫孙殿英的部下完成了。不过，这时的孙殿英作为直军发动叛乱的一个团长，正率部在洛阳攻城略地。吴佩孚已电令其师长憨玉琨进行捕获，他们的相识还要在一年之后。

就在张宗昌、张学良、李景林等率部逼近天津时，受冯玉祥的命令，胡景翼率部走出北京，抢先占领了天津北面的杨村，京津之间的铁路、公路均被截断。也就在这个时候，山东督军⑥郑士琦发出通电，宣布不准直军由津浦路入境山东。刚刚抵达天津还未来得及下车的吴佩孚瞬间成了瓮中之鳖。他无法进入天津，更无法进入北京了。

在这千钧一发的紧要关头，吴佩孚在部下的劝说下，只好将车开到塘沽，并于11月2日晚十点弃车登上了忠诚的部下为他准备的一条运输舰华甲号，仓皇向海上开去。

吴佩孚怎么也想不到战事会在瞬间变成了这种样子，他站在华甲号的甲板上，望着渐远的码头和码头上暗淡的灯火，不禁悲从中来。他凄然地对身边的部下说道："我今天已成为败军之将了，虽然运穷命蹇，自念尚非可死之时，只有收拾残军，浮海南下，看形势再定行止吧！"英雄末路，禁不住潸然泪下。

就在吴佩孚弃车登舰，浮海南下的当天，冯玉祥的部下鹿钟麟等人来到中南海延庆楼，胁迫曹锟交出总统印玺，并让其立即迁出中南海。此时的曹锟知道吴佩孚已回不来了，不禁放声大哭。万般无奈中，他交出大小印玺十五颗，并表示即迁往东交民巷医院养病。

11月3日，曹锟正式通电全国，宣告引退。

随着吴佩孚乘舰南逃，曹锟宣布引退，中国近代史上著名的第二次直奉战争也宣告结束。其结果以直系军阀主力全军覆没，奉系军阀再度入关而终结。

冯玉祥逼宫

北京政变（亦称壬戌政变）成功后，张作霖、冯玉祥赴天津，与居住在此处的北洋派元老段祺瑞共同密谋政权的分配事宜。在一番相互讨价还价之后，决定电邀南方的革命党领袖孙中山北上，主持政局。在孙中山到京之前，由段祺瑞出任民国政府临时执政，并组成了以政变中的功臣黄郛为总理的临时内阁。

11月4日，政变后的第一次临时内阁会议在中南海召开，会议结束后，颁布了大批人事任命。当参与政变的各路将领、谋士都得到了满意的封赏之后，冯玉祥觉得仅仅发动一个北京政变，赶走了曹锟、吴佩孚并不过瘾，于是又向临时内阁提出了将清逊帝溥仪驱逐出宫的议案，并自然地得到通过。

早在冯玉祥从承德回师北京的前三日，住在紫禁城永和宫的端康太妃（他他拉氏，死后谥号为温靖皇贵妃），也就是光绪皇帝的瑾妃死去。按照清宫规矩，灵柩很快被移到慈宁宫治丧。寂寞的深宫，由于瑾妃的死，竟显得异常刺激和令人兴奋。王公大臣穿孝上祭，

末代皇帝溥仪退位后闲极无聊，在宫中爬房摸一阵家雀儿后照相

喇嘛念经，太监、宫女来回穿梭，使死气沉沉的紫禁城又添了一分生气。到了10月23日，摄政王载沣召集内务府诸大臣会议，当众提出："诸位久居深宫，难免烦闷，此次治丧，咱们就热闹热闹吧！"这个提议得到众臣僚的赞成，并表示："丧事要隆重办理。"但尚未热闹起来，第二天北京就发生了政变，全市戒严，人心惶惶。清宫的臣僚们只好决定暂时封灵，等局势平静再来"热闹"。

清宫小朝廷的臣僚们渴望的局势平静，不但未能到来，相反，局势越来越令人感到惶恐不安了。11月2日，进入紫禁城的每一道门，都被冯玉祥的军队严密把守。平时守卫神武门的皇室卫兵已被迫撤至神武门内，而孙岳的部队已逼至门外。这一变化，又使臣僚们惊恐不已。冯玉祥早就想驱逐溥仪出宫，已是宫内尽人皆知的事情。这次冯军突然逼来，意味着什么？溥仪的英文老师，英国人庄士敦⑦，内务府大臣郑孝胥以及溥仪的岳父荣源等臣僚，怀着惶恐不安的心情来到溥仪的住所召开会议。臣僚们一致认为冯玉祥打算发动另一次针对皇帝的"政变"已成定局，而且可能还要没收王公亲贵的财产。面对如此严峻的形势，与会人员开始探讨用怎样的方法，将溥仪尽快安全地撤到使馆区避难。但反复讨论，总是不得要领，会议只好不欢而散。这时，清宫中许多办事人员已看出了局势不妙，纷纷躲藏或逃之夭夭。庆亲王奕劻的儿子载振，更是星夜避往天津。以后几天，摄政王载沣天天进宫，召集王公、帝师、旧臣们开会，而与会者不是夸夸其谈，异想天开，就是愁眉苦脸，一言不发。整个紫禁城呈现出孤独凄凉、鬼气阴森的景象。那些为瑾妃的丧仪办理物品的男女，身着孝服恍惚不安地游来荡去，越发增添了几分紧张和不祥的鬼气。11月4日，内务府大臣绍英突然跑到溥仪的住所报告，说原驻守故宫和景山⑧的一千二百多名士兵，全部被冯玉祥的军队缴械，即将调到北苑⑨，听候改编。这一消息，使溥仪和王公大臣如雷轰顶，更加恐慌不安，再次商讨出逃的方案，但直到夜幕降临，仍是争吵不休，苦无良策。

几乎与此同时，一辆黑色的小汽车，借着寒冷的夜幕，飞快地驶抵南苑国民军司令部门前，新任京师警察总监张璧从车中走出，飞快地跨入大门。

居住在此处的冯玉祥正在客厅等他。此时的冯玉祥尽管没在内阁中任职，但谁都知道他是内阁实际的主宰者。在段祺瑞尚未从天津赶到北京就任的这个短暂的空隙，民国政府就是冯玉祥，冯玉祥就是民国政府。

"打电话叫你来，就一件事，过去跟你谈过，明天你就去办吧！"冯玉祥踱着步子，晃动着胖大的身子，极其轻松地说。

喘息未定的张壁愣了一下，半天也未想起这位民国政府的实际操纵者让他办的是什么事情。

冯玉祥看着张壁不解的神色，突然哈哈大笑道："怎么，这么快就忘了，就是那个小孩子的事嘛！"

张壁这才想起，原来是让他驱逐溥仪出紫禁城一事。此事冯玉祥曾经向他说过，但没想到会这么快。

"这事一定要速战速决，一旦段祺瑞来京就难办了。你今晚就去找鹿钟麟、李煜瀛二人商量，明天一早就行动吧！"冯玉祥止住笑，一脸严肃地说着，张壁点头答应。

1924年11月5日晨，溥仪和臣僚们日夜担忧的事情终于发生了。国民军新任北京警备司令鹿钟麟、警察总监张壁和"清室善后委员会"委员长李煜瀛，率领四十余名军警突然冲入神武门，将各门的清室护卫军全部缴械，然后直奔紫禁城后三殿清皇室住所。

正在吃苹果的溥仪听到太监跑来报告，手猛地一抖，半个苹果掉在了地上。站在一旁的内务府大臣绍英见溥仪脸色煞白，结结巴巴地说不出话来，便急忙说道："皇上且安歇，我去应付。"遂转身向外奔去。

见绍英急急忙忙地迎过来，鹿钟麟等不再前进，站定了跟绍英说了要驱逐溥仪立即出宫的决定，同时递上了由临时内阁修改后的清室五项优待条件。

今因大清皇帝欲贯彻五族共和之精神，不愿违反民国之各种制度仍存于今日，特将清室优待条件修正如下：

第一条　大清宣统帝即日起永远废除皇帝尊号，与中华民国国民在法律上享有一切同等之权利。

第二条　自本条件修正后，民国政府每年补助清室家用五十万元，并特支出二百万元开办北京贫民二厂，尽先收容旗籍贫民[①]。

第三条　清室按照原优待条件第三条，即日移出宫禁，以后得自由选择住居，但民国政府仍负保护责任。

第四条　清室之宗庙陵寝永远奉祀，由民国酌设卫兵妥为保护。

第五条　清室私产归清室完全享有，民国政府当为特别保护，其一切公产归民国政府所有。

绍英看完，顿觉天旋地转、两腿发软，幸亏随侍李国雄、严桐江两人及时抢前扶住，才免于跌倒。绍英略微镇定了片刻，瞪着眼睛瞅了瞅鹿钟麟等三人，突然冲着李煜瀛说："你不是老臣李鸿藻之子吗？李家世代备受皇恩，均为清室忠良，你何忍如此？"

李煜瀛的父亲确是同治皇帝的启蒙老师、官至协办大学士的清末名臣李鸿藻，殁于光绪二十三年（1897年）。死后赠太子太傅，赐祭葬，谥文正，入祀贤良祠，恤典优隆，受恩深重。绍英祈望以此来打动李煜瀛，但李煜瀛却不管这些。父亲受大清皇朝之恩，为朝廷尽忠尽孝是理所当然的，而自己受的是冯玉祥的恩泽，尽忠冯玉祥才是最在情理之中，怎管得了这个小朝廷的冷暖？李煜瀛想到此，笑而不答。

绍英见李煜瀛不理会他的劝说，又想起鹿钟麟的身世，说："你不是今上赐谥文端的鹿中堂一家吗？鹿相乃清室重臣，汝等如此逼咄，可忍心否？"

鹿氏家族在明朝末年出过一个鹿善继，河北定兴人，官至太常少卿，崇祯初年辞官回里，有一次清兵破边墙入侵，破定兴城时遇难，谥忠节。鹿钟麟正是他的后裔。冯玉祥平时常以孙岳为明末名臣孙承宗之后、鹿钟麟为鹿善继之后，向人夸耀他的部下所具有的忠贞、高贵的血统。而绍英所说的鹿中

中原大战时，鹿钟麟任冯系第二、三、四方面军前敌总指挥，率西北军二十六万人进入河南反蒋

堂，是指鹿钟麟的本家，即官至大学士的鹿传霖，殁于宣统二年（1910年），死后谥文端，所以称"今上赐谥"。

事情到了这般田地，绍英还以如此口吻来套近乎，实在是不识大局和儒腐臣僚所为。鹿钟麟说："我今天来此是执行内阁的命令，是为了民国，同时也是为了清室。如果不是我等，那就休想这样从容了！"

绍英见他一番嘴巴上的笼络并未奏效，遂改口道："想我大清入关以来，宽宏为政，没有做对不起天下百姓的事，何况优待条件尚在，怎么能够如此无理？"

"你这分明是在为清室说话。若提到满清入关的事，那么，我告诉你，'扬州十日，嘉定三屠'①天下百姓是永远不会忘记的。"鹿钟麟显然有些激动地接着说，"况且张勋复辟，颠覆民国，优待条件早为清室自己所毁弃。当时全国军民一致要求严惩复辟祸首，到现在还是一桩悬案。此刻紫禁城内外已布满了军警，气势汹汹，只等动手，如果不是我们劝阻，后果就不堪设想了。"

绍英望着鹿钟麟的严肃脸，知道再说下去也是徒劳，只好摆摆手道："你们等等。"转身回宫向溥仪报告去了。

溥仪听说鹿钟麟马上就要逼着出宫，不由得慌了手脚，对身边的臣僚们说："这，这可如何是好？！"

众人面面相觑，亦无良策可献。最后还是郑孝胥出了个主意："请皇上电谕太傅徐世昌，即刻前来保驾。请摄政王、庄师傅来宫议事。"

"电话线早被割断了。"一个臣僚说。

"那就派人传谕。"

鹿钟麟及清室代表绍英、宝熙检查永寿宫

"紫禁城内外军警密布，已出不去了。"绍英哭丧着脸回答。

郑孝胥摆出一副困兽犹斗的姿态，沉思片刻说："那就采取缓兵之计。"

溥仪和臣僚们七嘴八舌地又做了一番商量后，决定采取郑孝胥之策，仍由绍英出去交涉，要求缓期出宫。但鹿钟麟听后却十分坚决："今日非出宫不可。"

绍英无奈，再回宫禀报。再出来，又遭到同样的拒绝。如此往复三次，鹿钟麟等得心烦，顿生一计，到绍英第四次出来企图再行拖延之策时，尚未开口，鹿钟麟故意看了看腕上的手表，神色紧张地对身边的卫士说："你快去告诉景山上的守军，时间虽到，事情还要商量一二，先不要马上开炮。从现在起，再延长二十分钟，如还没有结果，他们即可行动。"

绍英一听"开炮"二字，顿时吓得面如土色，急忙摇着手说："鹿将军，好商量，好商量。"遂掉头就跑。

溥仪听了绍英的报告，再也沉不住气了。他蓦地从御座上跳起来，脸色煞白，搓着双手焦急地说："怎么办？究竟怎么办？如果出宫，朕去哪里？这些家产和太妃们又如何料理？"殿内顿时一片大乱。臣僚们面带惧色，有的窃声议论，有的悄悄溜了出去。不多时，在外面等得不耐烦的鹿钟

从景山俯视故宫

麟等人带着几名士兵来到了大殿。只见鹿钟麟走到溥仪的跟前，将两枚手榴弹放在绍英面前的桌子上，然后指着五项修改条件对溥仪说："请溥仪先生签字吧！"

众臣僚望着桌上的手榴弹和鹿钟麟布满杀气的脸，没人再敢吭声，溥仪更是惊恐万状，魂不附体，连忙让人找来笔墨，颤抖着手在公文上签了字。当这一切结束后，经绍英再三苦求，鹿钟麟等答应溥仪的出宫时间可延长到下午三时，但不得再生枝节。溥仪、绍英等连连称是。

接近晌午，又有几位王公旧臣来到了溥仪的居处。当他们听说溥仪已在公文上签字画押时，不禁捶胸顿足，痛不欲生。摄政王载沣当场摘下自己的顶戴⑫花翎⑬扔在地上，涕泪俱下地叫喊了一句："完了，大清——完了！"

下午三时，溥仪率领皇后婉容、淑妃文绣等，分别坐着国民军早已准备好的五辆汽车，在卫兵的护送下，向北海北边的醇王府——溥仪父亲的私邸奔去。当汽车通过神武门时，溥仪流下了悲伤的热泪。他隐约地感到，也许这是自己一生最后一次穿越神武门了。一旦离开了这里，他的人身安全及家产私财都将无法保证不出意外。其他的一切，诸如祖宗陵寝的守护等，都将随着自己被迫迁出紫禁城这个象征着权威的皇家禁地可能出现意想不到的乱子。但是，现在看来，一切都无法挽回了。

其实，历史曾不止一次地赋予过溥仪保住皇家威严的机会。

就在他刚刚退位不久，作为民国政府总统的袁世凯，曾对溥仪劝说过，要这个处于黄昏中的小朝廷移居颐和园。但内务府的臣僚们却以颐和园围墙太旧、太矮，易发生不测，人身安全无法保证等等为名加以拒绝。而那个鲁莽忠诚的辫帅张勋，竟不识时务地搞起了复辟，小朝廷竟又回光返照般地接纳了复辟言行，这就决定了溥仪在国人面前失去信用的同时，也为这次被逐出宫埋下了无法辩驳的祸根。溥仪的英文老师庄士敦也曾不止一次地劝溥仪，让其搬出紫禁城移居颐和园，以便履行和民国政府达成的协议。尽管由民国临时内阁单方面修改的优待条件中，有溥仪可自由居住的条款，但这个自由却有限度地只许他搬到他的出生地——醇王府，除此则别无选择了。

就在溥仪携家眷赶往醇王府时，他的英文老师庄士敦也听到了消息。在他的通风报信和努力下，驻京的日、荷、英三国公使，亲自前往新就任的民国政府外交总长王正廷博士的办公室进行交涉，要求了解有关紫禁城的消息，以及保证溥仪和皇室成员的安全。王正廷总长态度傲慢地说："这纯属中国的内政问题，并非国际关系，外国使馆无权干涉。"但三位公使也强硬地反驳道："不为别的，而是为了人类的利益，我们有权使自己相信皇帝并没有受到残酷的对待或侮辱，并将把对皇帝的任何虐待都看作是不愉快的事。"双方在经过一番唇枪舌剑之后，直至王正廷保证溥仪的生命不会受到威胁或发生危险，三位公使才起身离去。

王正廷总长的保证没有使溥仪打消半点顾虑，因为这时的醇王府周围已布满了国民军，岗哨林立，守备森严，大门外荷枪实弹的士兵更是如狼似虎地注视着院内院外的一切动静。这一切使刚刚到达的溥仪感到极大的恐惧和沉重，他在屋里不停地走动，开始思考着逃出这座监狱般王府的计划。

溥仪出宫的消息很快传播开来，并在社会各界产生了强烈反响。居住在天津的前清遗老们大为震惊，急忙召集会议，决定推派铁良、升允、袁大化及罗振玉进京抗议。最早代表民国政府参加过促成溥仪退位和草拟清室优待条件谈判的南方实力派人物唐绍仪，对记者发表了言辞激烈的谈话："我们之所以同意优待条件，是因为满洲人的退位缩短了革命的时间，拯救了人类的生命，并给予了我们一个专心致力于建设的机会……不管我们个人发表过什么意见，我们——中国人民的代表——曾同清帝缔结了庄严的协议，在新的协议未缔结之前，我们一定要遵守这个协议……但是，冯玉祥将军也许不再意识到中华民族的伦理原则……这不是政治问题，而是道德问题，这不是中国的政体问题，而是这个国家是否有礼貌观念的问题。"

北平知识分子领袖胡适在致王正廷总长的一封公开信中，坚认退位协议只能通过双方协商和通过和平途径进行修改或废除，并坚认冯玉祥采取的方法将作为"中华民国最令人讨厌的行动"载入史册。与此同时，在天津的段祺瑞和在奉天的张作霖对冯玉祥的擅自逼宫，也表示了极大的不满。

但社会普遍关注的焦点，还是在清室财产的善后处理上。当时广为流传的两个故事是：张壁在宫中清查财产，见桌上有一个钧窑⑭花盆，种着菊花，他知道钧窑是难觅的珍品，便对一个侍卫说："这盆花是好种，给我带回去养着。"

另一个故事是说鹿钟麟看见宫内桌上有一个翡翠西瓜，随即脱下军帽扣在瓜上。到临走时，卫士连瓜带帽一起捧到鹿的面前说："司令忘记戴帽子了。"鹿答道："很热，我暂不戴，你先拿着吧。"这个卫士心领神会，将翡翠西瓜和长官的军帽一同带了出去。

当溥仪被赶出宫时，冯玉祥颇为得意，认为这是北京政变中为革命做的第一件大好事。但随着社会各界的反对和丑闻的传出，冯玉祥不免越来越觉得尴尬。而此时大多数头脑冷静的人，则持彻底否定的态度，认为在这国乱如麻、兵祸未解之时，冯玉祥做此鲁莽之举，无疑是避重就轻。而溥仪的小朝廷，自不比李自成盘踞大内的两三个月，一旦被逐，即烟消云散。此时的溥仪依然有一定的影响力，如果处置不当，必会招来无穷的隐忧——这个意想不到的隐患，很快就得到了应验。

末代皇帝夜逃天津

1924年11月22日，北洋派元老段祺瑞只身进入北京。23日，张作霖也从天津赶到北京。就在这一天，冯玉祥在政变中搞起的那个以黄郛为首的内阁全体辞职。24日，段祺瑞在陆军部礼堂，宣誓就任中华民国临时执政，同时发布新的内阁名单。段祺瑞压根就不把冯玉祥放在眼里，他上台后做的第一件事，就是将冯玉祥的军队从醇王府撤走，由市警察司令部派出护卫接替。而张作霖对这位在直奉大战中帮了自己大忙的倒戈将军，不但未表示谢意，反而越发认为他是一个"任何背信弃义的事都能做得出来的卑劣小人。他今天捅向吴佩孚的刀子，不知什么时候又将捅向我……"更出乎意料的是，在将吴佩孚和冯玉祥做了一番对比后，张作霖对冯玉祥更加鄙视和愤恨，对吴佩孚倒是还保留了几分敬意。

由于段祺瑞和张作霖都对冯玉祥没有好感，所以决定将其驱逐出京，并不让他在有出海口的地方发展。二人经过一番密谋，很快任命冯玉祥为西北边防督办，并希望他率部克日到任。

此时的冯玉祥被实实在在地搞了个灰头土脸，自感无趣。但他绝不会就这样乖乖地远走西北，也不会轻易地放弃已经占据的北京。他将部分军队勉强撤至南苑、北苑两地驻扎后，想出了一个惯用的策略，那就是辞去军事统帅一职，解甲引退，同时宣布到西郊天台山（西山之支脉）一座佛寺里静养，除他的亲信外，声称不再与任何人往来。冯玉祥的引退，又引起了社会的广泛关注。但是，只要稍有头脑的人都不会相信这位倒戈将军会履行自己的诺言；相反，倒是在纷纷猜测和议论下一个他要把刀子捅向谁。

社会上的种种议论也许是对的。此时的冯玉祥正在北京西山那座佛家寺院里，召开秘密军事会议。这个会议的中心议题就是杀人，目标则是段祺瑞、张作霖、曹锟和溥仪。他显然是想再来一次更加震撼世人的北京政变。而出人意料的是，奉军将领李景林也参与了这一政变密谋。

1924年12月1日下午，奉军在京将领李景林，突然不辞而别，秘密乘车向天津驶去。他赴天津的使命就是一旦张作霖在当天晚上被处死，他便指挥在天津、河北一带的部队，截断奉军的退路，然后和冯玉祥部夹击歼灭奉军。李景林突然出走，引起了张作霖、张学良父子的警觉，他们当夜便抛下段祺瑞和其他被弄得晕头转向的同伙，逃向天津……后来有人披露这段秘闻时说："由于张作霖逃走，自知无法与奉军匹敌的冯玉祥未敢轻举妄动，段祺瑞、曹锟、溥仪等人才得以从冯玉祥士兵的枪口下解救出来。"

其实，就此时溥仪的个人处境来看，也不尽然。早在11月29日，冯玉祥又重新在京城秘密布置军队，并准备大动干戈之时，住在醇王府的溥仪和他的臣僚已感到了事态的严峻和形势的紧迫。在溥仪的英文老师庄士敦、清室旧臣陈宝琛等臣僚的密谋、策划下，溥仪等人乘车悄悄离开了醇王府，向位于东交民巷的使馆区冲去。他们先是借着漫天尘土飞沙的掩护，躲进使馆区的德国医院，然后转往日本使馆兵营。这个时候，离冯玉祥要实施军事行动的具体时间尚隔两天多。

日本驻中国公使馆公使芳泽谦吉得知溥仪一行逃来的消息，急忙前来探望。溥仪趁机提出要在日本使馆避难的要求。芳泽谦吉不敢做主，只好说："皇帝陛下，请先在这里休整一时，我马上发电报请示，待我国政府正式指示后，才能接纳，以示庇护。"

此后不长时间，芳泽谦吉正式告知溥仪，日本政府已同意提供庇护。接着，芳泽和他的妻子把自己的房间腾出来让给溥仪居住。再后来，芳泽亲自驱车拜访段祺瑞，婉转地提出带溥仪的皇后婉容、淑妃文绣到日本使馆同溥仪见面的要求，并得到段祺瑞的同意。溥仪的后、妃始随芳泽的秘书走出醇王府，来到了日本使馆。几天后，日本使馆又将后面的一幢楼房专门腾出来，供溥仪的后、妃、臣僚及随之而来的太监、仆役、厨师等使用，并特设了溥仪会见王公大臣的场所和后妃的"寝宫"。至此，溥仪的避难暂时取得了成功，但从此也渐渐落入日本人的手中而无力自拔了。

日本方面既然轻而易举地得到了溥仪，就不会再让他随随便便地从手掌中溜走。尽管溥仪产生价值的时刻远没有到来，但日本人懂得这时的投资是多么及时和必要。随着时间的推移，先后随溥仪进居日本使馆的罗振玉、郑孝胥、陈宝琛等人，渐被日本人有预谋地收买和拉拢，而这些旧派臣僚，又跟日本人串通一气，左右了溥仪的一切。溥仪对此略有觉察，也曾思想过对策，但苦于无路可行，也就只好听其摆布了。

1925年2月5日，是溥仪的"二旬正寿"，即宫廷中的"万寿大典"⑮。借此机会，溥仪的英文老师庄士敦特地邀请驻京的欧美国家的公使、馆员以及他们的夫人，前来日本使馆为溥仪祝寿。为大摆寿宴，庄士敦竟变卖了自己在京的房产、家具、汽车和部分古玩。当寿宴结束后，庄士敦仍是迟迟不肯离去，脸上布满了抑郁的神色。溥仪似乎看出了这位老师的心思，便故意搭讪道："庄先生，对你的深情厚谊，朕表示感谢。在与你数年的交往中，朕十分钦佩先生的心计和为人。"

庄士敦听罢，俯下身来深深地鞠了一躬，而后微微地皱了皱眉头，若有所思地说道："谢谢陛下的称赞。我今天所举行的宴会有双重意思，一是为陛下祝寿，再是向陛下辞行。"

对这突如其来的请辞，溥仪感到十分惊讶。他不解地看了看满面愁容的庄士敦，用安抚的口吻劝慰道："庄先生，朕与你相识已有数年，彼此相待不薄，以朕目前的处境，还需尔等患难与共，同舟共济，谋取'还政于清'之大业。如今先生却要匆匆辞别，不知为何缘故？"

庄士敦苦笑着摇了摇头，回答道："陛下不知，敝人此次辞行，是奉敝国政府之命，重返威海卫供职。至于其他方面，请陛下不必多虑，我主要是为陛下的处境担心，不知陛下今后做何打算？"

"这……"溥仪没有再说下去，他仿佛领悟了庄士敦的真正用意，遂即改口道："既然如此，朕也无法挽留你。不知先生临别有何见教？"

庄士敦沉思片刻，直截了当地说："陛下如今落于日本人之手，恐难以摆脱。臣以为陛下'还政于清'之举并不应在中国和日本，而是应在英王陛下的土地上。目前，脱离困境的唯一出路，是走向欧洲。臣此行去威海卫，估计不久即可回国，陛下如果愿意去欧洲，我一定在英国欢迎您！"

溥仪听了深受感动，当即答道："庄先生所言极是，你坦诚的话语，朕终生难以忘怀。其实，朕早已有所准备，只是时机尚未成熟。朕也盼望有朝一日能在贵国的土地上与先生共商'恢复祖业'之大计。"

"陛下有此雄心大略，实是令人钦佩。敝人作为大英帝国的公民，也同样真诚地希望，有那么一天，大清帝国的'龙旗'重新在紫禁城上空飘扬！"庄士敦诗一般的语言，说得师徒二人都热血沸腾，神采飞扬，刚才的忧悒寡欢消失殆尽。

早在小朝廷在紫禁城苟延残喘之时，溥仪就有"借助外力，还政于清"的打算，并产生了去欧洲留学的梦想。于今在庄士敦的鼓动下，出洋留学的愿望更加炽烈。也许就在这一刻，他下定了最后的决心，要"跳出自己家庭的圈子，远走高飞"，去寻求复辟大清王朝的新途径。

庄士敦走后，溥仪静下心细细想了自己的处境，越发感到有离开日本大使馆的必要。他立即召集罗振玉、朱汝珍等人，密商逃离日本使馆，到天津英租界筹备出国留洋一事，并吩咐他们在十天之内做好一切准备。除此之外，溥仪还私自决定在赴天津前，要向北京、向紫禁城、向父亲和祖母一一告别。

2月21日，溥仪唤来了侍童祁继忠、李体育和李国雄，吩咐他们备好四辆脚踏车和所用的衣物，待晚间随他秘密出游。深夜零点过后，使馆一楼负责监护的日本警察都已睡熟。溥仪的房间亮起了微弱的灯光。侍童李国雄为他换上运动装，戴好猎帽，悄悄走下楼梯，然后神不知鬼不觉地共同溜出了使馆后门。早春的夜色中，李国雄骑着脚踏车在前开路，李体育、祁继忠两人殿后，将溥仪夹在中间，一行四人向紫禁城方向疾驶而去。转眼位于城北的神武门已在眼前，四个人先后下了车。溥仪望着连绵起伏的城堞，不禁感慨万千，紫禁城内十六年的帝王生活一幕幕浮现在眼前：那雕龙的宝座，群臣的叩拜，明黄色的一切……他禁不住热泪盈眶，用蚊子般的声音自语道："总有一天，我会像世祖章皇帝那样，重新回到这里来。再见了，我的紫禁城！"

正当溥仪沉浸在往昔的幻景中时，站在一旁的李国雄突然低声说道："皇上，那边有汽车灯光！"溥仪即刻从幻景中回过神来，连忙吩咐道："快走！"四个人贼样地跳上脚踏车，迅速离开了神武门，沿景山大街北行，穿过地安门，经鼓楼西侧，向什刹后海⑯的北府（即醇王府，因位于什刹后海北岸，故名）驶去。

来到北府的大门前，已是次日凌晨一点多钟。府第四周万籁俱寂，没有车马喧哗，没有人声鼎沸，只有更夫的打梆声隐约传来。溥仪望着紧闭的两扇大门和高高的围墙，真想几步跨进去看看父亲和老祖母，但他最终还是未上前。他怕遇上冯玉祥的部队，一旦被冯的部下抓住，后果将不堪设想。"等我回来再会吧。"溥仪暗自长叹一声，心一横，掉转车把，带着三个随侍，又匆忙地离开了北府。

当他们一行返回日本使馆时，发现后门已被关死。李国雄上前叩门，无人作答。无奈之中，溥仪只好吩咐祁继忠去敲正门。一会儿工夫，大门打开了，里面走出一个中国人说："万岁爷，池田书记官早有安排，特命小人在此恭候，请进来吧！"溥仪刚刚迈进门槛，那个开门的中国人又贴在他的耳边低语道："你们每次深夜出馆，日本人都派汽车尾随，以后千万别再出去了。"听了这番话，溥仪先是一惊，继之猛然醒悟：原来日本人竟这样暗中监视自己！

溥仪回到卧室躺在床上，大脑仍处在极度兴奋、不安和沮丧中。北京城翻云覆雨的政治气氛和日本人的狡猾用心，使他感到不寒而栗，也坚定了他出逃的决心。但此时的溥仪已知陷入日本人的圈套而无力自拔，他不想掩耳盗铃式地偷偷溜走，他决定索性将自己的计划向日本人挑明，再做行动。

2月23日夜九时，日本使馆的后门被轻轻地打开，接着从里边悄悄溜出六个人来。他们神色匆匆地由西转南奔走，随着稀疏的人群进入了北京火车站，并朝一列东行的客车走去。这六个人中，打头的是日本公使馆书记官池田，紧跟在后面的是换了毛料西装、戴着礼帽的溥仪，身后是两名日本便衣警察和侍童李体育、祁继忠。他们挤过人群，从列车的末端，登上了装满日本兵的特挂三等车厢。池田率先用手分开坐在车厢过道上的士兵，来到车厢中央，让溥仪坐在事先安排好的座位上。溥仪和随侍刚刚坐定，列车便开动起来。

当列车到达廊坊（今河北廊坊）车站时，有十几名穿着黑衣黑裤的男人一拥而上，分别站在溥仪的前后。随后每到一站，就有十几名同样打扮的人拥上车来，聚拢在溥仪的身前或身后，未等到达天津车站，这样打扮的人几乎站满了整个车厢。溥仪对这些来历不明、乔装打扮的黑衣人很感惊愕，但又不好上前询问，只有心怀悸意地坐在位子上，听候命运的安排。

凌晨三点多钟，列车到达了终点站天津。黑衣人簇拥在溥仪的身前身后，伴他走出了车站。此时，日本驻天津总领事吉田茂等人，早就备车等候在那里。双方见面后，没经任何寒暄，溥仪就被塞进了一辆黑色轿车，朝天津日本租界疾驶而去。拐过几道弯，轿车进入日本租界区的大和旅馆的大门。几名黑衣人又护送溥仪到了预先安排好的房间里，然后迅速离去。有生以来未曾离开过北京城的溥仪，经过一番旅途的折腾，早已疲惫不堪，他看到黑衣人走后，一头扎在床上，昏昏沉沉地睡了过去。

溥仪一觉醒来，已是这一天的下午了。他起身坐在床上，想着昨夜发生的一切，不免仍心怀惊悸，特别是那些半路"杀"上车来的黑衣人，其不明的身份和神秘莫测的行动，更使他疑虑重重。这帮人到底是干什么的？如不弄个水落石出，谁知会滋生出什么事情。于是，他吩咐人传来罗振玉询问。因为罗振玉、罗福葆父子昨晚已先于溥仪进入二等车厢，暗中同他一路赶来天津。

"皇上，昨夜随车来的黑衣者，均属日本便衣警察。他们是为防范冯玉祥的国民军，一路保护皇上安全抵达天津而来。"

"那这儿究竟是哪儿？"溥仪仍不解地问。

"皇上，这里是日本租界的大和旅馆。圣驾行至于此，实乃日方有意安排。"罗振玉答。

"什么?！"溥仪听完差点从床上蹦起来，声音尖厉地叫嚷道，"怎么不去英租界？当初不是商量好去英租界戈登路，怎么又进了日租界？"

罗振玉见溥仪大怒，忙跪倒在地，叩拜不止，嗫嚅着说道："皇上息怒。日方的意思是，皇上出洋留学可行，但去英租界戈登路筹备欠妥，应在日租界内找地方筹备更好，也更安全。"

溥仪居住的天津
张园

溥仪正欲继续追问，侍童李体育急忙进来禀报说："皇后、皇妃和池田书记官的夫人已到旅馆。"听了报告，溥仪狠狠地瞪了一眼罗振玉，气愤难平地说了声"你退下吧！"，随即下床同李体育出了房门。

罗振玉在溥仪的责问下，由于不慎泄露了日本人准备长期控制溥仪的企图，使得溥仪越发惶恐不安。但此时的溥仪知道要摆脱日本人的控制几乎是不可能的了。他在惊恐愤怒之余，也只有暂凭日本人摆布了。

1925年2月27日，溥仪离开了大和旅馆，同随后赶来的后、妃、仆妇、太监、厨子、随侍、司机、护军、御医等三十多人，搬进了日租界宫岛街的张园。这张园原是前清名将、湖北提督、武昌第八镇统制张彪在天津私自盖起的一所出租游艺场。整个庭园占地约二十亩，环境幽雅，设置别致。庭园中央筑有一幢八角八底的洋房，在二楼平台的左右侧，都筑有相对称的角楼。八角楼前有片开阔地，两端修有八角飞檐的亭榭。亭前置有圆形的石桌石凳，是供游人稍息闲坐的地方。园主人张彪得知溥仪到了天津，就主动让出这所游艺场给溥仪居住。张彪不但不收房租，为了表示对清室的忠心，年过七旬的张彪还坚持每天清晨起来打扫院子。溥仪为感激这位前清老将，特将这个地方取名为张园。

溥仪、婉容（前）与庄士敦（后排右一）等合影于天津张园

就在溥仪住进张园不久，他的父亲带领着载涛、载洵、溥杰、溥佳以及溥仪的四个妹妹也从北京迁居于天津。在父亲载沣的劝说、阻拦下，溥仪放弃了出洋留学的计划，开始过起了声色犬马、挥霍无度的寓公生活。

由于溥仪的生活相对稳定，并有散布于全国各地的清朝旧臣相继来投，溥仪在一帮王公旧臣的劝说下，决定在张园重新组建小朝廷，以继续实现"还政于清"的梦想。于是，改紫禁城时的内务府为"清室驻天津办事处"。办事处内设军机处，军机处下设总务处、庶务处、收支处、交涉处等四个处。同时任命郑孝胥、胡嗣瑗、杨钟羲、温肃、景方昶、萧丙炎、陈曾寿、万绳栻、刘骧业为驻天津顾问。罗振玉因失去溥仪信任，悻然告退，离开张园，隐居于旅顺。

由于罗振玉的出走，郑孝胥一跃成为溥仪的宠臣。成了宠臣的郑孝胥为了进一步取得溥仪的信任，借为"皇上"进讲《御批通鉴辑览》之机，紧紧抓住溥仪复辟清王朝的心理，竭力主张借助帝国主义列强的力量，以达到恢复祖业的目的。郑孝胥每次进讲都慷慨陈词，神采飞扬，大有吞吐日月、天马行空之势。他为溥仪所设计的未来的帝国版图，要远远地超过康熙、乾隆所开创的基业。每到高潮时，郑孝胥便操着浓重的福建口音，声泪俱下地描绘道："在未来大清帝国的疆域中，皇上的宝座除北京外，还要建立在南京和帕米尔高原之上。"而此时的溥仪，完全被这位"同治、光绪朝的后起之秀"那充满激情的讲演所陶醉，他仿佛看到大清帝国的宏伟蓝图已出现在眼前。同时，溥仪听着郑孝胥颇有政治见地的说教，看着他那流满泪痕的面颊，心中油然生起了异乎寻常的敬佩之情，这种敬佩之情几乎超过了他对老师陈宝琛和庄士敦的感情。溥仪就在这种似梦非梦、亦真亦幻的氛围中，一天天地打发着时光，渴盼着他的宝座早日出现在帕米尔高原之上。

1925年6月28日，夜幕再次降临了，张园内寂静无声。溥仪独自坐在八角楼前场小亭子旁的石凳上，仰望着夜空中时隐时现的星斗，不禁喟然长叹。郑孝胥描绘的帝国蓝图固然可爱非凡，但做起来却总是充满了艰难险阻。就目前的局势，不但恢复祖业无望，要保住张园这个小天地恐怕也相当困难。显然，要恢复祖业就得有足够的军事力量。前些日子已派荣源去奉军那里磋商，荣源至今仍未归还，莫不是又节外生枝，遇到不测之事？溥仪想到这里，站起身在楼前徘徊起来。约一刻钟后，只见荣源带着奉军的一名军官匆匆而来："皇上，去奉军要办的事已办妥，上将军张作霖请皇上……"溥仪用手指在唇边指了指，荣源不再讲下去，一行三人匆匆进了八角楼……

当天晚上，溥仪来到了张作霖在天津的行馆曹家花园。他正要步入客厅，只见一个身穿绸子长袍，留着八撇胡的小个子迎了出来。溥仪立即猜出，这个人就是"胡子"（即胡匪，横行于东北地区，以盗马为生）出身的奉系军阀首领张作霖。只见张作霖刚一迈出门槛，就双膝跪地给溥仪叩了个响头，同时粗声粗气地说了声："皇上好！"

溥仪看到这位东北王不失大体，叩头问安，心中颇有些感动，赶忙向前搀起说："上将军好！"

"皇上，臣下早已得知御驾临津，本应前往参拜，可臣下目前的处境，不便进入外国租界，万望皇上恕罪。"张作霖看上去很真诚地说。

"免了，免了。如果朕记得不错，将军与张勋是儿女亲家，难得你耿怀忠诚，不肯忘旧。朕应该嘉许。"

"谢皇上夸奖，请里面坐。"

两人来到客厅刚一落座，张作霖便开口说道："皇上，臣下有一事相问，不知……"

"上将军何必如此顾虑，请讲吧。"

"冯玉祥逼宫，实乃天理难容。政变之后，臣下曾带兵到了北京，原打算去保护圣驾，可谁能想到，皇上会进入日本使馆。"

溥仪想不到张作霖会如此询问，不知该如何回答才好，一时语塞："这……这……"片刻之后才稍回过神来，"上将军的忠心可嘉，可嘉。"

张作霖见溥仪在鼓励自己，心劲马上饱满了几分，不无夸耀地说："臣下有足够的力量保护皇上的安全。皇上如果愿意去奉天，臣下可亲自护驾，保您平平安安地住进奉天故宫^⑰。"

溥仪听到奉天故宫四个字，马上想到了爱新觉罗氏的发源地，想起了清王朝的故乡，心中顿添了几分激动和感慨。张作霖见状，也开始慷慨激昂，漫无边际地谈了起来。当谈到溥仪的生活时，张作霖立刻让副官拿十万元，作为溥仪私人生活的费用。但款子未拿来，副官却进来报告东北军参谋长杨宇霆有要事求见。溥仪本来想跟这位"胡帅"倾吐一下心中的闷气，但一想到自己身后跟踪的日本便衣警察，怕节外生枝，听到副官的报告，便借故起身告辞。张作霖似乎悟到了这一点，便借相送的机会，显然是有些不满地说："皇上，往后日本人要和您过不去，只管到曹家花园来，臣下有法子对付他们。"说完，又命令副官亲自带卫队一直把溥仪送到日租界的交界处方才返回。

溥仪回到张园已是深夜。他躺在床上久久不能入眠，追忆着在曹家花园和张作霖相见的每一个场景，深深地为这位东北王的忠义所打动。从张作霖的身上，他仿佛真正看到了复辟清王朝的希望之光。这希望使他兴奋异常，通宵未眠。天一亮，他便迅速召集军机处的各位主事，商量如何依靠和拉拢"武人"问题，并制定了将着重点放在奉军身上的策略。从此，溥仪与奉系的大小军阀开始频繁接触，张园里经常可见戴有奉军徽章的人出出进进，大有门庭兴旺，清廷复辟已成之征兆。

一天清晨，奉系军阀、直隶督办李景林来到张园。这位曾和冯玉祥预谋杀害张作霖父子的"牛皮将军"，因丑事未发而幸运地保存了实力并抢到了直隶督办的肥差。他一见到溥仪就手拍胸脯自吹自擂地嚷道："皇上只要到了我的一亩三分地，您就尽管放宽心，臣下可尽到保护的全责，不会出半点差错。"溥仪听了，连连夸奖李景林的精诚之心，并说出了自己对奉系"武人"所寄予的厚望。李景林听后，更是大言不惭地表白一番，然后起身告辞。这时的溥仪尚不知道，李景林前来表白忠心是假，探询张园的反应是真。因为他的军队已经进驻清东、西二陵，不但将张宗昌部没来得及抢掠的地面珍品劫掠一空，还将陵区几十万棵松柏几乎砍伐殆尽，殿宇楼舍的门窗、房梁全部拆下变卖。整个陵区已是满目疮痍，惨不忍睹了。李景林怕张园有什么反对的表示，所以特来探听消息。连他自己都感到吃惊和不可思议的是，包括溥仪在内的张园王公臣僚，竟未有关于清东、西陵的只言片语。从此，李景林不再顾忌，明令他的部下在清东、西二陵陵区，开始了更加猖獗的盗伐活动。

就在李景林走后不久，奉系下台的旧军阀许兰洲又来到张园，并向溥仪推荐了一位失业的小部下刘凤池。这刘凤池曾读过不少书，略晓文史地理，加之天生一张灵巧如簧的嘴巴，自是鼓唇弄舌，能言善辩。他一见到溥仪，就凭着自己的三寸不烂之舌，滔滔不绝地鼓吹起来。从大清开国讲到康乾盛世，从康乾盛世讲到康梁变法，又从康梁变法讲到冯玉祥逼宫。每讲到清朝的列祖列宗，总是感情炽烈，声泪俱下；而一提到冯玉祥，又咬牙切齿，深恶痛绝。最后他表示愿为溥仪的复辟大业效犬马之劳。刘凤池花言巧辩，且不时地痛哭流涕、激昂陈词，使溥仪大受感动，两人越谈越投机，越唠越亲近。当溥仪的情绪转入兴奋激昂之时，刘凤池趁机提出要些金银玉器、宝石、古玩等名贵珍物，以作为复辟大清，联络军界要员的活动经费。溥仪当即慷慨解囊，大肆奖赏。这位失业小军阀得了珍宝后，从此"泥牛入海"，再无消息了。

继李、许、刘之后，驻在直隶的各系军阀政客接踵而至。后来荣升直隶督办的褚玉璞、徐源泉，直鲁系军阀张宗昌、毕庶澄等等，都成为张园的常客，连被苏军赶出国境的白匪®首领谢米诺夫也成为张园的座上宾。这些人无不是以帮助溥仪复辟大清基业为名而骗取金银财宝，而一旦财宝到手，便溜之大吉。纵然溥仪望穿秋水，也不见大清复辟的半点举措。

时间一天天、一年年地过去，整个张园在内部无休止地争论、讲演，外部不断地欺骗、榨取中打发着时光。而作为张园主角的溥仪整日沉浸在一连串的热闹、烦躁、激动、梦想、失望、希望、滑稽之中时，一件惊天动地的事件发生了。

这天上午，清朝遗老陈宝琛突然来到张园，向溥仪报告："东陵高宗纯皇帝（乾隆）和孝钦显皇后（慈禧）的陵寝，被直鲁系军阀盗窃一空。两位先祖的'龙体'裸露在光天化日之下，其景象之悲惨，目不忍睹……"溥仪未等听完，蓦地从椅子上蹦起来，用几乎呆滞的目光望着陈宝琛，结结巴巴地问道："这，这是真的?!"

"是真的。"陈宝琛带着哭腔回答。

"我的列祖……列宗!"随着一声叫喊，溥仪"扑通"一声栽倒在地，昏死过去。

这一天是1928年8月2日。

注释：

①南苑：即南海子，又称南苑行宫。以狩猎活动为主之皇家苑囿。位于北京南郊，元代称下马飞放泊，广四十公顷，冬春之交，皇帝携侍从至此放鹰游猎。明永乐年间增广其地，周围五十余公里，设四门，绕以周垣，岁蒐猎于此。清代又将它扩为周围六十公里，辟九门，繁育禽兽于其中，为行围、讲武、阅兵之地，建有行宫、晾鹰台及庙宇多处。现建筑多不存，尚有碑亭、水泊等。

②直鲁联军：指以山东省督办张宗昌为首的鲁军和以直隶省督办李景林（李下台后，由褚玉璞取代）为首的直军所组成的军事联盟。1925年12月24日，冯玉祥的国民军占领天津，李景林退居租界，后又逃到济南向奉系军阀张宗昌求援。翌年，张、李合组直鲁联军，由张宗昌任总司令，李景林任副总司令，鲁军第六军军长褚玉璞为前敌总司令，分十路反攻冯玉祥，占领京津地区。1927年，该军南下支援直系军阀孙传芳，接防上海和南京时受挫，翌年又在河北泺东地区被国民政府军击溃，余部为白崇禧收编。

③因本书写作时间较早，部分行政区划如今已发生改变，为尊重作者原意，书中部分地名以作者写作时的行政区划为准。——编者注

④神道：或作神路、甬路，通向祭殿和陵寝的导引大道，沿一陵之中轴线开辟。它原是封土（坟头）前的短墓道，道旁置少数石刻，入口设阙。但是到了明清两代的皇陵神道，全长达十数里，以显示帝王的尊严。这种神道在每一座帝后陵寝之前都有，但是一个陵区内只有一条主神道，一般以首陵的神道为主神道，其余的为规模较小的次神道，主次相接，形成一个完整的道路网，但清末因国势衰微，为了节省经费，道光皇帝慕陵、同治皇帝惠陵、光绪皇帝崇陵之神道均未与主神道相接。清代皇陵的神道以三路条石和墁砖铺成，宽度大约为十一米，其下系一尺五寸厚的路基，由白灰、明矾与江米汁（糯米与生石灰以四六重量比，加水煮烂后再经过滤而成的稠浆）混合浇筑而成，异常坚固结实。中路的条石较宽，叫中心石或中心道板，两侧的条石叫牙石，质地皆为青白石。三路条石之间是由两层或三层城砖砌成的路面。神道只供帝后之灵柩和运送帝后神牌的"黄亭"、运送祝版（古代祭祀时用以书写祝文之长方形木板，诵毕焚化）或制帛（神位前陈放的一种帛状供物，祭毕焚化）的"龙亭"通行，即使是贵为帝后，谒陵时也须走神道左侧的御道，一般人则是严禁跨走其上。

⑤大南门：明代称大宫门，为陵区正门，神道的开端。大红门是顺治皇帝孝陵的正门，亦为清东陵的总门户，位于陵区之南，有三个拱券式门洞，东西侧随墙又各设一个角门。单檐庑殿顶（又称四阿顶、五脊殿，由一条正脊和四条垂脊组成四面坡，四角起翘，是中国古代最尊贵、最高级的屋顶形式），为清东陵现存唯一的一座庑殿顶建筑。黄瓦屋顶，青白石冰盘檐（古代砖檐的一种形式，向上逐层外砌，状如冰盘），朱红色墙身。其两侧连接着围括整个陵区的风水墙（又称陵墙、缭墙、外围墙），绵亘四十余里，共圈地四千八百平方米。

⑥督军："督理军务善后事宜"的简称。民国初年，各省

最高军事长官是都督，袁世凯统治时期，改为"××将军督理××省军务"，简称将军。1916年袁死后，段祺瑞出任国务总理，改将军为督军。1922年黎元洪倡议"废督裁兵"，难以实现，遂下令改督军为督理。1924年第二次直奉战争后，段祺瑞又改督理为"军务督办"。其后直系军阀吴佩孚勃兴，他发表的人事任命用督理之名，北洋政府发表的人事命令用督办，各行其是，直至北洋军阀统治覆灭为止。

⑦庄士敦：英国苏格兰人，牛津大学文学硕士，后封男爵。1898年在香港的英国殖民政府任民政官员，1904年在威海卫的英国殖民政府第一任行政长官史迪威·劳克哈特爵士手下工作，1916—1917年间曾代理行政长官，1919年，由民国政府内务部和清室内务府正式聘为溥仪的英文教员，直至溥仪于1924年被逐出宫，受日本人"保护"为止。1927—1930年在威海卫的英国殖民政府当行政长官，翌年被任命为伦敦大学亚非学院的中文教授。发表的著作中，以1934年于伦敦出版之《紫禁城的黄昏》（*Twilight in the Forbidden City*）最为有名，书中记录他在故宫担任帝师时的生活，是研究小朝廷时代之溥仪的重要史料。

⑧景山：明清两代的皇家苑囿，位于北京神武门外旧宫城之背，紫禁城中轴线上，明永乐十四年（1416年）堆筑完成，用以威镇前朝元人的王气。初称万岁山，俗称煤山，清顺治十二年（1655年）改称今名。山围长二里，全园占地二十三公顷，山上五峰，主峰高四十三米。山东麓传为明崇祯皇帝自缢处。山后正中有寿皇殿，为清代敬奉先帝御容之处；东北有观德殿，与寿皇殿同为清代皇帝之殡宫。1928年，景山对外开放为公园。

⑨北苑：位于北京西直门外十一公里清河之东，旧属宛平县，是拱卫京师之军队的驻屯重地。

⑩"旗籍贫民"：清代被编入八旗者的通称，系相对平

民而言。八旗制度以满洲八旗为主，满人无不在旗，故一般又称满人为旗人。为了保持旗兵的来源，清廷曾规定旗人不许从事农、工、商业，只能当官、当兵、应差，但是这些措施并未能保持旗兵的战斗力，反而使旗人不务本业，坐吃俸禄钱粮为生，日益腐化。民国成立以后，官兵的生计断绝，不少旗人因缺乏谋生技能，失业人口众多，上三旗的情况尤其严重，无米下炊、无衣御寒者占十之七八，计十余万户，境况惨不忍睹。

⑪"扬州十日，嘉定三屠"：顺治二年（1645年）清军南下，四月十五日进扬州。明督帅史可法在外援断绝、军饷不济的危急情况下，率领扬州全城军民坚守孤城。二十五日，清军破城而入，对扬州百姓进行持续十天的大屠杀，史称"扬州十日"。同年，清军灭南明福王朱由崧政权后，继续进攻江南，嘉定（今属上海）民众推侯峒曾、黄淳耀为首，于闰六月十七日起兵守城。七月四日城破，清军大肆屠戮后，弃城而去，此为一屠嘉定。当逃出的居民陆续回城，并与城郊民众组织起来再次抗清时，七月二十六日，清军袭击嘉定城郊的葛隆等镇，再次进行大屠杀，此为二屠嘉定。次日，又入城大肆屠杀，此为三屠嘉定。一说第三次屠杀在八月十六日吴之蕃反清失败时。嘉定三次被屠，死难十万余人。

⑫顶戴：清代用以区别官员等级的帽饰。顶戴或作"顶带"，俗称顶子。清制，从皇帝到各级官吏，都要在所戴冠帽上用各色宝石和金属装饰物，标明其官爵品秩，不得僭越，因而成为功名、前程的代称。通常皇帝可赏给无官的人某品顶戴，亦可对次一等的官员赏加较高级的顶戴。如降级或革职，须立即变更顶戴或夺去顶戴。

⑬花翎：清代用以区别官员等级的帽饰。系用孔雀翎连接在冠顶，翎羽下垂拖至脑后。原为反映骑射民族古老的服饰遗风。以翎眼（翎毛尾端的彩色斑纹）多者为贵，有三眼、双眼、单眼之分。清初，花翎只赏给得朝廷特恩的贵族与大臣，

咸丰朝以后赏戴甚滥，又定报捐花翎之例。于是五品以上官员皆可援例捐纳单眼花翎，蒙特恩者始可赏戴双眼花翎，而三眼花翎则只赏给亲王、郡王、贝勒。如降级或革职，须立即变更花翎或拔去花翎。

⑭钧窑：宋代五大名窑之一，又称均窑、钧州窑。今河南禹州市的古钧台和神垕镇一带，古称钧州，故名。钧窑为北宋初创建，金元两代继续烧造，除禹州外，邻近的汝州、郏县、登封、新安、汤阴、安阳和河北磁县等瓷窑，都仿烧钧窑瓷器，形成了一个窑种体系。所产器物胎质细，性坚，体较重，釉具五色，浑厚浓润，以烧制色釉"窑变"为其特色。

⑮万寿大典：清代皇帝寿辰的尊称，特别是逢旬大寿，要举国称庆，与元旦、冬至祭天并列为清宫三大节。皇太后、皇后的寿辰则分别称圣寿节、千秋节。

⑯什刹后海：在北京城内西北隅有一片水域，是由古高梁河故道和洼地的积水、地下水汇聚而成的，金代称白莲潭，元代称积水潭或海子。至清代，德胜桥以西仍称积水潭，或因净业寺在其北岸而称净业湖；德胜桥和银锭桥之间，因什刹海寺在其北岸而称什刹海；银锭桥以东，因莲花甚多而称莲花泡子。清末民初时，统称这整个水域为什刹海，若各自别称则为什刹西海、什刹后海、什刹前海。

⑰奉天故宫：即沈阳故宫。位于今辽宁沈阳市内，为清王朝入关前之皇宫。始建于后金天命十年（明天启五年，1625年），清崇德元年（明崇祯九年，1636年）基本建成，历时十一年。全部建筑九十余处，三百余间，占地4.6万余平方米。

⑱白匪："十月革命"（公元1917年11月7日，俄历10月25日）后，俄国境内拥护帝制的军官和旧时的上、中层阶级人士（其中有保守派、自由派和社会革命党人）联合起来组成的"反共"军队，因与红军敌对，相互内战，故名。曾建立几个政权，但因各自目标不同，无法团结一致，后被击溃。

第三章

由东陵到西陵

　　清兵入关，王朝定鼎中原，顺治皇帝首选东陵寿寝。少年天子与一代名妓的风流传闻使陵寝主人的身份扑朔迷离。关于顺治出家的最新考证。康熙病亡之谜。历史在解不开的谜团中悄然拐弯，雍正断然决定另建清西陵。

一箭定穴位

明崇祯十七年（1644年）初夏，出身于中国东北的清军将领多尔衮，在明朝驻山海关总兵吴三桂的接引下，统帅八旗劲旅走出白山黑水，跨过山海关，大败李自成农民军，迅速攻占北京。同年九月，皇太极第九子、不满六岁的福临和清皇室人员由沈阳抵达北京。十月初一，福临在臣僚的簇拥下，亲到京师南郊告祭天地，即皇帝位，正式颁诏天下，宣布清王朝对全国的统治，改年号为顺治，这一年称顺治元年。

这时的福临虽然君临天下，但毕竟年幼岁轻，在宫中自然无所作为。一切军政大事统由其叔父，被封为摄政王的多尔衮主持。

顺治七年（1650年）十二月初，多尔衮在古北口外行猎时坠马受伤，不久即死于喀喇城。已是十四岁的顺治皇帝终于摆脱了羁绊，开始亲政。

顺治皇帝像

亲政后的顺治帝，按照中国历代帝王沿袭的惯例，在处理繁忙国事的同时，即派王公大臣一人，会同钦天监①刻漏科杜如预、五官挈壶正杨宏量、江西术士陈壁珍等人，外出寻找"万年吉地"（中国古代帝后陵寝基址的讳称，妃嫔及其他皇室成员的陵寝则称为"福地"）。这群官员、术士领旨后，历尽千辛万苦，花了近两年时间，转遍了北京城四周方圆几百里的地方，选中的几处"风水宝地"，不但没有被顺治皇帝看中，反被这位年轻气盛的皇帝大加训斥一番。正当杜如预等人整日战战兢兢又不知所措之时，一个偶然的机缘，使"万年吉地"很快定了下来。

这次事件缘起于顺治帝带领群臣外出打猎的途中。当一行人沿长城向东来到河北遵化所辖的马兰峪镇一带凤台山时，顺治来到一处高坡，勒住坐骑，举目四望。只见高山连绵，岗峦起伏，隆起的山脊在蓝天白云的掩映下若隐若现，犹如一条条天龙奔涌腾越，呼啸长空。在天龙盘旋飞舞的中间，一块坦荡如砥的土地，蔚然深秀，生机盎然。东西两向各有一泓碧水，波光粼粼，缓缓流淌，形似一个完美无缺的金瓯。顺治在惊讶于这天造神赐的宝地后，大声说道："此山王气葱郁，可为朕寿宫！"遂命随行堪舆大臣和钦天监官员架起罗盘，按八卦方位，二十四山向②，运用阴阳五行玄妙之机进行测算。所属臣僚和术士已窥到皇帝的心事，又感到此处确是王气逼人，气度非凡。于是，他们在测算一阵后，添油加醋地说："皇上圣明，深得搜地之窍，今观支之法，见龙脉自太行而来，势如巨浪，重冈叠嶂，茂草郁林，实属万乘之葬也。再看那山势如五魁③站班，指峰拂手，文笔三峰，恍若金盏，形若银瓶，恰似千叶莲花，真乃上上吉地也！"

顺治闻听大喜，他来到一块向阳之地，跳下坐骑，双手合十，两目微闭，十分虔诚地向苍天高山祷告一番，而后解下随身佩彩④，系于金漆箭翎之上，弯弓满石，振臂一射，那箭便穿云度日，飞落于正面凤台山的山皇之前，入地盈尺，铮铮

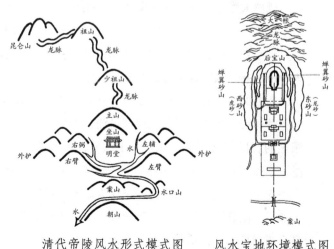

清代帝陵风水形式模式图
（清·样式雷绘）

风水宝地环境模式图
（清·样式雷绘）

有声，"箭落穴定"。臣僚、术士们赶到山前，找来木锨在地上挖出一个磨盘大的圆坑，谓之"破土"。这个圆坑便是陵寝地宫"金井"⑤的位置。待陵寝地宫修好后，将第一锨土放入"金井"之中，标志着皇帝死后依然拥有皇天后土，并和他生前的大地永远血脉相连。待这一切结束后，顺治传谕，改凤台山为昌瑞山，臣僚领旨。臣僚们又找来一斛形木箱，盖在"破土"的位置，不再让它见到日、月、星三光，同时委派人员在此日夜守护，以待动工兴建。

顺治帝的眼光确有独到之处，群臣们也不是一味地阿谀逢迎。就在清东陵建成的几百年后，游人每到此处，无不为那秀丽壮美的山水景色所征服，所陶醉，这确是一块难得的风水宝地。其实，此处早在明末就曾被大明崇祯皇帝看中，并曾选为他本人的寿宫之地。

明代自永乐迁都北京并将陵寝建在昌平境内的天寿山（原名黄土山）后，历代皇帝的陵寝都在天寿山脚下兴建。到崇祯皇帝继位时，天寿山的风水宝地几乎被先祖占完，再难找到合适之处。当钦天监官员在天寿山找了近一年都未能找到一块可供建陵的吉壤时，崇祯皇帝不禁为此愁闷不堪。当朝大学士温体仁和礼部尚书李腾芳，暗暗揣摩到了皇上的心思，便联合上了一道奏折，说既然昌平没有佳穴，就应在京师近郊另选吉地，何况祖宗已有这种先例。崇祯见了奏折，心中大喜，他正有另选陵址的打算，又怕违反祖制。既然大学士、太子太保温体仁和礼部尚书、太子少保李腾芳奏本提议，何不顺水推舟？于是崇祯降旨，就依二人所奏。随即派出钦天监监正朱裕等带人到京郊近处详细勘察。经过几番周折，终于确定以马兰峪附近的凤台山为陵址，并派人将这里看护起来，一旦佳穴确定，立即破土兴建。

遗憾的是，在崇祯继位的几年里，关外后金政权⑥崛起于白山黑水之间的莽莽林海，关内农民起义风起云涌。崇祯十七年（1644年）三月，李自成领导的农民起义军进攻北京。十八日，太监曹化淳开彰义门投降。当天夜里，崇祯帝登上景山，在寿皇殿旁的槐树上自缢而死，大明帝国终于在垂危中消亡了。清兵入关后，为笼络汉人之心，稳定政局，清廷在昌平天寿山脚下鹿马山南麓建造思陵（又称悼陵。原为田贵妃墓，后经增修，又葬入崇祯皇帝与周皇后），草草安葬了崇祯帝。

山河依旧，物是人非。令崇祯皇帝死不瞑目的是，当年他费尽苦心选择的陵地，竟被清王朝入关后第一位主子顺治占用了。

尽管顺治帝选定了陵址，但由于当时清兵入关不久，基业方定，战火频仍，整个中国西部、南部、西南尚处于清兵与南明小朝廷以及各种武装势力的生死搏杀中。在这种形势下，顺治帝以国事为重，一直未建自己的陵寝，直到康熙一朝，才将陵寝建成。

顺治皇帝与江南名妓

顺治帝入主中原之后，在短暂的一生中所经历的政治风浪和建国立业的辉煌壮举，我们无须去做过多的介绍。这里要叙述的，是关于他的死因和入葬的情形。顺治帝的死因和入葬情形，几百年来社会上流传着多种说法，其中广为流传和可考证的是顺治出家和死于天花两种。不同的是，前一种多了几分传奇和浪漫，后一种则增添了几分悲壮和无奈。具有传奇和浪漫色彩的关于顺治出家的说法，是由于一个女人。而顺治与这个女人的故事，在后世广为流传的同时，也成为清初历史上的三大悬案之一，久久地困惑着后世的人们。

——这个女人就是江南名妓董小宛。

关于这段颇浪漫和悲壮的故事，清史未见片言只语，倒是众多的野史和笔记小说做了这样的记述：当清军入关，攻占江南后，曾和顺治的生母孝庄皇太后有暧昧关系的明朝降将洪承畴，被任命为两江总督。这位战场情场两栖名将洪大帅，对江南佳丽、秦淮风流早有耳闻，只是多年镇守中国东北和连绵不断的战事，使他无缘亲自领略。待他一当上两江总督，便急如星火地亲自赶到位于南京的十

如皋水绘园中的董小宛画像

洪承畴画像

里秦淮做实地探访。遗憾的是，此时的十里秦淮，由于战火连绵，烽烟不绝，已衰败不堪，风流俱散。几乎所有的绝色名妓都奔走他乡，搞得洪承畴闷闷不乐。正在这时，一个姓佟的部下窥知了洪大帅的心思，趁机进言道："小人听说秦淮八艳中的名妓董小宛已被江南名士冒辟疆所纳，现冒携董小宛居住于邗沟之西郭绿杨村。"

洪承畴听罢，更是悲不自禁，长叹一声道："既为人妾，奈何？只怨自己今生无此艳福罢了。"

佟氏望着主子沮丧的样子，却胸有成竹地说："我看不然。冒常以财役使该地私贩无赖为其卖力，此众徒皆易犯法网，大帅寻机进村，何患无辞？等进得冒家，又何愁董小宛不肯随大帅而来？"

洪承畴闻罢大喜，遂密遣佟某相机行事。

不出数日，佟某忽来到洪承畴跟前禀报，已带董小宛来见。洪暗自大喜，却装出一番嗔怒的模样，斥责佟某如此神速必是抢劫无疑。佟氏叩头之后，大着胆子叙说原委："适于瓜洲埠抓获滋事私贩，供其巢在绿杨村，遂言擒贼擒王，发兵直捣冒辟疆处。乡老皆言冒公子乃一介书生，何为歹人之魁？佟对曰：本官不知冒氏如何，但知巨恶强占民女，匿居于此，奉命征剿，安得有误？及近，却遣人嘱使冒遁避，经带出董而宣于众，并曰，恶人已逃，幸所劫之女安然，可携归复命了。冒流于此未久，村民尚不明眼前隐居美姬之由来，故不敢复言。"

洪承畴听罢大喜，急忙将董小宛召入来见。董小宛进来后，掩袂娇啼，声言误捕之冤，央求洪大帅查明原委将其释放。洪承畴见董小宛果然是绝色美人，强按欲望之火，走过来劝慰道："冒辟疆与逆案之情尚未查清，怎好随意放人？"

"那我修书一封寄于冒公子，请他前来自辩，方可知晓案中缘由。"董小宛依然娇哭着说。

"本督因怜冒公子之才华，故特意嘱部下让其远遁，否则皇命缉捕，安能庇护？你还是安心留居此地等待，本督绝不为难于你……"经洪承畴的一番假意劝说，董小宛知道再争辩下去也是徒劳，无奈之中，只好答应暂且栖身帅府。

洪承畴将董小宛安置于帅府内庭，名为让其等候，实为软禁，整日派人送些衣饰古玩以愉其情、悦其心。而董小宛亦渐渐悟出洪之用心，整日以泪洗面，不领其情。不久，洪承畴现出本相，夜召董小宛入侍。董小宛听后涕泪满面，誓不肯行。洪承畴强令婢媪将董小宛拖入内室，想强行其事。董小宛伏地大哭，连呼冒公子之名，坚决不从。洪承畴见劝诱不下，盛怒之中将董小宛囚于深院小阁，以待来日拿服。

眼看过去一年有余，洪承畴奉命北上入京，便命将董小宛一并载于后车随行。当浩浩荡荡的车队行至江淮关时，忽然有一大汉夜袭钿车，卫兵大哗，急忙上前缉捕，谁知大汉瞬间已无踪无影。卫兵返回钿车挑帘巡视，只见董小宛尚坐在车中，而洪一姬妾晓珠与董的侍女扣扣已被劫走。洪承畴闻知后大惊，严令卫兵刻意防范，不得有半点闪失。当车队进入北京后，董小宛更是屡屡觅死，不肯就范。洪承畴正在愤恨交加又苦于无法应付之时，忽然有一心腹从董小宛的住处窃来冒辟疆的两封函件。前函说的是将派一名侠客于江淮关劫车，嘱董小宛见机策应。后函则告知劫持未成，现已出资贿通满族御史参劾洪承畴强占民女，一旦天子闻奏，必治洪之重罪，彼时便令人北上护董南归。

洪承畴阅毕二函大惊，对其心腹说道："冒辟疆此计甚毒！我虽不畏冒某这一介书生，但朝廷中满人常疑汉人不忠，万一事发，我必败矣！如此看来，我应当机立断，先发制人为上策！"洪承畴在经过一番深思熟虑后，于当天将董小宛妆饰一新，献入宫廷，以却祸固宠，表其孝忠皇上之心。

顺治得董小宛，不禁龙心大悦，当晚即召幸于内。但董小宛仍抱定求死之心，坚不从命。顺治帝大怒，欲降罪于她，但又被董的艳色所迷，不忍责罚。无奈之中，唤来一嫔人伴婉劝，徐图挽回。此人亦来自南方，共同的乡音乡情，很快使她和董小宛成为要好的姐妹，并知晓了董的遭遇。她毕竟在宫中日久，对官场隐私及人情世故颇多了解，劝董小宛道："你欲报洪承畴加害之仇，非天子之势不可。今上对你，矜宠无比，若有所求，上必听之，如此洪氏可倒，冒公子亦可保全。你一意哭闹寻死，皇上厌怒，必遣你回洪处，非但受制于其人之手，保不住还要搭上冒公子性命。你如此机灵聪颖，为何懵懂不明，竟与天子相抗？你若长翅飞去也可，若无翅可飞，则无比我言更好之法矣！望三思而行。"董小宛听罢，心中豁然开朗，遂答道："我原以为万乘之尊，视人如草芥，无情可言。今乃知万乘未必无情者，我深悔愧对圣上情意。"嫔听此言，知道大事已成，忙禀告顺治。顺治自是喜出望外，立即以宝舆迎请董小宛，表示得此美人，誓不相负。从此，果真恩宠有加，恍若长生殿前的杨玉环与唐玄宗，爱得如醉如痴，大有连理比翼，生死同衾之势。未过多久，董小宛被封为淑妃，为六宫粉黛第一美人。

洪承畴送董小宛入宫原本出于无奈，并非真意。不料天子多情，倍施恩宠，董氏亦化刚为柔，居然和皇帝同床共枕，行起了鱼水之欢。洪承畴闻知，心中大为不快。更令

孝庄文皇后像

他不敢设想的是，一旦董氏将他的所作所为在皇帝面前抖搂出来，后果难以预料。想到这里，他先是痛恨手下心腹为自己出了这般愚笨的下策，又暗悔自己竟一时糊涂，将董氏送入宫中，铸成今日之大错。焦急之中，洪承畴终于想出了一条借太后之手加害董小宛之计。想当年，清兵尚未入关，身为明将的洪承畴跟清兵作战被俘，他本想以死报效大明，拒不投降。但年轻貌美的太宗庄妃，顺治帝的母亲，饰婢媪，携参汤，委身与己同床共枕，最终诱使自己投降大清。而今多少年过去，如今已尊为太后的庄妃仍旧情难忘，特让儿子颁旨以召自己进京议事为名，进而重温

旧梦，共叙离别思念之情。近日的鱼水之欢，彼此的恩爱不减当年。洪承畴正是要利用这非同一般的关系，置董小宛于死地。他跟孝庄皇太后一番云雨后，便乘机进言道："昔睿王（多尔衮，原封睿亲王）以荒于酒色，几至国政荒坠，赖天地祖宗神灵，使之早逝殒命（死时仅三十九岁）。今皇上亲政未几，便惑溺汉姬，致废常朝时日，老臣力劝，然皇上不听忠谏，并欲置老臣于死地。老臣命不足惜，其如大清宗庙社稷何？今能挽上意者，唯有太后。太后纵不念老臣之心，还不念太祖太宗创业之艰难乎？"

太后听罢，悚然动容，问皇上所宠何人。洪承畴将董小宛之事相告，只是中间隐去了自己进献一节。太后听后勃然大怒，立召顺治，在大加训斥后，疾令将董小宛遣送出宫。顺治帝向唯母命是听，自不敢争辩，只好含泪遵命。于是，孝庄皇太后将董氏逼居西山玉泉寺。此为宫人获罪者遣谪之所，为的是让其寄寺学佛，斩断情根。洪承畴的毒计终见成效。

董小宛进居玉泉寺后，倒不显得特别伤心。然而顺治却难割难舍，爱恋之情有增无减。每当思念若渴之时，便以狩猎为名，偷偷来到西山和董小宛约会，以叙分别之情，望念之苦。董小宛被青年皇帝的真挚情感所打动，禁不住潸然泪

董小宛、冒辟疆如皋故居

下，说道："妾如弱草，得依日光，敷荣振采，自以为得。然朔风一至，萎落无踪，我皇若许妾安葬西山，诚为万幸。倘得转生，愿世世为奴婢侍奉万岁。"顺治听罢，感慨万端，

冒辟疆画像

抓起董小宛的玉手凭栏许誓道："必为春一之煦，而无秋扇之捐，若不幸有变，朕视丢弃天下，真若敝屣！"

董小宛见当今圣上如此真情，便大着胆子假称有表兄姓冒名襄字辟疆，现正在江南受冤案牵连遭缉捕，求皇上保全。顺治听罢，声言冒为当今名士，当密令江南大吏全力调护，并念董之情谊，召冒辟疆来西山会晤。董小宛喜不自禁，在拜谢天恩之后，当日便设法告诉在京城的相识冯小五，让其传信于冒。董小宛又劝顺治以社稷江山为重，不可再惹太后动怒，但顺治在此恋恋不舍，并无归宫之意。

半月后的一天，冒辟疆果然以董小宛表兄之名来到玉泉寺。顺治命着常服召见。当看到冒博学儒雅，仪表堂堂，果有名士风范时，顺治大悦，遂命董小宛盛情款待。侍卫宫婢皆知董氏为天子第一宠人，不敢窥探其隐，董冒交谈自是不闻不视，二人遂畅所欲言。冒辟疆告诉说："当年侠士冯小五在江淮关劫持洪承畴车队，本欲救卿，所幸误劫洪之姬妾晓珠，其善解人意，真情侍己，因感天下灵秀女子何其之多。闻冯小五捎信，得此一遇，不逊鹊桥相会，平生愿望足矣。闻天子待姬不薄，勿复思遁南归，勉事君王，莫以前夫为念。"

董小宛听罢冒辟疆一席话，含泪良久道："妾已皈依佛门净土，君一席衷言，亦得解脱。吾视世界微尘，弹指间皆为当年水绘园，有何恋恋不舍？君且归，妾自有息壤。"冒辟疆听罢，遂合掌膜拜而出。当天夜里，董小宛忽然失踪。顺治帝派人四处寻找，总不见形迹，顺治怆然流涕，欲不

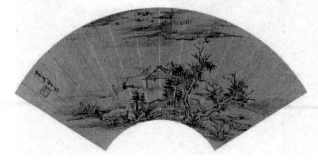

冒辟疆山水扇面

复归，便在西山常住下来。孝庄皇太后听说儿子不愿回宫，急忙派臣僚去西山催促，但都无效而归。太后一怒之下，亲赴西山，命其返宫。顺治迫不得已，只好含泪返宫。

董小宛自西山失踪，无复再现，独西山万寿宫一太监向顺治进言道："每当清风明月之夜，觑见董妃徘徊于玉泉寺后瑶台石室间，菩萨模样，五色祥光。"顺治闻听，急忙出宫来到玉泉寺夜守，然而一连过了数夜，仍不见董妃踪影。顺治大有受骗之感，怒恨悲苦中要以欺上罪诛杀此太监。此太监原为皇太后役下旧人，听到不测风声，急忙赶奔孝庄皇太后处求救。太后闻言大怒道："妖姬作祟，如城狐社鼠之勾当！吾今捣毁其巢穴，看其托付何处？"说毕下令迁玉泉寺监僧于别处，派心腹太监将寺内大殿付之一炬，大火三日不绝。那些遭到贬谪而来的可怜宫人，多数未能逃出而葬身火海。为绝顺治之念，太后在火焰熄后，命心腹将焦尸拖出示众，并宣布董妃已死于其中。顺治虽然无法确定董妃是否真的罹难火海，然一旦目睹焦土炭尸，仍热泪滚滚，悲痛欲绝。回宫后辍朝五日，并特谕礼部追封董妃为皇后，以示褒崇。礼部奉旨，丧葬格外从丰。此为顺治十七年（1660年）仲秋。

顺治帝遭此惨事，日夜悲悼，渐渐积思成幻，积幻成梦，积梦成行。一日，顺治斋心入定，方欲自忏绮怀，忽然梦到一处，乃高山万叠，峦壑幽深，上有积云，皑皑照耀如琉璃世界。正待回顾眺望间，顿见琳宫梵宇，金碧闪耀，不禁恍然大悟道："此非

清世祖问佛图

五台山中之南台耶？金莲佛钵花开否？"于是，蹑足而登，步履若飞。倏尔忽至台颠，星斗咫尺，爽气沁人，衣袂为天风所吹，飘飘有凌云之意。这时，忽听耳边似有人喊叫："不想见一见三生石⑦上有缘之人乎？"顺治急忙观看，只见一小和尚正冲自己微笑，并不断举手东指。顺治顺指望去，见一最高的山峰处，上有金碧楼台，重叠如画，与所立处，若仅隔数十步。但深崖绝壑，陡峭不可通。只见那楼中朱栏回护，晶牖洞明，有美女四五人，往来瞻眺，笑语自若。其间有一人尤其美丽叫绝，只见她风鬟雾鬓，绰约多姿，正是董妃小宛！顺治惊喜异常，遂大声呼唤，董妃总是笑而不应。顺治着急地说道："我念你度日如年，今得睹之，岂容错过！"小和尚在一旁插话说："如隔崖河。"顺治毅然回道："但得董妃，虽万丈之渊，吾何畏缩！"说罢，飞身一跃而下……顺治大惊，蓦然醒来，乃知刚才原是南柯一梦，周身的汗水已将香衾湿透。顺治反复回味着梦中情景，猛地悟到原是董妃托梦于己，便自语道："董妃今日招我，我何必眷恋皇帝之位，不如随她遁去！"

第二天，顺治改了平民装束，偷偷溜出内宫，走出紫禁城，直奔五台山。当他到五台山后，和一癫和尚谈得颇为投机，便削发入寺修行去了。

顺治临出宫时，已将后事做了安排，并写了一道上谕放置在御案上，太监们找不到皇上，便将这道上谕称为遗诏。遗诏中定玄烨为皇太子，持服（穿丧服守孝）二十七日后即帝位，又命四大臣辅政云云。此诏一传，各王公大臣异常惊疑，言昨日早朝皇上尚康健如恒，怎一夜之间就晏驾黄泉了？且遗诏中亦未说明病源，甚奇甚怪！一时朝野议论纷纷，有谓顺治因皇太后逼迫而服药自尽者，有云因感受时疫而暴崩者，有言因董妃之故而匿迹山野者。不管群臣有千般疑惑，万种猜测，当下还得照例哭临，扶八岁新主玄烨登基，次年改元康熙。顺治朝从此成为过眼云烟。

几十年后，康熙大帝率部西征噶尔丹叛乱，大获全胜。志得意满之际，便想起五台山上的父皇，遂产生了前去看望的打算。当年顺治遁入空门后，在五台山绝顶处修了三间草房，终日念禅打坐。皇太后思儿甚切时，便带孙子康熙出京，以上五台山清凉寺进香为名，与儿子晤面。但她每到清凉寺，却又见不到儿子的踪影，怕百姓生疑，不敢久留，只好对门空淌几滴相思之泪。后来太后年老体衰，已不能远行，便差人每年到五台山修庙，并秘探暗访顺治帝的行踪，但至死亦未寻到。

此时的康熙已到不惑之年，在胜利的喜悦中又动了父子天性，遂下旨西巡，临幸五台。待一行车马人流到得五台山后，康熙将侍从留在山中，一人悄声不语地走进清凉寺，再由一老方丈领至山顶极峰处茅屋前，独自进屋面父。只见一白发老僧，静坐打禅，纹丝不动，宛若枯人朽木。康熙望了许久，断定此人必是父皇，忍不住双膝跪到老人身前，泣哭不已地说道："父皇，儿来了！"

只见那老僧双目微睁，复又闭拢，其态如初，不再理会。康熙不禁热泪横流，停了半晌，不见老僧有何表示，只好悄然退出茅屋。临走时特嘱门外的方丈不准声张此事，以后要好生看待此老僧，必有重赏，方丈合掌点头连连称是。此时正值深秋，浮云古木，冷风扑面，空中雁阵，哀鸣远去，使人倍感凄怆悲凉。康熙感慨万千，仰面目送天际浮云过雁，低头眺望深谷沟壑，深叹一声，缓步下山离开五台。

康熙离开五台山后，关于顺治出家并终了五台的传闻，在社会上越传越广。而那绝色美人董小宛，竟红颜薄命，黄土长埋，好端端一个如花似玉的美人，竟谢却红尘，登极乐之国，不能不令众生扼腕叹息。后人咏顺治、董小宛之事，有诗云："双成明靓影徘徊，玉作屏风璧作台。薤露凋残千里草，清凉山下六龙来。"有附会其诗者说，其中"双成"及"千里草"字句，是暗指董妃，清凉山是五台山上一峰，是暗指世祖出家。康熙帝一生巡幸五台山共计五次，暗喻顺治帝和康熙帝共来六次，即"清凉山下六龙来"一句。据传，康熙皇帝直到顺治帝老死五台山，方才不去，只是秘密派人将父皇生前使用的一把扇子、一双鞋子带回，埋入清东陵孝陵地宫，而顺治皇帝本人，压根就没有入葬陵寝。这个神奇的传说，随着野史和笔记小说的广泛传播，使许多人深信不疑，并发挥了神奇效用。以至在二百多年过后，清东陵遭到一次次惨不忍睹的洗劫时，顺治皇帝的孝陵成为所有陵寝中唯一没有遭到盗掘的陵墓。因为所有的盗掘者都知道，地宫中那把扇子和一双鞋子是不值得一盗的。这实在是顺治皇帝不幸之中的万幸！这个意外结局，也是顺治皇帝生前所料想不到的。

董小宛与董鄂妃考证

野史及笔记小说自不足信，但关于顺治出家疑案中所涉及的董小宛确有其人。近世编撰的《辞海》中明白地写道："董小宛（1624—1651），明末秦淮名妓。名白，字小宛。后为冒襄（字辟疆）妾。清兵南下时，同辗转于离乱之间达九年，后因劳顿过度而死。冒襄曾著《影梅庵忆语》，追忆他们的生活。有说她为清顺治帝宠妃，系由附会董鄂妃事而来。"连《辞海》都为董小宛误附会为董鄂妃的事出面辟谣，可见这个历史传说是怎样地广泛和久远。那么董小宛与董鄂妃的真相到底如何？这两个贵贱不同、身份各异的女人又是怎样被后人强行捏合在一起的？

明末清初，秦淮河畔有八位声震四方的名妓。她们是马湘兰、卞玉京、李香君、柳如是、董小宛、顾眉生（顾横波）、寇白门、陈圆圆，时称"秦淮八艳"。当时达官贵人，风流名士，前来慕名求识者多如过江之鲫。冒襄乃世家子弟，颇负文名，明末曾授台州推官，未赴。明之后隐居不仕，屡次拒绝清朝官吏的荐举，与方以智、陈贞慧、侯方域同称"江南四公子"。

冒辟疆最早与董小宛相识是在明崇祯十二年（1639年），南都乡试。二十九岁的冒襄至秦淮，从方、侯等风流之辈处听到小宛的盛名，开始与小宛结交。当年董小宛年方十六岁，而当时福临才只有两岁。

董小宛成为冒辟疆之妾一事，据冒襄著《和书云先生己巳夏寓桃叶渡口即事感怀原韵》后跋载："至牧斋先生，以三千金同柳夫人为余放手作古押衙[8]，送董姬相从，则壬午秋冬事。董姬十三离秦淮，居半塘（在苏州市城外）六年，从牧斋先生游黄山，留新安三年，年十九归余。"冒记载中的牧斋即原礼部侍郎、东林党人钱谦益之号。柳夫人即秦淮名妓柳如是，时已嫁予钱谦益。壬午为崇祯十五年，是年春，小宛病中再晤冒襄，始有委身之意，暨从至南都乡试，冒中副车。十月，小宛归冒心切，生死以之，得助于钱谦益大力斡旋相资，三日内为之筹划已毕。十二月，小宛随冒至如皋。冒辟疆不敢对嫡妻讲明纳董之事，先将其居于别室，四个月后才归与嫡同居。这时已是崇祯十六年（1643年）癸未初夏了，冒辟疆三十三岁，董小宛二十岁，福临六岁。该年九月皇太极崩逝，福临才刚刚称帝。

董小宛在跟随冒辟疆九年后的清顺治八年（1651年）正月初二日，以劳瘁死，夭亡于家，时年二十八岁。董死后葬于影梅庵，故冒辟疆忆语以此命名，并抒二千四百言哭之。冒辟疆的知交及当时骚人墨客的哀文挽诗中，有"可怜一片桃花土，先筑鸳鸯几尺坟""咫尺郊南同绝塞，至今青冢不悲主""绮骨埋香十六年，春风坟草尚芊芊""历墓门而巡视兮，听松柏之萧萧"等诗句，无不是小宛芳骨埋藏影梅庵的历史写照。

关于疑案中洪承畴劫掠董小宛北上献于顺治的传说，自有可疑之处。清军在攻破南京后，洪确被授总督军务之职，并率部打击江南抗清义军。顺治十年（1653年）之后，洪承畴又受命经略湖广，尽辖江南，从常理来讲，完全有可能接近董小宛，并可能做出劫掠之事。但董小宛自明崇祯十五年秋冬相从冒辟疆，至顺治八年正月去世，有史料可查的九年未曾离开冒辟疆左右，自然就很难有被劫掠北上并嫁于顺治之说了。如果这段史实尚有纰漏，那么即使在顺治八年洪承畴督署江南时劫掠了董小宛，时顺治帝才十四岁，董小宛已二十八岁。洪纵有天大的胆略和投机的诀窍，也是不敢对未足大婚之龄、童稚未脱的当朝天子献上一个比他年长一倍的妓女以图恩邀宠的。

既然传说中的董小宛入宫不能成立，那么顺治出家及与董妃的情爱故事，又为何传播如此之广远？想也不是空穴来风，平地爆响惊雷。这个悬案的症结到底何在？答案则恐怕是将宫中真正的董鄂妃与董小宛合二为一，并移花接木，影射附会的缘故。若弄清了董鄂妃的生前死后，清初这段著名的悬案也就不难破解了。

有史料可查的是，在顺治帝的孝陵地宫中，除顺治本人外，还祔葬了两位皇后。一位是孝康章皇后佟佳氏（1640—1663），另一位则是孝献端敬皇后董鄂氏（1639—1660）。

第一位孝康章皇后，生于崇德五年，为都统佟图赖之女。初入宫时被册为妃，顺治十一年三月十八日生皇三子玄烨。顺治帝崩后，由皇三子玄烨登大位，是为康熙皇帝。根据母以子贵的传统惯例，康熙元年（1662年）十月二十七日，佟妃被做了皇帝的儿子尊封为慈和皇太后，至康熙二年二月初一日，这位刚当上皇太后一年多的佟氏，染病离开了人世，年仅二十四岁。

在孝陵地宫陪伴顺治的第二位皇后董鄂氏，满洲正白旗人，为内大臣鄂硕之女，生于崇德四年。关于董鄂氏进宫前后的那段经历，史书记载模糊不清，只提一句"年十八，入侍"，颇有些欲盖弥彰之势。这个弥彰通过《世祖实录》中的某些记载，可窥视真情一二。记载中说：顺治十三年（1656年）四月，应册立嫔妃。六月，奉皇太后谕，举行册立嫔妃典礼，先册立东、西二宫。同月，皇太后谕，孔有德女孔四贞宜立为东宫皇妃。七月，襄亲王博穆博果尔死。礼部择吉于八月十九日册妃，上以襄亲王逝世，不忍举行，命八月以后择吉。八月二十二日，立董鄂氏为贤妃，同日遣官祭襄亲王。九月二十八日，拟立董鄂氏为皇贵妃，颁诏大赦。

从上述记载可以看出，典礼丧仪的安排，令人感到董鄂氏与这个博穆博果尔必定有着某种神秘的联系。襄亲王博穆博果尔为太宗第十一子，福临之异母弟，死时年方十六岁。从上述活动看，决不能单纯认为福临因幼弟新逝，就不忍举行纳妃典礼，而董鄂氏欲立为贤妃和拟立为皇贵妃，却要同日或先期祭告襄亲王，更说明这种神秘联系的不可分割。此外，董鄂氏显然不是由嫔位以下逐渐提升，而是打破后宫晋封之例一跃为妃，董氏何幸，能有此殊荣？况从皇太后先指定汉公主孔四贞为东宫皇妃一事，说明董鄂妃之殊荣绝非皇太后相助或撮合。因此，其中的曲折情节必为顺治和董鄂妃共同制造了一个不可告人的秘密——他们合谋暗杀了襄亲王博穆博果尔。

汤若望与顺治皇帝

关于顺治和董鄂妃谋杀博穆博果尔的推断，从当时在北京的德国传教士、清王朝钦天监监正汤若望的日记中或可得到佐证。汤若望这样写道："顺治皇帝对于一位满籍军官之夫人，起了一种火热爱恋。当这位军官因发现其间的私情而申斥他的夫人时，他竟被有所闻知的天子，打了一个极怪异的耳光。这位军官于是乃怨愤而死，或许是被谋杀而死。皇帝遂将这位军官的未亡人收入宫中，封为贵妃。这位贵妃于1657年产下一子，是皇帝要规定他为皇太子的。但是，数星期之后，这位皇子竟而去世，而其母随其后亦薨逝。皇帝徒为哀痛所致，竟致寻死觅活，不顾一切。"

汤若望所记述的军官未亡人，当是襄亲王的夫人无疑。襄亲王于顺治十三年七月突然死去，董鄂妃随后进宫。清初爱新觉罗子孙经常领兵出征，又崇尚武功，汤若望称博穆博果尔为军官，亦不难理解。襄亲王的突然去世以及董鄂妃的随后入宫，当时的官员文人对此隐秘都有所听闻，也只能以曲笔在诗文中隐约吟咏，不敢明言载记。而汤若望是德国人，无此顾忌，所以有此记载，并在这些记述中直称"当朝天子是个性欲本来很强烈的皇帝"等等。以官书对照私著，顺治和董鄂妃之间的隐秘大体可以解开。从历史的沿革来看，清王朝在关外及入关后一段时期，对婚配本不拘守汉人所重伦常。由此可推断，董鄂氏先是以秀女⑨的身份入宫指配给博穆博果尔，后被顺治看中。在谋杀了博穆博果尔之后，原来的弟媳变成哥哥顺治的宠妃。至此，董鄂妃"年十八入侍"一句官书记载就轻易地找到了注脚。

董鄂氏来到顺治身边从而得到这位当朝天子的宠爱，已是情理之中的事情，只是其宠爱的程度多少令人有些不可思议，有清一代也绝无二例。从清宫记载可以看到，董鄂氏于顺治十三年夏入宫，八月即立为妃，这在当时已是很高的起点了。但九月又接着拟立为皇贵妃，十二月正式册立。从妃至皇贵妃，在短短四个月内越过贵妃这一级而直逼皇后中宫⑩之位，晋封之速自然令满朝骇异。因为此种过火举动，既无先朝前规，又不可为后世成例，实乃奇宠滥恩。但顺治如此之为，自是有他的打算。这个打算就是让董鄂妃尽快地成为皇后。要想成为皇后，就要设法废掉当朝皇后博尔济吉特氏。但这时的皇后与顺治的母亲孝庄皇太后感情极深，又是孝庄的亲族（侄孙女）。在孝庄的竭力阻止下，顺治的废后⑪计划未能实现，董鄂妃的皇后梦自然也成为泡影了。

顺治十四年（1657年）十月，董鄂妃生下一子，按排行为顺治之第四子。这个儿子的出生，又让顺治和董鄂妃看到了希望。因为一旦册立这个儿子为太子，他的母亲或早或晚都将成为皇后。但正当二人沉浸在美好憧憬中时，这个没福气的儿子仅活了三个月零十四天就宣告夭亡。儿子的不幸夭亡，使董鄂妃陷入无尽的悲痛与绝望之中，对顺治本人也是一个极为沉重的打击。为安慰董鄂氏，顺治下旨追封这个连名字尚未来得及取的皇四子为"和硕⑫荣亲王"，其爵秩在清宗室十四等封爵⑬中列为头等。不仅如此，顺治帝借着悲痛，干脆放开胆子，冲破朝中禁规，在京东蓟县靠东陵不远的黄花山下，专为这位皇四子修建了一处荣亲王园寝。一应规制齐备，添设守备一员，千总二员，守兵一百名防守巡护。在这位被封为荣亲王的孩子的地宫中，有一块墓碣石，被后来的盗墓者掘出，上面刻有"和硕荣亲王，朕第一子也"之句。这"第一子"实为"皇太子"之意。如果不是此子早殇，董鄂氏早薨，日后的皇位恐难为第三子玄烨所占，自然也就没有日后康熙大帝的非凡作为了。

然而历史并没有这样安排，它在让这位幼儿夭亡的同时，又把不幸加到了这位幼儿母亲的头上。就在儿子死去两年零八个月之后，董鄂妃也终因过分忧郁悲痛而气绝身亡，时为顺治十七年八月十九日，董鄂妃年仅二十一岁。

董鄂妃妙龄早逝，顺治帝悲痛欲绝，不仅亲自为之守灵，还传谕王以下、四品官以上，并公主、王妃以下命妇（清代品官母、妻之受有封号者），俱于景运门内外，齐集哭临，辍朝五日。顺治怀着夭子丧妻的万分哀痛，于八月二十一日，竟不顾祖宗礼制，谕礼部破

孝陵平面示意图

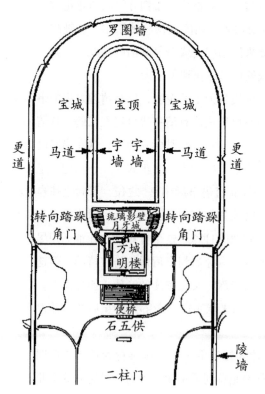

例追封董鄂妃为皇后，并亲笔为董鄂妃书写了数千言的"行状"，极尽溢美之词地盛赞董鄂妃对皇太后的孝敬，对皇帝起居饮食的关怀备至，并发出了"虽不干朝政，然主张宽以待人，严以律己，生活节俭，不用金玉，病危时尚有'妾殁，陛下宜自爱'等令人肝肠寸断之言"。其痛悼之情，令人感念悲怀，入心难忘。

顺治特命当时颇具声望的茚溪行森禅师（俗姓黎，名行森，号茚溪。福临的佛门师兄，两人同奉浙江吴兴与报恩寺住持玉林通琇为师）主持董鄂妃的丧事，在景山建置规模宏大的水陆道场。至九月十五日，即董鄂妃死后二十七天，顺治亲临景山观德殿，先后为亡妃祭五七、六七和十月初八日的断七。景山大道场设有忏坛、金刚坛、梵网坛、华严坛、水陆坛等佛家法物。一百零八名僧人，在坛前施作法术。白天铙钹喧天，黄昏烧钱施食，厨房库房，香灯净洁，大小官员皆至坛前，作揖叩首，前呼后拥，极为隆重热烈，铺张豪华。

董鄂妃尸骨于死后三七之日即董鄂妃死后第二十一天，被焚烧火化。史料载，当神火熄灭，收拢灵骨时，茚溪行森禅师突然竖起如意，朗朗诵道："左金乌、右玉兔[14]，皇后光明深可固，铁眼铜睛不敢窥，百万人夫常守护。"言毕，忽掷如意于下座，命收灵骨。康熙二年（1663年）六月初六日，董鄂妃袝葬于顺治帝孝陵地宫。

——这便是历史上真正的和顺治帝有过生死之恋的董鄂妃。她的早逝，客观上加速了顺治帝的死亡。

🏵 解开孝陵空棺之谜

在董鄂妃死后，顺治难以接受眼前的现实，也无力承受这巨大的精神刺激，已万念俱灰。他觉得"财宝妻孥，人生最贪恋摆拨不下。朕于财宝固然不在意中，即妻孥亦觉风云聚散，没甚关系。若非皇太后一人一念，便可随老和尚出家去"。其间，他曾要求茚溪行森禅师为他剪掉发辫，以削发为僧，遁入空门。似乎只有如此，才能真正解脱内心的痛苦。但在孝庄皇太后及群臣的奋力阻止下，他的打算未能成功，也就未解脱内心的痛楚、烦闷和思念之情。在这种欲罢不能的情况下，顺治让他最宠信的太监吴良辅做自己的替身，去北京广安门外悯忠寺（法源寺）削发为僧，以还自己的心愿。

太监吴良辅按照主子的旨意，削发为僧，真的在悯忠寺念起佛来。顺治内心稍感宽慰，并于十八年正月初二亲自到悯忠寺观看吴良辅做和尚后的情形。就在这次察看中，顺治对寺院和僧侣生活产生了一种比先前更加炽烈的感情。他用手轻轻拂着香案，对住持僧说："我觉得这里的一切都极其熟悉和难以割舍，我好像看到我的前世就是一位僧人。"由于这种近似痴情的爱恋，顺治出家的欲望达到了极点。要不是孝庄皇太后派人前来督促他回宫，他一定会留宿于寺院。如果不是他在几日之后便赴黄泉，或许他真的就做了出家的和尚。但历史没有成全他，他还是在皇太后的压力下，怀着无限的悲愁回到了那早已厌倦的皇宫。想不到，这次回去，就再也没有机会善结佛缘，而只留下一个美丽的传说了。就在他回宫的第二天，便因出痘而"圣躬少安"，第三天就已"圣躬不安之甚"，第四天，即正月初五日丙辰，顺治宣原任学士麻勒吉、学士王熙至养心殿，降旨——自责，定皇上御名，命立皇太子，并谕命索尼、苏克萨哈、遏必隆、鳌拜为辅政四大臣，令草遗诏。初六日，三鼓时分，顺治感到生命垂危，大限迫近，急命太监传谕王熙、麻勒吉入养心殿撰拟遗诏。顺治斜躺在病榻上，对二人宣谕："朕患痘，势将不起，你可详听朕言，速撰诏书。"二人闻谕，即在病榻前开始"恭聆天语"，并"五内崩摧，泪不转止，奏对不成语"。顺治以极为亲切友善的口气说道："朕平日待尔如何优渥，训尔如何详切，今事已至此，皆有定数。君臣遇合，缘尽则离，尔不必如此悲痛。此何时，尚可迁延从事，致误大事……"王熙、麻勒吉将连夜起草的遗诏送皇帝过目，修改了三遍，直至第二天清晨才最后定稿。又过了一个白天，到初七日子夜时分，身患天花的大清顺治皇帝驾崩于养心殿，时年二十四岁。

顺治生前本欲立次子福全为太子，而孝庄皇太后则坚持立第三子玄烨，正在争执不下之时，顺治派人去征求钦天监监正汤若望的意见。汤也竭力主张立玄烨为太子，理由是玄烨已出过天花，对这一当时被视为绝症的疾病具有终身免疫力。于是，顺治在遗诏中正式宣布立时年八岁的玄烨为太子，即皇帝位。这位八岁登基的少年，就是后来功名赫赫的康熙皇帝。

顺治死后的第二天，即正月初八日，清廷正式为顺治主办丧事。初九日一早，宣诏官来到天安门外金水桥下，向守候了一昼夜的群臣宣读哀诏。诏命百官各退回本衙门守制，头九日需每天到乾清门外哭丧，在治丧期的二十七天内，俱不准私自回家。紫禁城乾清宫内设着顺治的灵堂（乾清宫为皇帝寝宫，设灵堂于此，象征寿终正寝），大殿及东西两庑，俱披挂白幔，乾清门两边，旌旗幡幢林立，建有释、道两个道场。众多的和尚、道士日夜诵经焚香。到正月十四日，宫中举行"小丢纸"仪式，即在乾清门外焚烧顺治生前御用的冠袍带履、珍玩器皿。当仪式宣布开始时，只见孝庄皇太后身着玄色长袍，在全身缟素的宫女们的服侍下，来到乾清门台基之上，面南而立，悲哭不竭。文武百官跪在两旁，泪如雨下，哭声惊天动地。在一片昏天黑地的恸哭声中，火焰渐起，诸种宝器在火焰中散发出五色光亮，并爆出炸豆般的声响。每有宝珠遇焚，便发出一声清脆震耳的声响，这种声响持续了数万下方息。

二月初二日，顺治梓宫[15]移至景山寿皇殿。文武百官从东华门沿路排班至景山，分跪在道旁。运送梓宫的队伍由卤簿（帝王车驾出行时扈从的仪仗队）和象辇开道，后面是上百匹骏马和骆驼，分别背负着准备焚烧的顺治生前所用的绫绮锦绣，账房什器；接着是几十名太监抬着灵舆，灵舆上罩盖黄幔软金帘，内铺紫貂大座椅，太监手捧金壶、金瓶、金盘、金碗及金交床椅杌等随行。灵舆的后面是顺治的棺椁和殉葬而死的贞妃的棺木。皇太后及妃嫔们的素幔步辇尾随其后。当开道的象辇一出东华门，跪拜的文武群臣"俱流泪歔歔不已"，接着便是哭声连片。那驼马所负的绫罗绮绣、金玉珠宝，又在随之举行的"大丢纸"仪式中付之一炬，无数价值连城的御用奇珍异宝统统化为灰烬。

顺治的灵柩一直停放到百日之后，由与顺治生前关系最为密切的僧人、曾为董鄂妃主持尸骨火化的茆溪行森禅师主持，在寿皇殿前焚尸火化。

顺治尸骨的火化，在清王朝入关后的历代帝王中仅此一例。究其原委，一是顺治生性好佛，并到了如醉如痴的程度。这位生前已被玉林禅师（俗姓杨，字玉林，法号通琇）取了佛家法号为"行痴"的皇帝，自然愿意以佛家弟子圆寂后需火化的规矩行事。除此之外，是为遵循故土先祖之习，因为满族在关外的风俗就是死后火化。顺治崩时，满清入关只有十几年的光阴，本民族的风俗依然保留如初，帝崩而火化是自然之事。葬仪到了他的儿子康熙皇帝一朝已经开始汉化，继而朝野臣民也随之改变得相当彻底。当康熙的儿子雍正皇帝驾崩时，新登基的乾隆皇帝曾对葬仪的汉化专门做了说明并有严格的规定：

"古之葬者，厚衣之以薪，葬之中野，后世圣人易之以棺椁，所以通变宜民，而达其孝心也。本朝肇迹关东，以师兵为营卫，迁徙无常，遇父母之丧，弃之不忍，携之不能，故用火化以便随身捧持，聊以随其不忍相离之愿，非得已也。自定鼎以来，八旗、蒙古各有安居，祖宗墟墓悉隶乡土，丧葬可依古以尽礼。而流俗不染或仍用火化，此狃于沿习之旧，而不思当年所以不得已而出此之故也。朕思人子事亲送死，最为大事，岂可不因时定制而痛自猛省乎？嗣后除远乡贫人不能扶柩回里，不得已携骨归葬者，姑听不禁外，其余一概不准火化。倘有犯者按例治罪，族长及佐领隐匿不报，一并处分。"

顺治帝尸骨火化后，由于他生前选定的陵寝尚未完工，灵骨暂停放于景山寿皇殿，待陵寝工程正式完工后入葬。

关于顺治陵寝修建年代，史书记载不一。较具权威的《昌瑞山万年统志》载："康熙二年二月丁未遣官祭告，封丰台岭为凤台山，十一日始建孝陵，复封凤台山为昌瑞山，设立满汉官兵，周围建陵垣三十余里。"据此，孝陵的始建年代，应为康熙二年二月十一日。但清宫另一史料，即王先谦编写的《康熙东华录》中所记一道谕旨，却有和前文记载相异之处。顺治十八年十二月辛酉，刚刚继位不久，年仅

顺治皇帝的孝陵

八岁的康熙皇帝下了一道谕旨给户部："前因世祖章皇帝山陵（天子墓冢，在秦曰山，在汉曰陵，统称为山陵，喻其高耸）大工及滇闽用兵钱粮不足，不得已于直隶各省田赋，照明末时练饷⑯例，每亩暂加一分以济军需。今思各省水旱盗贼，民生未获苏息。正赋之外复有加征，小民困苦，朕心殊为不忍。若不急停以纾民困，必致失所。除顺治十八年已派外，康熙元年通行停止。尔部作速刊示，通行晓谕，使小民咸知。"

顺治崩后的谥号为世祖章皇帝。康熙的这道谕旨中所说的世祖章皇帝山陵，即清东陵的孝陵。可以推知，这时孝陵已经开始兴建了。而从《世祖章皇帝实录》中还可以看到，早在顺治十八年七月二十五日，就有"户部题：世祖章皇帝守陵内侍共四十四名，官员人役共六十六名，应给园地共三百八十余晌⑰，请将附近地亩，圈取拨给，从之"的记载。而到了闰七月初三日，便有"以原任副都统福喀为世祖陵总管"的词句。至这一年的九月初十日，已"设兵一千名守护世祖章皇帝陵"了。这段记载又进一步说明，在顺治十八年，孝陵的兴建已初具规模了。

孝陵陵寝的建筑，基本上沿袭了明十三陵的制度，再加以发展和改进而成，从而开创了清代独有的陵寝风格和规

顺治皇后陵寝明楼周边呈馒头状的坟包是二十八位女子的坟墓，除待年官中，先于顺治帝而亡的悼妃外，大多为二十岁左右的年龄，顺治皇帝宾天之时，一同被赐死殉葬于一个又一个"馒头"之下，成为阴间之鬼

则。孝陵之后清代各帝陵寝，其建筑风格和模式基本相同。只是顺治帝的孝陵由于当时国家财政困难以及政权不甚稳固，显得某些地方在质量上较之后代有些粗糙。但它作为清代帝王陵寝的建筑设计蓝本，保持了它独有的历史地位，并延续发展了下去。

孝陵陵寝整体建筑由神道碑亭⑱开始，往北依次为东西朝房⑲、东西班房⑳、隆恩门㉑、东西燎炉㉒、东西配殿㉓、隆恩殿㉔、陵寝门、二柱门㉕、石五供㉖、月台及礓磜、方城㉗、明楼㉘、月牙城㉙、宝城㉚、宝顶㉛。周围是高大的红墙环绕，与隆恩门相衔接，全长5600多米。整座陵寝，以金星山为朝山㉜，影壁山为案山㉝，昌瑞山、雾灵山和东北的长白山为来龙㉞，在东侧马兰河，西侧西大河的萦绕下，山水相映，构成了一幅世之罕见的完美的山水风景图画，充分体现出陵址的选择者和陵寝建筑设计者的独具慧眼和匠心所至。

顺治帝崩后，按照清初的殉葬制度，仍然要选宫女、太监为之殉葬。据汤若望在回忆录中的记载，早在董鄂妃薨逝之时，由于"皇帝徒为哀痛所致，竟致寻死觅活，不顾一切。人们不得不昼夜守护着他，使他不得施行自杀。三十名太监与宫中女官悉行赐死，免得皇妃在其他世界中缺乏服侍者"。对于这一野蛮而残暴的决定，当时的茆溪行森禅师及和尚旅庵、山晓三人联合群臣给予了坚决的抵制和劝阻。顺治无奈，只得妥协，并召三和尚入宫，将原来的决定改为"曷若使之出家学道，以报皇后"。对于顺治态度的转变，三和尚合掌称颂云："诚古佛心也。"于是，三十名太监宫女出家，算是保全了性命。但顺治崩后，还是有二人为之殉葬而死。这二人一为宫女董鄂氏，一为太监傅达理。董鄂氏以身殉帝后，被追封为贞妃，初葬黄花山，后迁葬孝东陵㉟。太监傅达理被葬于陵区外许家峪东，陵墓称贞臣墓。

康熙二年四月二十二日，顺治皇帝的棺椁迁往孝陵。这一天黎明，清廷王以下、奉恩将军以上的内大臣及侍卫，分列于景山寿皇殿外，公侯伯以下满汉文武百官全部聚集到东华门外，以示迁送之礼。年少的康熙亲自奠酒，哀乐声中，悲恸不已。群臣无不热泪纷纷，如丧考妣。梓宫每经过门、桥之地，都要停下进行奠酒之仪，每天宿驻享殿皆供献奠酒，举行哀礼。至六月初六日，顺治梓宫抵达孝陵，与先前逝去的孝康章皇后（佟佳氏）、孝献端敬皇后（董鄂氏）合葬于地宫。康熙七年（1668年）正月十一日所立的孝陵圣德神功碑之上，有"皇考遗命，山陵不崇饰，不藏金玉宝器"，故而有孝陵为空券之说。而有的传说则是孝陵地宫内只葬有一把扇子、一双鞋子。这个传说是附会顺治出家的故事而来。实际上，孝陵地宫内宝床上只放有三个骨灰坛。顺治居中，两个皇后分居左右（孝康在左，孝献在右），与碑文相符。不知是满洲女真族的旧有风俗起了作用，还是顺治笃信佛法而得佛陀的回报，这个"不藏金玉宝器"的空券，在二百年后清东陵的连续浩劫中，竟一次次躲过了盗墓者的洗劫而安然无恙，并成为清东陵所有陵寝中唯一一座没有被盗掘的陵墓。

谁谋杀了康熙大帝

　　由于孝庄皇太后和德国传教士汤若望的努力，顺治帝崩后，年仅八岁的玄烨顺利登位，是为康熙朝，并成为功绩赫赫的一代英主。

　　康熙六年（1667年），玄烨十四岁，开始亲政。如果说康熙皇帝在亲政前无所作为，他的治国天才由于自己年幼和四大臣牵制掣肘而无法发挥，那么在亲政后，玄烨的旷世奇才便迅速显示和爆发出来。他先是用计铲除了顾命四大臣之一的鳌拜集团，夺回朝中大权，然后平定"三藩"吴三桂等人的叛乱，统一西南。接着派靖海将军施琅出兵台湾，收降郑克塽，统一台湾地区。再接下来，于康熙二十八年（1689年），在击败沙俄侵略军的基础上，同俄国签订了《中俄尼布楚条约》，划定了中俄东段边界。康

康熙皇帝画像

熙二十九年（1690年）至三十五年（1696年），三次亲征噶尔丹，统一漠北及新疆东部地区。五十九年（1720年），进兵西藏，驱逐策妄阿拉布坦的叛乱势力，并派驻藏大臣，册封达赖喇嘛为西藏的宗教领袖。六十一年（1722年），进军乌鲁木齐，为后代最后戡定新疆奠定了基础……康熙在位期间，为清王朝的全盛奠定了牢固的基础，开创了大清王朝统治下延及整个十八世纪的所谓"康乾盛世"。康熙由此以一个政治家、思想家、军事家的杰出才能和辉煌伟业，被后人冠以"一代英主"和"康熙大帝"的称号。

然而，就是这样一位享尽人间荣耀和创立了不朽功业的一代英主，在对待儿子的问题上，却伤透脑筋，焦虑万分，并时常当着群臣的面哭倒在地，昏厥不醒。康熙在位时，经常向臣僚们宣称：人生的福气、富贵尊荣都算不得什么，最重要也是最难得的是享长寿而终千年。康熙的这些话中，包含了一种难言的内心恐惧与无奈。他知道由于自己久居皇位，几个儿子觊觎皇权，早已等得不耐烦，对他虎视眈眈了。他害怕这群虎视眈眈的儿子中，会有人一时兴起或权迷心窍而打发他上西天。但这种担心的最终结果还是出现了。他到底怎么死的，不但是他自己，就连史家也不明不白，颇多争议，而死于非命的可能性最大。

清代历史上，康熙除了文治武功堪称最杰出的皇帝外，还有三个之最。首先是后宫的女人最多，其中有名号的后妃就有五十五位，其他侍奉的无名号的女人则不计其数。其次是子女最多，一生共有子三十五人，女二十人，共计五十五人。再次是在位最长。从顺治十八年（1661年）即位，至康熙六十一年（1722年）驾崩，共在位六十一年。

按照中国人的风俗和生活准则，多子、长寿被视为人生难得的福气，但在康熙朝却变成了一种灾难。康熙生前已成年的儿子就有近二十个，而每个儿子都渴望自己能接过父皇的宝座过几天皇帝瘾，并且每人都有这种希望和可能。但康熙帝却在宝座上居然六十一年不下来，这就不能不让儿子们心焦和气愤，甚至对他产生了仇恨。而这时的康熙又偏偏在立太子的问题上，立了废，废了立，反复无常，狡黠多变，使儿子们在希望与绝望，绝望与希望中加深了矛盾并引发了一场混战。当这种父子之间、兄弟之间的矛盾与混战交织而来时，一代英主康熙大帝也无可奈何，只有倒地恸哭的招数了。

就在康熙在废立太子的问题上反复无常，父子、兄弟间的矛盾与仇恨近似一锅粥地错乱交织了半个多世纪后的康熙五十七年（1718年），本朝历史终于出现了一个明朗的兆头和缓解矛盾的可能。这个兆头，就是皇十四子胤禵被任命为抚远大将军。

自康熙即位以来，蒙古准噶尔部落的势力发展迅速，并逐渐走上了与清王朝为敌的道路。到康熙五十年（1711年）以后，这个部落已控制了今内蒙古西部、青海、新疆、西藏一线极为广大的地域，并威胁到陕西、甘肃、四川、云南一带地区。平定准噶尔之叛，保持清王朝的领土完整和尊严，已成为当时首要和最为重大的政治、军事任务。就清王朝而言，由于这一任务非同小可且情况复杂，必须委派一个在政治、军事上都较为成熟的人在前线镇守，以便掌握全局。而在当时尚未立太子的情况下，任何一位皇子担当这一重任，都具有非同寻常的意义。这个意义不仅仅是对一个皇子能力的信任，更重要的是，满族是以马上得天下的民族，一向对战功极为推崇，如果此时哪位皇子能挂帅出征，无疑是一次建立功业的绝好机会，从而可以借此树起服众压雄的威望。在这种无人可及的威望中，继承大统，荣登皇位，自是顺理成章的事情。这个肩负国家重任与个人前途命运的担子，极幸运地落在了时年三十一岁的皇十四子胤禵的肩上。

早在胤禵挂帅出征的前一年年底，康熙就对混战中的众皇子和参与皇子之间夺位阴谋的臣僚颁布了一道分量极重的诏书，表示自己已经对悬而未决的立太子问题有所考虑，并言辞咄咄地声称："我一定选择一个坚固可靠之人为你们的主子，并让你们倾心悦服。"事隔不久的次年，他便委派胤禵以抚远大将军的名号率队出征。这两件事连在一起，无疑是做了更加明确的暗示。不仅如此，胤禵在出征前，康熙亲自为他举行了十分隆重、规模宏大的送行仪式，封胤禵为"大将军王"，并特许使用王所用的旗帜。从清朝立国开始，所有的皇子，分为亲王、郡王、贝勒、贝子四个不同的等级，以亲王最高，贝子最低。而此时在诸皇子中年岁较小的胤禵，其爵位仅是一个最低的贝子。出征前的一番任命和恩准，无疑是康熙向众人宣布，尚是贝子的胤禵已经享受了王的待遇，若将来真要立为太子，可不必一级级地晋升爵位，一切都顺理成章地操作了。康熙的这一连串动作，使所有的人都心照不宣，暗自领悟。胤禵以及暗中拥戴胤禵的臣僚更是心中有数，喜不自禁。胤禵带着一个辉煌的梦想出征了。

踌躇满志的胤禵率部出征后，不负父望，经过四年的浴血奋战，终于取得了收复西藏的胜利。而后在康熙的指令下，与准噶尔部进行和平谈判，并很快达成了一致的协议。到了康熙六十一年，西部战争基本得到平息。正当胤禵大功告成，威望倍增，欲带着那个辉煌的梦想班师回京，顺利地当太子时，本朝一件惊天动地的大事将他的梦打得粉碎。康熙皇帝突然驾崩，皇四子胤禛神秘地继承了大位，即雍正皇帝。

康熙六十一年十一月初七，康熙驾临京城郊外的畅春园㊱。初八，有旨传出：皇帝偶然受了风寒，当天已经出汗。由于龙体欠安，从初十到十五，将为冬至的祭祀大典进行"斋戒"，一应奏章都不必送来。皇帝的"斋戒"和独居静休，本是一件正常的事，没有引起多少人的格外关注。但就在这看似平静的宫廷生活中，有一个人却极敏锐地看到了平静的背后那可能改朝换代的非凡时刻的到来，此人就是皇四子胤禛。

隆科多像

在各位皇子围绕皇位的继承问题而结交朝臣、培植私党并闹得矛盾重重、沸沸扬扬之时，皇四子胤禛却显得老练、持重，他的言行也未引起父皇和兄弟们格外看重和猜疑。在父皇和众皇子的眼中，这位四贝勒好像是一位颇为安分守己、对皇位没有多大兴趣的人。但后来的事实证明，所有的人都看错了。他的一切做法只不过是来自门下谋士戴铎的告诫："父皇英明，做儿子的就很难。太张扬外露，势必会引起父皇的疑心。若一点也不显山露水，又会被父皇和众兄弟看不起，从而弃之不顾。故此，两者之间的分寸，势必要把握得恰当。"极端聪明老辣的胤禛，在听了戴铎的告诫后，一直在露与不露之间悄悄地做着文章。他没有像其他皇子那样明火执仗地结交朝臣、培植私党，而是暗中结交了两个重要人物，隆科多和年羹尧。隆科多是康熙第三任皇后（孝懿皇后）的胞弟，官拜步军统领，掌管京城的戍卫。年羹尧则是四川总督，在与准噶尔作战的西线战场拥有一支精锐军队。结交这两个人的目的是，一旦京师有变，由隆科多控制；若西征中的胤禵有变，年羹尧可派兵与之抗衡，迫使胤禵无法用武力达到争位的目的。皇四子胤禛算是一位真正能审时度势，并悟透了权力争斗原则的天才。就在康熙患病畅春园，而众皇子尚处在梦中的关键时刻，长期蛰伏的胤禛却要引弩待发了。

从九日到十二日，胤禛或明或暗地不断派人入宫探视父皇的病情。他得知父皇的病越来越重时，便开始在暗中做各种应急和夺位的准备。到十三日凌晨，康熙的病情已处于十分危急的状态。一直在皇帝身边担负侍卫任务的隆科多，忙派人传达诏命，令胤祉、胤禩、胤祹等七位皇子火速赶到畅春园。胤禛也在诏令之内，但不知什么原因，他将近中午方匆匆赶到。

此时，畅春园内的空气异常紧张，康熙帝早已昏迷不醒，赶来的皇子们都未能和父亲说上一句话。所有的皇子都为父皇的病情感到突然、惶恐，甚至感到内心焦躁不安。眼前太子尚未确立，而最有可能成为太子的皇十四子胤禵又远在西北。一旦父皇突然驾崩而不留下一句话，那局面将如何收拾？尽管时间是那样令人焦躁、难耐，空气是那样紧张、窒息，但没有一个人愿意离开。因为谁都知道在这千钧一发的时刻，什么意想不到的事都会发生，也极有可能父皇会回光返照，突然醒来，对众皇子留下最后的遗言——每个人都想听到父皇在告别人世之前可能有利于自己的最后的声音。但这声音却迟迟没有发出。

皇子们守在康熙寝室的外间，有的坐着，有的倚柱而立，有的则在房间内来回地踱步，谁也不说一句话，每个人的心中都像灌了铅一样沉重，有说不出来的痛楚与焦灼。众皇子都在无休止地等待，等待中又无一例外地做着各种或吉或凶的揣测。

就在这无休止的等待和揣测中，号称在诸皇子中最机敏的皇八子胤禩，蓦地从皇四子胤禛的姗姗来迟中悟到了什么，阴狠的眼光将众皇子扫了一遍后，又死死地盯在胤禛的脸上。胤禛斜视了他一眼，手微微颤抖了一下，

康熙四子胤禛像

康熙八子胤禩像

但很快又恢复了平静，双目微闭，镇定自若地坐在椅子上一动不动。尽管如此，皇八子胤禩还是从胤禛的瞬间失态中预感到了一种不祥的隐秘。在片刻的思索后，胤禩突然决定离开畅春园。但他刚跨向行宫大门，隆科多抢步上前将他拦住说："圣上病重，眼下正是危急之时，八阿哥此时离开，一旦圣上不豫，如何是好？"胤禩望了望隆科多阴沉的、有些杀气的脸，又向外看了看，只见宫外甲士层层，剑戟闪亮，整个畅春园已被军兵围得水泄不通。知道自己是无论如何也不会走出去了，胤禩抬起的脚又重新放下，近似喷火的双眼盯着隆科多，恨恨地"哼"了一声，愤然回到宫内。

太阳渐渐落了下去，夜幕笼罩了畅春园。尽管宫里宫外都亮起了灯盏，但随着凄厉的北风一阵紧似一阵的啸叫，每个人都感觉一股股阴森森的鬼气迎面扑来，令人惊恐不已、胆战心寒。这样僵持到戌刻（晚上七点到九点），一个小太监从康熙的内寝惊惶失措地冲了出来，嘴巴哆嗦着说不出一句话。此时众人便箭一样一齐向内寝冲去。众皇子围住病榻，俯首细看，只见父皇嘴巴微微张着，眼睛似睁非睁，早已气绝身亡。

众皇子知道父皇确已驾崩，不由自主地跪下身来默哀。没有人流泪，更没有人号啕大哭。谁都知道在这刀出鞘、箭上弦，马上就要争夺皇位的非凡时刻，哭，该是多么幼稚和荒唐的一个笑话。

谁也不说一句话，谁也不出半点声响，大家都在俯首默哀中暗自想着心事。过了好一阵，皇八子胤禩才突然提出，先到外间去商量一下，众人依旧默不作声地跟着退了出来。就在众皇子退出来时，隆科多却悄然进入内寝，先对康熙的遗体行了叩拜之礼，然后走出来，把皇四子胤禛叫到另一处房间，并顺手关上了内门。这一出奇的动作，使众皇子骤然紧张起来，十几道目光含着不同的猜测和疑问，齐刷刷地盯住那间内室的房门。宫内的空气，似乎已凝固得马上就要爆炸，就要燃烧，就要将人活活挤压窒息而死。

过了好长一段时间，隆科多和胤禛再次回到众皇子面前，两个人的眼里都含着一种深不可测的瘆人的光芒。突然，隆科多用略带不安和沙哑的声音向众皇子宣布："皇上遗诏，命皇四子继承大统。"

遗诏?！犹如一个晴天霹雳，几乎所有的皇子都惊得跳了起来，纷纷瞪大了血色的眼睛问道："遗诏何在?！"隆科多望望众人，镇定了一下那颗怦怦跳动的心答道："是口诏。"众皇子恍然大悟，什么都明白了。口诏就是没有真凭实据的口头遗诏，而口头遗诏怎么说怎么是了。众皇子只觉头脑轰鸣，热血奔涌，哀叹、失望、悲愤、仇恨一齐袭来。皇八子胤禩涨红着脸，怒不可遏地指责道："你为何不早说?"隆科多眼露凶光，硬硬地答道："若非皇上不起，自有安排，我岂敢擅自传诏?"这句看似有些情理的话，噎得胤禩脸色发白，差点昏倒在地。

这时，平日与胤禛尚无隔阂的几个皇子，见事已至此，自己又无本领和良策改变眼前的现实，只好恭恭敬敬地走上来，向胤禛表示归顺之心，并请他出面主持先皇的丧礼。而一贯追随胤禩，后来又改投胤禵的皇九子胤禟，深知胤禩已无力抗垒，胤禵又远在西北边陲不能救急，神思恍惚，一筹莫展，只好独自走到院子里，面对凄厉的北风和惨淡的星空，长吁短叹，徘徊不已。颇不服气的胤禩看到胤禛端坐一旁，正对隆科多和几个就范的皇子吩咐事宜，一派真龙天子的架势，怒火难平，忍不住几步跨上前来，跟胤禛面对面地坐下，利箭样的眼光在胤禛的脸上扫来扫去，低沉而冰冷地说道："胤禛，你好大的胆子，好大的本领，不要忘了西北还有个胤禵！"

胤禩意在明显地警告这位要当皇帝的四阿哥，虽然今日谋位成功，但尚在西北、手握重兵的十四贝子胤禵是不会善罢甘休的。

然而，一切都已晚了。就在畅春园最后决定各位皇子命运的非凡时刻，手握京师卫戍兵权的隆科多，已严密地控制了北京。凡是可能与胤禛为敌的皇子及王公大臣，都已处于他的监视和控制之中。与此同时，胤禛又手写密书，派心腹星夜兼程送给四川总督年羹尧，令他火速率领精锐之师以奉皇帝密诏的名义，接近胤禵的兵营。一旦这位皇十四子有反常举动，将予以搏杀，能歼之则歼，不能歼则牵制其兵力，使其无法杀回京师……就在这一切布置妥当之后，胤禛与隆科多等在康熙驾崩的当晚，装载遗体回宫，同时封锁了皇宫，不许其他皇子进入。后来又经过一连七天的秘密筹划，皇四子胤禛正式登基坐殿了，这便是历史上的雍正皇帝。

雍正登基后，尽管仍潜伏着各种威胁，但他公开要做的第一件大事，自然是对先皇葬仪的办理。

早在康熙十五年（1676年），康熙皇帝就下旨在昌瑞山顺治孝东陵东南一里左右的地方兴建自己的寿寝。经过六年的紧张施工，到康熙二十年（1681年）营建完成。初葬孝诚、孝昭皇后，二十八年（1689年）葬孝懿皇后。康熙的寿寝，尽管秉承了孝陵的建筑格局和规则，但由于康熙朝在经济上日趋繁荣，综合国力明显加强，因而较之顺治的孝陵，其布局更加严谨集中，建筑水平有明显提高，工艺更趋

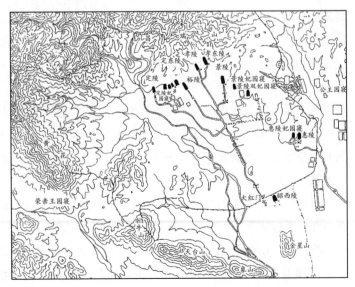

清东陵位置示意图

精美。康熙六十一年十二月初三日，康熙的梓宫被安奉在景山寿皇殿。雍正元年（1723年）二月十七日，当朝臣僚恭拟康熙皇帝的陵名进呈雍正，雍正亲自刺破手指，以指血圈定"景陵"二字，于是康熙陵寝定名为景陵。至三月二十七日，康熙的梓宫由寿皇殿发引，四月初二日梓宫抵达陵区，暂安放于景陵隆恩殿。九月初一葬于景陵地宫。随康熙祔葬的还有孝恭仁皇后（雍正生母）、敬敏皇贵妃。

历史在雍正朝拐弯

雍正即位之初，因立足未稳，开始时对几位敌对的皇子还能强忍杀机。随着他采取各种或明或暗的一系列手段，在逐渐削弱了王公贵族的势力，加强了他个人独裁权力之后，他的阴险、毒辣便不可遏止地暴露出来。雍正即位后，没有一天忘记手握重兵的皇十四子胤禵对自己的严重威胁。他设法将胤禵从西北军中召回京师，先是拘禁，后是改派去昌瑞山看守孝陵和景陵。胤禵的抚远大将军一职改由年羹尧担任。那个在畅

胤禵像

春园就对雍正公开表示极大仇视的胤禟，因与胤禩不断散布这位四阿哥伙同隆科多谋杀了父皇康熙并篡夺了皇位的言论而被逮捕，由雍正亲自为其二人分别改名为"阿其那"和"塞思黑"（满语狗和猪之意），发配边疆，最后二人都死于非命。当敌对的皇子们先后或被诛杀，或充军，或发配戍陵，从而失去了反抗能力之后，雍正又开始将剑锋指向了隆科多和年羹尧。之所以如此，其根本的原因当然是二人知

雍正皇帝道装像

《大义觉迷录》
书影

道的秘密太多。既然这二人作为中流砥柱的时代已经过去，那么继续让其掌握权力或活下去，就将成为一种巨大的危险和潜在的威胁。于是，隆科多很快被判四十一条大罪永远监禁，年羹尧被判九十二条大罪，被捕杀。自畅春园改诏夺位事件发生后，尚以诸葛孔明自喻的隆科多，曾心怀不安地对一个心腹半隐半明地说过："白帝城托孤之日，便是死无葬身之地之时。"他的担忧最终得到了应验。

尽管雍正即位后实施了一系列"弑兄屠弟⑦""兔死狗烹"的行动，但反对派关于他玩弄阴谋的传言，仍然此起彼伏，从未中断，而且还有许多关于他阴谋篡位的传说。随着这些传说的散布，在民间神秘地掀起了反清复明的暗流。雍正听到这些传言自是十分恼火和不安，后来借民间秀才吕留良的反清案大肆制造文字狱，以此打击传言者和反清势力。雍正本人还亲自编写了《大义觉迷录》一书，为自己的阴谋和言行掩饰和辩护，并对历史史实进行了多方面的篡改和涂抹。

尽管如此，雍正还是难以全部涂抹和掩饰掉他的种种阴谋，后世研究者也对此进行了详细的研究分析，对雍正的篡位说有了多种推论。至于康熙的死因是否为雍正的谋杀，则需要进一步的研究探索。但从康熙死的时间以及雍正篡位的严密计划来看，许多学者认为，康熙在生命弥留的最后几天里，被谋害的可能性极大。可怜这位功高盖世的一代英主，大半生都在警惕被儿子们谋害，但最终还是未逃厄运，真可谓死不瞑目。

当康熙朝发生的宫廷阴谋和争斗传奇尚在民间沸沸扬扬时，发生于雍正朝的一桩桩悬案又接踵而来，其刺激和迷人，较之前朝有过之而无不及。纵观清宫十二朝皇帝，似乎每一朝都有悬案，每一代都有谜团，真可谓奇案迭出，谜团连环。

雍正十三年（1735年）八月二十三日子夜，曾费尽心机、历尽风险得到皇位的雍正，刚刚坐了十三年皇帝，便驾崩于圆明园®，后葬于易州泰陵地宫。

雍正皇帝驾崩及其入葬，又给后世留下了两个悬案或称两大谜团。第一，雍正为什么违反祖制，不葬在他的祖父顺治和父亲康熙的身边，而跑到几百里外去单独建陵？第二，他到底是怎样死去的？

关于雍正的死因，因史书没有记载，讳莫如深，不免使人疑窦丛生，传闻颇多。来自民间的传闻一是被刺身亡，一是中毒丧命。其中被刺的说法是：雍正六年（1728年），湖南秀才曾静不满当朝的统治，派人秘密上书川陕总督岳钟琪。这位秀才竟天真地认为岳是南宋著名抗金将领岳飞的后代，清朝前身又叫后金，从而策动他反清。想不到岳钟琪很快把这一消息报告朝廷。雍正抓住此事大做文章，下令广捕曾静同党，并大肆株连，严加审讯。除曾静等人银铛入狱，后被满门抄斩外，又引出涉及这一事件的文人吕留良。吕家由此遭到灭族之祸——这便是清朝历史上著名的文字狱与吕留良案。

当吕家举家罹难之时，吕留良之子吕葆中之女吕四娘，因在安徽乳母家中，幸免于难。年仅十三岁的吕四娘秉性刚强，在得知全家遭戮后，悲愤填膺，当即刺破手指，血书"不杀雍正，死不瞑目"八个字。于是，她打点行装，悄悄离别乳母，只身北上，决心刺杀雍正，以报灭门之仇。途经一座深山，被一老道劝阻。吕四娘暂时放弃了北上的计划，留在深山，隐姓埋名，跟老道学习武艺。五年之后，她出山混入京城，与一李姓男儿结婚，以此作为蔽身之处。一日，吕四娘短装外出，提回一个血淋淋的人头，对丈夫称是从雍正脖颈上取下之物。丈夫对四娘的作为既敬佩又恐惧，陪同妻子当夜远遁而去。次日，紫禁城内传出皇帝驾崩的消息。因雍正的头已被割掉带走，臣僚们在为其入葬时，铸了一个金头安在雍正的尸身上，以此算完尸入葬了。雍正的金头入葬之谜，一直盛传不衰，并有许多人相信其真。

另外一种说法是：雍正在圆明园宫中与庄亲王允禄、果亲王允礼㉟、大学士鄂尔泰、张廷玉等臣僚议事，自未至申，差不多有两个时辰，方命退班。鄂尔泰因苗族叛乱未平，格外悒念，回到宅中，情绪低沉地吃了一顿晚餐。忽见宫内一太监气喘吁吁地奔来急报："皇上暴病，请大人立刻进宫！"鄂尔泰惊骇欲绝，连忙起身，急驰于宫前下马，奔向皇帝内宫。只见宫内只有皇后一人守在御榻前，满面泪容。鄂尔泰来到榻前揭开御帐，不禁哎哟一声大呼起来。正在这时，庄亲王、果亲王相继到来，近瞩御容，都不禁大惊失色。雍正皇帝已气绝身亡。庄亲王见此情景，急忙说道："快把御帐放下，好图后事。"皇后在一旁呜咽着说："好端端一个人，何以暴亡？须把宫中侍女内监统统招来，严刑拷讯，查究原因。"鄂尔泰说道："侍女宫监，未必有此大胆，此事且作缓图，现在最要紧的是续立嗣君。"庄亲王回应道："这话很是，乾清宫正大光明匾额后，留有锦匣，内藏密谕，应即祗遵。"遂督总管太监到乾清宫取下秘匣，当即开读，乃是"皇四子弘

清西陵陵园中的泰陵

历为皇太子，继朕即皇帝位"。这时皇四子弘历等已闻讯奔入宫来，遂即奉遗诏，并命庄亲王允禄、果亲王允礼、大学士鄂尔泰、张廷玉为四辅臣，议定明年改元乾隆。自此，乾隆皇帝登基，对雍正的暴卒之因没有查问。以后历朝对此都讳莫如深，不能详考。因清史无确切记载，各种说法也只能算是传闻或一家之言。至于要彻底解开这一悬案或要亲眼看一看雍正是否以金头组合全身而入葬，那就只有打开雍正本人的泰陵才能真相大白。而这泰陵本身的来历又是一个历史谜团。

关于这个谜团，民间的传闻是，雍正自畅春园改诏夺嫡、阴谋篡位，随之又弑兄屠弟后，不免心中有愧，死后怕先皇康熙降罪责罚，因此竟不顾祖制，决定另选陵址，跑到易州建起陵寝来。这样远隔几百里的康熙就对他无可奈何了。

事实上，自清王朝入关，顺治、康熙两朝的帝王后妃在京师以东的昌瑞山下建造陵寝后，便开创了"子随父葬，祖辈衍继"的"昭穆之制"。"昭穆"为古代宗法制度，宗庙次序，始祖居庙中，以下父子递为昭穆，其左为昭，其右为穆。父为昭，则子为穆，父为穆，则子为昭。这种方法也用于坟地葬位的左右次序。早在古代的《周礼》一书中就有"先王之葬居中，以昭穆为左右"的规范记述。

雍正即位后，随着政权不断稳固，开始想起建造陵寝一事。雍正四年（1726年），诏谕允祥、张廷玉和工部、内务府官员办理陵寝事务。允祥等臣僚率领术士们，先在马兰峪的昌瑞山脚下选择吉地，但没有选中相宜的地方。后来选中了九凤朝阳山，离孝陵、景陵不远，风水甚佳，得到了雍正的同意。但后来精通堪舆的臣僚术士再三相度，又认为九凤朝阳山"规模虽大而形局未全，穴中之土又带砂石，实不可用"。因此雍正废掉了这处陵址，让臣僚们再行勘察。但这帮臣僚不知是由于什么缘故，久久找不到佳穴，又不知出于怎样的一种考虑，雍正开始命怡亲王允祥和汉大臣高其倬舍弃京师以东，到京师西南一带山脉采卜。允祥等人受命后，经过多处勘察，至易州境内的太平峪、兴隆庄一带发现了"万年吉地"，并回宫竭力向雍正荐引。按照允祥等人的说法，此处西依云蒙山，北靠泰宁山，东傍丘陵地，南临易水河，堪称"乾坤聚秀之区，为阴阳和会之所，龙穴砂石，无美不收。形势理气，诸吉咸备"。雍正览奏之后，也认为此处是"山脉水法，条理详明，洵为上吉之壤"。但是，若在此处选择陵址，显然违背了子随父葬的制度，他不便马上表态，只说那地方虽美，但距父亲的景陵和祖父的孝陵"相去数百里，朕心不忍"，而私下却在暗示群僚为自己寻找依据和借口。臣僚们心领神会，很快就引经据典，找出了一大堆看起来颇具情理的依据。允祥联合大学士们奏称道："汉唐诸陵虽都建于陕西，但汉高祖、汉文帝、景帝、武帝之陵却分布于咸阳、长安、高陵、兴平等县，唐高祖、唐太宗、高宗、玄宗诸陵则分散于三原、醴泉、乾县、蒲城等地。据此典法，在易州建陵，与古礼不为不合。且遵化与易州都属畿辅之地，离京师不远，完全可以建陵。"群臣果然不负厚望，一番引经据典，使雍正的意图得以顺利实施。雍正八年（1730年），位于易州的泰陵开始动工兴建，至乾隆二年（1737年）宣告竣工，同年三月初二日，雍正帝的梓宫被安葬于泰陵地宫。至此，清朝入关后沿袭的"昭穆之制"的丧葬规范，被雍正轻而易举地击破，历史在这里无声地拐了弯。清朝自入关后，帝王的陵寝开始以京师为坐标，逐渐分为两大陵区。那便是位于北京以东遵化马兰峪附近的清东陵和位于北京以西易县境内的清西陵。

泰陵石牌坊

清朝皇帝世系表

年号	庙号与谥号	名字	生卒年	享年	在位时间	在位年数	即位年龄	陵名	子女数目	世系	生母	备考
天命 崇德	太祖高皇帝	努尔哈赤	1559—1626	68岁	1616—1626	11年	58岁	福陵	子16女8	显祖长子	宣皇后 喜塔腊氏	生前称汗 未称帝
天聪 崇德	太宗文皇帝	皇太极	1592—1643	52岁	1626—1643	17年	35岁	昭陵	子11女14	太祖八子	孝慈高皇后	崇德元年 称帝
顺治	世祖章皇帝	福临	1638—1661	24岁	1643—1661	18年	6岁	孝陵	子8女6	太宗九子	孝庄文皇后	
康熙	圣祖仁皇帝	玄烨	1654—1722	69岁	1661—1722	61年	8岁	景陵	子35女20	世祖三子	孝康章皇后	
雍正	世宗宪皇帝	胤禛	1678—1735	58岁	1722—1735	13年	45岁	泰陵	子10女4	圣祖四子	孝恭仁皇后	
乾隆	高宗纯皇帝	弘历	1711—1799	89岁	1735—1796	60年	25岁	裕陵	子17女10	世宗四子	孝圣宪皇后	又当三年 太上皇帝
嘉庆	仁宗睿皇帝	颙琰	1760—1820	61岁	1796—1820	25年	37岁	昌陵	子5女9	高宗十五子	孝仪纯皇后	
道光	宣宗成皇帝	旻宁	1782—1850	69岁	1820—1850	30年	39岁	慕陵	子9女10	仁宗二子	孝淑睿皇后	
咸丰	文宗显皇帝	奕詝	1831—1861	31岁	1850—1861	11年	20岁	定陵	子2女1	宣宗四子	孝全成皇后	
同治	穆宗毅皇帝	载淳	1856—1875	19岁	1861—1875	14年	6岁	惠陵	子0女0	文宗长子	孝钦显皇后	
光绪	德宗景皇帝	载湉	1871—1908	38岁	1875—1908	34年	4岁	崇陵	子0女0	醇贤亲王奕譞二子	叶赫那拉氏（慈禧妹）	
宣统	皇帝	溥仪	1906—1967	62岁	1908—1911	3年	3岁	华龙陵园	子0女0	醇亲王载沣长子	苏完瓜尔佳氏	

注释:

①钦天监：明清两代掌管观测天文气象，计时报更，编制历书之官署，遇祭祀、朝会及营建宫室都邑，则事先选择吉日。明洪武三年（1370年）始设，置监正、监副为长官，所属有主簿、五官正、五官灵台郎、五官保章正、五官挈壶正、五官监候、五官司历、五官司晨、刻漏博士等。清顺治元年（1644年）沿置，隶礼部。初设监正、监副等官，皆用汉员。康熙四年（1665年）增设满洲监正、监副。雍正三年（1725年）以西洋人为监正。乾隆十年（1745年）增设管理监事大臣一人，始为独立机构。下设时宪科、天文科、漏刻科、主簿厅等，属官与明代同。

②二十四山向：旧时堪舆家将罗盘圆周二十四等分，以子丑寅卯辰巳午未申酉戌亥十二地支、甲乙丙丁庚辛壬癸等八天干、乾艮坤巽等四卦来表示，称为二十四山（或作二十四路），其所对应之方位则称为二十四山向。其中子指北，午指南，卯指东，酉指西，乾指西北，艮指东北，坤指西南，巽指东南，余者均代表特定的方位，其间各自相隔十五度。地面上的每一地点，均可定为"某山某向"，如坐北朝南，即名为子山午向。

③五魁：科举乡试中的前五名。明代科举分五经取士，每经以第一名为经魁，每科第一至第五名必须是一经的经魁，故称五经魁，简称为五魁。后来五经取士制度废除，但乡试中仍习惯把前五名称为五魁。

④佩彩：古时称决、抉或玦。以骨或象牙制成环状，套于右手大拇指上，为射箭时钩拉弓弦的用具。后俗称扳指、搬指、班指，改以翠玉为之，成为一般饰物。

⑤金井：也叫"穴中"，是宝床（棺床）正中的风水穴位。它名之为井，实际上是一个直径约十四厘米、深不足一米

的竖向圆孔，孔内无水。金井传说是为接地气之用，但从建筑角度上说，则是在地宫基点上挖掘的中心探井，决定着整座陵寝平面布局和各单位建筑的水平高低。勘址点穴后，金井前方一定距离先竖立"志桩"，并用杉槁、席笆缚扎两层大罩棚加以荫护，再择日破土开挖地宫"大槽"（基槽）。大槽开挖时，志桩不再保留，探井亦渐趋消失，只在穴中正下方留一个土墩，称为金井吉土、原山吉土或金井本山吉土（在妃园寝中称为气土），具有定向、定平的控制作用。在地宫建筑施工过程中，金井吉土渐被各结构层所围合，下段掩埋于土石基础中，上段套在地宫宝床下底垫石中央凿留的透孔中。宝床底垫石上平，与地宫地面水平同一标高，也正是金井吉土的顶面标高。底垫石上面安砌宝床，宝床正中央也凿有圆形的金井透眼或穴眼，这就是最后形成的金井，又称罩吉土金井。穴眼上有盖，共两件，一件叫穴眼盖或金井盖，一件叫穴眼浮盖或金井浮盖。在地宫建成、大葬之前，金井穴眼用浮盖覆罩；大葬时，金井内放入点穴时初掘的吉土，并撤去浮盖，覆罩金井盖，然后安奉棺椁于金井上。

⑥后金政权：明末女真族所建之政权。万历四十四年（1616年），努尔哈赤定都赫图阿拉（又作黑图阿拉、赫图阿喇、黑秃阿喇。满语，汉译为横岗或横甸。皇太极天聪年间尊为"兴京"，即今辽宁新宾西永陵镇老城村），并登汗位，建元天命，国号大金。为了与北宋末女真人完颜阿骨打所创建之大金有别，史称"后金"。到了崇祯九年（1636年），皇太极去汗号称帝，国号为大清。"清"与"金"乃一音之转。

⑦三生石：传说唐代人李源与僧圆观（或作"圆泽"）友好，两人同游三峡时，见一妇人汲水，圆观对李源说："是某托身之所。更后十二年中秋月夜，杭州天竺寺外，与君相见。"后李源如期到寺前，有一牧童唱《竹枝词》曰："三生石上旧精魂，赏月吟风不要论。惭愧情人远相访，此身虽异性

长存。"牧童即是圆观的后身。这本是宣扬佛教轮回宿命的故事，后来又有人附会，把杭州天竺寺后面的三石指为三生石，说是李源和圆观相会的地方。诗文中常把三生石作为因缘前定的典故。

⑧古押衙：为一典故，出自《太平广记》卷四百八十六《无双传》。押衙，武官名。"衙"或作"牙"，指牙旗，即军中对立的两旗，因其如虎牙之状，故名。押衙原本管领朝会时之仪仗侍卫，自唐代中期以后，各地方节度使僭越礼法，仿天子之制设押衙，掌率侍卫，宿值军衙，并稽察军法之执行，五代时沿置。古押衙又称古生，姓古名洪，在青年男女王仙客与刘无双的爱情故事中，是一位侠义肝胆、成就好事之人。

⑨秀女：清制，每三年选阅八旗驻京及外任旗员之女，年十三至十六岁而合条件者，入后宫备妃嫔之选，或为皇子、皇孙拴婚，或配近支宗室指婚，谓之"秀女"。选秀女由户部主办，届时写出秀女排单，每排三五人不等，分排领进应选。另有每年一选之秀女，来自内务府包衣家的女孩，则补充为内廷各嫔妃下随侍之宫女，至二十五岁遣还本家，任凭婚嫁。

⑩中宫：皇后的居处，以别于妃嫔所居的东西宫，因而成为皇后的代称。明代皇后起居的正宫为坤宁宫，清代按规定也是如此。但是清代皇后实际不住在这里，只有在寿诞、元旦等节日到交泰殿受贺前，在坤宁宫休息一下。清代之后、妃嫔都居于东、西六宫中。

⑪福临肆意废后，早有不良记录。他的原配博尔济吉特氏，科尔沁卓礼克图亲王吴克善之女，皇太后孝庄之亲侄女，为多尔衮摄政时为其选定，顺治八年（1651年）八月册封为后，但两年后即以其奢侈善妒为由，废为静妃，改居别室，是清代唯一的废后。顺治十一年（1654年）五月，又聘废后之侄女博尔济吉特氏为妃，次月立为皇后。董鄂氏入宫后，顺治十五年（1658年）正月，福临以皇后侍奉皇太后疾不勤为由，

诏停应进中宫笺表（清代每逢宫中三大节，在京文武百官向皇后进呈的祝贺文书），只保留其位号与册宝（册书和宝玺），实则如同停止其皇后职权，但同年三月，孝庄出面干预，福临乃遵奉慈命，如旧制封进，废后之议遂寝。

⑫和硕：满语，汉译为角。清代亲王、贝勒爵位封号前冠以此二字，有"统辖一方"之意。

⑬清代宗室之封爵迭有增设。最初，努尔哈赤为防止同族间内讧，分封子弟叔侄八人为八固山贝勒（满语，汉译为部落酋长，有"管理众人"之意），各主一旗或若干牛录，共执国政，并规定八家均分人口、土地和财物，有不称职者，可随时更换，但八家（即八分）之数固定不变。崇德元年（1636年）皇太极称帝，始定和硕亲王、多罗（满语，汉译为道理、礼仪，有"有礼的"之意）郡王、贝勒、固山贝子（满语，是贝勒的复数，有"天生贵族"之意）、镇国公、辅国公、镇国将军、辅国将军、奉国将军共九等。顺治十年（1653年）增奉恩将军为十等。乾隆十三年（1748年），又定十四爵等为和硕亲王、世子、多罗郡王、长子、贝勒、固山贝子、奉恩镇国公、奉恩辅国公、不入八分（即八家家主之本支子弟中，凡未分得牛录户口者，不得享受八分之权力）镇国公、不入八分辅国公、镇国将军、辅国将军、奉国将军、奉恩将军。

⑭在中国民间的神话传说中，金乌、玉兔、九尾狐是西王母的"三宝"。金乌或作赤乌、踆乌、三足乌，专门寻找珍食玉浆，不辞辛苦，被派于太阳之中；玉兔长年累月制造长生不老之药，表现勤劳，被送上了月宫。

古人观察天象时，发现有太阳黑子和月亮阴影，因而发挥想象力，将这两种神物当作日、月的象征。自战国时期以降，金乌、玉兔经常出现在墓室装饰或葬品艺术上，代表人死后的天国。金乌在左，玉兔在右，则比喻日西沉而月东升，阳消阴长，由生至死，归于另一个世界。

⑮梓宫：皇帝、皇后的棺木。因其常用稀有的梓木（亦有以名贵的楠木替代者）制成，如同死后所居之宫殿，故名。清代帝后的梓宫一般为两层，内棺外椁，材质坚硬耐腐。采满洲式棺样，平头齐尾，两侧板直，棺盖向上斜坡，前端有一木板葫芦，名为"葫芦材"。梓宫成形后，内棺周身涂以朱漆，雕有填金的梵字经咒和底饰纹样，外椁则先用一百匹高丽布缠裹衬垫，再漆饰四十九道，工序各有不同名目。第一道叫钻生漆，第二道叫通漆灰，第三、五、七……三十九等单数道叫漆满糊布，第四、六、八……四十道等双数道叫压布漆灰，第四十一道叫中漆灰，第四十二道叫细漆灰，第四十三道叫浆漆灰，第四十四道叫糙漆，第四十五道叫垫光漆，第四十六道叫退光漆，第四十七道叫笼罩漆，第四十八道叫金胶漆，最后一道叫满扫金（较高级的金作方法之一，即将金粉用羊毛排刷轻扫于工作面上，使其均匀地贴住，然后以棉花压实，再扫掉残余的浮金。具有光泽柔和、色彩均匀、无绽痕等特点，但用金量较大）。每漆一道，同时另在一块木板上也漆一道，作为记录。待四十九道漆上完时，就根据该木板断面漆的层数厚度来检验品质。漆饰完毕，还有一系列的加工。其制作之复杂，用费之奢靡，远远超过古制。而皇贵妃以下至嫔的棺木称金棺，漆饰的次数按等级递减；贵人以下的棺木称彩棺，只涂朱漆。

⑯练饷：明末苛税。崇祯十二年（1639年），据杨嗣昌建议，命边镇及畿辅、山东、河北四总督各抽练兵额七十三万人，每亩田赋加征一分，共计银七百三十余万两，称为"练饷"。与辽饷（用于辽东抗满）、剿饷（用于剿灭流寇）并称为"三饷"。

⑰晌：同垧，土地面积的计算单位。一人一日所耕土地谓"晌"。清代曾定六亩为晌，但各地面积大小不等，东北多数地区十五亩为一晌，西北则三至五亩为一晌。

⑱神道碑亭：俗称小碑楼、小碑亭，清代始设，关内九

座帝陵均建神道碑亭，后陵唯昭西陵、普祥峪定东陵、菩陀峪定东陵有之。其建筑形式与圣德神功碑楼相似，但规模较小。亭内有石雕赑屃趺驮神道碑一通，额题"大清"二字，碑阳以满、蒙、汉三种文字（满文居中，蒙文在左，汉文在右，满文字体最大）镌刻"××（帝陵刻皇帝的庙号与谥号全称，后陵只刻谥号全称）之陵"等字。神道碑亭位在陵寝主体建筑之前，具有指示陵主身份的功用。自道光皇帝慕陵裁撤圣德神功碑亭后，便将神道碑一物二用，碑阳镌刻陵主的庙号、谥号全称，碑阴镌刻嗣皇帝追思先帝的碑文。

⑲东西朝房：左右对称而建，单檐硬山顶（前后两坡，屋顶两端与山墙齐平），覆黄色琉璃瓦，设前廊，每座房后都有两个砖砌大烟筒，房内置锅灶，为祭祀时置办供品的地方。因其位置和建筑形式与皇城内的朝房（群臣恭候皇帝临朝升殿的地方，位于午门外）相似，故名。东面是茶膳房，负责熬煮奶茶（游牧民族的传统饮料）、烹调膳品；西面是饽饽房，负责料理各种面食、点心。妃园寝大门外亦建有茶膳房、饽饽房，改用布瓦（黏土烧成的青灰色防水瓦片，因在制坯过程中模具上附衬布料而得名）盖顶，亦不设前廊，且因妃嫔无众臣朝拜，故称为"东西厢房"。

⑳东西班房：又称东西值房。左右对称而建，布瓦卷棚顶（前后坡相接处不起脊，做成弧形瓦垄铺卷过屋面），是八旗官兵守陵值班时歇息栖身、躲风雨、避寒暑的地方。

㉑隆恩门：祭殿区的大门，两边接红色宫墙，墙顶覆黄色琉璃瓦。秦汉、唐宋时期的皇陵围墙呈方形，每面各开一门，封土居于中央。到了明太祖朱元璋时，将陵院改为长方形，前方后圆，三进院落，封土居于最后一院，只留南面一个大门，称祾恩门。清代时改名隆恩门，俗称宫门。门分三道，西为王公大臣行走之"臣门"，东为皇帝通行的"君门"，中为帝后梓宫通行的神门，用以区分尊卑圣凡，但皇帝祭奠亡后（如嘉

庆皇帝祭孝淑皇后、道光皇帝祭孝穆皇后），或皇太后祭奠亡子（如孝庄祭顺治皇帝孝陵，慈禧祭同治皇帝惠陵），则由神门出入，表示人伦之序。

㉒东西燎炉：又称东西焚帛炉。单檐歇山顶，通体用黄色琉璃构件砌筑，造型小巧玲珑，晶莹剔透，左右对称而建，用以焚化祭陵时供奉的祝版、制帛、纸张（包括各式色纸、素纸）、金银锞子（用金银纸折成的小元宝锭）等。

㉓东西配殿：又称东西庑。单檐歇山顶，覆黄色琉璃瓦，左右对称而建。清代帝后陵寝的东配殿为存放祝版和制帛之处，祭日当天取出后供奉在隆恩殿内，祭毕焚化。每当大修隆恩殿时，帝后的神牌暂置东配殿内安放，竣工后再移回隆恩殿。皇帝谒陵期间，亦可临时至东配殿小憩。西配殿为喇嘛诵经之处，每当帝后祭辰之日，陵区附近的皇家寺庙（东陵为隆福寺，西陵为永福寺）会派十三名喇嘛在此焚香助念，超度亡灵，其余时间则长期闭门不开。

㉔隆恩殿：唐宋时期称献殿，明代称祾恩殿，即祭殿、享殿，俗称大殿，每年举行清明、中元、冬至、岁暮、忌辰等五大祭。它是陵寝最重要的一座地面建筑。一般为重檐歇山顶，覆黄色琉璃瓦，殿前有月台，以礓磋（或作姜磋，以砖石砌成的斜坡道，其看面呈锯齿状，是台阶的特殊形式）上下。清代帝后陵寝中的隆恩殿，除了昌西陵、慕陵、慕东陵为单檐歇山顶，昭西陵为重檐庑殿顶之外，余者均为重檐歇山顶。其月台前陈列铜鼎式炉、铜鹿、铜鹤（鹿与六谐音，鹤与合谐音，寓有"六合同春"之意），殿檐下悬挂一方以满、汉文书写的红框青底金字"隆恩殿"匾额。隆恩殿内设暖阁（以门扇、隔板、天花板等在殿堂内建造的小屋）三间，分别供奉着死者神牌、佛楼（或作仙楼，自乾隆皇帝裕陵开始设置，皇后陵寝仅泰东陵、菩陀峪定东陵有之）。暖阁内亦存放金玉器皿、陵图及死者画像，四壁为锦绣壁衣。暖阁前设帝后之龙凤宝座，座

前是供案，案前放置牲匣，匣前有五供（中间一只香炉，左右各一对烛台、花瓶）。每当祭陵日，将神牌由暖阁中取出，置于宝座上，备齐一应供品，然后上香、进帛、献爵、行礼，场面庄严肃穆。

㉕二柱门：木石结构的冲天式（即柱子高过楼顶）牌坊门，明代称棂星门。左右为两根石柱，形似华表而为棱柱身。两柱间有门框，框上有门楼，顶覆黄色琉璃瓦。据传源于西汉，初为"祈灵星，求五谷丰登"而设。在由祭殿向寝宫的过渡中，起着建筑美学上的连接作用。只见于帝陵，后陵不设。

㉖石五供：用石雕成的象征性祭器。下为须弥座，形同供案，上设石香炉一只，石烛台、石花瓶各一对。香炉的炉顶、花瓶内的花和烛台上的烛火，虽不能实用，但它却象征着皇陵香烟鼎盛，仙花常开，神火不灭，长眠于地宫之内的陵主时刻都在饱纳着后代子孙的供养。

㉗方城：坟冢前的方形城台。古代帝王丧仪讲究"事死如事生"，故陵园内建有"寝宫"，生活用品一应俱全，每天有宫女侍奉。到明太祖朱元璋时，取消寝宫之制，废止留宿的宫女，撤销日常供奉，将原来的寝宫改建成方城与明楼。方城建于月台之上，与宝城相连。城台东、西、南三面砌城堞，北面砌宇墙。有的方城两侧直接建梯道，可供上下。有的方城正南中央设有一个南北向的拱券门洞和帽钉城门，称为古洞门或瓮门，可由此进入月牙城内，再循转向踏跺（又称磴道，即砖石阶梯）登明楼、上宝城；若无月牙城，则在古洞门内尽头处两侧另开扒道口下券门，拾级而上，经转向踏跺上宝顶，再登转向踏跺可至方城、明楼。清代一般帝后陵寝的方城两侧设有看面墙，其作用是将方城前面的院落与宝城、宝顶分隔开来，并将陵园东西两边的宫墙和宝顶后方的罗圈墙（或作罗锅墙，即平面呈半圆形或弧形的围墙）联结在一起。看面墙设有角门，由此可进入宝城与罗圈墙之间的交道。

㉘明楼：明清两代皇陵中的最高建筑，位于圆形宝城正前方，实则与宝城合为一体，明楼坐落在方城之上，作用近似碑亭。重檐歇山顶，覆黄色琉璃瓦，四面墙各开一个券门，楼檐下额枋正中悬有红框青底的匾额，刻陵名二字，字涂金彩。楼内竖立一通石碑，碑顶雕有蟠龙，碑额镌刻国名二字，碑阳镌刻"××××（帝陵刻庙号和谥号，如世祖章皇帝；后陵只刻谥号，如孝庄文皇后）之陵"等字，字涂金彩，故又称圣号碑，作用与墓碑相同。清代帝后陵寝明楼内的丰碑，碑阳用满、蒙、汉三种文字镌刻，朱砂涂面，俗称朱砂碑。另外，景陵皇贵妃园寝和裕陵妃园寝亦别开特例，为悫惠、惇怡、纯惠皇贵妃建方城与明楼，明楼为单檐歇山顶，明楼内的丰碑形式同前所述，但碑阳仅用满、汉两种文字镌刻"××××皇贵妃（谥号）园寝"等字。

㉙月牙城：方城与宝城之间的月牙形小院，东西两侧有转向踏跺，可登明楼、上宝顶。月牙城迎面的墙中央贴砌琉璃照壁，正对着方城的古洞门。琉璃照壁既具有美化装饰作用，还遮掩了地宫入口隧道的券脸（拱券外端看面的砖石）。从照壁向南的地面上有一段神道，这里是全陵神道的起点，其下方即为进入地宫的斜坡隧道。封闭墓道和修建月牙城是整个陵寝工程的最后一道工序。据传，古代多征集哑巴来构筑月牙城，他们白天休息，晚间施工，上下工途中皆蒙着眼睛，完竣后被遣送至人烟稀少处居住，以免泄露地宫秘密，故俗称哑巴院。

㉚宝城：坟冢外围之圆形或长圆形城墙，以城砖垒砌，是陵园的最后部分。宝城前部与明楼、方城相接，城中用黄土填实。帝后陵寝的宝城上铺砖为缓坡道，称为马道，环绕一周，以供登行。马道之外檐是宝城城墙，做成雉堞，内檐是宝顶宇墙，顶覆黄色琉璃瓦。每隔一段距离，设石螭首（又名苍龙头，龙首形的排水构件，俗称水簸箕）伸出宝城外，以排除宝顶、宇墙、马道上的雨水，外侧墙根再置散水道，让水流入

下水沟中，以保持墙体干燥。清代皇陵的宝城以长圆形居多，且直径较小，故宝城外另设罗圈墙一道，与陵寝的宫墙整合为一体。

㉛宝顶：又称独龙阜，皇陵内的坟丘封土。呈圆形或长圆形，向上隆起尖顶，高度超过宝城，其大小因国势兴衰和陵主的身份高低而异。明代帝陵的宝顶以黄土填成，中心以白灰掺黄土夯筑堆高。清代帝后陵寝的宝顶则更讲究，均以白灰、砂土、黄土掺和成"三合土"，一层一层地夯穿，又使用江米汁浇固，加入铁钉，所以十分坚硬，不怕风吹雨打。宝顶上满植苍松翠柏，既符合古代树墓之礼，亦象征风水畅旺，子孙之江山万年长存。

㉜朝山：又称朝砂、远朝、前应、外阳、照山。指位于宅地或墓地基址前方而又遥对主山（穴山）的高山，如人臣面君，敬对而拱拜，故名。朝山是寻龙点穴的佐证，也是基址前瞻视线的收束点，与主山相互呼应、映衬，成为回视的对景，可增加层次感和深度感。山形以端正圆巧、秀媚光彩、平正整齐、回抱有情为吉。

㉝案山：又称近案、前案、迎砂、中阳、宾山。指位于宅地或墓地基址近前而又隔水的矮山，似贵人几案，可俯而凭之，故名。案山与主山相互呼应、映衬，成为回视的借景，增加层次感和深度感，具有屏障、聚气的作用。山形以清秀特异为吉，古人常象其形于文人用品以取名，如笔、笔架、几等。基址前方如无自然天成之案山，可用人工加以堆叠培填，但必须配合主山、朝山之高度，以求均衡。

㉞来龙：又称来脉。中国堪舆家将山势绵延起伏譬喻为"龙"。所谓来龙，即聚结在宅地或基地基址后方做屏障，成为其天然底景的山系。山形宜端正凝重，层叠深远，中间高而两侧稍低，忌孤峰独秀，最好包括主山、父母山、太祖山、少祖山等几重山脉，共同形成两翼横展拱抱的"大帐"，以抵挡

风沙，迎纳阳光，收拢视线。而连接的脉络山如来龙的脊背，即所谓"龙脉"。龙脉在适当的位置停蓄，融结成"龙穴"，乃山川气脉之聚结处，是最适于立宅安坟的福地。

㉟孝东陵：清代第一座皇后陵寝。肇建年代不详，竣工后初名"新陵"，玄烨之嫡母孝惠章皇后博尔济吉特氏奉安后称"孝惠章皇后陵"，康熙五十八年（1719年）二月以其位于孝陵之东，遂正式定名为孝东陵。它是清代关内的十六座帝后陵寝中，唯一在陵主入葬后始定陵名的陵寝。因当时典制尚未完善，故将清世祖福临的七位妃、四位福晋（侍妾）和十七位格格（侍妾）与孝惠章皇后同葬，等于是后陵兼妃园寝。陵内共有两进院落，规制低于帝陵，"前朝"不建圣德神功碑亭、龙凤门、石像生、神道碑亭，"后寝"无二柱门、月牙城，方城内则不建看面墙及角门，形成了清代皇后陵寝的基本格局。

㊱畅春园：清代皇家园林之一。清康熙二十三年（1684年）在明神宗生母李太后之父武清侯李伟别墅的故址上改建。为康熙皇帝玄烨游憩疗养、处理政务之地。周环五公里，位于南海淀大河庄之北。现东部仅见雍正皇帝胤禛登极后为父荐福的恩佑寺，以及乾隆皇帝弘历为生母所建的恩慕寺两山门（寺庙外门）等，遗迹甚少。

㊲指废太子胤礽、皇长子胤禔、皇八子胤禩、皇九子胤禟。但胤礽自康熙五十一年（1712年）再度被废，即禁锢咸安宫，直至雍正十二年（1734年）卒，年六十三岁，以贝子礼葬。胤禔于康熙四十七年（1708年）九月因咒魇皇太子胤礽，事发，削爵，幽禁府第；雍正元年（1723年），诏于祁县郑家庄修缮房屋，驻扎兵丁，将移居之，翌年病死，年五十一岁，追封为礼亲王。这二人之被囚皆非始于胤禛夺嫡之后，"弑兄"之说言过其实，不能成立。另外，据官史记载，胤禩于雍正四年（1726年）九月初十日因患呕哕病，卒于高墙幽禁之所；胤禟于同年八月因患腹疾，死于保定囚所。虽然《清宫遗

闻》等书说这二人是被谋害，死于非命，但并无确定证据。

　　㊳圆明园：清代康熙年间始建的大型皇家园林，位于北京西郊，由圆明园、绮春园、长春园组成。三园占地五千余亩，有宫殿及景点八百余处，既有北方园林之雄健，又具江南名胜之秀丽，在长春园还有工整的西洋建筑。前后经营一百五十余年，咸丰十年（1860年）被英法联军焚毁。同治年间曾拟恢复，动工一年即因经费无着而停工。现多处遗址尚存，亦有少量修复，已辟为"圆明园遗址公园"对外开放。

　　㊴即康熙朝的皇十六子胤禄、皇十七子胤礼。在雍正皇帝胤禛即位后，宗人府以亲王、阿哥等名上"胤"与圣讳相同，请求更定。胤禛说名讳是先帝钦定，不应变动，命礼部奏请皇太后裁夺。康熙六十一年（1722年）十二月二十日，皇太后表示同意。自此以后，胤禛的众兄弟名字中的"胤"字均被迫改为谐音的"允"。后日之文献记载，涉及这些人时，多书为"允×"，即使原作于康熙朝的文献，后来才出版的，也往往遵循此一规定，将"胤"字改为"允"字。但雍正八年（1730年）怡亲王允祥病逝，皇帝胤禛感念其忠诚，准许怡亲王之名仍书原字，是一个绝无仅有的特例。

第四章

从正午到黄昏

日暮皇陵

风流天子再定帝王葬制。王朝更替，帝国衰落，几代天子无可奈何。国破家亡中，铁血女人横空出世。弄权谋、设陷阱、扩陵寝，一主力压两朝。大清版图支离破碎，千疮百孔。随着紫禁城上空最后一颗希望之星陨落，帝国由正午步入黄昏。

乾隆中途生变

雍正不明不白地暴崩了，但他的儿子弘历却光明正大地成了历史上著名的乾隆皇帝。清朝历史的河流流淌到这里，似乎没有什么悬案或传奇性的故事将要发生。但历史却偏偏没有静谧安详，它总增添些神奇诡怪之事，以做饭后谈资、生活之趣。

关于乾隆的身世，正史记载为康熙五十年八月十三日子时生于雍亲王府邸，即后来的北京雍和宫①。其父当然是雍正，其母为王府格格②钮祜禄氏，即后来雍正的孝圣宪皇后。当弘历十二岁时，其祖父康熙命养于宫中。雍正登基后，鉴于康熙朝因立太子一事，搞得父子、兄弟之间剑拔弩张，沸沸扬扬，他本人也背上了夺嫡谋位的骂名，在经过一番痛苦的思考后，他终于想出了一个避免儿子们争权夺位的办法。这就是密建皇储，即将太子的名字秘密书就，置于乾清宫"正大光明"匾额之后，待自己驾崩时，拿出此书一看便知谁继任皇帝。雍正元年（1723年）八月，雍正御书四子弘历之名，置于乾清宫"正大光明"匾后。雍正十年（1732年），赐号二十二岁的弘历为长春居士，十一年（1733年）封为和硕宝亲王，十三年（1735年）五月奉命办理苗疆事务。八月，雍正崩逝，弘历嗣大统。九月初三日，弘历在太和殿即皇帝位，时年二十五岁。第二年改元乾隆，从此开始了对清帝国六十余年的实际统治——这是清宫史书的记载。但按民间传闻和野史

乾隆皇帝像

乾隆元年八月吉日

记录，乾隆一生留下的悬案和谜团，超过了清王朝中的所有帝王。且不说他和皇后、妃子间的风流韵事以及情爱瓜葛，仅是一个身世问题就疑发两端，谜团迭生。其最流行和最广泛的说法当首推"龙凤交换"和"草房之谜"两大悬案。

"龙凤交换"说的是雍正帝尚为雍亲王时，其王妃钮祜禄氏备受宠爱。自两人行就鱼水之欢后，这位美人很快身怀有孕，并天天早烧香，晚磕头，恳求菩萨赐她个儿子。此时，有一年过半百的朝廷内阁大臣陈倌和雍亲王很是要好，恰巧也喜得夫人怀孕。这陈夫人与雍王妃平素常在一起，二人都受孕怀胎，细细追思起来，相差不过几天。十月怀胎，两人各自分娩。出乎意料的是，陈夫人喜得贵子，而雍王妃却生了个女娃。事与愿违，雍王妃自是愁眉苦脸，唉声叹气。这一切都被精明的仆妇李妈妈看在眼里，记在心中。为博得主子的欢心，这精明的李妈妈在经过一番苦思冥想之后，终于向王妃献上一个奇计。那就是先封锁生下女孩的消息，再如此这般……王妃听了自是欢喜异常，并将此重任交予李妈妈亲自操办，言称只要成功，自有重赏。这李妈妈在王妃重赏的许诺和诱惑下，怀着一颗不安的心来到陈倌府中。进内室见过陈夫人并恭喜一番后，李妈妈说雍王妃也生

雍和宫，雍正帝做雍亲王时期府邸，雍正即位后改为行宫，称雍和宫。雍正十三年（1735年），雍正驾崩后曾停灵于此。因乾隆皇帝诞生于此，雍和宫出了两位皇帝，成了"龙潜福地"，所以殿宇为黄瓦红墙，与紫禁城一样规格。乾隆九年（1744年），雍和宫改为喇嘛庙

了个男孩，并言王妃请陈夫人带孩子到府里去相见叙喜。陈夫人不知是计，便满口应承，说到了满月，定去府上请安。李妈妈见陈夫人已经答应，便打道回府等候消息。但满月之后，不见陈夫人抱子来见。李妈妈无奈，又

来到陈府看个究竟。此时陈倌正在夫人身边，称夫人身体不适，待过几日再进府请安。李妈妈察言观色，怕事情有变，遂趁机进言道："雍王妃在府上已将各种见面礼置备妥当，只等夫人携子前去，若夫人失约不往，王妃定会动怒。"陈倌夫妇一听李妈妈此言，觉得极其为难。两人沉默了一阵，只见陈倌说道："王妃要看的无非是老臣犬子，你先抱去复命好了。"李妈妈闻听此言，喜出望外，但表面却故作镇静，不露声色，还特意恭请陈府跟去个奶妈，以便照顾孩子。陈夫人虽不愿如此草率，但考虑到丈夫已经说出，又没别的良策应付这位得罪不起的王妃，只好勉强答应。于是，李妈妈便和陈府的奶妈，抱起小公子向雍王府走去。

当二人来到雍王府后，李妈妈让跟来的那位奶妈在下屋里等候，自己则抱着孩子直奔王妃的内室。

至天色至暮时，李妈妈才从王妃内室出来，将一个用布包住的孩子交与跟来的陈府奶妈，并派车将奶妈连同孩子一同送回陈府。那陈夫人正在府中等得焦急不安，见孩子抱了回来，急忙上来欲亲热一番。但当把罩在孩子小脸上的柔绸揭开时，陈夫人不禁大惊失色。只见怀里抱的不是自己生的男孩，而是一个陌生的女娃。陈夫人心中唰地一凉，立时大哭大喊起来。那陈倌闻声赶来，见此情景先是目瞪口呆，继之连连跺脚，随后一切都明白了。他当即劝夫人："此事干系重大，利害攸关，千万不要声张，若是传出去，全家人性命难保。我命中有子，上苍不会让我绝后。此事只能将错就错，就此罢休吧！"陈夫人听后，虽悲愤不迭，痛苦万分，但也只好忍泣息声，独自哀叹

乾隆皇帝生母孝圣宪皇后像

自己命薄了。

陈偣夫妇生的男孩在被换进雍王府一个月后，才由王妃抱出来面见雍亲王。雍亲王见孩子又白又胖，很是喜欢，按辈分排行为四子，取名弘历。后来雍亲王做了皇帝，那陈偣一来年老体衰，二来怕当年两家的秘闻传出去对自己不利，便告老还乡，回了江南海宁城。这个秘密在雍正朝一直不为局外人所知。

到了乾隆十五年（1750年），一天晚上，乾隆就寝前独自一人在宫中信步活动筋骨。当他迈出月华门，正要进隆宗门时，只听一间偏房里有窃窃私语之声。出于好奇，乾隆悄悄接近隔窗偷听。从声音分辨，里边是一男一女。女的是自己幼年时的保姆李妈妈，男的不知何人，听口气好像是宫中的一个老太监。乾隆听了片刻，见他们说的都是一些自己未曾听说过的宫中趣闻，甚是稀奇新鲜，便打定主意要在此多听一会儿。

屋里这一男一女看来说得很投机，天南海北、宫里宫外地唠个没完。

乾隆听了好长时间，觉得作为天子在此偷听几个下人的话有失尊严，便想回宫就寝。就在他刚要抬腿时，忽听里边那个男的岔开话题，压低了声音问道："我最近听宫中张公公说，当今圣上原是陈阁老的骨血，还听说当年是你用先皇的公主换来的，这事是真是假？"

"可不敢胡说，要犯杀头之罪的。"李妈妈显然有些害怕地回答。

"我也只是顺便问一下，没当真呢。"老太监说完不再言语。乾隆心里一惊，站在那里一动不动。

屋里沉默了好长一阵，看来李妈妈憋不住了，声音比先前压得更低，沙哑着嗓子说："这事就在这里说了吧，千万可别再往外传了。告诉你，这事千真万确。当年就是俺亲手换的，主意还是俺替皇太后想的呢。如今已四十年了，不知公主现下嫁何处……唉，可叹俺当年算是白辛苦了一场，如今皇太后和皇上，看着俺好像没事人一样……"乾隆听到这里，如雷轰顶，怔呆了半天才缓过劲来。他不再听下去，急速返回御书房，令人将李妈妈唤来，当面审问起来。此时李妈妈早吓得面色发白，瘫软在地，说不出半句话来。经乾隆好言相劝，她才战战兢兢地将当年的事情和盘托出。乾隆听罢，热泪盈眶，不觉叹了一口气，叮嘱李妈妈不要声张，遣她回去安寝。那李妈妈刚回到寝室，一个太监便拿了根绳子跟进来，冷冷地说道："圣上要我今晚送

承德普陀宗乘之庙

你上西天。"李妈妈听后，当场昏倒，太监趁机将其勒死在床上。

李妈妈死后，乾隆直奔慈宁宫，见了太后劈头问道："皇儿的面貌何以与先皇及母后的相貌截然不同？"太后听了，陡然变色，张口结舌，无言以对。乾隆目睹此状，心中越发清楚，不再追问，扭头返回宫中。

第二天，乾隆降旨，要南巡海塘。一些老臣听罢出班谏止，但乾隆全然不顾，一意孤行。乾隆十六年（1751年）正月，乾隆帝果真乘龙船沿运河南下，巡视江南。其后又五次南下，为的是借机寻父认母，后来竟真的找到了自己的亲生父母。自此，乾隆明白自己不是满人而是汉人，便在宫中经常穿起汉装。一次，他穿了一身古装冕旒③补褂④，问一位汉大臣："看朕像不像汉人？"那位汉人老臣听罢，先是惊慌失措，接着激动得热泪滚滚，遂颤巍巍地伏在地上回奏道："皇上的确不像满人，太像汉人了！"

这就是民间盛传的"凤换龙"以及乾隆下江南的真正原因。

和这个故事齐名的，还有一个"草房之谜"。

康熙四十九年（1710年）五月，康熙帝按照惯例率众皇子及文武百官，乘车骑马，浩浩荡荡地到承德以北的围场进行"木兰秋狝⑤"。这方圆四百里的围场，又分为四十七个小围场，康熙率众在此展开了一次具有多重意义的围猎活动。直至九月初，众人转到了离承德不远的阿格鸠围场，这是最后一个场次的行围。就在这个初秋的黄昏，年轻气勇的皇四子胤禛同几个随从，在一片山野密林中发现一头梅花鹿正在引颈狂奔。胤禛立即引弓搭箭，对准鹿的头部"嗖"的一声射了过去，眨眼工夫，那梅花鹿便倒地翻滚，哀号不止。当胤禛等人骑马奔过去时，鹿已断气身亡。他令随从恩普砍下鹿角回营帐，并将温热新鲜的鹿血用随身携带的野餐用具盛住，"咚咚"地喝了两口，然后打马回奔。

胤禛刚翻过一个山头，便觉胸间一团欲火燃烧起来。这团欲望之火越烧越旺，越烧越烈，直烧得胤禛面红耳赤，气喘不息，全身战栗，焦渴难耐。随从恩普见主子憋涨得欲喊不能、欲罢不休，难以忍受，知道这是刚才那碗鹿血在作怪，这可如何是好？

恩普想着，放眼望去，只见避暑山庄⑥忽隐忽现的大殿之外，有几间低矮的草棚，这个草棚离自己最近，处在僻静的山林一隅，是专供山庄宫中生活的一个御用菜园子。借着暮色的霞光，隐约可见一个穿红色服装的人在草棚前走动。恩普看到这里，心中顿时有了主意。他骑在马上，大声对胤禛说："我看王爷是口渴了，请速跟我来，到前边草棚去饮茶！"此时的胤禛已被欲火烧得头昏脑涨，眼冒火星，几次痛苦得都要从马上栽下，听到这话，顾不得许多，打马跟恩普箭一样向草棚冲去。

胤禛和恩普来到草棚前下了马，果见菜园的地里有一个女仆在收拾菜畦。恩普让胤禛先躲到草棚里，他独自快步跑到女仆跟前，大声呼道："王爷正在棚中焦渴，等你侍茶，快去。"那女仆听罢，不敢怠慢，起身向草棚走去。

这时，天色已近迟暮，晚霞开始消退，外面尚有些明亮，但草棚内却黑乎乎的，难辨东西。那女仆进得草棚，刚要点灯，却不想胤禛像一头发情的狮子一样扑了上来……

胤禛走后，此段情事很快被忘却。但当第二年夏初他随康熙再度巡幸塞外，驻于承德山庄时，这件丑闻便在宫中沸沸扬扬起来。原来，被胤禛强行交欢的那个女人叫李金桂，时年二十七岁，是个种菜干粗活的女仆，因娘家早已无人，自己又相貌不佳，一直未能找到称心如意的婆家，想不到胤禛的一次泄欲，使她身怀有孕，这事自然就在坊间传开，并很快传入宫中。

身为皇子，和这样身份的下人有了瓜葛，自是违犯宫中禁令，有失皇家尊严。向来多谋慎重的胤禛听到风声，后悔不已又无可奈何，只得向舅舅，时任内务府总管大臣的隆科多求计。隆科多在惊讶之后，亲将李金桂提来密审。李金桂自是咬定实情死不改口："肚里怀的就是四阿哥的种。"隆科多听后，先是欲将李金桂秘密处死，以杀人灭口。但考虑到此事已为许多人所知，倘李金桂被谋杀，不但不能灭口，反而更会成为一大新闻在宫中沸腾起来，于皇四子胤禛和自己都无益处。无奈之中，他决定将此事密报胤禛的生母德妃乌雅氏，并经过周密的考虑和掂量，决定先将这个皇种生下来再做打算。这样，女仆李金桂在保住了性命的同时，于康熙五十年八月十三日，在菜园的草棚里秘密生下了怀胎十一个月的男孩。这个男孩一出生，隆科多和德妃便采取了移花接木的方法，将其密送胤禛府让钮祜禄氏抚养，对外言称己出。这就是后来清宫史典关于"雍亲王胤禛第四子弘历，康熙五十年八月十三日子时生于王府，母格格钮祜禄氏"记载的背后隐秘。

乾隆即位后，为替其父"补过"，释放了嫡亲十四叔、被雍正囚禁的允禵，并对此叔尊礼备至。在一次乾隆的生日御宴上，胤禵酒后失言道："皇帝的寿辰，本也就该在热河过。"乾隆知道皇叔话中有话，遂起了疑心，经再三追问，始知"另有生母"之真情。乾隆二年（1737年），乾隆帝巡幸山庄认母，封李金桂为太妃，并在草房对面修亭悬匾，手书"护云"二字，意涵长护慈云，以示孝思。此后，又有了乾隆十二年（1747年）奉太妃东巡之事。

这就是"草房之谜"的秘闻。

直至今日，乾隆出生之谜的草房遗址，尚在承德避暑山庄内西北部狮子岭下狮子园内。只是乾隆是否在此出生，有待历史学家进一步考证了。

这里要继续说的，是乾隆登基之后要做的第一件关于清王朝，也是关于自己的大事——选择万年吉地。

自从雍正打破了"子随父葬，祖辈衍继"的丧葬制度而埋骨于京西易县境内后，登基不久的乾隆也跟随其父，派臣僚在西陵区域选择万年吉地。当吉地选好后，乾隆却突然改变主意，又派臣僚到东陵选择。

乾隆七年（1742年），大学士三泰、果毅公讷亲、户部尚书海望，会同钦天监监正进爱等进入东陵区域勘察地形。数日后相得胜水峪"龙盘虎踞，星拱云联，允协万年之吉"。乾隆览过绘图后，甚是满意，并诏旨于第二年二月初十日动工兴建。至此，清王朝丧葬规制的长河，在雍正朝拐弯之后，又在这里改道分岔。长河的主流从此一分为二，一条支脉流向东陵，另一条流向西陵，从而形成了中国历代王朝葬丧史上的独特规制和景观。如此做法的思想脉络和内在干系，主要是乾隆考虑到，若从自己之后起，历代皇帝都葬于西陵，那么东陵必然有香火渐衰、冷清无助之感，日久定会荒废不堪。为兼顾东西两陵的盛衰，他才做出了这一抉择。关于这一点，乾隆在六十年（1795年）将皇位让于其子嘉庆时，在十二月二十日的谕旨中说得很是明了："向例，皇帝登基后即应选择万年吉地。乾隆元年，朕诏登大宝，本欲于泰陵附近地方相建万年吉地，因思皇考陵寝在西，朕万年吉地设又近依皇考，万万年后，我子孙亦思近依祖父，俱选吉京西，则与东路孝陵、景陵日远日疏，不足以展孝思而申爱慕。是以朕万年吉地建在东陵界内之圣（编者按："胜"之别字）水峪，若嗣皇帝及孙曾辈，因朕吉地在东择建，则又与泰陵疏隔，亦非相续相继之义。嗣皇帝万年吉地自应于西陵界内卜择，着各该衙门即遵照此旨，在泰陵附近地方敬谨选建。至朕孙缵统绪时，其吉地又当建在东陵界内。我朝景运庞鸿，庆延瓜瓞，承承继继，各依昭穆次序，迭分东西，一脉相连，不致递推递远。且遵化、易州两处，山川深邃，灵秀所钟，其中吉地甚多，亦可不必于他处另为选择，有妨小民田产，实为万世良法，我子孙惟当恪遵朕旨，溯源笃本，衍庆延禧，亿万斯年，相承勿替。此则我大清无疆之福也，此谕。"

　　乾隆的诏谕除说明了他将寿宫选在东陵的原委外，还做了"兆葬之制"的硬性规定，即若父在东陵，则子在西陵；父在西陵，则子在东陵。也就是说雍正在西陵，乾隆应在东陵，而乾隆在东陵，他的儿子则在西陵，他的孙子应选东陵，以此类推，不可违旨。当这个东、西二陵兼顾的设想出台后，乾隆唯恐哪个不肖子孙别出心裁，东、西二陵都不选，另立门户，再选出个南陵或北陵，这样他设想的"兆葬之制"势必被打破，造成无法依附、无章典可循的混乱局面。为此，他又专门做出规定，非东即西，不能再随便另选陵址，这样就断了后世不肖子孙别出心裁的念头。所有这些，在体现了乾隆顾全大局的同时，也完全可窥到他当时在处理这类事务上的良苦用心。只是令乾隆本人以及随他入葬东陵的后世子孙想不到的是，他的中途易辙和这道谕旨的下达，使他们在一百多年后，共同迎来了陵寝被盗、尸骨被抛的厄运。而当这场厄运到来之后，世人不免做出种种假想，假如乾隆当年葬入西陵，他的子孙也效仿而做，是否还会有一百多年后东陵被盗的凄惨景观？乾隆是否会同他的子孙如今天人们看到的清西陵的主人一样，安然无恙地就寝于地下玄宫之中？回答也许是肯定的。但是，这时的乾隆怎么会想到一百多年后的悲惨情景，怎么会想到这幕惨剧发生后的一切？有哲学家说："假如一个人不是从八岁活到八十岁，而是从八十岁活到八岁，那么至少有一半的人会成为上帝。"即使这个假如成立，作为大清天子的乾隆，也不会想到在一百年后，他会被人拖出棺椁，尸首分离。历史在这里表现得如此无情，不但未给他透露半点信息，而且连个悔恨的机会都未给他。他现在所想的，只能是将自己的寿宫修建得尽可能地牢固、美观、气派、辉煌一些罢了。

为了达到意想中的效果，乾隆在看了臣僚们呈上的陵地绘图后，亲自带领几名术士和亲信幕僚，来到东陵区的胜水峪点穴。所谓点穴，就是要确定金井的位置，这个位置的确定非同寻常，它预示着皇帝未来的归宿。也正因如此，历代帝王都对点穴十分敬畏和重视。

乾隆一行来到胜水峪后，只见此处蒿草丛生，香花怒放，紫气升腾，一派天赐地设的美丽风景。乾隆在这里逗留了很久。最后，他从怀中取出一枚扳指，择最吉处，小心翼

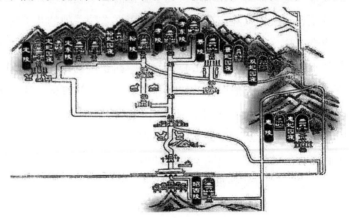

清东陵布局平面示意图

从高空鸟瞰的清东陵陵区
孝陵主神道气势恢宏，石牌坊、大红门、大碑楼、石像生、龙凤门沿神道从南向北依次排列，皇家气派尽显无遗

翼地放到地下，这个穴位便是后来地宫内金井的位置，他葬后的棺椁就要放在这个金井之上。有了金井，便标志着他与大地相连，与大地相通，与大地一起生生不息。

　　佳穴选定，工程开始。乾隆朝继承了康熙、雍正朝的盛世，建陵时正值国家鼎盛，国库丰盈之际，故此整个陵园、地宫的建筑，均是遍选天下精工美料，仅其木材就分别来自四川、广东、广西、云南、贵州及东北兴安岭地区的原始森林，而这些木材中又以珍贵的楠木居多。其石料则取自当时北京房山和蓟州盘山的石场，砖料由山东临清、江苏专工制造[⑦]，瓦料由京西琉璃厂运送，即使土料也是由数十里外精选的含沙量适当的"客土"[⑧]。整个陵寝由圣德神功碑、五孔桥、石像生、牌楼门、神道碑亭、隆恩门、配殿、隆恩殿、方城、明楼、宝顶以及地下玄宫等主体建筑组成，其神道南端与孝陵相连。整个建筑群规模宏大，布局严整，材料精致，工艺精湛。尤其是地下玄宫的建筑风格和艺术水准，是中国历代帝王陵寝中所罕见的。陵寝工程从乾隆八年（1743年）开始兴建，至乾隆十七年（1752年）主体工程基本告竣，先后经历九年的时光，共耗银二百零三万两。

　　值得特别指出的是，乾隆和此前的顺治、康熙、雍正等朝的几代帝王陵寝，其中所用的相当一部分木料和石料，是拆毁明代建筑物和明十三陵而得来的。清朝在入关后，就曾下令劫掠、捣毁过明十三陵，并焚烧过明定陵、德陵等陵寝。有实证可考的是，顺治的孝陵木材多用旧料，而旧料来源就是大肆拆毁明代建筑。其隆恩殿及神道碑亭天花板，就被后人证实是来自北京西苑明世宗朱厚熜嘉靖年间所建的清馥殿、锦芳亭和翠芳亭。这一殿二亭所在位置，正是明世宗做道场的地方，大殿前原建有丹馨门和锦芳、翠芳二亭。清初在兴建顺治孝陵时，将清馥殿及二亭拆除，不但将其楠木材料用来兴建孝陵，就连天花板也拿到孝陵使用了。此后，康熙、雍正、乾隆三朝的陵寝，都相继拆毁了大量明代建筑。乾隆还以修复明十三陵的名义，将定陵等大殿改大为小，偷梁换柱，把上等的木料和石料拿来建造了裕陵。尽管直到今天还有清东陵研究者否认这个事实，但事实本身却是毋庸置疑的。如果还有谁否认这一说法，那就请他到北京昌平明十三陵中的定陵园寝几个大殿的遗址实际看过之后再做结论吧。

不管怎么说，乾隆的裕陵还是极其辉煌、极其豪华地建成了。接下来要做的，就是等待他的死期。

乾隆六十年（1795年），乾隆鉴于祖父康熙在位六十一年驾崩，以不超越祖宗和功高盖祖为名，毅然决定将皇帝位让给皇十五子颙琰，本人则升为太上皇，但实际上仍牢牢掌握着朝中大权。不管实际上怎样玩弄权术，毕竟乾隆在名义上做了六十年的皇帝后将皇位让给了儿子。十五子颙琰即位后，改年号为嘉庆，大清历史上一个新的时代诞生了。

嘉庆四年（1799年）正月初三，乾隆驾崩于养心殿，卒年八十九岁。由于他早早地把皇位让给了儿子，他的死因，没有像其祖宗们那样，给后人留下扑朔迷离的悬案。他没有遭到谋杀，也没有遭到中毒暴亡等一系列不测之事，他的驾崩当属一个八十九岁老人精气血脉耗干后的正常死亡。这是继清太祖努尔哈赤在关外建国，世祖顺治入关以来，六代帝王在奔赴黄泉路上的第一次平常事，也是整个大清王朝近三百年历史进程中，少数几个没有在死亡情节上留下悬案的帝王之一。

嘉庆四年九月十五日，乾隆梓宫入葬东陵胜水峪被称为裕陵的地下玄宫。随其祔葬的有后妃五人，分别是孝贤、孝仪两位皇后，慧贤、哲悯、淑嘉三位皇贵妃。就祔葬人数而言，与康熙陵相同，是为数不多的。

早在乾隆五十二年（1787年）三月十一日，乾隆就降旨：待自己入葬之后，在为其建造功德碑时，要仿照新修的明代长陵碑亭式样，发券成造⑨，其规模大小，不可超过景陵制度。但是乾隆崩后，嘉庆六年（1801年）破土动工的裕陵大碑楼，违背他的遗愿而完全仿照康熙帝景陵大碑楼的规制建造了。这一点是乾隆生前没有想到的。

尽管嘉庆在碑楼的建造上违背了乾隆的意愿，但他在亲手为其父御制，乾隆第十一子、清代著名书法家成亲王永瑆书写的洋洋洒洒四千三百余字的碑文中，却对乾隆大加颂扬，称他"兼尧舜禹汤文武孔子之勋德，帝王以来，未有若斯之盛者也"，同时还称他"四德无违，十全有奭，文谟武烈，丕显丕承"。此时的乾隆已被吹捧成一个十全十美的历史完人。

把乾隆说成是历史完人，当然是嘉庆等人的一厢情愿和不切实际的粉饰。不过，就历史发展的眼光来看，大清王朝在乾隆实际统治的六十三年（乾隆元年至嘉庆三年）中，不论是文治还是武功，均取得了非凡成就。就乾隆本人而言，他为统一的多民族国家的进一步巩固和发展，确也做出了卓越的贡献。从乾隆十二年（1747年）对大小金川用兵开始，至乾隆五十七年（1792年）第二次对入侵西藏的廓尔喀用兵为止的四十余年间，他曾大规模用兵十次。当廓尔喀之乱被平定后，乾隆志得意满，亲书《御制十全记》，大肆吹嘘其盖世武功，并将《十全记》的石刻置于西藏拉萨的布达拉宫前，与康熙平定西藏的碑文并立，企图与康熙大帝并驾齐驱。在后世看来，乾隆无论怎样自喻为"十全老人"和"古稀天子"，但就他一生创立的基业而言，无论是扩疆拓土，平定内乱，还是发展生产，增强国力，仍然无法与康熙大帝相

十全老人之宝

匹敌。

尤其让后人耿耿于怀和颇有微词的是，这位风流天子的追蜂引蝶，游玩取乐，滋长了大小臣僚的好大喜功、奢侈浪费、贪污腐败的风气，为贪官污吏创造了借口和培植了繁衍生存的土壤。乾隆早期的南巡，每次都"动用数十万正帑"，中期以后的南巡以及随之而来的不断征伐、园林宫殿庙宇的修建、河工海塘的建筑等等，更是耗资巨大，靡费惊人。每次南巡都动用一千多艘船，随员二千五百多人，沿途三十里以内的大小文武官员前来迎驾。就是在这样一种歌舞升平的气氛的笼罩下，大小官僚无不趁机想方设法中饱私囊，祸害国家和四方百姓。在这些贪污敛财的臣僚中，最典型也最著名的当首推大学士和珅，其几十年暴敛的财富，连皇室亲贵甚至乾隆本人，都无法与之相提并论。和珅府宅的"园寓点缀，意与圆明园蓬岛、瑶台无异"，令人惊愕不已的是，他竟在与东陵不远的蓟州境内私设官窑，为自己预造陵寝，并立享殿，置隧道，美其名曰"和陵"，一派与皇家帝王相抗衡的气势。后来和珅被嘉庆皇帝赐死，查抄其家财，家产可折合白银达几亿两之多，相当于和珅在乾隆朝当权的二十多年间，清政府财政总收入的一半。若拿这批银两

乾隆皇帝的裕陵

建造陵寝，可建成四百座乾隆皇帝的裕陵。

整个乾隆朝，从皇帝到臣僚再到大小官吏，就是在这样一种吹吹打打、热热闹闹的放纵、贪欲和一次次的折腾中，使大清的元气受到极大的消耗，帝国航船受到重创，使好不容易出现的"康乾盛世"，迅速衰落下去。尽管嘉庆掌权之后，剪除了和珅及其党羽，但吏治并未出现新的转机，相反更加腐败不堪，大清帝国由盛转衰的厄运已无法挽救。帝国的古船在历史进程的污流浊水中，悄然告别如日中天的"康乾盛世"，无可奈何地向着暗流险滩密布的黄昏暮色滑行而去了。

道光陵与地宫渗水事件

早在乾隆一朝的末期，清帝国衰微迹象已现出端倪。而到了嘉庆一朝，更是暴露无遗，并衰败得越来越不可收拾。由于国库亏空，民不聊生，满汉之间、阶级之间的矛盾日趋激化。许多农民耕地被巧取豪夺后，便流浪街头，靠乞讨为生。在这个衰相初露的嘉庆元年（1796年）冬，北京城一夜之间就冻死乞讨者八千余人。随着历史的推移，几次出现了全国性的大饥荒，整个中华大地饿殍遍地，家破人亡者不计其数。就在这样一种江河日下的境况中，朝廷仍未因此削减其建陵经费，依然穷奢极欲，挥霍无度地为自己牟取虚荣和浮华。

自嘉庆元年开始，嘉庆的昌陵便按照乾隆的旨意，在易县清西陵区动工兴建，至嘉庆八年（1803年）竣工。整个陵寝建筑耗银几百万两。嘉庆二十五年（1820年）七月二十五日，嘉庆帝驾崩于热河（今承德）行宫，终年六十一岁。道光元年（1821年）三月二十三日葬于清西陵昌陵地宫。跟他同葬的仅有一人，那便是道光皇帝的生母，被封为孝淑睿皇后的喜塔腊氏。

嘉庆帝驾崩后，由他的第二子，时年三十九岁的旻宁继位，年号道光。

道光登基之后，在选择陵址的问题上，对当年乾隆所作"兆葬规制，迭分东西"的谕旨，还是颇为看重的。既然祖父乾隆葬于东陵，父皇嘉庆葬于西陵，那自己就该葬于东陵。于是，他在登基不久的道光元年九月二日匆忙

道光皇帝"情殷鉴古"像

降旨："国家定制，登极后即应选择万年吉地。嘉庆元年奉皇祖高宗纯皇帝敕谕，嗣后吉地各依昭穆次序，在东陵、西陵界内分建。今朕诏登大宝，恪遵成宪，于东陵界内绕斗峪（后改为宝华峪）建立吉地。"

谕旨降下后，道光派庄亲王绵课、大学士戴均元、尚书英和、工部侍郎阿克当阿全权负责办理陵寝工程，并定于当年十月十八日破土动工。庄亲王等人接旨后，集中一切精力兴建陵寝，经过七年的艰苦努力，终于在道光七年（1827年）九月宣告竣工。

为了表示重视，道光在竣工之日亲临东陵宝华峪祭奠，并将先前薨逝的孝穆皇后的梓宫安奉于地宫之中。当道光看到陵寝规制完备，建筑坚固，艺术精湛之时，心中甚喜，并欣然传谕：免原工程大臣庄亲王绵课应缴前借俸银四万两，大学士戴均元晋加太子太师衔，其子即以户部员外郎升郎中，归还热河都统英和一品顶戴及花翎。对穆彰阿、敬征、宝兴、继昌等臣工均论功行赏，有关匠役也得到了相应的赏赐。

至此，关于道光的陵寝修建一事本应了结，只等陵寝的主人驾崩后归葬地宫便万事大吉。但偏偏一个神秘的梦，使此事节外生枝再生波澜，并由此引发一系列令人惊骇的事件。

清东陵道光陵遗址

道光八年（1828年）初夏，道光出京越塞行围打猎。一天夜里，忽然梦见已逝的皇后在海中向他呼救，道光遂被噩梦惊醒。待他静了心神刚刚入睡，忽又被海中皇后的呼喊惊醒，一连三次，道光连惊带

吓被折腾得睡意全无。他静下心对这个怪诞的梦反复琢磨了一会儿，终于悟到可能陵寝中地宫浸水，故此已入葬的皇后有梦托来。第二天一早，道光传旨，派人将自己的陵寝地宫打开，他要御驾亲临验看。

道光再度来到陵寝地宫时，发现靴底潮湿，墙角处有水浸出。道光见了大为惊奇和愤慨，他惊奇自己的梦果然灵验，看来皇后的灵魂确实尚在阴阳两界不死不灭；愤慨的是地宫才关闭几个月，就有如此不祥之兆出现，那待自己寿终正寝后，几十年，几百年，又会是怎样的一种情形？那时的地宫不成了江河湖泊？自己躺在大海或江河湖泊里，尸骨何以幸存，灵魂怎能安详？若非皇后死后有灵，事先托梦于自己，待驾崩之后，儿孙面对这个浊水滔滔的地宫，该如何是好？

想到这里，道光怒火冲天，立即传谕留京王大臣会同刑部堂官，对选陵修陵大臣庄亲王绵课、大学士戴均元等主要人员及地宫浸水原因"切实根究"。谕旨一下，那些在几个月前才得以加官晋爵的臣工大员，还没从惊喜的美梦中醒过来，已被全部捕进刑部衙门问罪了。

在审讯过程中，道光亲自出面追究其中弊端和缘故，并宣布一定要查个水落石出。为配合审讯，道光于同年九月，派敬征、宝兴诸人，再度对地宫内外"逐处履勘"，并发现罩门券、明堂券、穿堂券、三道门洞券、金券及宝床下，均有浸水现象。道光闻报后，又一次御驾东陵宝华峪地宫阅视。之后再次降旨："宝华峪地宫积水情形，据敬征等节次查勘积水痕迹，旋拭旋湿。本日朕亲临阅视，金券北面石墙全行湿淋，地面间断积水。细验日前积水痕迹，竟逾宝床而上。见孝穆皇后梓宫霉湿之痕，约有二寸，计存水有一尺六七寸之多……此项工程当开通时，如果详慎体验，岂竟毫无情形，乃绵课等屡经带同堪舆相度，漫不经心，昧良负恩，莫此为甚。"

道光觉得这道谕旨的分量还不够重，心头之愤也难以抵消，于是再发谕旨给内阁，不仅将先前对选建臣工的赞誉褒奖全部推翻，而且近乎骂街地说道："该监督等于地平以下工程办理不善，丧尽天良，保无偷减情弊，必须严切根究。"

两道谕旨先后发出后，道光又命令主审官奕绍等人："要将已革监督等隔别严讯，务令供出开工时实在情形。"同时又"摘提承办工头匠役等详加开导，隔别讯问，并告此事与伊等无涉，务力据实吐供"。与此同时，审查官们还详细审问了建陵之前堪舆吉地的宋泗、赵佩琳、茅鸿升、姚绍基、毓庆等五人，主要追查这宝华峪是哪个人首先看定，其余的人是否有不同意见，有没有人指出此地当有石泉之论。这帮堪舆吉地的臣僚，风闻东陵事发又被传来审问，自是胆战心惊，魂飞肉跳，相互推诿又相互指责，皆不承认是自己首先选中陵址，都谓自己曾指出过此地当有石泉之论。一时沸沸扬扬，弄得审查官也摸不清谁是谁非。

审查前，堪舆吉地的臣僚之首赵佩琳，已被封赏于云南任职，此时弄不清他是仍在家中，还是正在赴任途中。道光传谕快马飞报沿途衙门："赵佩琳现在宝华峪有应讯事件，该员隶属江苏，着陶澍查明。如尚在本籍逗留，即行派员解赴刑部。如该员已由本籍启程，着飞咨沿途各督抚，查明该员抵何处，即行截留，派员解赴刑部，毋任迟延。"谕旨传达后，各地衙门迅速行动，纷纷派员查访赵佩琳的下落，最后在湖南境内将其擒获，并很快解赴京师刑部。可怜这赵佩琳在封赏之后，连新职的椅子都未能坐上一坐，转眼便由一名显赫的朝廷大员变成了阶下囚。

尽管被捉拿在案的臣僚臣工相互推诿，相互指责，无一人敢出面承当责任，但经过一年多的严审和追访，终于查出了地宫浸水的三大原因。一是"北面墙帮间有石母石滴水"，虽已"用工拦挡，令水旁流"，但"仍恐日久墙内蘸湿"。二是原议两旁安设龙须沟⑩出水，"因英和告以不用安置，是以停止"。同时英和还以"土性甚纯，无泉石"，"龙须工程可以停办"等语上奏过道光，情同欺上。三是英和在建陵时保奏牛坤督工，言"有伊在彼，英和即不必经常亲自督工"。而牛坤则声称自己"不管工程"，双方互为推卸，致使地宫工程质量受损，造成浸水之憾。

从以上三条原因来看，英和与牛坤首当其冲。道光在览阅奏报之后，大发雷霆，气得咬牙切齿，当即传谕将陵寝工程总监督、内阁侍读学士牛坤及始终承办后段监督的内务府郎中百寿、员外郎延凤等六人革职，交留京王大臣会同刑部严审；将戴均元降为三品顶戴，其子戴诗亨降为员外郎；英和革去顶戴，拔去花翎。绵课、阿克当阿等因已身故而"免其议处"。被革职官员有的交敬征带赴工地效力，有的发至边远充军，服苦役。如此处罚，似乎标志着此事已经了结。但当道光再次到东陵宝华峪地宫查看后，睹物思愤，越想越气，再度肝火大动，认为上述处罚犹"不足示众"。盛怒之下，又下令将戴均元革职，英和之子、兵部侍郎奎照与通政使奎耀俱革职。九月十九日，又下令查抄了英和、牛坤、百寿、延凤、定善、长淳、玛彦布等七人的家产。九月二十三日再下令，将戴均元"本籍财产严密查抄，勿任稍有寄顿"。九月二十五日，又严令有关人员罚赔白银二十五万六千两，其中最多者阿克当阿被罚四万两，最少者为宝兴，被罚二千两，并令"俱着按限完缴，毋许稍有延宕"。处罚进展到这里仍然未能了结。接下来的一幕是，绵课及四个儿子的顶戴全部被革掉；英和为祸之魁首，按罪当斩，念其曾任尚书，无赃私，从而加恩发往黑龙江充当苦差，其子奎照、奎耀亦随侍黑龙江，其孙锡祉的候补员外郎亦革职。牛坤发往伊犁效力，百寿、延凤发往乌鲁木齐效力，定善、长淳、玛彦布发往军台效力，因戴均元年近八旬，免于发遣，即行逐回原籍，并将其子、孙免职。惩办至此，道光才恨恨地长吁了一口恶气，这起地宫浸水事件才算告一段落。

道光对修建陵寝不力的官员加以惩办，本为消解心头之恨、胸中之愤和借以示众，对事情本身的解决并无裨益，地宫依然浸水不止。这时的道光理应下令对地宫的浸水采取补救措施，但不知出于一种怎样的考虑，他却下令将这座征用了数十万工匠和数百万夫役，历时七载才修成的陵寝，无论地上地下的建筑全部废掉拆除，并不顾乾隆当年规定的"兆葬之制"，又毅然在易县西陵的龙泉峪另选陵址，重新建陵，致使几百万两白银铸成的建筑，全部毁于一旦。令时人备感兴

道光陵废弃后残留的大殿石雕苍龙头

趣的是，清王朝的丧葬历史的河流再度在这里拐弯，道光将这段历史画了个圆圈之后，又回到了当年雍正的起点上。这条河流又将重新进行另一轮的流淌。而道光在陵寝问题上的受挫，恰恰成全了他百年之后尚能安寝的凤愿，将厄运悄悄地转嫁于他儿子的头上。当几十年后的那个夜晚，东陵传出恐怖的爆炸之声时，此时的孤魂野鬼道光连同他的先祖雍正，一定会为当年的选择感到暗自庆幸。这也许是苍天早就如此安排好的定数吧。

道光十一年（1831年），道光帝的慕陵在西陵龙泉峪破土，至十六年（1836年）竣工，历时五年。此项工程吸取了宝华峪地宫浸水的教训，选择了高平之地。在建陵过程中，道光一直提倡俭约行事，但实际耗银却达二百四十万两，即使东陵宝华峪那已经废掉的不算，仅西陵界的慕陵，也比号称清陵之冠的耗银为二百零三万两的乾隆的裕陵，多耗费了三十七万两。若再加上宝华峪工程的一建一拆的耗银，可超过两个裕陵，哪里还有什么"俭约"可言？

道光三十年（1850年）正月十四日，六十九岁的道光帝驾崩于圆明园慎德堂。咸丰二年（1852年）三月初二日，葬于清西陵慕陵。祔葬的有孝穆、孝慎、孝全三位皇后。

道光帝驾崩归天，他在兴建陵寝问题上和臣僚们展开的恩恩怨怨，以及他由东陵迁葬西陵的是是非非亦该告终。只是，在他执政的三十年里，有一件事不得不向读者略做交待，那便是发生于道光十九年，也就是1840年在历史上极为著名的鸦片战争。就在这次大清王朝历代帝王从未曾遇到的中西战争中，西方列强中的大英帝国，用

从后山俯视慕陵

毛瑟枪首次打开了大清帝国的门户。在黄头发、蓝眼睛，身强力壮的英国人的威逼下，弱不禁风的道光，只好代表同样疲惫不堪、千疮百孔的清帝国，和大英帝国签订了中华民族历史上第一个丧权辱国的不平等条约——《南京条约》。自此，大清王朝昔日的荣耀与辉煌已烟消云散，中华民族坠入了半殖民地半封建社会的泥潭之中。

道光驾崩后，他的第四子，年仅二十岁的奕詝继承大位，年号咸丰，以次年（1851年）为咸丰元年。

由于本当葬入东陵的道光改葬西陵，这就迫使他的儿子咸丰帝不得不在东陵兴建陵寝。咸丰二年九月十五、十六两日，咸丰乘谒陵的机会，亲自来到臣僚们为他选定的东陵界平安峪、成子峪、辅君山等三处山势进行阅视。经过一连几年的反复比较，到咸丰八年（1858年），东陵界的平安峪被正式选定为万年吉地，并于咸丰九年（1859年）四月十三日申时破土。

咸丰帝的陵寝在整个修建过程中，有两大突出特点：一是随朝政的变迁，几次更换承修监工大臣；二是大量使用了道光帝废掉的宝华峪陵寝中的旧料，并开创了新的陵寝修建格局。咸丰八年七月十七日，咸丰降旨于内阁："前经选定万年吉地于平安峪地方，为时已久，自应择吉兴工。着派怡

咸丰皇帝像

亲王载垣，郑亲王端华，大学士彭蕴章，协办大学士、尚书柏葰，尚书瑞麟、全庆，侍郎基溥敬谨办理。"想不到不久之后，柏葰因戊午科场案[①]受牵被杀，载垣、端华因慈禧发动辛酉政变[②]，被赐令自尽。咸丰十一年（1861年）十月，大学士周祖培、吏部尚书全庆又奉命

办理建陵事务。十二月，恭亲王奕䜣等再次奉命稽察陵寝一切应用事宜及收发款项事宜。

由于咸丰朝战乱不止，财政困难，国库空虚，其陵寝的修建不得不用道光帝当年在宝华峪废掉陵寝的旧料，其中石料、砖料使用最多。与此同时，建筑规制在遵守祖宗成宪的基础上，又部分吸收道光帝慕陵的做法，对一些地上建筑进行了裁撤，如圣德神功碑楼、二柱门等，再加以改造创新，形成了独特的建筑格局，从而成为以后兴建的惠陵和崇陵仿制的典范，在整个清王朝陵寝史上起到了承前启后的作用。遗憾的是，咸丰没有亲眼看到自己陵寝的竣工，就在战乱的苦痛中含恨崩逝了。

这位在晚清历史上被称为"战乱皇帝"的咸丰，一定死不瞑目，孤魂不安。纵观他的一生，实在令人扼腕叹息。咸丰即位不久，就爆发了声势浩大的太平天国运动。他只好重新起用那个在第一次鸦片战争中出尽了风头，也倒了大霉的前云贵总督林则徐前往广西镇压。想不到林则徐却病故于赴任途中。咸丰不得不改派两江总督李星沅为钦差大臣，前去督剿，但不久即惨遭失败。之后太平军定都天京（今南京），派兵北伐，逼近天津，大清王朝面临严重危机。此时的咸丰又派僧格林沁、胜保再度镇压北伐太平军，令琦善、向荣率大军围困天京。几年之后，太平军击破清军对天京的包围，整个江南几乎全部落入太平军之手，大清王朝只剩摇晃不定的半壁江山。

正在这战火纷飞、硝烟四起、江山摇撼之际，英、法又于咸丰六年（1856年）发动了第二次鸦片战争，次年攻陷广州。咸丰八年，大沽炮台失陷。咸丰十年

同治皇帝像

（1860年），英法联军再次攻陷天津。这年的八月初八日，咸丰带领皇子、后妃及部分亲信大臣，仓皇出逃热河行宫。英法联军侵入北京，在北京大肆洗劫并焚烧了举世闻名的圆明

圆明园遗址

园。就在这战火未熄、硝烟未散的局势中，留在京中办理和局的恭亲王奕䜣，秉承咸丰的旨意，分别与英、法、俄订立了《北京条约》，除开放天津为通商口岸外，同时割让九龙司地方一区给英国。

咸丰十一年（1861年）七月十七日，悲愤交集的咸丰在忧郁中驾崩于热河行宫，卒年三十一岁。咸丰崩逝后，其长子载淳继位，年号同治。

咸丰十一年九月二十三日，咸丰帝的梓宫由热河启程，十月初三日到达京师，并先后安奉于乾清宫、观德殿。同治元年（1862年）九月九日，咸丰帝的梓宫由京启程运往东陵。由于此时咸丰帝的定陵尚未竣工，只好将梓宫于风水墙外的隆福寺行宫㉝暂安。同治四年（1865年）八月，定陵主体工程告竣。同年九月二十二日辰时，咸丰帝入葬定陵地宫，合葬地宫的是死后才被册封的皇后萨克达氏。

多少年后，一生充满了刀光剑影的咸丰帝和他宠爱的萨克达氏皇后，躺在幽深黑暗的地宫里，面对从地宫顶端那个被打开的狭窄洞窟悄然钻入的盗墓者以及砍开自己棺椁的利斧，似乎竟是命中注定的劫数了。

夕阳残照同治帝

咸丰帝热河驾崩后，由他当时唯一的儿子，年仅六岁的载淳继承大位，年号同治，第二年（1862年）为同治元年。

同治即位后，尊封咸丰帝的皇后钮祜禄氏为"母后皇太后"，徽号"慈安"；尊封自己的生母、贵妃叶赫那拉氏为"圣母皇太后"，徽号"慈禧"。由于慈安居于东宫，慈禧居西宫，历史上又将其称为东太后、西太后。

纵观中国的历史，什么事情一旦到了近代，就变得怪异起来，并且怪异得令人难以想象。这位六岁的同治皇帝刚登基，一道由臣僚们代写的谕旨就降下来："朕奉母后皇太后、圣母皇太后懿旨，现在一切政务均蒙两宫皇太后躬蒙裁决，谕令议政王、军机大臣遵行。惟缮拟谕旨，仍应作为朕意宣示中外，自宜钦遵慈训。"

咸丰在驾崩前的弥留之际，就意识到在他死后，这两个已是皇后和贵妃身份的女人，尤其是叶赫那拉氏，可能会闹出违背祖制的事情来。为了遏制这两个女人干预朝政，咸丰特别在遗诏中宣布，由肃顺等八大臣顾命，以辅佐年幼的皇帝。但令这位先皇出乎意料的是，看上去颇有些自命不凡的肃顺等八大臣，在权力的争夺中，竟一夜间被两个女人击垮，朝中的大权最终还是落入了东、西二宫之手。自此，大清的朝堂上，两宫皇太后开始了以皇帝的名义行使职权的"垂帘听政"[14]。同治本人也开始了永无休止的作为傀儡皇帝的政治生涯。

按照清朝祖制，历代皇帝都是登基后即选陵址、建陵寝，同治登基自然不能例外。但令人费解的怪异事情又出现了，同治当了十几年的皇帝，两宫太后却一直不开口提修建陵寝一事。太后没有恩准，作为傀儡皇帝的同治自然不敢吭声，这样一直拖到同治十三年（1874年）冬，问题来了。就在这年的十一月初，同治染上了梅毒并出现晚期症状。这一病症的来源，表面上看是同治本人的不甚检点所引发，但实际上却与两宫太后，特别是慈禧有极大的瓜葛。由于这两个女人把持朝政，一天天长大的同治不但整日无事可做，反而经常受到生母慈禧的责骂和体罚，心中不免生发出一种悲愤和郁闷之情。正是在这种心境的折磨下，痛苦难耐的同治决定把注意力转到九重深宫

以外。当然，促使他这样做的重要原因之一就是他
和皇后欲爱不能，欲罢不休的精神折磨。

　　尽管同治是慈禧的亲生儿子，但自幼却跟随慈
安长大，就个人感情而言，他跟慈安的感情要比
生母慈禧深厚得多。当同治十一年（1872年）筹备
皇帝大婚时，两宫太后在选择皇后的问题上争执
不下，各怀心思，并均有自己心中的人选。慈禧所
选定的皇后年仅十四岁，是刑部江西司员外郎凤秀
之女。凤秀姓富察氏，满洲正黄旗人，不但是八旗
世家的名门，而且是满洲"八大贵族"之一。乾隆
的孝贤纯皇后即出于富察氏一门，其家在康熙、
雍正、乾隆三朝，将相辈出，显赫非凡，到了道
光、咸丰两朝，家世豪气犹在，雄风不减。出身如

同治孝哲毅皇后阿
鲁特氏像

此豪门望族的凤秀之女，自然拥有做皇后的资格。稍欠不足
的是，此女年龄幼小，阅历尚浅，又性情娇憨，缺乏作为皇
后统摄六宫的威仪，将来必易受制于人。而慈禧看中的，恰
是这个年龄和性格缺陷。因为按清朝祖制，皇帝大婚后就要
亲政，任何人不得违背，如果在为皇帝择后的问题上不动心
机，对极想揽权的慈禧是极为不利的。

　　但慈安的想法却与慈禧正相反，同治即位之初，她就无
意垂帘，实乃慈禧把她抬上此座以装点门面。如今同治大婚
在即，亲政即始，她力主慈禧同自己一同并肩归退，好让皇
帝出面做主，干一番振兴王朝的事业。正是出于这样一种考
虑，她选中了崇绮之女阿鲁特氏。崇绮乃蒙古正蓝旗人，同
治四年（1865年）的一甲一名状元，官拜翰林院修撰，人品
颇佳，才学更是"立国二百数十年，满蒙人试汉文获授修撰
者，止崇绮一人，士论荣之"。此女在这个书香门第的熏陶
及崇绮本人的精心栽培下，端庄稳重，诗书娴熟，颇具大家
闺秀风范。如此德才兼备之奇女，正是统摄六宫的最佳人
选。稍缺憾的是比同治长两岁。为慎重起见，慈安为此专门

向同治做了婉转的探询。同治的回答是，若自己大婚之后，两宫太后归政，以自己尚小的年龄和繁杂的事务论，非得有一位识大体、顾大局，又能通晓文墨的皇后予以协助。于是母子二人算是不谋而合了。

择后的日子到了，近族的福晋、命妇，纷纷奉召入宫，襄助立后大典。御花园⑮钦安殿正中并列着两把椅子，上面端坐着两宫太后，东面另设一椅，为同治之位。御案上放置一柄镶玉如意⑯，一双红缎彩绣荷包⑰，另外一只银盘内则放着十支彩头签，同治的皇后就从这十支彩头签中选出。

在慈禧看来，自己的儿子大婚，当然由自己做主，并坐在侧的慈安只不过是个摆设，来此凑个热闹罢了。于是她胸有成竹但还装出谦让的口气，询问慈安所属之意。因慈安早与同治达成默契，当仁不让地直抒胸臆道："皇后母仪天下，总是以年长老成者为宜。"慈禧一听，觉得有些不妙，速派人传恭亲王奕䜣前来商酌，希冀以两人之力抗衡慈安，使其改变主意，成就自己的选择。谁知这奕䜣到来之后，亦同意慈安的看法。慈禧弄巧成拙，有苦难言，心中顿时冷了半截，只好将希望的赌注押在儿子的身上，并暗示同治，清朝自康熙朝至今尚未出过蒙古皇后，万不可破二百年之规制。同治听后，心中立刻狂跳起来，不知如何是好，遂把眼光注视到慈安的脸上，意在探询自己该如何处理。慈安端坐在椅子上，姿态安然地投来鼓励的目光。在这极其关键的时刻，同治虽然怀着对慈禧的恐惧之感，但还是毅然将手中那柄象征着权力与爱情的镶玉如意递给了阿鲁特氏。

当端庄秀丽的阿鲁特氏怀着万分感激的娇羞之态接过如意后，慈禧竟当场傻了。在一阵短暂的目瞪口呆之后，慈禧情不自禁地愤然而起，全身血气翻腾，满脸涨得通红，额角的青筋骤然暴起，眼含既恼又恨的凶光，冲着慈安、奕䜣、同治、阿鲁特氏横扫了一遍，嘴唇哆嗦着，一句话也说不出来……一场选择皇后之争，在不祥的气氛中草草收场。其最终的结局是，慈安推荐的阿鲁特氏正式成为皇后，慈禧相中的凤秀之女富察氏为慧妃。慈安没有想到的是，她的这次暂时的胜利，为她自己也为帝后二人日后的悲剧命运投下了阴影。

大婚后，皇后阿鲁特氏通情达理，温文尔雅，颇见宫中懿德和才干。她不断婉言相劝同治用心读书，以备古代圣明帝王之资。同治虽稚气未脱，顽劣无度，但对她的劝说却很在意，对其人品和才华亦很敬重，帝后自是相处甚欢。可惜的是好景不长，慈禧为出当初胸中的恶气，决定对帝后首先实施报复。在几次对帝后进行苛刻的指责后，终于以各种名目为由，严命中断帝后之间的接触。并言，如同治需要妃嫔侍候，就到她当初相中的慧妃那里去。此时，同治虽年龄尚浅，但帝王之尊的刚愎之性渐已形成，在极度的愤懑中，索性由养心殿搬至乾清宫西暖阁去独居，后妃概不往来。这个做法，明显是向亲生母亲慈禧皇太后发出了无声的抗争宣言。

正值精力旺盛、青春勃发的同治，在刚尝知男女之事又被迫远离了后妃之后，自是饥渴难耐，痛苦不堪。这种饥渴、痛苦加上平时积闷在心中的忧郁之情，就促使他想尽办法借助他途找到一个开心的地方进行宣泄。于是，他盯上了宫外的花花世界。他瞒着两位太后，带上几名小太监，全部换上蓝布长衫，百姓打扮，偷偷出宫游逛。因是私自出宫，最怕碰见朝廷的王公大臣，因而，凡是规模庞大、豪华奢侈的娱乐场所、大店铺、大饭馆均不敢去，只得光顾天桥夜市场、韩家潭妓院，以及冷僻街道的茶馆和酒楼。也就是在这一次次下馆子、登茶楼、逛妓院中，同治染上了梅毒，并由此一病不起。

正在同治躺在病榻上与死神抗争时，他心爱的皇后闻讯偷偷跑来探视。帝后相见，皆为慈禧的专横伤心落泪不止。这时同治尚不知自己行将归天，拉着皇后的手安慰道："暂且忍耐些时光，将来总有出头之日……"同治的这番话以及皇后到来的消息，很快被慈禧暗中安插的太监报告了慈禧。慈禧闻知，立即赶到同治的内宫，指着皇后破口大骂："好一个狐狸精子，又来勾引皇帝做甚？"皇后忍无可忍，大着胆子回敬道："我是乘凤辇从大清门迎娶进宫的，天下皆知，圣上御体欠安找来探视，到底犯了何罪？"此言一出，大祸从天而降。秀女出身的慈禧，认为这是皇后有意讥讽自己。一个年纪轻轻的皇后，竟敢在太岁头上动土，这还了得？慈禧顿时火撞头顶，嘴唇发抖，全身乱颤。盛怒之下她已失去理智，顾不得太后的尊严，竟以民间泼妇的惯用办法，冲上前来，一把抓住皇后的头发，连撕带抓动起武来。边打边大声呼喊太监："快，快拿棍杖伺候！"几个太监闻言，即执棍杖入内室，将披头散发、哭喊不止的皇后按倒在地，或真或假地一顿乱打……躺在病榻上的同治先是被眼前的场景惊得目瞪口呆，接着看到满地乱滚、哭叫连天的皇后遭此荼毒，不禁心如刀绞，泪如泉涌。他挣扎着坐起来冲正在挥舞棍杖的太监大声喊道："住手，快住手！"话刚说完，一口紫红色的鲜血喷进而出，接着身子往后一仰，昏死过去。

慈禧见儿子口吐鲜血，人事不知，觉得非同小可，连忙让太监赶快扔掉棍杖去请御医。太监们呼啦啦奔出宫外，皇后从地上爬起来，见同治已昏死过去，不禁大恸，跪爬着来到御榻前号啕大哭。红了眼的慈禧又急又怒，照准皇后的头部、腰部、臀部猛踹三脚，然后又抓住头发呼喊太监将其拖了出去。

御医赶到，同治一直昏迷不醒，尽管慈禧强制御医开了处方，并让太监给同治灌了一剂猛药，但终无回天之力。同治的病日趋恶化，没等他再睁开眼看一看这个世界，便撒手人寰。这一日是同治十三年（1875年）十二月初五日酉刻，同治年仅十九岁。

同治驾崩后，由于无嗣继位，便由慈禧做主，将慈禧胞妹的儿子、同治的堂弟兼表弟，年仅三岁半的载湉接入宫中，并很快让其继承大位，年号光绪，第二年（1875年）改元光绪元年。

光绪继位后，同治的皇后阿鲁特氏，因慈禧的专横暴虐而深感自己以后处境维艰，前程渺茫，遂于同治去世之后的光绪元年二月二十日，在宫中吞金自杀，卒年二十二岁。皇后自杀，举朝皆惊，无不为之扼腕痛惜。

帝后先后崩亡，理应尽快归葬，但由于慈禧专权，直到此时同治的陵寝尚未建造，帝后的梓宫只好移奉隆福寺暂安。

由于此前的咸丰帝已葬于东陵，按照清廷祖制，作为儿子的同治理应葬于西陵。但这时权柄在握的慈禧却偏偏不理祖宗那一套规制，反而大行逆道，断然决定在东陵的双山峪为同治建陵。

光绪元年八月，同治的惠陵开始在双山峪动工兴建，到光绪四年（1878年）九月建成，建造工程仅用了三年零一个月的时间。在整个清东陵的皇帝陵寝中，这座陵寝不仅建造时间最短，就其整体规格和质量而言，也是最为低下和次劣的。清东陵五座皇帝陵寝中的最后一座陵寝，就这样匆匆收场了。

光绪五年（1879年）三月二十六日，同治帝、后的梓宫在停放了五年之后，被一同葬入东陵界内的惠陵地宫。就在这次葬礼中，吏部主事吴可读触景生情，感慨万千，想起帝、后生前的不平，死后的不公，禁不住潸然泪下。返京途中，夜宿蓟州，辗转而不能寐，他挑灯取笔，疾书遗疏一份。

惠陵、惠陵妃园寝

遗疏谈到慈禧不应该只给咸丰帝立嗣子，而不为同治帝立嗣子。应明确规定，如果光绪帝有了儿子，应为同治帝嗣子。更可怜皇后为皇帝殉节而死，不表彰无以安亡灵，不加封不足以安民心，应给皇后加封谥号，等等。当这份遗疏写完后，吴可读服毒自尽。临终前，他于三义庙题壁绝命诗以明心志：

> 回头六十八年事，往事空谈爱与忠。
> 抔土已成黄帝鼎，前星预祝紫微宫。
> 相逢老辈寥寥甚，到处先生好好同。
> 欲识孤臣恋恩所，惠陵风雨蓟门东。

和同治帝后的死亡一样，吴可读的自杀和尸谏，在朝野内外引起了很大震动，反响甚为强烈。但慈禧将遗疏阅毕后，却不以为意地掷在一边，再也没有理睬。吴可读的一番苦心自然是付之东流。更为惨绝的是，六十多年后的1945年，同治帝后的惠陵被盗掘，皇帝的尸骨被捣毁，而完好如初，身体仍富弹性的皇后阿鲁特氏，衣服被剥光，腹部被剖开。盗墓者如此惨无人道的做法，竟是为了要得到当年皇后吞于腹中的一点点黄金。上帝无眼，苍天不公，一对生前境遇悲惨的男女，又罹此劫难，实在让后来者欲恨不能，欲哭无泪，为人世竟有这么多的不幸而悲天长悯！

🏵 东西两宫亲选陵址

去则去矣。虽未彻底万事皆休，但总算得到了短暂的安息。而作为继任的光绪皇帝，此时正受着比同治还要凄惨、还要痛苦不堪的煎熬。在光绪登基直至驾崩的三十四年中，专横跋扈的慈禧从未提起过给光绪建造陵寝一事。慑于慈禧的淫威，满朝文武，未有一人敢提及此事。与此相反并形成鲜明对比的是，慈禧对自己的陵寝建造却一刻未忘，同时做出了令人骇怪的举动。

早在同治五年（1866年），三十二岁的慈禧就命臣僚、术士赴清东陵陵区为自己和慈安选择陵址。在初选的过程中，有的因水位不良，有的因山势不佳，有的因隔河修御路困难，均未选中。几年后，由熟悉堪舆的内务府员外郎宽

慈禧太后

惠、刑部主事高士龙等人，相定了一处穴基，并上奏称："谨看得定陵一脉，迤东附近内普陀山山势尊严，由昌瑞山来至凤台山过峡⑱起，金星圆顶⑲开面落脉，结咽束气，顿挫而下，结成突穴⑳。左右护砂㉑环绕，界水分明，堂局㉒严密，唇气㉓纡徐，内水宜出于未方，立壬山丙向兼子午分金㉔，前面平安岭为玉几案，案外金水大山为芙蓉帐上吉之地。"与此同时，"又谨看得定陵一脉普陀山迤西平顶山，山势秀丽，由菩陀山分支，过峡顿起土星平顶，开面

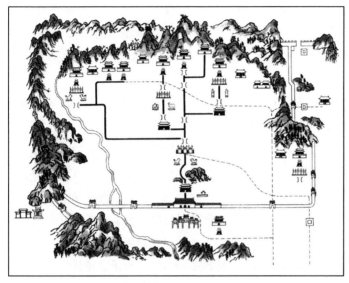

清东陵位置平面示意图，主陵右侧为康熙皇帝的景陵

落脉，结咽束气，曲折而下，结成窝穴。左右护砂回环，界水分明，堂局整齐，唇毡平坦，内水宜出于未方，立壬山丙向兼子午分金，前面平安岭为天财案，案外金水大山为芙蓉帐，实上吉之地也"。

慈禧、慈安闻奏后，又派恭亲王奕䜣带领大臣周祖培、全庆、英元等人，几次赴东陵勘察，共同相度，以便选择。

到了同治十二年（1873年），同治与皇后行完大婚仪式并在太和殿举行亲政大典后，于三月初恭谒东陵。就在这次恭谒中，同治奉慈禧的旨意，率领臣僚、术士为东、西两宫太后在东陵界内选择的万年吉地做最后勘定。经过几日的勘察，认为此前所选吉地确是"地势雄秀，山川环抱，实乃万古上吉之地"。同治返京后，遂呈陵址蓝图请两宫太后阅示，慈安、慈禧两太后甚是满意。此处有两座后山，原来一座名为平顶山，一座名菩陀山，尊奉慈禧和慈安两太后的旨意，同治十二年三月十九日，同治以朱笔改平顶山为普祥峪，改菩陀山为菩陀峪。随后打桩立记，拟在普祥峪修建慈安陵，在菩陀峪修建慈禧陵。

清宫历代皇后，慈禧当数最热衷权势，也最显赫的一位皇后（尽管咸丰驾崩后才得到这个虚位）无疑。这个女人在实际统治大清王朝近半个世纪里，曾闹出了许多违背祖制的事情，让后人为之揣度猜测，争论不休。但是，在单独建造陵寝这一点上，慈禧却并非首创。

开皇后单独建陵之先河的，是康熙五十六年（1717年）薨逝的顺治帝的皇后博尔济吉特氏，即孝惠章皇后。

孝惠章皇后十四岁入宫，被封为妃，继之被册立为中宫皇后，因不久入宫的董妃董鄂氏艳丽聪慧，颇受顺治的宠爱，孝惠章皇后曾一度遭到冷遇，皇后的位子差点让董鄂氏取而代之。她入宫不到七年，董鄂氏撒手人寰，顺治帝也驾崩归天，年仅二十一岁的孝惠章皇后自此开始了寡居的生活。

由于康熙的生母于康熙二年（1663年）就早早地薨逝，年仅十岁的康熙便由孝庄太皇太后、皇太后博尔济吉特氏提携看视，母子之情极为深厚，康熙对这位年轻的皇太后也倍加孝敬。在后来的数十年间，康熙多次陪伴皇太后去热河行宫避暑、五台山进香、拜谒祖陵、外出巡视，母子感情不断地加深。康熙五十六年十二月初六日酉刻，皇太后病逝于宁寿宫，享年七十七岁。康熙得知皇太后的死讯后，悲恸万分，亲自带病守灵，并降旨要隆重治丧，还坚持为皇太后上谥号为孝惠章皇后。

在此之前，按照清王朝的祖制，无论皇后死于皇帝之前还是之后，都应葬于皇帝陵内。康熙二十六年（1687年），顺治的生母，康熙朝的孝庄太皇太后薨逝。死前留下遗嘱："太宗文皇帝安奉已久，卑不动尊，此时未便合葬"，并希望将其葬于东陵，以和儿孙们长期为伴。对于这份遗嘱，康熙极其为难。由于清太宗皇太极的陵寝远在盛京（沈阳），奉运的确不便，康熙又不愿违背太皇太后的遗愿，只好降旨将灵柩暂安奉于清东陵风水墙外的"暂安奉殿"㉕。但最终葬于何处，直到康熙驾崩时这个令人头痛的难题也没有得到解决。

按照祖制，这次孝惠章皇后理应葬入顺治的孝陵地宫，与先皇共安息。但康熙却没有这样做，而是打破祖制，在孝陵东侧为孝惠章皇后单独修建了一座陵寝，名为孝东陵。康熙为什么要如此安排，一直成为后人争论不休的话题。据清东陵研究者、历史学家徐广源先生推断，康熙的做法可能出于下面两个原因：其一是受孝庄太皇太后遗嘱中"卑不动尊"等语的影响和启

示，认为先皇的梓宫已入葬半个多世纪，不宜
重开已封闭的地宫，将孝惠章皇后葬入孝陵，
以卑动尊；其二是数十年来，康熙与孝惠章皇
后之间的母子深情，促使他单独为其修建陵寝
以示孝敬和报答提携看视之恩。当然，徐广源
先生的推断只能算作一家之言，到底真情是否
如此，尚需进一步考证。但不管做何推断，孝
惠章皇后的孝东陵还是兴建了起来，并于康熙
五十七年（1718年）入葬地宫。自此，孝东陵
作为清王朝兴建的第一座皇后陵寝，开创了
历代王朝为皇后单独建陵之制。至雍正五年
（1727年），雍正帝将康熙二十年（1681年）
在东陵建成的专葬妃嫔的"妃衙门"，正式
尊奉为妃园寝㉖。整个清东陵形成了皇帝、皇

故宫藏《慈禧皇太
后弈棋图》图轴

后、妃嫔等各自不同的陵寝。当历史的车轮滚动到慈禧掌权
的时代，作为名正言顺的皇太后，慈禧为自己建造陵寝亦是
顺理成章的事情了。

当两宫太后的陵址选定之后，慈禧仍不放心，又派通晓
风水的钦天监官员及江湖术士赶赴东陵，将两处志桩再次勘
测。官员们经反复测量之后，果然发现普祥峪、菩陀峪两处
志桩未能平准的问题。待撒过灰线后再以仪器测量，普祥峪
志桩须下移一丈五尺二寸，西移四尺七寸五分。菩陀峪志桩
须上移七尺四寸，东移八寸，两穴始平。慈禧、慈安两太后
闻奏后，于同治十二年（1873年）四月二十五日降旨，将两
处志桩摆平，不得有丝毫差异。臣僚们接旨后，很快将事情
办妥。同治十二年八月二十日，两座定东陵在大臣奕誴、奕
谟、荣禄、明善等人的主持、监督下，同时破土动工。

由于清王朝自嘉庆之后，国力大衰，财政屡屡出现赤
字，故素以"节俭"为名的道光帝屡次谕示："以后历代皇
主，万年吉地地宫尺丈规模，着遵照慕陵规制。"但慈禧却

不管先祖的那一套，她指示建陵的大臣，除了采用慕陵规制外，还要采取众陵之长，臣僚们自是心领神会。后来的事实证明，定东陵除仿照慕陵、昭西陵㉗（孝庄皇太后陵，雍正朝建成）之外，还吸收了咸丰帝定陵的长处，其中在地宫的庑殿蓑衣顶用新样城砖灰砌，显然来自定陵。清初所建的第一座皇后陵——孝东陵，没有下马牌㉘、神道碑亭，以后在清西陵陆续建成的泰东陵㉙、昌西陵㉚、慕东陵㉛等三座皇后陵，也只增加了下马石牌，而未设神道碑亭。但定东陵下马石牌、神道碑亭一应俱全，完全逾越了祖制。可慈禧却不管这些，不仅将地面建筑搞得奢靡豪华，其地宫建筑也独具特色。其雕刻之华美、选料之精良、设计之合理，无不令人惊叹称奇。多少年后，当慈禧地宫正式发掘并对外开放时，人们看到，地宫第一道石门上的枋子带门簪㉜瓦片，其雕刻图案寓意深长。第二道石门铜管扇㉝上的铜门簪，所雕刻的龙凤呈祥的图案栩栩如生，活灵活现。连乾隆的裕陵都没有的排水系统，在此却极为精巧地安设齐备，那六个古钱状的排水沟漏，将地宫积水汇于两条地下龙须沟，而后再顺势注入陵院外的东西马槽沟㉞内，保持了整个地宫的干燥。许多年后，当盗墓者将东陵十几座陵寝打开时，发现几乎每座陵墓的地宫都注有深浅不同的积水，唯定东陵干燥如初，其原因就是这古钱状的排水系统产生的作用。

慈禧、慈安两太后的定东陵，自同治十二年八月二十日开始施工，至光绪五年（1879年）六月二十二日同时竣工，历时六年。慈安的普祥峪陵寝用银二百六十六万五千余两，慈禧的菩陀峪陵寝用银二百二十七万两。两陵除规格相同外，占地面积均为二万二千多平方米。就慈安而言，这座陵寝她已心满意足，但对慈禧来说，这个规模、这种装饰才仅仅是个开始，一切还在后头。她在暗暗等待机会。

这个机会很快到来了。就在定东陵建成不到两年的光绪七年（1881年）三月十一日初更时分，朝廷的近支亲贵、御前大臣、军机大臣、大学士、六部尚书、内务府大臣，以及内廷行走的毓庆宫师傅、谙达㉟及南书房翰林诸臣等等，都相继接到了宫中送来的信息：内宫出了"大事"！

按照清宫规制，这里所报的"大事"专指帝后非崩即薨。臣僚们闻罢，纷纷起床穿衣系带，并带上素服，在黑漆漆的夜里，匆匆向宫中赶去。路上，几乎所有的臣僚都在暗自猜测，这"大事"到底是出在东宫，还是西宫？慈安皇太后今年才四十五岁，闻知近几日偶染风寒之疾，但仅仅是一个小小的风寒而已，不至于陡生不测之祸。而慈禧皇太后近几个月来精神一直不好，由于操政的过分劳累和对时局的忧急，饮食失调，伤了脾胃，以致夜不能寐，有盗汗出现。近闻病情再度加重，并出现过一次严重的"血崩"。御医几次用药，皆不得遏止。朝廷不得不下密谕，让各督抚大臣在天下遍选名医进宫拯救太后性命。如此两者相比，这"大事"应是出自西宫慈禧太后身上。

王公朝臣们几乎怀着同一种猜测，先后进入景运门，再来到乾清门外徘徊等候。尽管已是阳春三月，但这黑夜里不免仍有些阴风凄凄的寒冷滋味，加上昏暗的灯笼在风中不住地摇摆晃动，更显得有些惨淡。有些早来的臣僚一边徘徊，一边向乾清门的侍卫打听，到底"大事"是出自何宫。侍卫们只说隐约听闻慈安太后病势甚危，但是不是出了"大事"却不清楚。人越聚越多，大家围在一起纷纷猜测和议论，两宫不管是谁病情甚危或真的出了"大事"，这时宫门应早已打开了，而至今宫门未开，可见病情或许不甚要紧。至深夜两点，除却恭亲王奕訢因白天出京未归，尚未赶到外，所有应来的王公大臣全部到齐。两点三刻，乾清门旁边的左右内门同时开启，在惇亲王奕誴的带领下，群臣直奔月华门之南的内奏事处。

内奏事处领班太监见王公大臣呼呼隆隆地赶奔而来，便站起身，手持一盏白纱灯，在台阶上尖着嗓子大声宣布："慈安皇太后驾崩了！"

这一声喊叫，如同一个晴天霹雳，令人目瞪口呆，惊诧莫名。慈安的薨逝，

故宫藏慈安太后便服像

出乎所有人的意料。众臣僚在短暂的沉默致哀之后，开始交头接耳地私下议论、猜疑起来：慈禧病重，慈安却暴崩，太悖常理了，会不会里边有什么？……当然，没有人将心中"阴谋"二字吐出来。

群臣们在议论、猜疑、不解、迷惑中，直等到早晨约八点时刻，才有宫中太监传谕，让大家到东宫哭灵。臣僚们早就想到宫中探个究竟，闻谕后迅速赶到东宫。这时，只见慈安皇太后已被小殓，但没有发现慈安皇太后的内侄，承恩公恩焘在场。按照清宫的规矩，后妃薨逝，应先传娘家亲属进宫瞻视一遍，方能小殓。而今慈安暴崩，群臣已至，小殓已成，却唯不见其娘家人出现，实成咄咄怪事。更令群臣骇怪的是，慈禧早已端坐在短凳之上，神情肃穆，并不像久病之人。只见她望着众臣僚，淡淡地说："东太后向来无病，近日亦未见动静，忽然暴崩，实在是出人意料。人死不能复生，尔等快去商议后事吧。"群臣听罢，无人离去，也无人应声，只是在原处默不作声，以示对慈安死因真相不明且有猜疑的抗议。慈禧见臣僚做如此无声的抵牾，心中甚是不快，脸顿时阴沉下来，提高了声音命令道："尔等还不快去?！"以军功显赫于朝廷的军机处大臣左宗棠，已按捺不住心中的不平与猜疑，意欲启奏，弄清究竟，但被身边的惇亲王奕誴暗中伸手拉住了朝服衣角，左宗棠忍住怒气随群臣一起走了出去。

当日下午，恭亲王奕䜣闻报返京，他一到京城便直接进宫，入隆宗门径至军机处。此时军机处大臣们早已身穿白袍白靴，一片缟素，在此等候。恭亲王一见，悲从中来，顿足大哭，哽咽难言。当他的悲痛之情稍有好转，军机大臣们才向其报告了慈安暴崩的经过和种种疑点。

慈安在暴崩的同一天，即三月十日晨，曾召见过军机大臣，群臣看到太后"御容和怡，无疾色"。不料当日下午戌时（晚八时）竟突然暴崩，而王公大臣闻知这个凶讯时，则是约次日凌晨三点，其间相隔有七个钟点之久。如果从子时通知王公大臣算起，也已经过去了四个小时。如此"大事"，宫内为何竟如此沉着并秘而不宣？按照清宫的规制，凡是帝、后患病，无论轻重，都要立即通知军机处命太医就诊。可直到慈安太后薨逝后，不仅军机处毫无所知，连太医都没有传。当凶讯传到军机处时，大臣们迅速赶到内奏事处检视医方（按照宫内规定，帝后患病，御医看后将处方留于内奏事处）。处方一共五张，均为初十日这一天所开，具体时间为早晨一张、午间一张、未时两张、傍晚一张。其早晨的处方上记有"额风，痫其重"字样，用的是祛风镇痉的天麻和胆南星。午间只有脉案（脉息的记录），并无药方，脉案上记为"神识不清，牙关紧闭"。未时的一张说"痰涌气闭，有遗尿情形"，另一张说"虽可灌救，究属不妥"。到了傍晚的最后一张则是"六脉将脱，药石难下"，遂宣告不救。

在签名的御医中，没有宫中的权威御医李德立。这头号名医李德立是未闻还是另有苦衷而不能前来？初九日的处方则不知弃于何处。病症不清，其癫痫痉挛的现象说明了什么？从整个处方来看，到了初十日午间病情已出现危机，为何秘而不宣？慈安既崩，又为何密不报丧？在这样长的时间间隔中，东宫里有哪些人在场？到底发生了什么？从慈安崩前留下的不算太长的遗书中可看到其中的难言之隐。《遗诰》的全文是："予以薄德，祗承文宗皇帝（咸丰）册命，备位宫闱。迨穆宗毅皇帝（同治）寅绍丕基，孝思腔笃，承欢奉养，必敬必诚。今皇帝（光绪）入缵大统，视善问安，秉性诚孝。因自御极以来，典学维勤，克懋敬德，予心弥深欣慰。虽当时事多艰，昕宵勤政，然幸体气素称强健，或冀克享遐龄，得资颐养。本月初九日，偶染微疴，皇帝传药问安，祈予速痊。不意初十日病势陡重，延至戌时，神思渐散，遂至弥留。"

从《遗诰》可看出，从"体气素称强健"，到不意"病势陡重"，其间的急转直下，原委何在？慈安是真的不知，还是心中知晓但出于某种顾忌而又不好言明？……恭亲王奕䜣听了众臣的种种猜疑，心中越发悲痛不安，回想自咸丰帝驾崩到现在的二十年间，大清已遭四次大丧，而哪一次也没有这次令人悲伤哀痛，不禁哽咽着黯然长叹道："看来今后的事情更难办了。"

⊛ 两个非凡女人的生死较量

慈安暴崩以及暴崩前后留下的种种疑点，成为当朝群臣和民间百姓猜测、议论的一个神秘话题，即使在一百年后，慈安的死因仍作为清宫历史上的一大悬案，让研究者为此争论不休。

那么，东太后慈安到底是不是正常死亡？如果不属正常死亡，又是谁谋杀了她？她的死与当时群臣公认的嫌疑者慈禧，是否有着不可言传的关联？

据清宫留给后世的史料看，咸丰帝生前，已渐渐看出了慈禧的野心和恃宠骄狂的性情，意将其废黜。聪明狡猾的慈禧闻知后，急忙拜托其妹也就是醇郡王福晋带着皇子载淳晋见皇上，意在牵动皇上父子之情，以子怜其母，打消废黜之念。尽管她一时达到了目的，但咸丰对她的宠爱却日益淡薄，甚至不再召幸她。当咸丰逃到热河行宫并行将归天之际，军机大臣肃顺又冒死进谏，说懿贵妃（即慈禧）恃子而骄，居心叵测，而当今皇后忠厚老实，丽妃更非其对手，要咸丰早为皇后和丽妃打算才好。为了说服咸丰，肃顺还列举了历史上的吕后、武则天等阴险刻毒的后妃相谏，暗示这个比吕后、武后毫不逊色的叶赫那拉氏，极有可能会在咸丰驾崩之后，干预朝政，将大清基业断送。如果真的如此，无论是当今皇帝还是臣僚，都将愧对列祖列宗的在天之灵……咸丰帝听罢动了除去懿贵妃之心，欲采取断然措施，但一向优柔寡断的咸丰在下定决心的最后一刻还是犹豫起来。他想起这位懿贵妃为自己生育皇子的社稷之功，又念及往昔帝妃的恩爱，不忍猝然下手。咸丰当时还天真地想，清廷祖制甚严，即使她真有什么非分之想，也不会轻易得手。正是基于这样的考虑，咸丰最终未采取肃顺的计策，而是设计了在他看来既能保住慈禧名分，又不至让她控制朝政的两全之计。咸丰帝临终前，召肃顺等顾命八大臣于榻前，命焦祐瀛代笔草拟遗诏，立六岁的皇子载淳为皇太子，命怡亲王载垣、郑亲王端华和军机大臣肃顺等八大臣辅弼幼主，并赞襄一切政务。同时规定以后下达诏谕以"御赏""同道堂"两方印章为信符。其中规定"御赏"章为印起，"同道堂"章为印讫。这两章原为咸丰帝随身携带的私章，一般不用于政治活动，但在特定场合亦可使用这两方小印。此时咸丰帝把它作为皇权的最高象征，分别赐给了皇后慈安和皇太子载淳，意在防范大权旁落于群臣和慈禧之手。

当这些都一一安排妥当之后，咸丰在弥留人间的最后一刻，又想起肃顺的劝谏。为防万一，他又将皇后慈安单独召于御榻前，屏退左右，面授机宜，同时亲手交给她一道密谕，上覆朱红印文"同道堂"三字。密谕写道：

咸丰十一年三月初五日谕皇后：朕忧劳国事，致撄痼疾，自知大限将至，不得不弃天下臣民，幸而有子，皇祚不绝；虽冲龄继位，自有忠荩顾命大臣，尽心辅助，朕可无忧。所不能释然者，懿贵妃既生皇子，异日母以子贵，自不能不尊为太后；惟朕实不能深信此人。此后如能安分守法而已，否则，着尔出示此诏，命廷臣除之，凡我臣子，奉此诏如奉朕前，凛遵无违，钦此。

慈安接到密谕后，自是对咸丰感激涕零，因为有了这道密谕，便什么事情亦不用担心了。与此同时，咸丰帝又特别嘱咐慈安道："若日后非如此行事不可，即召肃顺办理。"慈安自是含泪答应。

从以上密谕和嘱咐之言可以看出，咸丰对皇后和顾命八大臣是同等信任，而慈禧却面临性命之忧。如果处于政治危机之中的慈禧不识时务，硬要干预朝政，结局自然是明了的。倘慈禧被除，朝廷中势必形成诸臣上尊慈安，下辅幼帝之向，其计可谓万全，亦可看出咸丰帝的良苦用心和对皇后、八大臣所寄予的厚望。

但是，晚清的历史却没有这样写下去，后来人们看到的是完全相反的一种结局，那就是顾命八大臣在"辛酉政变"中一败涂地，慈安不明不白地暴崩宫中。极令人追怀的是，在辛酉政变中，肃顺等八大臣曾计划软禁慈禧而独尊慈安，意与咸丰相同。这一点从肃顺在狱中见到载垣时所讲的那些追悔之言中完全可以揣度得出来。然而，令后人扼腕叹息的是，无论是慈安还是肃顺等人，最终都没能将计划付诸实现。他们在辜负了先帝重托的同时，也为自己的命运制造了一个悲剧。更令人不可思议的是，慈安不但在慈禧的诱骗、劝说、鼓动下，同慈禧和恭亲王奕䜣共同密谋发动了晚清历史上有名的辛酉政变，除掉了肃顺等顾命八大臣，剪掉了自己的羽翼。而后来竟连关乎自己性命的最后一张护身符也未能保住，既使自己含恨归天，亦令当朝群臣和后世人们顿足捶胸。

那么，就慈安本人而言，以辛酉政变为起点，她一步步走向悲剧的过程，又是如何向前推延递进的？她与慈禧的决裂到底始于何时？

光绪六年（1880年）春，两宫太后和光绪帝亲往东陵致祭。当慈安和慈禧双双来到咸丰帝的定陵大殿时，慈安先在五供桌前的东侧站定，然后示意慈禧站在西边。这西边摆放的垫子要比东边的退后一些，慈禧见后，心中不快，执意要跟慈安并列拜祭。慈安觉得自己作为先帝皇后时，慈禧只不过是一个妃嫔，平时你在宫中专横跋扈、颐指气使还倒罢了，在先帝面前自应遵守祖制，不能有半点含糊。于是慈安以正牌皇后的名分发出警告，她用教训的口吻对慈禧说道："你怎么越来越没规矩，违背祖制，成何体统？退到后面去。"慈禧听罢，心中自是越发不服，想要任着性子跟慈安争个高低，但看到慈安严肃的面孔以及群臣投给慈安欣喜、鼓励的目光，还是强压怒火，退到了后面。

在拜谒东陵回京的路上，慈禧乘坐在御轿中，对此次东陵之行越想越气，她垂帘执政的几十年里，已在几次重大事件上败于慈安并使自己受辱不浅。从太监安德海被诛，到同治皇帝大婚择后受挫，直到东陵拜谒受辱，每一件想起来都会让人怒火难平，怨恨难消。尤其是安德海被诛杀一事，让人痛心并感到恐惧。

安德海为晚清三大著名太监之一，就时间先后而论，居李莲英、张兰德之前。据清宫留下的史料和民间笔记等看，安德海自幼入宫，性敏狡巧，天生一副簧舌利齿，极受主子欢喜，故后来为慈禧垂目，宠信有加。促使安德海日后发迹和不可一世的，除了他为主子揉腿捶背、殷勤侍奉之因素外，主要是他在辛酉政变中为慈禧联络奕䜣立下大功。就在这次关系着慈禧生死命运的政变前后，安德海置个人安危于不顾，替慈禧四处打探消息。从皇帝的日常言行，后妃的宫中秘事，到肃顺等人的一举一动，无一不被他设法探听并报告慈禧。也就在广泛的探听中，安德海得知了咸丰帝授给慈安的密诏和肃顺等人欲软禁慈禧的计划。慈禧闻报后在惊恐万状和生死攸关的紧急关头，审时度势，迅速做出了拉拢慈安，联合恭亲王奕䜣，共同打击肃顺等人的决策。在这个重大决策中，安德海为秘密联络奕䜣献计献策，并亲自充当联络人，为后来慈禧在辛酉政变中反败为胜立下了汗马功劳。

正是因为有了这些铺垫，安德海才能在辛酉政变之后威福日加，无人敢违忤他，就连小皇帝同治，也对他敬让三分。安德海由一名普通的太监迅速升为总管太监，权势如日中天，张狂之态日渐显示于朝廷内外，即使在慈安面前，也不时地现出骄横的姿态和阳奉阴违的动作。在朝野上下都对安德海敬畏有加之时，唯恭亲王奕䜣，挟"议政王"之重威，不把他放在眼里，安德海对此不是好自为之，反而以一种复仇心理，多次在慈禧面前进谗言，想置奕䜣于死地。但几个回合下来，人们看到的不是奕䜣的败北，而是安德海本人人头落地。

辛酉政变，慈禧和恭亲王奕䜣出于各自的利益而进行了短暂的联合，并取得了胜利。胜利之后，慈禧、慈安开始垂帘听政，而奕䜣则获得了议政王之衔，并出任军机首辅，兼管总理各国事务衙门㊳，以及宗人府宗令、总管内务府大臣、领神机营、稽查弘德殿一切事务等要职，可谓集军、政、外交、皇室事务大权于一身。此时的奕䜣在权势上已经取得了足以和慈禧抗衡的地位，并有"挟天子以令诸侯"之态势。但慈禧既已在政变中立稳了脚跟，并垂帘听政，自然就想独揽朝纲，以皇太后的身份号令群臣。至此，她和奕䜣在辛酉政变中的短暂联合，不可避免地宣告结束，随之而来的便是围绕着权力的冲突和争斗。

在奕䜣看来，慈禧纵然有非凡的聪明和心计，但毕竟是一个女人，在大清祖制的处处限制和慈安的笼罩下，难有什么大的作为。而他自己在掌握了朝廷的军政大权后，一面不断取媚于外夷，让外国人作为后盾并支持自己的权势，同时又大力起用曾国藩、左宗棠等汉人，全力合围攻打太平天国起义军，并终于攻陷天京。太平天国土崩瓦解，使大清帝国出现了"同治中兴"的短暂局面。在这个局面出现之时，作为议政王的奕䜣，不免有些飘飘然和志得意满起来，言谈举止、为人行事渐渐流于放肆和粗疏。闻传有一次他来到宫中拜见两宫太后并在一起议事，由于口渴，竟大大咧咧地上前端起慈禧的茶杯喝了起来，直到慈禧在尴尬中露出了不悦之色，他才故作惊慌地将茶杯放回原处。基于这样一系列原因，慈禧感到应当尽早剪除券门外这只羽翼渐丰的猛虎了。

正当慈禧思虑以何种借口对奕䜣下手的时候，她的心腹，翰林院编修署日讲官蔡寿祺，以敏锐的政治嗅觉猜中了慈禧暗伏杀机的心思，遂以几分以头颅赌成败的草莽匹夫气味，列举了奕䜣贪墨、骄盈、揽权、徇私等四大罪状，上奏弹劾。虽然这四大罪状皆为"疑虑""猜疑""疑惧""疑惑"等不实之词，而无真凭实据，但对慈禧来说，仅是这些也就够了。于是，慈禧与奕䜣之间第一回合的争斗拉开了序幕。

慈禧联合并说服慈安召奕䜣来见。奕䜣进宫后，慈禧面色严肃地对奕䜣说道："有人弹劾于你。"并将奏折拿给奕䜣观看。但奕䜣没有去接，却问道："何人弹劾？"慈禧冷冷地答："蔡寿祺。"奕䜣大怒，高声说道："这蔡寿祺非安分之徒，尚有流氓政客本色，太后怎能听信如此小人之污劾！"说完，欲行使"议政王"之威，将蔡寿祺逮而问之。面对奕䜣骄横之态，慈禧自是勃然大怒，就是慈安也怒形于色。当即召见大学士周祖培、瑞常，吏部尚书朱凤标，户部侍郎吴廷栋，刑部侍郎王发桂，内阁学士桑春荣、殷兆镛等，两眼垂泪说道："议政王奕䜣培植私党，擅权揽政，无人敢于过问，今次欲将其重罪处罚！"然后慈禧假同治帝之名，亲书谕旨将奕䜣革掉一切职位，并命大臣和亲王、郡王替代奕䜣诸职。在慈禧看来，这是继辛酉政变以来，又一次政治争斗中的胜利。

但是，出乎她意料的是，谕旨颁布的当天，惇亲王奕誴就上奏折为奕䜣申辩。五天后，醇郡王奕䜣又上折为恭亲王请命。接着通政使王拯、御史孙翼谋亦各上奏折，均请"酌赏录用，以观后效"。此后，诸亲王、众大臣亦纷纷上疏为奕䜣请命申辩。因众论皆倾向于奕䜣，事态随之急转直下，两宫太后迫于压力不得不改变初衷，重新起用奕䜣，只是撤去议政王衔作为折中条件。至此，紫禁城内一场持续了三十九天的政治风波宣告平息。

对于这场政治争斗的忽起忽落，多少年后有研究者认为，尽管恭亲王竭尽全力应付了一场突然袭击，最后仍以慈禧的小胜而告终。但就慈禧而言，如此过早地发动攻击又未免有些草率和荒唐，同时也缺乏准确地审时度势，她低估了奕䜣当时的实力及其影响。作为同治帝之堂堂皇叔的奕䜣，不但在朝野内外形成了树老根深、党羽甚众的局面，同时建有匡扶社稷之功，且尚有洋人做靠山，绝非旦夕之间可以铲除者。即便慈禧的淫威再大，势力再强，还是无法动摇奕䜣之根本。以后的事实证明，慈禧与奕䜣在权力之间的争斗，可谓波澜起伏，几起几落，双方一直持续了近二十年，总是以平局而各自罢战和好。但这第一个回合的过招，在让双方都感知了各自的实力外，也让慈禧深知在对奕䜣的争斗中，要越发做到谨慎小心，忍而不发，发而必中。同时奕䜣也深悟到，触怒慈安确属下策，倘无慈安与慈禧合力，就不会造成这次争斗的险局，今后争斗的策略，首要的是争取慈安的支持，联手抗击慈禧。

恭亲王在经过一番隐忍筹划之后，渐渐靠拢慈安，并取得其信任和在许多事情上的支持。几年之后，奕䜣见时机成熟，巧妙地抓住了安德海事件，开始主动向慈禧反击了。

同治八年（1869年），同治帝已近弱冠，两宫太后欲替他纳后选妃，并预备大婚典礼。这一切与太监安德海本来毫无相干，但这位太监总管在威福并享，恃宠骄横之余，深感宫中寂寞，欲上苏杭等锦绣江南风流显耀一番。于是，他寻机密请慈禧，拟亲往江南，为皇帝大婚督制龙衣。慈禧听后，很是为难，并告诉说："我朝祖制，不准内监出京，你还是不去为好。"安德海听罢自不肯甘心，便鼓动簧舌进言道："太后有旨，安敢不遵？但江南织造㊳，向来进呈的衣服，多不合适，现皇上将要大婚，这龙衣总要讲究一点，不能由之随便了事。而太后常用之服饰，依奴才看来，也多不合用，故奴才想前去督办，完完全全地制成几件，方好复旨。"慈禧向来喜爱打扮，听安德海要为自己也置办几件衣饰，心中有些活动。但一想到祖宗规制，又不便答应。安德海早已窥透了慈禧的心机，再次进言道："太后究竟慈明，连采办龙衣一事，都要遵照祖制。其实，太后要咋办，便咋办，若被祖制二字束缚，连太后都不得自由呢！"慈禧本是骄横之人，听了这话，觉得也有道理，沉思片刻道："你要去便去，只是事关祖制，尚须机密，倘被王公大臣得知，动起真来，我也不便保护于你。"

安德海闻获慈禧恩准，不胜欣喜，连忙叩头谢恩。慈禧话虽出口，但心中并不踏实，于是又嘱其沿途多加小心，以免节外生枝。那安德海口虽称一万个遵旨，心中却颇不以为意，觉得一旦出了京城，普天之下可任其调遣施令了。于是，他瞒着慈禧，在京城偷偷选了十多名妓女，于同治八年六月由通州出京，沿大运河向南进发，踏上了采办龙袍之路，也是他命中的黄泉之路。

安德海一行几十人乘坐两条太平船，船上插着两面大旗，一面上书"奉旨钦差"，一面写着"采办龙袍"。两面大旗之上又挺起一面玲珑小旗，中绘一个太阳，太阳下面又精绘三足乌鸦一只，意谓"西王母（慈禧）取食之使"。船两旁又插有无数的龙凤旗帜，随风飘扬。整个船上前有娈童，后有妓女，鼓乐齐鸣，笙歌不绝，声势煊赫，气焰灼烧。沿途除骚扰地方百姓外，还明目张胆地勒索地方官衙捐赠钱财，一时闹得运河两岸乌烟瘴气，官府百姓叫苦不迭。安德海则有恃无恐，狂妄至极。

这时的安德海万万没有想到，就在他尚在京城张罗船只、妓女、随从之时，恭王府的眼线早已密报于恭亲王奕䜣。奕䜣对安德海扰乱朝纲，拨弄是非，早已恨之入骨并想予以惩治，但总是苦于没有机会，想不到这安德海却送上门来了。机不可失，时不再来。恭亲王抓住这千载难逢，也是大清建国二百多年闻所未闻的太监胆敢出京这一上苍所赋予的契机，进行了慎重的谋虑和严密的部署。恭亲王决定欲擒故纵，先放安德海出京，造成违犯祖制的事实，然后再见机行事，按大清律法置他于死地。

安德海在得意之中自不知"螳螂捕蝉，黄雀在后"的险局，依然威风凛凛、趾高气扬地出直隶、下山东，沿京杭大运河向南疾驶。船过德州，被知州赵新所闻，遂亲率衙役前往查拿，但尚未拿获，船已远去，赵新只好亲自骑马进省府济南向巡抚禀报。这山东地面与直隶大不相同，直隶道近京师，要员重臣多属慈禧嫡系，而山东巡抚丁宝桢廉刚有威，生就一副不喜趋奉的倔强脾气。他是凭着自己的文治武功而获朝廷升擢。丁宝桢素与恭亲王奕䜣亲善，这次安德海尚未出京或者是刚一出京，他已接到了恭亲王奕䜣的密信，并做了各种准备。

当丁宝桢闻报后，一面书写公文交与东昌、济宁各府县，跟踪追拿，一面亲书密折，差人乘快骑八百里火速送往京城恭王府。奕䜣接到丁宝桢奏折之后，立即入宫晋见太后。可巧慈禧正在后园看戏，不及所闻。奕䜣即禀报慈安太后，并递上丁宝桢所奏密折。慈安阅毕奏折，没有半点惊讶之色。奕䜣心中明白，同治帝的劝说果然有效。因为在此前，他已跟同治帝密商捕杀安德海，并由皇上出面劝说东太后，以取得她的支持，慈安已经默许。故此，奕䜣才将奏折呈来。慈安此时十分谨慎，但态度却非常明朗，一扫往日处理政务犹豫不决之旧态，对奕䜣说道："安德海理应正法，但须与西边（慈禧）商议。"奕䜣闻听，忙答："安德海违背祖制，擅自出京，罪在不赦，应即饬丁宝桢拿捕正法为是。"慈安沉吟良久才说："西边最宠爱安德海，若由我下旨严办，将来西边必然恨我，故我不便做主。"奕䜣知道东太后在假意推托，便进一步劝说道："即是西边也不能违背祖制，倘要祖制，则无安德海，有安德海，则不要祖制，还请太后速即裁夺。"为了打消慈安的顾虑，奕䜣表态式地补充说："若西边有异言，奴才当力持正论。"慈安慎思片刻，终于下定决心，令军机拟旨，颁发山东。奕䜣速命内监取过笔墨，亲书谕旨："太监安德海擅自出京，若不从严惩办，何以肃宫禁而儆效尤？着直隶、山东、江苏各督抚速派干员，严密拿捕，就地正法，毋庸再行请旨。"奕䜣写完，让慈安阅批钤印。钤印之后，奕䜣顿觉心中一块石头落地，走出宫来交予原密报之人，让其火速带回。

山东巡抚丁宝桢接到密谕，只轻轻说了句"安德海命休矣！"，便立即派总兵王正起率兵追捕，王正起等人追到泰安地界，才赶上安德海的船只，并令其靠岸。安德海闻知，大声喝道："哪里来的强盗，敢向我船胡闹？"王正起高喊一句："本总兵奉旨捉拿安德海，你就是安德海吗？"安德海看了看甲胄鲜明的王正起和所属官员，冷笑道："咱是奉旨南下，督办龙衣，沿途并未犯法，哪有拿捕的道理。你一个小小的总兵有什么本领，敢来拿我？"王正起不再答话，便令官兵锁拿安德海。安德海大怒道："当今皇上也不敢拿我，尔等如此无法无天，妄向太岁头上动土，难道是自寻死路不成？"官兵被他一吓，不敢上前。王正起两目圆睁，推开官兵亲自上前，一把将安德海的蓝翎大帽打掉，又飞起一脚将其踢倒，号令官兵取出铁链，将安德海锁住，其余一行人统被拿下。王正起下令水手将船驶向济南。

丁宝桢闻知安德海已被捉来，即传两旁侍役，出坐大堂。王正起将安德海五花大绑带上堂来，丁宝桢喝问道："安德海就是你吗？"安德海看了看两旁的侍役，然后将头扭过去，故意不看丁宝桢，嘴里却骄横地骂道："丁宝桢，你连安老爷都不认得，还做什么混账抚台？"

这时丁宝桢不再言语，而是起身离座，高声宣读密谕，当读到"就地正法"四字时，安德海才有些惊惧地转回头，讷讷地说："咱是奉慈禧皇太后的懿旨，出来督办龙衣，丁抚台，你是在欺我吗？"丁宝桢这时才冷冷地笑了笑，向前一步说道："朝命已说是毋庸再请，难道你没有听见吗？"安德海至此才明白，这丁宝桢不是儿戏，肯定是朝中有人做了手脚，想到这里，冷汗冒出，脊背发凉，全身战栗，扑通一声跪倒在地，苦苦哀求饶命。丁宝桢回到堂上，望了望叩头不绝的安德海，轻轻说了句："早知如此，何必当初，晚了。"说罢，大喊一声："来人，推出去给我砍了！"话音刚落，几个侍役过来，将早已吓得昏死过去的安德海拉出大堂，随着一声号令，安德海的头颅迎刃而落。其余随行人员，暂羁狱中，待候请旨发落。当复奏到京后，恭亲王再禀报慈安太后，索性一不做，二不休，下旨将随从太监全部绞决。其余男奴、妓女，有的充戍，有的释放，此案迅疾了结。

安德海由被捕到被杀，慈禧始终一无所知，直至案情已结几日，始由太监李莲英闻报。慈禧闻后先是大惊，而后又疑惑地说："这件事东太后全未提及，想来系是外面谣传，不足凭信。"立命李莲英速去探明确凿。李莲英奉旨来到恭王府探问，奕䜣全然相告。李莲英复奏慈禧。慈禧闻听，拍案而怒，恨恨地说道："东边瞒得我好苦，我向来道她办事和平，孰料她亦如此狠心，我与她决不干休！"说罢，竟气恼得昏了过去。

恭亲王奕䜣与慈禧第二个回合的交锋，虽然以奕䜣胜利而告终，但确也加剧了矛盾和彼此的仇恨。更为重要的是，慈安无形中被推到了争斗的前沿，慈禧越发意识到自己面临处境的险恶，从而在更加慎重地韬光养晦的同时，也埋下了为打破这个新的联盟而置慈安于死地的伏笔。当后来围绕同治择后的争斗，慈安、皇帝、奕䜣再度结成三角联盟，致使慈禧费尽心机却又一败涂地之时，慈禧更加认识到自己面对的强大敌手和险恶处境，并加剧了她设法打破这个政治联盟的决心。所幸的是，同治在忧郁和患疾中过早死去，新登基的光绪未成人，不谙世事，她面临的只是慈安与奕䜣的联盟。到了光绪六年（1880年），慈禧在拜谒东陵中，再一次受到抵制和打击后，已忍无可忍，终于做出了除掉慈安的险恶抉择。只要慈安被除，奕䜣虽然树大根深，但毕竟失去了最强有力的靠山，如果他还胆敢跟自己这个唯一的尚在执掌朝政的皇太后交手，奕䜣必败无疑。

慈禧深知，慈安之所以在几次事件中都表现得坚定异常，除了身为咸丰帝的"正牌皇后"这块"王牌"之外，更重要的是她手中的那份先帝密诏。这份密诏已成为她多少年来威慑一切敌对势力的"撒手锏"。也正是鉴于她握有这柄威力无比的"撒手锏"，慈禧才感到虽有除她之心，但无灭她之力，稍有不慎，自己将轻而易举地死于她的"锏"下。故而这些年来，慈禧在日渐骄横的同时，又总是对慈安的攻击做出退让。既然今日自己已决定予以反攻，就势必首先夺其锐器，使她丧失决战中最为重要的条件和力量，然后给予致命的打击……

自光绪六年两太后拜谒东陵回京后，慈禧似乎完全忘却了东陵发生的不快，对慈安有说有笑，百般殷勤奉迎。慈安本是厚道之人，望着眼前这位"好妹妹"的宽容大度，不禁对自己在东陵时那有些过激的言行心怀歉意，也就有意与其亲近。就在这个时候，慈安身患感冒，慈禧闻知，亲自为之挑选御医诊治，并不时前去慈安病榻前端汤递药。一日，慈安忽觉病情痊愈，精神清爽，便来到慈禧宫中道谢，却见慈禧紧锁双眉，一只臂肘还用白绷带吊着。慈安惊奇地问道："妹妹，这是咋回事？"慈禧故作一惊，顺着慈安的目光望了下自己的臂肘，故作掩饰地轻轻说道："没什么。"便不再言语，并将臂肘扭向一边。慈安越发奇怪，一定要慈禧讲出事情的原委，慈禧却总不肯讲。这时只听慈禧的太监李莲英上前回奏道："圣母皇太后知母后皇太后患病不愈，听说用亲人臂上的肉入汤，可得速愈，就忍痛割下，让奴才熬了汤送给母后皇太后……"李莲英刚说到这里，就被慈禧假意喝住。慈安的心灵却受到了极大的震撼。她几步向前拉住慈禧的手，热泪簌簌地落在慈禧臂肘的白色绷带上。慈禧趁机伸出另一只手，抚摸着慈安的肩头，眼含热泪说道："这大清天下全依仗姐姐，只要姐姐身体安泰，让妹妹再割下几斤肉来，也心甘情愿……"说毕，二人抱在一处，哽咽不止。

第二天，慈禧来到慈安宫中回拜。慈安昨日受此感动，自是百般热情亲切。两人从先帝咸丰一直唠到光绪一朝，越唠越投机，越唠越亲切。慈安头脑一热，竟将咸丰帝密诏从密匣里取出示于慈禧道："这些年我们姐妹相处甚洽，彼此尊重，无有不快之事。看来当年先帝是被肃顺那伙人欺骗了，故留诏于我。这几十年都过去了，我还留它做什么？今当面让妹妹验看了，不如焚毁了吧。从今以后我与妹妹绝无二心，共同辅佐大清社稷。"说罢，将密诏当场焚烧成灰烬。一旁的慈禧自是热泪纵横，感激涕零。当然，她感激的不是慈安焚诏明心，意欲与自己永远修好，而是感激苍天何以偏爱于自己，一个小小的计谋，竟让几十年的强硬对手，瞬间自毁了长城。这时的慈安尚不知道，她的这一鲁莽之举，决定了她的不幸，也决定了恭亲王奕䜣的不幸，更致命的是，决定了整个大清王朝的不幸。

慈禧见慈安的"撒手锏"已弃，知道自己的对手已成笼中之困兽，只要再略施小计，不难剪除。于是，她在等待契机的同时，又开始了进一步的思谋。

光绪七年（1881年）三月初九日，慈安微患感冒之疾，但在服过御医所开药后，顿觉好了一半。第二天睡过午觉，几近痊愈，于是由宫女陪侍至院内观赏金鱼。主仆正在谈笑之际，首领太监走来问道："西边送来的食物，是否留下？"慈安平时最喜闲食小吃，午睡起来正需此物，遂命太监揭开食盒。只见精致的大瓷盘内，盛着数块玫瑰色饵饼，香气袭人。慈安竟不顾太后应有之体统，拈起便吃。谁料刚吃几块，就觉头疼心躁，接着手足即呈抽搐状。太监们一面将慈安扶回宫中，一面紧急通知敬事房传御医请脉，同时派人到西宫奏报慈禧。去往西宫的太监刚到宫门时，就被李莲英拦住。"我家主子大病未愈，如若东太后之小疾再张皇其词，势必加重我家太后病情。"李莲英说完，又以太监总管的口气告诫其他的太监："此事不准多言多问，谁要是充大个儿的萝卜，闹出事来，小心自己的狗头。"

其实，李莲英对东宫可能发生什么，心里极其清楚，东太后慈安所吃的饵饼中掺有毒药，而毒药正是他本人秉慈禧的旨意，亲自到御药房药库捡出，秘密送到长春宫小厨房的。

慈安回到东宫，中毒不治，于当日傍晚暴崩而亡。光绪七年九月十七日卯时，葬于东陵界内的普祥峪定东陵地宫。

慈禧和慈安的两座陵寝并列东西，面南背北，中间只隔一条用于排水的马槽沟。慈安身为东宫太后，却葬在了西面的普祥峪陵寝，而慈禧自然就占据东面的那座菩陀峪陵寝了。东太后西葬，西太后东葬，这个看似颇不在情理的葬制，不免引起后人的迷惑和议论。

慈安葬入地宫后，在当时颇为流行的传闻有二：一说好强争先的慈禧早就看中了东太后慈安那块风水宝地，东太后活着的时候，她不敢声张，而等慈安暴崩，她便不再顾及祖宗家法和制度，抛开"东为大，西为小"的成规，竟把东太后葬在了西边，而把东边的风水宝穴留给了自己。另一种说法是，慈禧到东陵相看风水时，就相中了东边的那块风水宝地，但慑于祖宗家法，一直不敢开口和慈安相争。相传有一次，两太后下棋，慈禧忽然心生一计，装出开玩笑的样子对慈安说："姐姐，咱姊妹俩以三盘二胜定输赢，谁赢了就可提出一个要求，输者不能拒绝，你看如何？"憨厚老实的慈安不知是计，漫不经心地答道："可以，我若输了，你提什么我都答应。""那好，可别反悔。"慈禧补充一句。慈安依然没当作大事地保证道："决不反悔。"二人达成协议，开始在棋盘上杀将起来。慈禧深知事关重大，因而全神贯注，使出浑身解数，终以二比一险胜。慈安边收拢棋子边问慈禧要什么。慈禧沉默了一会儿，答道："我不好意思说出。"慈安不以为意地说：

慈禧、慈安两位太
后二陵分界排水沟

"你就尽管说吧，姐姐保证不会食言。"慈禧听了，不再做
沉默状，而是装出一副哀怜的样子说道："好姐姐，求你把
东边的那块万年吉壤让与妹妹吧！"慈安一听顿时傻了，想
不到她会提出如此重大的事来，这可如何是好？慈安沉默片
刻，说道："姐姐既有言在先，也不好驳你的要求，只是这
祖制难违，我也做不得主。"慈安本来想抬出祖制堵住慈禧
的嘴，这是一个既不失信又站得住的绝好理由。但慈禧却来
得更绝："这祖制虽如此，但总得有些因人而变的地方，若
纯依祖制，咱姐妹俩何以能垂帘听政？你我的陵寝自是咱姐
妹两个人的事，与祖制何干？与别人何关？好姐姐，你就让
了我吧。"慈安听了，不再言语，犹豫了好长时间，终于做
了让步："那就依妹妹吧。"于是，慈安崩亡后便入葬西边
的陵寝地宫之中了。

　　其实，这些故事只不过是民间的传说而已，实在难以作
为官方史料而信以为真。清朝入关并建东陵以来，自顺治的
孝惠章皇后独自建陵之后，凡比皇帝晚逝的皇后，都无一例
外地单独建造陵寝，并以先皇帝的陵寝之名和自己陵的方位
命名。如孝惠章皇后的陵寝在顺治帝孝陵的东侧，就定陵名
为孝东陵，其他如"泰东陵""昌西陵""昭西陵"等陵

名，均是以当朝皇帝的陵名加方位而成。因咸丰帝的陵寝称定陵，慈安、慈禧两陵均坐落于定陵东侧，故统称定东陵。因为陵名的确定是以咸丰帝的定陵为中心而不是以整个陵区为中心而得，那么，慈安葬于西边，从地理位置上就更靠近咸丰帝的定陵，而慈禧葬入东边，就相对地距定陵，或者说距咸丰帝要远些。因慈安生前的地位一直高于慈禧，这个葬制是合乎情理的。况且皇陵中的神路设施，均按"以次接主"的规制而成，咸丰帝的神路接顺治帝的孝陵神路，而慈安的神路又接咸丰帝的神路，慈禧的神路又接于慈安的神路之上。由此更可看出，慈安尽管葬在了西边，不但不能说明其地位低下，反而证明她的地位要高贵于慈禧。这也正是决定她葬于西侧的根本原因。

重建慈禧陵

　　慈安皇太后死了，这个历经咸丰、同治、光绪三朝的"正牌"皇后和皇太后，死得是那样离奇，那样凄惨，那样不明不白又十分清晰明了。在生命弥留的最后一刻，她在想什么呢？是回忆自己十六岁就成为皇后的光荣，还是回顾当年和慈禧联手将肃顺等顾命八大臣置于死地的得失？或许是在悔恨一年前自己亲手焚毁先帝密诏的幼稚与错误？假如在辛酉政变中自己不跟慈禧联手而跟肃顺站在一起并将慈禧逮捕或剪除，其结果又会是怎样？假如自己不焚烧先帝的密诏，是否起码可以做到寿终正寝？但命运不会再让她去思索和叩问那许多的假如了，眼前的现实证明，一切都被她自己弄糟了。大清帝国江河日下，外夷入侵华夏，四方百姓造反。这一切，她这个历经同治、光绪两朝的名义上的最高执政者，是否有不可推卸的责任？但几十年的事实却清晰地说明，有了慈安的庇护，才有慈禧的执政，而有了慈禧执政，就容不下慈安了。她已经被渐渐笼罩在慈禧那如日中天的政治阴影里，很难显现自己的光彩和权威。现在，她竟连在这个阴影里也不能待下去，而被慈禧无情地推至黄泉了。据说，慈安在这个世界上留下的最后一句肺腑之言是："西边好狠毒，这么快就打发我走了。也好，这大清就留给你们母子折腾下去吧，想也不会有什么好日子过的！"说完，便撒手归天。

但接下来的历史却不尽然。慈安这个在晚清历史上颇值得当时和后人尊敬、同情、怜悯的女人，一生犯了那么多致命的错误，竟然到死也没有看透与自己相伴几十年的另一个女人的真实性格和心迹，致使这最后的预言也成为另一个女人的笑柄。

这以后的慈禧在做些什么？

她当年的预料没有错，象征着大清王朝政权顶峰的慈安暴崩，权倾朝野并支撑着这个顶峰的恭亲王奕訢集团也随之瓦解。慈禧失去了两大致命对手，从此在晚清这风雨飘摇的江山之上，以无人能与之匹敌和敢于掣肘的政治顶峰地位，遥遥俯视天下苍生。

尽管江山风雨飘摇，尽管大清王朝千疮百孔，尽管天下百姓在生死线上挣扎哀号，焦头烂额，痛苦不堪。但经过这么多年的刀光剑影、血腥争斗，最终登上了权力顶峰的慈禧，却要放开胆子和性情，准备痛痛快快地过几天好日子了。

早在同治一朝，根据慈禧的授意，同治帝就提出了一个择要兴修圆明园，以备皇太后享用的御案，但在群臣那"工程浩大，物力艰难，加之国库不足，又常有偏灾，不能以土木之工，重劳民力"的劝谏下，终于未能实施。现在慈禧可以无所顾忌地以皇帝的名义颁旨，要在圆明园的清漪园旧址之上营建颐和园，同时增葺西苑为自己享乐之用。

就清王朝当时的经济实力而言，建造这么一个在康乾盛世之时看来不足一提的园林，已经十分吃力了。但国家的动荡不安，经费的严重不足，并没有阻止慈禧一味享乐的念头。她在下旨动用了海军三十万两白银的同时，又不惜从朝廷所属衙门大量筹借银两，终将颐和园建了起来，并在园内的昆明湖置备了"捧日""翔云"等轮船，在乐寿堂瀛秀园架设了电灯，在西苑内绮华馆命苏杭织匠在此织绸绉、办摇纺炼染等业，同时在颐和园内开辟务农植树的"如意庄"，又在颐和园阅视水陆两军的操练……就在这一番哭哭闹闹、吵吵嚷嚷、群魔乱舞的折腾中，迎来了光绪二十年（1894年）慈禧的六十大寿——想不到历史倥偬的脚步，这么快就把这个美丽而刻毒的女人带入了生命的暮年。

进入生命暮年的慈禧原定在颐和园——同样是大清王朝暮年的杰作中，

接受群臣的庆贺。为了这个女人的大寿，更是为了借助这个女人的贪婪与嗜好，以图自己在仕途上飞黄腾达，捞取更大、更稳固的政治、经济资本，朝中的文武大小臣僚为此自愿或不自愿地孝敬白银九十四万三千两，其他衙门拨款几十万两，总计一百二十万六千九百两。有了这么多的白银，自然要狠狠地闹腾一番。于是朝廷颁旨，一切规制要按照乾隆朝屡次庆典的场面进行。自西华门至西直门，两旁街道铺面重加修葺，并搭盖经坛、戏台，分段点设景物㉘，准备慈禧六十大寿时享用。在若干年后，人们也不明白当时中日之战的不测风云已笼罩大清帝国的上空，在国破家亡、民族危急的紧要关头，慈禧将大清最为鼎盛的乾隆一朝的花样抬出来，是怎样的一种心态，是破罐子破摔？还是让天下众生重温"康乾盛世"的辉煌与无敌，从而让自己产生一种同样不可战胜的虚幻和希望？

令慈禧深为遗憾的是，她那六十大寿的隆重庆典尚未举行，中日甲午战争的炮火却已打响。清军节节败退，大清王朝的江山在隆隆的炮火声中颤抖。名义上的一国之主光绪皇帝难以坐稳那把龙椅。在这紧要关头，他不得不大着胆子匆忙下诏，将慈禧的庆辰典礼改在紫禁城中举行，其颐和园受贺之事，也即行停办。此后不久，日军进攻威海卫，占据了刘公岛，大清王朝苦心经营的北洋水师全军覆没。接下来便是辽东半岛陷落，京畿震惊，清政府被迫签订了丧权辱国的《马关条约》——人们已很难记清大清王朝自道光以来签订了多少这样的条约了。本次条约使大清帝国割让台湾全岛及所有附属岛屿给日本的同时，又赔偿日本白银二万万两。

战争的乌云在使大清付出了惨重的代价之后，暂时退去。但普天之下却没有迎来灿烂的阳光，相反却遭遇了百年罕见的水灾、旱灾、虫灾，数千万灾民在水火交加中无家可归，生死无着。但此时的慈禧却再也不顾国家大量割地赔款、财政极端紧缺的现实，更不顾百姓流离失所、饿殍遍野之惨痛了，她怀着没能在颐和园举行六十大寿庆典的缺憾和多少年后也没有人完全猜测得出的一种极其复杂的心理，毅然颁旨重修她那东陵地界的定东陵。

慈禧的这一抉择，立刻引起满朝大哗，王公大臣议论纷纷。尽管没有人完全窥测得到慈禧的心迹，但有一点却是肯定的，那就是登上权力顶峰的她，仍念念不忘慈安生前对自己专权恃傲的掣肘和无形的压力。她自然还清楚地记得，定东陵两座陵寝竣工时，自己的陵寝用银二百二十七万两，而慈安陵寝的用银却是二百六十六万五千余两，自己陵寝的用银数明显少于慈安。况且，自己陵寝的位置也次于这位东太后。她不会忘却的是，光绪十二年（1886年）三月，慈安已死去五年之后，已是大权独揽、不可一世的慈禧跟光绪一同往谒东陵。就在她来到慈安陵寝前，先进入东厢配殿小憩时，司礼大臣将礼单呈了上来。慈禧见上面有自己在慈安灵位前行跪拜之礼的程序，未等阅罢，便勃然大怒，愤而将礼单扔在地上，令发回重拟，并声言："我与姐姐同为皇太后，安有在她之前跪拜的道理？只皇帝一人至殿上行礼而可。"司礼大臣从地上捡起礼单，战战兢兢地找扈从而来的礼部尚书李鸿藻，问如何是好。李鸿藻听说慈禧大怒，遂惊惧不已，不知所为。这时只见满人尚书延煦向前说道："此事不能争，国家安用礼臣为？公不敢言，臣当独自面奏。"言罢即肃衣来到东厢配殿门外奏道："太后今日至此，凡垂帘时并坐之礼节无所用之，惟当依文宗显皇帝（咸丰）在位时仪注行之耳。"慈禧闻罢，顿然失色，沉默片刻，还是不甘心地反问道："我还是不明白，慈安皇太后为太后，难道我不是皇太后吗？同是皇太后，为什么偏要我给她行礼？况且穆宗毅皇帝（同治）是我所生，慈安太后何尝生过子女？"

延煦见慈禧明显有些胡搅蛮缠，愤而答道："此乃我朝家法，皇太后不可不遵。"

"遵也要遵出个道理来。"慈禧态度更加强硬起来。

"慈安皇太后是母后皇太后，其位在上，圣母皇太后（慈禧）自然要去行礼的。"延煦答。

慈禧见延煦说得有理有据，顺水推舟不再争辩下去，而是反其道而问之："那么，我来问你，若我死在东边的前头，她也该给我行叩拜之礼吗？"

"照例不行大礼！"延煦毫不含糊地答。

慈禧在恼怒中又有些惊奇地问："为什么?！"

"已曾回奏过，母后皇太后在圣母皇太后先，臣等不敢违背祖制奏请。"

延煦的话尚未说完，慈禧的自尊心似是受到极大刺激和羞辱，猛地抬手击案哭喊道："你等眼中还有我这位太后吗？"

"若太后不以文宗（咸丰）皇帝为皇帝，不以东宫皇后为皇后，圣母若不承认自己为文宗西后，臣等自不列此礼单。"延煦不卑不亢，字字见血的回答，噎得慈禧一句话也说不出来。她愣了好长时间，又心生一计，命延煦先起身再说。但这延煦并不善罢甘休，依然跪在门外大声说道："太后不以臣不肖，使得罪礼曹。见太后失礼而不敢争，臣死无以对祖宗。不得请，誓不敢起。"慈禧面对这位铁骨臣僚那凛然之气，无可奈何，只得答应前去行跪拜之礼，尽管心中依然极不情愿。

这场跪拜之争，对慈禧的心灵和自尊心都造成了很大刺激。她怎么也不明白，同为女人，况且一个生前无论相貌还是才气都不如自己的女人，只因早于自己占了皇后的位子，怎么在生前和死后都像一个抹不掉的幽灵，永远压在自己的头上？大清祖制难以全部废除，慈安生前死后的位置无法改变，现在这个幽灵依然时隐时现地出现在自己面前，挥之不去，忘之不及。既然这些都无法更改，那就只有重修自己的陵寝，让自己的陵寝变得辉煌壮丽，豪华无比，轩昂无敌，气度非凡，让在地宫中沉睡的慈安看着不快，望着不宁，让活着的众生见了生畏，想着臣服，也算自己生前死后扬眉吐气了一回吧。

慈禧不再顾及国库空虚，生灵涂炭，群臣劝谏，近似疯狂地颁旨，召集天下精工巧匠，于光绪二十一年（1895年）十一月二十四日正式重修菩陀峪定东陵，并诏令群臣在重修中首先要做的事，就是将隆恩殿前的那块丹陛石[⑩]换掉。这块石头已经压在她心中许久了。

十六年前的光绪五年（1879年）六月，定东陵竣工时，慈安、慈禧两太后率领群臣前来验看。因这是两座在清朝陵寝建筑中超规制的太后陵，慈安、慈禧都表示极为满意。就在两太后验看完毕，准备起驾回銮，群臣们也因此沾沾自喜，单等领功晋赏之时，想不到慈禧突然又盯住隆恩殿前的那块丹陛石仔细端详起来。由于这块丹陛石是陵寝建筑的画龙点睛之所在，不仅位置显要，其雕刻图案更非比寻常，这是她费尽心思和口舌，好不容易向慈安和众大臣竭力争执得来的。

按清宫规制，丹陛石上的"龙凤戏珠"石雕图案，本应是龙在上，凤在下，象征皇帝为天，皇后为地，天地结合，也就是阴阳结合。世上的万事万物正是在这天地、阴阳的相互依赖、结合中产生的。但正在垂帘听政的慈禧却不管祖制和这来自自然界的道理。她要反其道而行之，诏令臣工一定要将丹陛石雕刻成凤在上、龙在下，以示自己为天，皇帝为地，自己为上，皇帝为下。慈禧的这一明显违背祖制和自然之规的悍然抉择，当场引起了慈安和群臣的强烈反对。但慈禧却一意孤行，非要按自己的旨意行事。慈安和群臣无可奈何，只得默然认之。于是，一块凤在上、龙在下，"凤龙戏珠"的丹陛石浮雕很快刻就，并镶于定东陵的隆恩大殿前最显要之处。

慈禧下令换掉的"凤龙戏珠"丹陛石，右下角圈内箭头所指处即为从崖石缝内微露前身的壁虎

慈禧望着丹陛石上那雕得活灵活现、栩栩如生，凌空展翅的翔凤和腾水穿云的蛟龙，仿佛看到了自己至高无上的权威和尊严，喜不自禁。她正当要挪动脚步离开的瞬间，脸蓦地沉了下来，重新俯下身端详起来。只见丹陛石最下端的"海水江牙"⑩图案中，有一雕刻的小小怪物，从崖石缝内钻出来，前身微露，两条带有五个爪的前腿伸出，口内吐出一股如意云朵，形状似蛇，但又非蛇，样子有些怪异和可怕。慈禧指着这个怪物问扈从臣僚："这是什么怪兽，怎么刻到我的丹陛石上来了？"一个曾做过监陵工程的大臣急忙回答："是一只壁虎。"慈禧一听壁虎二字，心中不禁打了个寒噤，头部有些参疼，越发怒不可遏地问道："是何人胆敢把这可恶的壁虎刻在我的丹陛石上，到底是何人所为？"面对慈禧那由于愤怒而涨红的脸，群臣惊慌失措，没有人敢应声。只醇亲王奕譞硬着头皮，支支吾吾地上前答道："这个……这是祖宗规制，非奴才们所独创。以奴才所知，祖上的昭西陵、孝东陵、泰东陵、昌西陵、慕东陵等各太后陵，以及景陵皇贵妃园寝⑪的丹陛石，都雕刻小壁虎一只……"慈禧挥袖打断了醇亲王奕譞的话，一味地暴跳如雷，大声呼道："不要拿祖制压我，她们要，

我不要，快给我将这块丹陛石换掉！"慈禧震怒，在场的臣僚没人再吭声争辩，大家沉默着将眼睛转向慈安。慈安见状，不得不上前劝说道："妹妹呀，就算了吧，你没看到我的丹陛石上也有一只壁虎吗？这祖宗规制总不能让我们姐妹全给破了。眼下国库银根紧缺，这陵寝既已修好，就别再换了，劳民伤财的，要遭人非议呢！"慈安毕竟是"正牌皇后"，她一席话说得慈禧无言以对，慈禧只好强咽下一口怒气，说了句："那就听姐姐的，先这样吧。"由于慈安的劝阻，丹陛石才免于被换。

这次丹陛石虽未被换掉，但慈禧对此一直耿耿于怀，念念不忘。因为这只小小的壁虎，在外人看来只不过是一点装饰或点缀，有和无都无碍大局，慈禧如此动怒，实在有些大惊小怪，骄横透顶。但内行人却知道，这只壁虎虽小，其暗含的寓意却甚大。唯鉴于其暗含的重大寓意，清宫才将其作为一种祖制保持、流传下来。这个寓意源于壁虎本身。相传，在清以前的皇宫内曾饲养着许多壁虎，其食物以朱砂为主，三年可养成七八斤重。养成的壁虎被逮杀后，放在阴瓦上烤干，而后磨成细粉，用此石朱粉在皇后、妃嫔脸额处点一点，其色鲜艳而不退。更为奇妙的是，若宫中后、妃有乱宫的男女之事，红点自然消失。故历代王朝又将壁虎命名为"守宫"，并在宫中屡有试验和应用。清朝宫廷虽不再饲养壁虎，但对其"守宫"的声名却深信不疑，故在单独兴建的后、妃陵寝的丹陛石上都暗刻一只壁虎，以为"镇物"。这种雕刻之法，作为清宫的一种祖制保留了下来。至于慈禧面对这个"镇物"，是否想到了有辱她的尊严，或是感到自己葬入地宫后，灵魂真的被镇住而不得自由，因而暴怒异常，也只有她自己才能解释了。

不管怎么解释，慈禧对丹陛石上那只小小的壁虎产生了恐惧是肯定的，这种恐惧直到十六年后的今天都没有消失。正因为如此，决定要重修定东陵的慈禧，才下令首先将隆恩殿前的那块丹陛石换掉，重新安设没有壁虎的石雕。

对于这个明显违背祖制的诏令，再也没有人敢提出异议了。经过十几年的苦心经营，年过六旬的慈禧已经取得了政治上的绝对权威，满朝文武也在不断地与她交手、摩擦、碰撞后，纷纷败下阵来，并渐渐变得唯命是从，心悦诚服，不敢有丝毫非分之想了。他们唯一能做到的是，将带有壁虎的石雕换下后，偷偷埋入定东陵一侧的地下，意在留给后人窥测当年的真相和评说慈禧此举的是非功过。在慈禧崩亡几十年后，这块石雕果真被清东陵管理处的工作人员无意中挖了出来，让后人窥探到当年那段隐情的同时，也感知到这掩埋石雕的臣僚那尚未完全泯灭的文化良知和难言的苦衷。

新换的丹陛石，长3米，宽1.6米，周边有"缠枝莲花、福寿三多"图案，中间雕着"凤引龙"形象图。此图依然摒弃了龙凤并排或龙在上、凤在下的雕刻形式，而是凤在上、龙在下，并采用高浮雕加透雕的工艺手法，使图案构思更加新颖，技法更加高超。尤其那龙须、龙爪、凤足、凤冠等十处透雕工艺，使整个图案的立体感得到了进一步升华，龙与凤越发栩栩如生。不仅如此，重修后的陵寝内石雕建筑，无论是栏板、望柱还是抱鼓石，其设计指导思想和雕刻规程，都是把凤置于主要的地位之上，仅隆恩殿周围的汉白玉⑫石栏杆，就用浮雕工艺精刻了九十六幅"龙凤呈祥、水浪浮云"图案，每幅图案，都是彩凤在前展翅飞翔，又回首顾盼，蛟龙在后面张嘴奋须，紧紧相随。大殿周围六十七根望柱上，柱头雕刻打破其他帝后陵龙凤相间的排列顺序，全部雕成凤柱头，而将龙改雕在柱身上，柱身两侧各一条。飞龙昂首向上，仰望着柱头上的翔凤，表现出慈禧势压同治、光绪两朝的非凡权威。

尤其令人望而兴叹的是，重修后的隆恩殿及东西配殿，工艺高超，规模庞大，豪华富丽，用料精致，因而靡费惊人，不仅超越了清朝历代祖陵，就连明、清两朝二十四代皇帝居住的紫禁城，也没有如此奢华。清宫祖制规定，凡帝后陵的隆恩殿内，只许在四根明柱上贴金⑬，做缠枝莲花或盘龙行云状。

慈禧扮观音像，左右分别为安德海、李莲英

哪怕是代表着皇权神威，帝王登基时受百官朝拜的紫禁城内的金銮殿（太和殿），也只有六根贴金明柱。但在慈禧陵三殿内外，却有六十四根金柱傲然矗立。这些金柱还不是一般的象征性的贴金，而是用铜做成半立体镂刻的盘龙，铜上镏金^⑭，光华四射，闪闪耀目。尤其是在立体状的龙头上安装了带有弹簧的龙须。这龙须借助空气的流通，自行来回摆动，如群龙低吟，妙不可言。人们在惊愕慈禧奢华靡费的同时，又不能不对工艺设计者们那富有灵性的天才杰作表示叹服和崇敬。这是"卑贱"的劳动者留给全人类的高贵的文化艺术财富。

三殿的彩画，也由以往的旋子彩画^⑮改成等级最高的金龙和玺彩画^⑯。这些彩画，不披麻，不挂灰^⑰，也不用其他颜色，而是直接在黄花梨木上沥粉贴金^⑱。因为重修后的三殿梁架，已全部改用名贵的黄花梨木。黄花梨木名海南檀，木质坚硬，纹理细腻，防火耐腐，为木料中上品。在这样的上品木料上贴金，更显得豪华壮美，气度非凡。隆恩殿栏板上一百三十八组"凤引龙"的绚丽的彩画，使人产生天旋地转、宇宙万物在永恒运动的苍茫之感。

名义上的重修，此时已变成了重建，慈禧诏命原三大殿全部拆除，原材料一律不许迁就使用，一切重新开始。故陵寝三大殿，外墙全部采用山东临清特制的澄浆城砖。这类砖无不精工细做，磨砖对缝，干摆^⑲灌浆，使墙面光洁平整，坚固异常。大殿的内壁更为别致高雅，那镶嵌着大小三十块雕砖贴金的墙面，通体达二百三十七平方米。每面墙的中心墙壁上，都雕刻着"五福捧寿""四角盘长^㊿""卍（万）字不到头"等花纹。其中"五福捧寿"为五只展翅向中心飞翔的蝙蝠，围绕着一个几何纹的变形"寿"字，其名称当是以物而取，或以名附物而做成。"四角盘长"为取其盘长绶带，连绵不断之意，寓吉祥如意。那"卍（万）字不到头"当是取富贵永远，永无止境之意。所有雕砖外围，均饰以蔓草莲花和珠文，凡凸起的花纹，全用赤金叶子贴饰，底部略衬黄金，达到了赤黄二金交相辉映、浑然一体、光彩夺目的艺术效果。这一金光灿烂的贴金雕花墙，仅贴金一项就用掉黄金四千五百多两，其奢靡之至，由此可见一斑。

慈禧的菩陀峪定东陵自光绪二十一年十一月二十四日兴工重建，历时十四年，直到慈禧崩亡前不久，始得完竣。其整体工艺水平、豪华程度，为中国明、清两朝二十四代帝后陵寝之最。当这座独一无二的辉煌陵寝竣工的讯息，通过朝臣奏于慈禧时，躺在病榻上已病入膏肓，行将归天的慈禧，脸上露出了满意的喜色，内心极其欣慰。这次总算在形式上大大地超过了慈安，并让这位已死去的对手无可奈何了。

🌀 狠心母亲苦命儿

光绪三十四年十月二十一日酉刻（1908年11月14日傍晚），年仅三十八岁的光绪皇帝驾崩于西苑南海中的瀛台。当内务府几个臣僚闻讯匆匆赶到四面环水、与世隔绝的南海瀛台光绪生前被囚禁的涵元殿时，见光绪的卧室里，到处布满了乱丝的蜘蛛网，四壁的糊墙纸已经发黄脱落，墙角露出青绿色的墙砖，散发出一股潮湿腥臊的霉味。寒冷的湖风穿过破烂不堪的窗户，呼呼啦啦地吹动着床前的幔帐，那黄色的幔帐因岁月的剥蚀而变得异常陈旧和惨白。床前的方砖上，残留着呕吐物和汤药的痕迹。这位倒了一辈子霉的光绪皇帝，直挺挺地僵卧在一张形似破烂的铺板上，胸腹塌陷，两胛暴突，肋骨支离，嘴巴大张。那未能闭上的眼睛，放着怨恨、悲苦的惨光，眉宇间那道由于怨愤不平而蹙在一起的皱纹，依然未能伸展开来。青白的脸上泛着冷光，这种光随着光绪已出窍的灵魂，飘忽游荡于正在操持后事的太监身上，并将几张丑陋的脸染上了一层死灰色。整个涵元殿笼罩在一片死寂与恐怖之中。

就在光绪驾崩的第二天下午（未刻），统治大清王朝达半个世纪之久的慈禧，在西苑仪鸾殿撒手人寰，归天而去。

光绪和慈禧在二十四小时之内相继崩亡，而他们母子二人生前的关系又是那样剑拔弩张，并欲置对方死地而后快，这不仅在清代历史上所未有，亦为中国历史上所罕见。因而，当这个消息传出时，朝野惊骇，中外哗然。慈禧的崩亡，似在情理之中，但光绪的驾崩，却让人感到突然，感到意外，感到不明不白，感到其中必然暗藏了杀机和阴谋。于是，惊愕之后，各种猜测和议论遍布庙堂之内、市井之中，关于光绪驾崩的隐秘传言也不断从宫中传向民间。据一位名叫屈桂庭的医生透露，他于光绪三十四年十月十八日最后一次进宫为皇帝诊病时，发现光绪本已逐渐好转的病情突然恶化，在床上乱滚，大呼肚子疼痛难忍。三天后，光绪帝驾崩了。此言传出，又带出了一连串深宫内幕。从这些内幕来看，光绪有极大的可能死于谋杀，只是谁是凶手，却又分出几个枝节。在诸多被怀疑者中，首当其冲的当然是慈禧。这位向来以阴险、刻毒、专权著称的女人，自知病入膏肓，不久于人世，她不愿让自己的政敌光绪在她死后再掌朝政，便秘密派人将光绪先行谋毙了。此种说法在当时广为流传，并为许多人所相信。还有一种传闻是，光绪帝被囚禁后，被置于李莲英的严密监视之下，同时李莲英又经常制造一些不利于光绪的谎言去告知慈禧，光绪帝自是对他痛恨异常。而与李莲英沆瀣一气的太监崔玉贵，在慈禧西逃的1900年，直接杀害了光绪帝的珍妃，光绪帝自是对他恨之入骨。正因如此，李莲英、崔玉贵在确切地得知慈禧马上就要归天的最后一刻，二人经过密谋，决定先将光绪害死，免得慈禧死后，光绪重操权柄，对自己不利。二人谋计之

中南海瀛台连接外部的小石桥

后，遂暗使手下一个名叫宋小胖子的太监，襟怀利刃，伺机刺杀光绪。后刺杀未果，李莲英、崔玉贵又在光绪帝的进食中暗中下毒，终使这位年轻的皇帝含恨而去。还有一种传闻，说袁世凯出于和李莲英、崔玉贵同样的心理，在光绪帝的进食中做了手脚，致使光绪一命呜呼！到底光绪死于谁手，这又成为晚清历史上一大悬案，留给后人破解了。

不管光绪是由于自然病亡还是被谋害而死[51]，他是清朝历史上最具悲剧色彩的皇帝之一却是事实。当中日甲午战争爆发，大清苦心经营的北洋水师全军覆没，日军攻占威海卫后，慈禧等当朝执政者为挽救苟安之残局，遂强行决定，与日方签订了丧权辱国的《马关条约》。而自亲政以来，逐渐怀有"励精图治"之志的光绪，有感于丧师失土的莫大耻辱，悲愤至极，禁不住声泪俱下。也正是在这场不平等战争中，光绪才沉痛而清楚地认识到"国势艰难"而"殷忧危之"。因此，他首次得到康有为的变法奏书后，引起了强烈的思想共鸣，禁不住"览而喜之"，遂下定了变法求新，以图自强的决心。晚清的历史进展到此处，标志着光绪与慈禧往日那微妙关系的正式破裂，整个朝廷中的"维新派"和"保守派"之间充满了无法调和的矛盾。

光绪二十四年（1898年）四月二十三日，光绪以当朝天子的威望和锐气，毅然颁布"明定国是"诏书，正式宣布变法革新。许多忧国忧民的仁人志士以无比感奋的心情和对未来的美好憧憬，立即投入到这场变革之中。遗憾的是，历史没有让人看到这场伟大变革的成果，而是留下了一个极为悲惨的结局：在光绪颁诏百日之后的八月初六日，正在紫禁城中和殿阅览奏文的光绪帝，被慈禧派来的一群太监和一队"荣禄之兵"，押至西苑南海瀛台囚禁起来。变革中的前卫人士康有为、谭嗣同等人，逃的逃，死的死。这场清代历史上最后一次企图通过内部变革而拯救自己于危难之中的机会又失去了。

被囚禁的光绪尽管失去人身自由，但革新之志未泯，他在等待机会，准备东山再起。两年后的1900年8月16日，八国联军攻入北京。在慈禧准备离京出逃之际，光绪见有机可乘，遂以与外使"面谈"为由请求留京。但在政治的角逐中经历了无数次惊涛骇浪的慈禧，怎能看不出这点花招，倘自己出逃在外，光绪留京，那么这大清的政权自然也不再属于自己而归光绪了。聪明老辣的慈禧不但未同意这个请求，而且为免后患，她强行将光绪一同带走。在出逃西安的路上，光绪望着满地的黄尘和灼人的热浪，想着国破家亡之恨，悲感交集，忧郁终日。但积压在心中的那满腔忧国之愤和图强报国之念仍然时有所现。直到第二年被慈禧带回北京时，他还希望自己能挣脱桎梏，继续施行变革之策。为了这个变革方略，他希望慈禧早日归天。他希望凭着自己年轻的生命和澎湃的激情，早日迎来变革的辉煌硕果。

但历史不再给予他机会了。回京后的光绪仍然被囚于南

慈禧出殡情形

慈禧灵柩出现在东直门外专门为在京外国人搭建的看台前。在城内，灵柩用的是八十四人抬，出城后换用一百二十八人抬的"落地满黄"皇杠。

这个场面，时任荷兰阿姆斯特丹《电讯报》驻华记者Henri Borel（亨利·博雷尔）在参加完慈禧太后葬礼之后，做了这样的描述："庞大的灵柩现在已经离我们很近，距离地面很高，这个用黄色织锦覆盖着的庞然大物像一团火似的燃烧，闪耀，发光，释放出明亮的金黄色。这是我从未见过的，代表中国皇族和只有皇帝才配穿戴的黄颜色，任何人如果僭越违规是要杀头的。它由一百多个轿夫抬着，缓慢地向前移动。它前进的行程是如此困难和复杂，恰似这黄澄澄的灵柩是一沉重的纯金块，其柩衣也好像是用金属，而非织锦制成的。在阳光下，它像是一道金色的瀑布。在这个皇家的金黄色灵柩中居住着一个以蓝凤凰与红花为象征的造物。沿路的士兵们全都持枪致敬，外国公使的警卫们也都向灵柩敬礼。"

海小岛那与世隔绝的瀛台。他像一个实际上的民间囚徒，不仅失去了人身自由，而且还要不断地经受着慈禧的生活虐待、无端训斥和那些凶顽太监的欺凌。他每天食的是粗粝酸臭的饭菜，喝的是半开不开腥咸皆备的温噉水，穿的是冬天难以御寒的破旧衣衫和鞋袜。面对这猪狗似的生活，光绪倘稍有不满，便又会招来凶险之祸。一次，光绪望着窗外喃喃自语，恰被李莲英的一个心腹小太监听见。这小太监虽没有听清内容，还是向李莲英告了密。李莲英闻报，遂凭着自己心怀恶意的推测，接着对慈禧禀告道："当今皇上自咒老佛爷，乞求神灵开眼，早拿太后归天。"慈禧闻言大怒，亲率一群太监来到瀛台，抓住光绪一顿猛打。怒愤之中，慈禧亲自上前抓住光绪的辫子，用尽泼妇之力，一拳打掉了光绪两个门牙。光绪满嘴血流不止，痛得在地上乱滚，几天都无法吃饭……慈禧对光绪痛恨至此，绝情至此，早已失去了母子之情和人之常情，转入了一种近似兽性的摧残与虐待。而当人一旦变成了丧尽天良的兽类，就会做出禽兽不如的疯狂行径。纵然光绪望眼欲穿，也没有盼到已失去天良的慈禧开恩，将自己释放出来。他纵有千般革新谋略，万般救国激情，也只能在岁月的流逝中化为灰烬。当他终于在囹圄中以忧愤之情等到被谋杀时，才知道一切的理想与希望只有等来世再去实现了。光绪皇帝死了，紫禁城最后一颗希望之星陨落了，大清王朝连回光返照的短暂机会都没有迎来，也随着光绪的怨魂寿终正寝了。

光绪驾崩后，由慈禧在弥留之际亲选的年仅三岁的溥仪继位，是为大清历史上最后一个皇帝，年号宣统。

令人扼腕叹息的是，光绪在登基直至被谋杀的长达三十四年的岁月里，不但一生竭力倡导的改革事业未能成就，图谋报国的壮志未竟，就连自己的陵寝也未兴建。直到他驾崩后，才由他的异母弟，新登基的宣统皇帝溥仪之父醇亲王载沣派人在西陵界内找了一块叫绝龙峪的地方，兴建了清王朝统治时期最后一座皇帝陵寝，并于五年后将其草草安葬。光绪帝倒霉至此，醇亲王愚蠢至此，无以复加。生前的哀婉凄惨、身陷囹圄总算过去，但死后以真龙天子之身，落到绝龙峪中，可知他的孤魂该是怎样的忧愤与悲惨，可见大清王朝确也是命当该绝了。而当大清王朝正式宣告灭亡时，已驾崩三年的光绪皇帝，那硬邦邦的尸体还躺在紫禁城一间漆黑的屋子里。

与光绪不同的是，那位一生都在恃宠专权、作威作福的慈禧，生前享尽

慈禧太后安葬时纸人纸马组成的仪仗队。其仪仗规模与真人大小无异，阵势甚为壮观（画面中背景为今北京景山公园）

人间荣耀与辉煌，死后更是气派非凡，华贵异常。在她崩亡二十四天后的十一月十六日，慈禧的"佛体"入殓于棺椁之中。伴她放进棺椁的还有大量金银珠宝和其生前喜爱的宠物，整个棺椁造价昂贵，豪华无比。其木料均取自云南的深山老林，只是这些木材的运费就耗银数十万两。当棺椁成型后，先用一百匹高丽布缠裹衬垫，然后再反复油漆四十九次，始装殓慈禧尸骨。在入葬前，抬棺的杠夫们要在德胜门外"演杠"十天。演习中，按正式送葬的要求，杠夫们抬着一块和棺椁重量基本相同的大厚板，木板中心放着满满的一碗水，来回行走，直到碗里的水洒不出碗外为止。

在经过一番辛苦的折腾和匆忙准备后，慈禧出殡的日子终于来临。王公大臣倾巢出动，送葬的大队人马浩浩荡荡，颇为壮观。走在最前面的是由六十四人组成的引幡队，高举花花绿绿的万民旗、万民伞。接着是上千人组成的法架卤簿仪仗队，分别举着数不清的金瓜、斧钺、朝天镫，一派刀枪如林、幡旗蔽日的浩浩威势。仪仗队后面是几千名杠夫，分几十班轮流抬运那巨大棺椁，每班一百二十八人，接连更替，退而复始，未有停止。跟在棺椁之后的是十路纵队的武装兵弁，兵弁之后是由数千辆车子组成的文武百官、皇亲国戚的车队。整个送葬队伍绵延数十里，浩浩荡荡，气势灼灼，所过之处，凡有碍行进的建筑物，一律拆除。从京城到东陵，一路之上设有几十处大小行宫，以供送葬人员食宿休整。同时每隔一段距离用优质布匹搭起芦殿、黄幄，以做临时休整之所。即使这临时的黄幄，也是玉阶金瓦，朱碧交映。那停放棺椁的芦殿，更是华丽异常，尊贵非凡。除用黄绸布围成一座内城，还要用白绫子布围成外城，外城之外还有一道网城，以做防御守护之用。

从慈禧崩亡到棺椁抵达东陵，其间折腾了将近一年，最后总算于宣统元年（1909年）十月初四日巳时，将棺椁葬入菩陀峪定东陵地宫。整个殡葬共耗费白银一百二十多万两，为大清历代帝王后妃葬礼之最。这个女人假如死后有知，也应该含笑九泉了。

正当慈禧躺在华贵舒适的地宫里，为她生前死后的无上"荣耀"而志得意满、沾沾自喜时，她没有想到，辉煌夺目的紫禁城已进入大清帝国日落后的黄昏，光芒灿烂的昌瑞山，也将很快王气不再，并进入一代王朝彻底衰败的暮色之中。更令她难以想象的是，此时，在她生前统辖的河南省永城县一个二十岁的乡村青年，已走出贫困的故乡四处寻找发迹的机会，并于十九年后率领手下的军队盗掘清东陵，在大掠其财的同时，又将她本人特别"关照"地抛尸棺外，大加污辱。

这个青年就是中国近代史上臭名昭著的盗陵将军——孙殿英。

这个场面，时任荷兰阿姆斯特丹《电讯报》驻华记者的Henri Borel参加完慈禧太后葬礼之后，做了这样的描述："看台上所有的西方来宾都站起身来，脱掉了他们的帽子。庞大的灵柩就这样在我们的面前经过，那蓝色的凤凰在枢布上翱翔，红花在鲜艳的金黄色绸缎上怒放，交织出一种斑斓的色彩。灵柩顶上的金球像太阳一般放射出光芒，那黄色的绸缎流光溢彩，耀人眼目。慈禧太后就是这样辞别了人世，这位奇妙而可怕的女皇。"

清代妃园寝简表

园寝名	兴工日期	竣工日期	内葬人物	陵址	备考
福陵妃园寝			寿康太妃，安布福晋，绰奇德懿母，共三人。	沈阳市东郊福陵西北的后陵堡村附近	又名寿康太妃园寝，兴工、竣工日期不详。
昭陵妃园寝			懿靖大贵妃，宸妃，淑妃及人位格格，共十一。	沈阳市北郊昭陵西侧	又名懿靖大贵妃园寝，兴工、竣工日期不详。
景陵皇贵妃园寝	约乾隆三年（1738年）	约乾隆七年（1742年）	悫惠皇贵妃，惇怡皇贵妃，共二人。	清东陵景陵东侧	又名景陵双妃园寝，兴工、竣工准确日期待考。
景陵妃园寝	约康熙十五年（1676年）以后	康熙二十年（1681年）	温僖贵妃，十一位妃，八位嫔，十位贵人，九位常在，答应等，和皇十八子胤祄，共四十九人。	清东陵景陵东侧	清代在关内营建的第一座妃园寝，人葬妃嫔最多，兴工、竣工准确日期待考。
泰陵妃园寝			纯懿皇贵妃，四位妃及常在，答应等，共二十一人。	清西陵泰陵东侧	兴工、竣工日期不详，待考。
裕陵妃园寝	乾隆十年（1745年）	乾隆二十七年（1762年）	乌拉那拉皇后，纯惠皇贵妃，庆恭皇贵妃，五位妃，六位嫔，十二位贵人，四位常在，共三十六人。	清东陵裕陵西侧	兴工、竣工准确日期待考，为葬人纯惠皇贵妃，乾隆二十五年（1760年）进行大规模续建。纯惠皇贵妃、容妃（香妃）之地宫现已开放参观。
昌陵妃园寝			恭顺皇贵妃，和裕皇贵妃，四位妃，六位嫔，两位贵人及常在，答应等，共十七人。	清西陵昌陵西侧	清代规制最低的妃园寝，兴工、竣工日期不详，待考。
定陵妃园寝	光绪元年（1875年）八月	同治四年八月	庄静皇贵妃，端恪皇贵妃，妃四位，嫔四位，常在三位，共十五人。	清东陵定陵顺水峪	兴工、竣工准确日期待考。
惠陵妃园寝	光绪元年（1875年）八月	光绪四年（1878年）九月	淑慎皇贵妃，献哲皇贵妃，恭肃皇贵妃，荣惠皇贵妃，共四人。	清东陵双山峪	
崇陵妃园寝	宣统元年（1909年）	民国初年	恪顺皇贵妃（珍妃），温靖皇贵妃（瑾妃），共二人。	清西陵崇陵东侧	兴工、竣工准确日期待考。

注释:

①雍和宫：位于北京东北隅，始建于清康熙三十三年
（1694年），原为雍亲王胤禛的府邸，雍正三年（1725年）改
作行宫，始称"雍和宫"。乾隆初年将其绿色琉璃瓦顶全部换
作黄瓦，并加以增修，成为北京最大的喇嘛庙。现建筑完好，
已对外开放，成为游览胜地。

②格格：汉译为姊姊，或作小姐，即满人早期对国君女、
酋长女或一般妇女的称呼，无定制。皇太极即位后，于崇德
元年（1636年）仿明制，凡皇后所生女称固伦（或作固龙、古
伦，满语，汉译为国家）公主，妃嫔所生女及中宫抚养者称和
硕公主，格格遂成为皇家贵族小姐婚前的统称。清制，亲王、
郡王、贝勒、贝子、镇国公、辅国公之女，未予封号者均称格
格，若加封，秩分五等，即亲王女为和硕格格，封郡主：郡王
女为多罗格格，封县主；贝勒女为多罗格格，封郡君；贝子
女为固山格格，封县君；镇国公、辅国公女为格格，封乡君。
以上五等或为侧室所生，均依次降二等。格格于许婚后报宗人
府，查明合例奏请授封，已授封者不随父升降。另外，在清初
后妃制度不健全时期，后宫中没有其他的位号，也曾称皇帝、
皇子的侍妾为格格，一直到康熙朝晚期才不再混用此一名称。
弘历之生母钮祜禄氏，十三岁赐侍胤禛，号格格，即是一例。

③冕旒：古代礼冠中最尊贵的一种。外玄里朱，冠顶有
板，称为"延"，后高前低，略向前倾。延的前端垂有组缨，
穿挂着玉珠，叫作"旒"。天子的冕十二旒，诸侯九，上大夫
七，下大夫五。历代之制大略相同，南北朝后只有皇帝用冕，
故"冕旒"也成为皇帝的代称。

④补褂：明清时期在胸前和背后缀有补子的官服，又称
补服。样式如袍而略短，比褂长，其袖端平，对襟，所以或称
为外褂、外套，是清代官服中主要的一种，穿用场合与时间
也多。

⑤木兰秋狝："木兰"为满语，汉译为哨鹿用的哨子，状如象牙，以木制成。秋狝一词出自《左传》，指秋天打猎，清王朝引以为典，皇帝每年赴塞外行围，以训武习勤，治内安外。秋狝的主要活动有行围和哨鹿之分。所谓"哨鹿"，即是当围猎时，清晨命一侍卫戴假鹿头，吹木质鹿哨作公鹿鸣声，引母鹿群至，然后哨鹿人潜退，众人急发箭以猎取之，并饮鹿血为大补。此俗沿行日久，木兰竟演化为地名。实际秋狝地在今承德市迤北的围场县，原属内蒙古科尔沁、敖罕、翁牛特诸部，康熙年间献为围场，周围一千三百余里，并设有柳条边及哨卡，现尚存行宫遗址。木兰秋狝之典，盛于康熙、乾隆两朝，雍正朝未行，至嘉庆朝则渐衰，以后随国内多事，财力不足，终清之世未再举行。

⑥避暑山庄：清代大型皇家园林，原名"热河行宫"。始建于康熙四十二年（1703年），初有三十六景，乾隆年间又增三十六景。康熙五十年（1711年），玄烨在行宫的大门上题额"避暑山庄"，遂得名。又因位于承德之北，别称"承德离宫"，是清代皇帝避暑及政事活动的重要场所，占地五百六十余万平方米，建筑一百二十处，环以宫墙长达二十里，内分宫殿区、苑景区两大部分，苑景区又包括湖泊、平原、山峦等三个景区。其宫殿布局严谨，风格朴素淡雅，苑景则融合中国南北造园艺术的精华，尽现山光水色之美。山庄外东北建有寺庙十一座，俗称"外八庙"，景观壮丽。全境现已对外开放。

⑦江苏专工制造：山东临清与江苏苏州同具优良水土、便利交通，前者所产的称为"澄浆城砖"（又名"细泥灌浆新样城砖"），后者所产的称为"金砖"，均是当时砖中极品，其用料以"黏而不散，粉而不沙"为上，经过选土、练泥、澄浆、摔打、制坯、阴干等复杂工序后，入窑慢火烧成，质地细腻密实，抗压度强，敲之铿然。为便于检查，每块砖上都打上窑户、匠人、日期等标记。澄浆城砖多用于宫殿之砌墙，明代

北京城垣即以它包砌夯土而成，其外观色泽一致，呈灰白色，故又称白城砖，可分大新样与小新样两种不同尺寸。金砖多用于宫殿之墁地，其规格在一尺七寸以上，一般为二尺、二尺二寸，制成后送至工地，还需工匠细工砍磨，浸以生桐油，历时数月才能取出铺墁，据说其光润似墨玉，平整如砥，踏上去不滑不涩，香味浓郁芬芳。金砖名称之由来，或谓因烧造之难如河中淘金，或谓因敲击如金石之声，或谓因"京砖"（此砖只能运到北京的京仓，供皇宫使用）而逐步演化，尚无定论。

⑧客土：未被人畜踩过，质地洁净，颜色纯正，细腻无砂，而且必须采自陵区之外的土壤，用于建造皇家陵寝，以示尊敬。每年清明节行敷土礼（上坟添土的仪式），亦是用工部精选的客土，祭陵时皇帝与随行官员都得套上事先准备的黄缎袜套，以免秽污了宝顶原有之客土。如果一时疏忽，忘记穿好黄缎袜套就踏上宝顶，将被视为大不敬之罪，招致杀身之祸。

⑨乾隆五十年（1785年），清廷对明十三陵进行了大规模的全面修缮。皇帝弘历看见新修的长陵大碑楼顶棚是用条石发券成造，既坚固耐用，又防失火，比清陵大碑楼的木质格井天花（或作隔井天花、方井天方，用纵横交错的天花支条和方形天花板组成）要好得多，所以特别下此谕旨，要求依样建造自己的大碑楼。

⑩龙须沟：地宫内向外排水的暗沟，自道光皇帝慕陵开始设置。清代皇家陵寝依山而建，又修筑了许多南台、泊岸（又称驳岸，旱地上高低不同地段临界处砌筑的墙体），层层加高，使前后地面落差增大。后部的地宫虽深在地下，但地宫内的地面比陵院前的地面还高。古代建筑师就利用这个特点，在地宫下面修筑两条暗沟，左右延伸到地宫外，形如龙须，故名。地宫内各券堂均在适当位置的地面或墙根留有一些漏水孔眼，与龙须沟上下相通，将渗入的山泉导引出去，避免积水淹棺泡尸之虞。凿于地面上的漏水孔眼称为龙须沟眼，呈圆形古

钱状的又称为古老钱或轳辘钱眼，凿在墙壁脚下的称为鱼门洞或云洞。龙须沟眼有一定配额，皇帝的地宫为七对，皇后的地宫为三对，妃的地宫为两对，嫔的地宫为一对，常在、答应等砖池则不设。

⑪戊午科场案：咸丰八年（1858年）戊午科顺天（即北京）乡试，九月放榜，素好票戏的满洲生员平龄中试第七名，引起人们物议，说："优伶亦得中高魁矣！"御史孟传金疏劾平龄朱、墨（即试卷之誊录本、正本，以防止阅卷官认出考生笔迹）不符，舆论沸腾。经怡亲王载垣侦讯，以"登台演戏，有玷斯文"为由，革去平龄之举人衔，后又在复勘朱、墨时发现，应讯办查议的竟有五十本试卷之多。皇帝奕詝大怒，将正主考大学士柏葰先行革职，副主考户部尚书朱凤标、左副都御史程庭桂暂行解任，听候查办。不久，即牵扯出柏葰听从嘱托、程庭桂收受条子（清末科场作弊的方法，裁纸为条，订明诗文某处所用文字，以为记号，直接呈递或托人转递给熟识的考官、房官，凭条认卷取人）的一系列事件，共有九十一人先后受到惩处。柏葰涉案的部分是：刑部主事罗鸿绎应此次乡试，考前写好条子交与兵部主事李鹤龄，李再将之转递给担任本科同考官的翰林院编修浦安，请他照应。浦安入闱后找出罗卷，于卷上批写赞语加以呈荐，成为备卷留下（即中副榜）。但闱官填写草榜、核对草底时，却不慎将罗卷交还本房，当作已中正榜之卷。柏葰发觉有误，命家人靳祥前往浦安处将该卷撤下，浦安请靳祥转恳柏葰手下留情。柏葰应允，即将第十房刘成忠之卷撤去，使罗鸿绎得以二百三十八名中试。事发后，载垣、端华、肃顺等大臣与柏葰素不相能，欲借此兴大狱以整倒政敌，遂坚持"比照嘱托交通，贿买关节例，拟斩立决"（实际上，柏葰并不了解罗、李、浦之间交通关节之情形）。于是，柏葰成为清代科场案中唯一被处斩的一品大员，也是中国科举史上死于科场案的最高阶官吏。

⑫辛酉政变：清末宫廷政变，因事发于辛酉年，故名。又称"祺祥政变"，祺祥是朝臣为同治皇帝载淳议定的年号，政变后被废除。咸丰皇帝奕詝遗命御前大臣载垣、端华、景寿、肃顺及军机大臣穆荫、匡源、杜翰、焦祐瀛襄赞政务，引起亟欲揽权的恭亲王奕訢不满。咸丰十一年（1861年）八月，两宫皇太后密旨在京的恭亲王奕訢，以奔丧为名赶赴热河，双方密谋政变，并由奕訢回京预做准备。九月二十三日，奕詝的梓宫由肃顺护送回京，载淳和两宫皇太后由载垣、端华等人扈从，以快班轿夫日夜兼程，于二十九日先期到达北京。次日，两宫皇太后于养心殿召集群臣，宣布八大臣专擅、欺蒙之罪，载垣、端华二人褫去顶戴，幽禁在宗人府。肃顺护棺行至密云时，当晚由睿亲王仁寿和醇郡王奕譞等人将其逮捕，同囚于宗人府，随即下令将肃顺抄家斩首，载垣、端华赐死，穆荫遣戍军台，景寿、匡源、杜翰、焦祐瀛革职，正式结束了八大臣辅政的局面。

⑬隆福寺行宫：位于清东陵西南的西峰口以北之葛山山坡上，又称葛山行宫。隆福寺始建于唐代，本名龙福寺，原是一座山林小庙。为节省谒陵路程，免除由兴隆口进入陵区时须过河搭桥的麻烦，且寺旁山势回环，风景秀美，可作为清帝谒陵祭祖时驻跸、休息之所，乾隆九年（1744年）在该寺的西旁建立了规模庞大的行宫，正式定名为隆福寺，行宫为隆福寺行宫。乾隆四十八年（1783年），皇帝弘历赴盛京拜谒福陵、昭陵，见陵前之实胜寺驻有喇嘛，供蒙古王公们谒陵时参拜敬佛，以"阐黄教（喇嘛教），绥远人"。故仿其例，翌年命内务府将隆福寺扩建，主体建筑皆以黄色琉璃瓦覆顶，乾隆五十一年（1786年）完工，由朝廷派驻二十六名满洲喇嘛，使该寺成为京东著名的喇嘛庙。

⑭"垂帘听政"：自雍正皇帝胤禛即位后，养心殿成为清代皇帝的寝宫，亦是皇帝办理日常政务及接见大臣之处。所谓

"垂帘听政"，即在养心殿御座后隔一道黄纱帘，两宫皇太后隐于帘后听政视事。

⑮御花园：明称宫后苑，始建于明永乐十八年（1420年），清沿明旧略加改作，为紫禁城内花园之首建者。位于内廷后三宫之北，南北长90米，东西宽130米，占地12 000平方米。园内建筑精巧多变化，以钦安殿为中心，左右对称布置；松柏翠竹相间，长年碧绿，各式花草，清代由南花园办理，现仍有古树一百六十余棵，多为明代所植。此园为明清两代帝后妃嫔们玩赏游憩之御苑，也是紫禁城内最大的一处花园。清代选秀女亦曾在此举行。现园内建筑完好，长期开放。

⑯如意：器物名，梵语阿那律。头呈灵芝形或云形，柄微曲做手指状，长三尺左右，用以搔痒，可如人意，故名。古时候和尚宣讲佛经，也手持如意，记经文于上，以备遗忘。后来，如意渐趋缩短，长不过一二尺，只供赏玩，象征吉祥。

⑰荷包：亦作茄包，一般用绸缎缝制，上面常见刺绣图案，并在系带上饰以珠玉、穗子。满族人到山林中狩猎，身上必带盛放干粮的皮囊，入关后生活环境改变，皮囊逐渐演变成精致的荷包，受贵族所喜爱，男女老幼皆可佩戴。清代在穿行装时，必佩荷包，缀于袍外。成年男子挂在腰带两侧，妇女挂在领襟第二纽扣上，年长者挂在腋下，少男少女佩荷包时亦可伴香串子（香木珠串）、手绢等小饰件。

⑱过峡：指龙脉经两山相夹处或地势跌断处通过，堪舆家谓其作用在于脱卸龙脉的凶、邪诸气。过峡多而形态佳，到头才能融结吉贵之穴。

⑲金星圆顶：堪舆家依五行生克原理附会吉凶休咎，把来龙的山峰或峦头的形态按金、木、水、火、土五行，分为圆、直、曲、锐、方诸象，以当作寻龙点穴的主要准则。金星顶圆而足阔，宜平圆凝重，忌尖斜走窜；木星顶圆而身直，宜端正耸秀，忌欹斜枯槁；水星顶平而波曲起伏，宜低昂有势，忌散

漫欹斜；火星顶尖足阔，宜尖锐峭拔，明净秀丽，忌岩巉破碎；土星顶平形方，宜方正缓厚，忌臃肿倾陷。

⑳突穴：堪舆家将龙穴划分为突穴、窝穴、钳穴、乳穴等四种类型。突穴又名泡穴，指平中起突之穴；窝穴又名开口穴、金盆穴、窟穴，指前平后突、两边掬抱之穴；钳穴又名开脚穴、钗钳穴、虎口穴、仙宫穴，指左右两边掬抱特长而中平后凸之穴；乳穴又名悬乳穴、垂乳穴、乳头穴，指山势垂下复又高起所结之穴。

㉑左右护砂：又称左辅右弼、龙虎砂山。"砂"又称砂头，统指龙穴前后左右环抱的群山。古时以砂子堆拨成丘，传授寻龙点穴之法，故名。由来龙两侧层层逶迤而下，弯曲且错落有致的冈阜，就叫作砂山。依所在位置分为内砂山、外砂山（又称护山）、青龙砂（又称左辅）、白虎砂（又称右弼），形微而薄若蝉翼者，则别称蝉翼砂山。砂山可环抱拱卫穴区，具有挡风、束气、聚景的作用，山上广植树木后亦能美化环境。如果缺乏自然天成的砂山，一般均以人工堆筑黄土作为补救，其距离、大小、高低、远近必须得当，使之不逼不压，不折不窜，生动有情。

㉒堂局：即明堂，又称内阳。指龙穴之前平坦开阔、水聚交流的区域。按距离穴场的近远，又可分为小明堂（位于主山前方的蝉翼砂内）、中明堂（又称内明堂，位于主山前方的左右护砂内）、大明堂（又称外明堂，位于主山前方的案山之外）。小明堂、中明堂不宜太宽阔，可藏风聚气；外明堂则要宽阔而忌狭窄，以利长久发展之计。

㉓唇气：即余气。指龙穴剩余气脉所结之地段。堪舆家认为，凡真龙结穴，龙气长盛，结穴已完，山势难止，必有余气吐露而为唇毡。"唇毡"呈鳖裙（鳖甲四周的软肉）状，大者曰毡，小者曰唇，是贵穴之征。而余气绵延数里甚或数十里，亦能融结小穴，但其力量远逊于正穴。

㉔分金：罗盘面上所刻二十四山向中，每一方位内的细小方向划分。

㉕暂安奉殿：是一座重檐庑殿顶建筑，原为紫禁城内刚落成的慈宁宫东边的五间大殿，太皇太后孝庄屡称其美，未及久居即薨逝，玄烨乃拆迁其材料至清东陵重建，作为祖母停灵之处，达三十七年之久。孝庄是顺治皇帝福临之生母，其梓宫不管停放在东陵内任何地点，都卑于昌瑞山主峰下的孝陵，与她的辈分不相宜，且古代以左为尊，又考虑到地理条件等因素，故选择在风水墙外，大红门东侧处营建该殿。

㉖妃园寝：康熙年间，后妃定制，皇帝后宫可有皇后一、皇贵妃一、贵妃二、妃四、嫔六、贵人、常在、答应无定数。玄烨共有后妃五十五人，居清代各朝帝王之冠。景陵妃园寝位于景陵东侧半里，建成于康熙二十年（1681年），是清代在关内营建的第一座妃园寝，其建筑格局最称标准，由南向北分别为一孔桥、东西厢房、东西班房、宫门、燎炉（仅东侧有一座，绿色琉璃构件）、单檐歇山顶享殿、三座门、宝顶，无东西配殿及方城、明楼，宫门及三座门两侧围以朱垣，形成前方后圆的院落。全园寝除了厢房、班房是布瓦顶外，其他建筑均用绿色琉璃瓦覆顶。众妃嫔各自为券，宝顶建在一长方形月台上，分为七排。地位较高者葬在前排，居中，宝顶也较大，越往后陵主地位越低，宝顶也越小。月台前有磩磋，贵妃、妃、嫔、贵人为四阶，常在、答应为三阶，同样显示严格的等级制度。内葬贵妃一、妃十一、嫔八、贵人十、常在九、答应九、阿哥一［皇十八子胤祄，顺懿密妃王氏生，康熙四十七年（1710年）九月殇，年八岁］，共四十九人，另有一空券。首葬（康熙二十年之慧妃博尔济吉特氏）至末葬［乾隆三十二年（1767年）之晓答应］之间相隔八十六年，其葬人之多、历时之久，在清代绝无二例。

㉗昭西陵：清代第二座皇后陵寝，位于孝陵以南五公

里的风水墙外，内葬孝庄文皇后博尔济吉特氏，是清东陵所葬的一百五十七人中辈分最高的一位。该陵建于康熙二十七年（1688年），初称暂安奉殿，为孝庄停灵之处。雍正二年（1724年）决定扩建为后陵，翌年二月初三日破土兴工，年底完竣，十二月初十日孝庄之梓宫正式入葬，始定名为昭西陵。因与昭陵相距千里，又由暂安奉殿演变而来，其布局规制与其他陵寝不同，是清代最独特的皇后陵寝。昭西陵内外有两层朱垣环绕；三座门建在隆恩殿前，成为陵寝之第二道门户；隆恩殿为重檐庑殿顶，两侧建陵寝门；东西朝房前建神道碑亭，正南立下马牌一对；地宫周围建宝城，前面另起方城。

㉘下马牌：立于宫殿、陵墓之前的标志，意指臣民在此驻轿下马，徒步而行，以示庄严。清东陵、西陵在大红门前东西两侧各竖一块下马牌，由青白石雕琢而成，形似石碑，建在方形的青白石基座上，碑身两面用满、蒙、汉三种文字镌刻"官员人等至此下马"等字，碑身下部用一块抱鼓石倚戗（斜撑）。凡来谒陵者，上至皇帝，下至臣民，均须下马落轿，进大红门经圣德神功碑亭后仍可骑马乘轿，赴所谒之陵。每座帝陵的神道碑亭之前两侧，也各设有一块下马牌。不过，皇太后至儿子的陵寝，一直到明楼前才落轿；至其他陵寝，则在隆恩殿左阶前落轿。皇帝一般在朝房附近的南房山墙（建筑物两端的围护墙）下马。皇后、妃嫔、公主在隆恩门外降舆，扈从女官在三路三孔桥以北下马。真正在下马牌处下马的只有亲王、郡王、贝勒以下。三品官以上的宗室、觉罗、皇亲国戚以及社稷重臣在距下马牌稍远的地方提前下马。谒陵完毕，在同一地点乘轿、上马。

㉙泰东陵：清代第三座皇后陵寝，内葬孝圣宪皇后钮祜禄氏［乾隆皇帝之生母，乾隆四十二年（1777年）薨］。始建于乾隆二年（1737年），这是清代唯一一座规制最标准的后陵，但在一些具体装修上也有创新之处，例如在隆恩殿前的月台设

铜鹿、铜鹤各一对（之后的后陵改为只设一只），隆恩殿东暖阁设佛楼，地宫内有石雕。

㉚昌西陵：清代第四座皇后陵寝，位于昌陵以西的望仙山下，内葬孝和睿皇后钮祜禄氏［嘉庆皇帝之继后，道光二十九年（1849年）薨］。按惯例，皇太后的陵寝应该在生前营建，但道光皇帝旻宁却在继母死后才派人相度陵址，不久他自己也撒手人寰。昌西陵于咸丰元年（1851年）二月二十日正式开工，翌年八月完竣，历时一年半，用银仅四十四万八十余两。因国家财政拮据，故裁撤方城、明楼，缩减三殿规制，月台前不设丹陛石，地宫无隧道券、闪当券，将第二道石门改为梓券，较前代诸后陵大为逊色。

㉛慕东陵：清代第五座皇后陵寝，位于慕陵东北方的双峰岫，内葬孝静成皇后博尔济吉特氏［恭亲王奕䜣之生母，咸丰五年（1855年）薨］、庄顺皇贵妃乌雅氏［光绪皇帝之祖母，同治五年（1866年）薨］及道光皇帝旻宁的十五位妃嫔。慕东陵的前身是慕陵妃园寝，因为要葬入孝静成皇后，所以将它升格为后陵。孝静成皇后宝顶在陵寝后院最前面正中位置，用一道罗圈墙包围，左侧为庄顺皇贵妃宝顶，其余宝顶分三排罗列于后。陵寝内无方城、明楼，缩减三殿规制，月台前不设丹陛石，皇后之地宫无隧道券、闪当券，将第二道石门改为梓券，是清代最低劣的一座后陵。博尔济吉特氏原为皇贵妃，抚养生母早卒的咸丰皇帝奕詝长大，尊封为康慈皇贵太妃。但她自恃育圣之恩，一心想晋封为皇太后，频频暗示施压，直至临终前几天才得以如愿。奕詝心有未甘，加以报复，不为她单独建陵（因其穴位已由先帝钦定在妃园寝），降低治丧规格（穿孝二十七日，不亲送梓宫奉移山陵），减少谥号字数（仅八个字），不系宣宗之谥号"成"，神牌不升祔太庙，只升祔奉先殿。她一直到同治元年（1862年）才得以神牌升祔太庙，系宣宗谥，宣统元年（1909年）加齐谥号。

㉜门簪：串联门额（门楣）与连楹（又称鸡栖木，即上门臼，紧贴门额后侧，两端呈半圆形凸出，各设有一个凹槽，以容纳门轴）的木构件，民宅多做两只，宫室以四只居多。其外形有如放大的图钉，前端的簪面（俗称门印）紧贴于门额外侧，常制成方、圆等几何图案，或是龙首、鲤鱼首等吉祥样式，簪身穿过门额及连楹，簪尾出头，以插销卡住。唐代之前的建筑多无门簪，门额和连楹仅用暗榫销紧，门额外不露门簪，宋元时期起始普遍使用门簪。石作门框之门额及连楹常一并雕成，不须有门簪，但某些讲究的建筑仍然有之，此系沿袭木门框遗风，实际并无构造上的功能。

㉝管扇：门的部件，镶嵌在门柱及边墙内。铜管扇是每座陵墓中支撑石门的必备物，清代时是以宝泉局、宝源局等铸钱用的铜料制成。它等于是石门框内一根铜梁，有两个圆孔，石门上的石柱穿入孔中，石门扇才可转动。慈禧陵第二道石门的上梁与铜管扇为一体，均为铜制，这是特例，故门额前的四个门簪也是铜质的。

㉞马槽沟：陵寝中向外排水的露天水沟，以砖、石料砌成，其形如马槽，故名。清代皇家陵寝依山而建，为了防止山洪冲刷，便在宫墙外两侧设置纵向的马槽沟。地宫中的水通过龙须沟，经马槽沟沟侧的排水孔眼流出。另外，在明楼、陵寝门前，或隆恩门前石桥下的排水沟，称为玉带河、月牙河，河中之水均流入马槽沟。至于陵寝内其他地方，也有称为河桶的排水沟。以上各沟均相通相连，只因所经路段不同，才名称有异。

㉟谙达：满语，或作安达、安答，汉译为友伴。按照清王朝的家法，皇子、皇孙六岁起即在上书房读书，上书房总师傅以贵臣为之，师傅之外，别有谙达。教满、蒙文者谓之"内谙达"，由八旗翻译出身人员选派；教弓马者谓之"外谙达"，由各旗营参领、佐领选派。总谙达亦以贵臣充任。每一皇子，

各有三员谙达，轮日一人入值。此外有谙达五员，管理马匹鞍鞯及教习鸟枪等事，每日亦一员入值，如皇子有事他往，则五员皆随行。

㊱总理各国事务衙门：简称总理衙门、总署、译署。咸丰十年十二月十日（1861年1月20日），清廷为办理洋务及外交、通商事务，由恭亲王奕䜣等人奏请获准，仿军机处而设立的中央机构，后来成为清末实际上的内阁，但无权指挥各省督抚，各省督抚亦不对它直接负责。至光绪二十七年（1901年），按《辛丑条约》的规定，总理各国事务衙门改组为外务部，班列六部之首。

㊲江南织造：官名。明代于南京、杭州、苏州各设专局，置提督织造太监一人，均由宦官充任，掌织造宫廷御用和官用各类衣料。清人关后沿置，本由工部管理，顺治十八年（1661年）改隶内务府，于江宁、杭州、苏州三处各设织造监督一人，简称"织造"。例以内务府司员简派，为钦差，一年更代，与地方长官平行，权势大于明代。不仅管理织务、机户、征收机税等，亦兼理采办及皇帝交办的其他事务，且监察地方，可专折奏事，行文中称"织造部堂"。

㊳点设景物：清代皇帝、皇太后寿辰逢旬大庆时，在街头临时布置的假景物。肇始于康熙五十二年（1713年）三月十八日玄烨六旬寿辰，因他晚年常驻畅春园，故于前一日由园返宫，一路上蜿蜒二十余里，两侧设假景与真景相结合，包括池圃园林、亭阁楼台、经坛幡杆、歌榭戏棚等，在京各衙门文武大臣、各省或府级官员耆老、八旗各军都统以下、江南三织造、官学生等分段庆祝迎驾，并允许百姓往观，熙熙攘攘，十分热闹。此后乾隆皇帝之生母崇庆皇太后（即孝圣宪皇后钮祜禄氏）过七旬、八旬寿辰均设有点景，遂沿为宫中例制。另外，此种点景在康、乾二帝南巡时，在江南亦有布置，但规模较小。

㊴丹陛石：或称丹阶石、丹墀石，御路石。"丹陛"是古代宫殿台基之前的踏跺，漆为红色以示尊贵，故名。其中间的道路不做阶梯状供行走，而是斜铺一方雕有龙凤等图案之长条巨石，具有装饰功用。

㊵海水江牙：又称八宝立水、八宝平水。皇帝朝服或吉服下襟的装饰图案，寓"江山一统，山河版图"之意，亦可援用于皇家的其他装饰艺术上。立水与平水显示了早晚期的造型变化。清初多为平水，水浪波涛汹涌，起伏较大。至雍正、乾隆朝时，渐变为五色退晕（由浅至深，多层叠晕）的曲线斜纹图案化立水；同治、光绪朝时，立水纹斜线越益简单，退晕层次越少，立水图案所占的面积越多。

㊶景陵皇贵妃园寝：或称景陵双妃园寝，位于景陵妃园寝东南侧的七棵树地方，内葬悫惠皇贵妃佟佳氏［孝懿仁皇后之妹，原为贵妃，乾隆八年（1743年）薨］与惇怡皇贵妃瓜尔佳氏［原为和妃，乾隆三十三年（1768年）薨］。乾隆皇帝弘历十二岁入宫读书，曾受两位妃祖母抚养照看，留下良好印象。为报答这份亲恩，弘历于乾隆四年（1739年）为她们另建园寝，约在乾隆七年（1742年）完工。占地1431平方米，在东陵五座妃园寝中面积最大，也是清代规格最高的妃园寝，建有方城、明楼、宝城、东西配殿、丹陛石，东西厢房亦设前廊。因建于鼎盛时期的乾隆朝，地宫在罩门券前又建有闪当券和隧道券。

㊷汉白玉：颜色洁白似玉、质地细密坚硬、透光性良好的大理石岩，适于雕琢磨光，是上等的建筑材料。可分为水白、旱白、雪花白、青白等数种。

㊸贴金：传统装饰技法。将需贴金的部位包上黄胶（以石黄加骨胶、水调成），干后又打一层金胶油（以熟桐油、生桐油、苏子油加炒过研细的铅质糊粉调成），在其刚结膜时，将金箔撕成略宽于该部位的尺寸，以竹钳子夹起贴在金胶上，用

棉花轻轻肘一遍，再经扣油（用原色油漆重新描画底色，并将金箔飞边压盖，使轮廓线整齐）即可。

㊹镏金：古代金属工艺装饰技法之一。它起源于春秋战国时期，汉代称金涂或黄涂。系把金和水银合成金汞齐（即合金），涂在铜器表面，然后加热烘烤，使水银蒸发，金则附着于器面不脱落。

㊺旋子彩画：又称学子、蜈蚣圈，与和玺彩画统称为"殿式彩画"。常见于王府、官署、庙宇或宫廷的门楼、庑廊、配殿等一些次要建筑上，等级较低于和玺彩画，是彩画中用途最广的一种。其颜色多为青、绿两色，题材以旋花、卷草、龙纹或锦纹等旋形纹样为主，故名。按用金量多寡或颜色不同，可分为浑金、金琢墨石碾玉、烟琢墨石碾玉、金线大点金、金线小点金、墨线大点金、墨线小点金、雄黄玉、雅伍墨等几种。轮廓线用金的称"金琢墨"，用墨的称"烟琢墨"；花心和菱地用金的称"大点金"，只有花心用金的称"小点金"；旋花瓣退晕的称"石碾玉"；以雄黄色打底，上衬退晕旋花瓣和线条的称"雄黄玉"；完全不用金，亦不退晕，以黑白线条绘于青绿底色上的称"雅伍墨"。

㊻和玺彩画：或作"合细彩画"，是中国古代等级最高的一种彩画，仅用于宫殿、皇家坛庙的主殿、大堂、门楼等主体建筑上。其题材以龙凤为主，枋心（梁枋中心）、藻头（又称找头，位于核心两侧）、箍头（梁枋两侧末段，内为菱形或如意形的图样，称为盒子）各部位间用显著的Σ或ろ形括线分段，用金面积较大，并以青、绿、红等底色相衬托。按所绘之画题不同，可分为金龙和玺、龙凤和玺、龙草和玺、龙锦和玺、法轮吉祥草和玺、群仙祝寿和玺等几种。其中以金龙和玺最为尊贵华丽。

㊼披麻挂灰：披麻又称使麻，挂灰又称捉灰，油饰彩画前打底（称为地仗）的一系列工序。系在木构件表面用油灰（以

砖灰、血料、面粉、桐油、石灰调成）、麻、布分层黏裹，以保护木质，防止腐蚀，加强拉力。层数分一麻五灰至三麻二布七灰等几种，视建筑等级、用材大小而定。

㊽沥粉贴金：或作立粉堆金。彩画中高等级的绘制方法之一，常用于描绘服饰、仪仗、兵器等。"粉"是一种膏状的粉浆，由熟桐油、土粉、大白粉、骨胶调成。画工将专用的锥形粉筒子（以铁皮制成，尖端有细孔，口径大小不一）上端套接一个硝制过的猪膀胱，装入粉浆，用线系严，再以手攥住猪膀胱，沿着事先拍印在彩画部位上的谱子（草图），挤压出凸起的线条或点，能表现一种近似于浮雕的效果。一般沥粉处大多贴金，或是涂金胶油后将金箔直接贴在画上，或是贴在用沥粉画成的半干的地仗上。

㊾干摆：即闻名于世的"磨砖对缝"砌法。常用于墙体的下碱（又称下肩）或重要建筑的全部墙身（称为干摆到顶），其做工讲究，需使用尺寸精确、光洁平整、棱角分明的五扒皮砖。五扒皮砖共砍磨五边，四个肋均应砍去一些部分（称为包灰），使小于九十度角。摆砌时，砖与砖之间不铺灰，砖的后口用石片垫稳（称为背撒），里外墙皮之间的空隙用未加工的砖填满（称为填馅），再灌足灰浆（以生石灰加水调成白灰浆，或再加入黏土调成桃花浆，极讲究者可掺少量江米汁）。砌完后要进行墁干活（以粗砖或砂轮等制成的磨头，将砖块交接处高出的部分磨平）、打点（以砖面、白灰膏、青灰加水调成的砖药，将砖上的残缺处和砂眼抹平）、墁水活（用磨头沾水将前面修理过的地方磨平），再以清水冲洗干净，使整片墙无明显灰缝，达到"真砖实缝"的要求。

㊿盘长：或作盘肠，又称八吉（谐音八结，象征百结）、无穷盘、幸运结、指外廓呈菱形、作直线交错套接的几何图案。由模拟绳线编结而来，纹样是一条线的盘曲连环，无头无尾，无终无止，寓意源远流长。此图案在民间应用极为广泛，

佛教则视它为寺僧祈祷供奉的八种法物之一，表示"回环贯彻，一切通明"的意思。

㉛1938年秋，崇陵遭盗匪破坏，光绪皇帝载湉被弃尸于宝床之下。经查阅载湉生前的病历资料，显示他自幼体弱多病，成年后长期遗精，还患有肺结核、腰椎结核、头疼头昏等症，并且饱受慈禧的精神虐待，五脏六腑俱损，气血双亏，药石罔用，终因心肺衰竭合并急性感染而死。2008年，国家清史工程编纂委员会正式宣布清光绪帝死于急性砒霜中毒。

第五章

盗陵将军孙殿英

日暮皇陵

光绪帝大婚，孙殿英降生。从流浪少年到机枪连长。加入庙道会，由庙道徒登上神坛。深夜赌博，挟赢来的女人拉杆子发迹。路过亳州，想起当年四十军棍之辱。团长任上的政变，逃亡山东。拜谒张宗昌，由旅长至师长。南口兵败冯玉祥，由师长到军长。惊险的人生之旅，神奇的军阀发迹史。

从流浪少年到机枪连长

　　光绪十五年（1889年）正月，大清王朝的王公贵族，正在紫禁城恭贺光绪皇帝的大婚盛典。宫内宫外，红灯高悬，彩绸飘舞。整个古城北京，家家张灯结彩，人人穿红戴绿，一派喜气洋洋和热闹欢腾的气氛。

　　正当举国上下为当朝皇帝的大婚奔走相告时，在河南省永城县西杨楼村的一间四面透风的土屋里，一个婴儿降生了。这个婴儿就是几十年后家喻户晓的盗陵将军孙殿英。

　　永城位于河南省最东部，和安徽省毗邻，地处淮河支流涡河、沱河两条河流的上游，西南紧邻安徽省的亳州，是一个极其贫瘠易涝的苦地方。孙殿英的父母原住在永城县小马牧集孙家庄，因家境贫寒，就搬到西杨楼村，依靠他岳父母家的二亩薄地苦度残生。也正是在这段日子里，孙殿英降生了。

　　面对这个婴儿的降生，几乎所有的村民都未当作一回事，只以为这个世界上又多了一位苦命的生灵而已。只是忽然有一天，一个云游四方的算卦先生来到西杨楼村，围着孙殿英外祖母家的房前屋后转了几圈，声言自己看到一团黑雾笼罩了整个房舍，房舍之中有几道金光哧哧上蹿，由此断定必有黑龙降生于此。孙殿英的外祖母本是个极爱信神弄鬼的老婆子，听到风声，急忙将算卦先生请于家中饭菜伺候，意在打听这个新生婴儿的吉凶祸福。只见这先生长衫掩体，白发飘洒，面色红润，眼神清爽，确有些仙风道骨的模样。他在酒足饭饱之后，让人将孙殿英抱出屋来当面相看。老先生手捧茶碗，对着婴儿的面部端详一番，示意抱回，然后坐在凳子上神情严肃，一言不发。

　　孙殿英的外祖母及前来瞧热闹的本姓亲族长辈，望着老先生肃穆的表情，有些恐慌地问："先生看孩子的命相咋样？"

"恭喜老大姐，此子前途无量，以老朽之见，此子日后从文可官至督抚，为武可做将军，经商可聚百万资财。"老先生不慌不忙，胸有成竹地答。

周围的人听罢喜不自禁，孙殿英的外祖母半信半疑地说："甭说当什么督抚、将军，发财百万了，只要这小子日后能挣个温饱，娶上个媳妇就中。"

众人大笑，老先生依然面带严肃地说道："老姐姐甭疑，老夫说的话三十年后可以应验。"

孙殿英的外祖母不再表示怀疑，又问道："先生此前跟人说这孩子是什么黑龙转世，是福是祸？"

"只是这条黑龙尚未成就最终的造化，就被它的族类暗害，继而转世投胎于此。因前世的恩怨未得消解，转世后还免不了要新结仇恨。"老先生一席玄而又玄的话，使在场的人无不惊骇。老太婆不禁瞪大了眼睛问："是福是祸？"

"因祸得福。仇恨未了，福星却至。"老先生答。

"这孩子的仇家是怎样的人？"老太婆又问。

"天机不可泄露，仇家之人老夫实不敢言，亦不可言也！"老先生答。

"嗬，有啥不可言，不敢言的，咱这地儿天高皇帝远，怕啥子呢，老先生，您就说个明白吧！"老太婆继续追问。

老先生微微一笑道："常言卦象中有贵不可言之人，为啥不可言，老姐姐想一想普天之下谁最高贵便可知老夫今日之言矣！"说罢，起身告辞。

众人和孙殿英的外祖母都未缓过神来，老先生已经出门。老太婆急忙追将出来，恳求道："烦劳先生给孩子取个名字吧。"

老先生停住脚，从怀中掏出一张折叠的字条说道："都在上边了，老姐姐看中不中？"说罢，转身消失于门外的旷野田畴之中。

老太婆回屋将字条展开，只见上面写着："此子乳名金贵，名殿英，字魁元，意为金殿之上可夺魁元，事业成时，当好自为之。"众人看罢，且惊且喜。只见一个后生顿悟似的大声道："刚才老先生的话我懂了，天下最富贵的人是皇帝，富贵到了不可言的时候，就是命中要做皇帝了。这孩子的仇人就是，就是……"众人听到这里，恍然大悟，接着惊恐万状，脸无血色。孙殿英的外祖母上前一把捂住了这个后生的嘴，战战兢兢地喊道："你这千刀万剐的畜生，难道想抄家灭门不成?!"

族人们听罢，如晴天霹雳，一顿乱棍将后生打了个半死，并言明，老先生今日所说的胡言乱语，任何人不得漏出一字半句，倘有违背，族法论处。

自此，老先生的话没人敢重提，孙殿英外祖母家又风平浪静，并无半点风声传出。只是三十年后，孙殿英以军长的身份，率部盗掘了清东陵，消息传到河南老家后，那算卦老先生当年的话才被重新提起，并广为流传。不过，这时候没有人担心抄家灭门了。

不管这算卦先生的话是真是假，孙殿英的出生，在给这个家庭带来了希望与欢乐的同时，也增添了一份忧愁。因为这孙殿英的父亲孙玉林虽说是个农民，但不愿下死力气耕地种田，整日游手好闲，东窜西逛，弄得家中一贫如洗，难以生活。老岳母虽多次提出警告，但孙玉林依然旧习不改，整日偷鸡摸狗，混吃赖账，还不时找碴跟岳母大吵大闹，没用几年，就把老迈体衰迈的岳母活活气死。苏姓家族见孙玉林如此可恶，便在族长的指示下，暗中组织了几个青壮小伙子将孙玉林捉住，狠狠地揍了一番，以示严厉警告。孙玉林不但未听警告，反而暴怒异常，他趁人不注意，找来一把切菜刀，在一个月黑风高的晚上，将一个殴打他的壮汉几刀劈死。西杨楼村几天之内出了两条人命，瞬间轰动了四方八镇。孙玉林不久便被官差捉拿，押解县城衙门，后被枭首示众，算是死于非命。

外祖母被父亲气死，父亲被县衙枭首，好端端的一个家只剩孤儿寡母艰难度日了。也许是遗传所致，孙殿英自幼就极其任性顽劣，不听母亲教诲，但母亲却总在心里装着当年那位算卦先生的话，认定了儿子日后即使不能成为巡抚、将军，也必能成就一番事业。正是出于这样一种母爱和侥幸心理，在孙殿英长到七岁的那一年，他的母亲不顾家境贫寒，咬紧牙关东借西求，总算凑了几个钱，将儿子送进本村私塾，拜老儒生张景泰为师读书识字，以求日后出人头地，飞黄腾达。想不到这孙殿英天生顽劣，难以教化，不仅自己不好好读书识字，还经常和同学打架斗殴，惹是生非，因之也就不断招致老先生的惩罚。一次，孙殿英又无故向一同学挑衅，并将对方的鼻骨一木棍打断。老先生闻知，狠狠地将他教训了一顿。孙殿英恼羞成怒，同他父亲当年杀人一样，小小年纪的他也选择了一个月黑风高的夜晚，一把火将学堂烧了个精光。儒生张景泰在一阵呼天抢地的悲号后，做出的第一个决定就是将孙殿英逐出学堂，永不收留。其实老儒生已用不着开除孙殿英，因为学堂已荡然无存，皮之不存，毛将焉附？孙殿英短短的读书生涯就这样草草地了结了，自此再也没有进过学堂读书识字。

祸不单行，孙殿英被赶出学堂不久，又不幸染上了天花，因无钱医治，只好听天由命。也算他命不当绝，在连续昏迷了三天三夜之后，终于又睁开了眼睛，从阴界返回了阳间。只是自此那黑黝黝的脸上，落了一脸的麻坑，而后"孙大麻子"的名号便紧随他一生。

劫后余生的孙殿英母子眼看在西杨楼村搞得灰头土脸，四邻皆恶，感到无法再混将下去，便返回小马牧集孙家庄老家，整日靠乞讨拾柴，艰难为生。在这段日子里，母子俩尝尽了人间的辛苦，看够了四邻八舍的白眼冷面。家庭的不幸和生活的艰难，给少年孙殿英带来心灵创伤的同时，也塑造了他复杂多变的性格。

孙殿英长到十三四岁时，因在家闲闷，便经常跑到马牧集镇游荡，并结交了一些顽劣少年。在长期的厮混中，孙殿英凭着自己的虎背熊腰和聪明诡诈，逐渐成了这帮浪荡少年的小头目。闲来无事，他们就集聚在一起掷钱赌博。清朝铸钱分两面，一面铸有"康熙通宝"或"乾隆通宝"，称作字；另一面则只铸有两个满文，称作面。赌时需将三枚铜板平放在手心，往下一撒，使铜钱落到下面的硬石板或砖面上，任其颠簸，以事先规定的字与面为输赢。这种赌博游戏几乎人人都会，可无师自通，输赢也全靠运气。但孙殿英却在其中人动脑筋，尽使才智。每当回到家中，他便独自拿着几枚铜钱，反复揣摩其轻重与质地，并分别撒在地下，验看每次撒下需要距石板或砖面多高，铜钱落下后需颠几番才能达到预期的设想。经过日夜揣度测试，终于掌握了其中的规律。自此之后，每次聚赌，他要字有字，要面来面，总是十不差一。这群浪荡少年中，不乏家中有资财者，每当聚赌，孙殿英总是像魔术师一样将对方的钱赢得精光，全部装进自己的腰包。天长日久，浪荡少年们见自己总是屡屡败北，只输不赢，出于自尊和囊中羞涩，渐渐对与孙殿英赌博失去了信心和兴趣。孙殿英窥出了同伴们的心思，怕这群人都因输光而不再捧场，断了自己的财路，便迅速改变战略战术，每次聚赌都是适可而止，绝不贪多，并时常摆出一副侠义姿态，把赢到手的钱再分给同伴一些。这样，那群浪荡少年怀着既感激又佩服的心情，重又围在孙殿英身边久赌不散了。聪明狡猾的孙殿英正是靠了这点雕虫小技，用赢来的钱孝养母亲，并度过了艰难困苦的少年时代。

　　孙殿英长到十六岁之后，对社会现实已有认识。经过反复权衡，他认为自己别无所长，只有靠赌博为业，何况这个职业来钱特别容易。但既想立志以赌为业，就必须精于此术，单凭和几个无赖少年厮混时练就的那点本领，自不能成气候。主意已定，他就托人说情拜当时的赌场名将、嵩县的曹洛川为师。曹洛川见孙殿英尽管相貌不佳，但虎背熊腰颇有些男子汉风骨和豪气，交谈中又见他聪明伶俐，非同一般市井小民，很快答应收他为徒。自此之后，孙殿英便跟着曹洛川游荡于豫西许昌、嵩县、巩县、洛阳一带，逢集赶集，遇庙逛庙，整日出入赌场，进驻旅店，吃喝玩乐，好不自在。孙殿英既已为徒，每次开赌总是在师傅左右一边服侍，一边精心钻研，揣度其中的奥妙，加之师傅的身教言传，没用几年就学成练就了一手硬功夫，并大有"青出于蓝而胜于蓝"之势，一切捣鬼欺人的赌博诡计，全在他的手中大加发挥。如赌场中玩牌九的翻天印、玄股手、拔张、摘张等，押宝使用的活宝盒、螺丝转盒、水银盒等任他纵横捭阖，随意使用。尤其是对骰子的使用，更是达到了炉火纯青的境地，要几点就能掷成几点，随心所欲，百无一失。转圈取钱如同探囊取物，保赢不输。赌场的赌徒无不惊骇称奇，以为孙殿英得到了神助。但此时的孙殿英却清楚地知道，自己的本领并非神助，而是勤学苦练的结果。事实上冰冻三尺，非一日之寒。他的口袋里总是装着一副骰子，不分白天黑夜地练习投掷。凭着他的聪明与毅力，久而久之，便可叫骰子像他身上的器官一样听从使唤，很自然地顺从大脑的支配。输钱的人糊里糊涂，而孙殿英却心明如镜。

　　孙殿英到了二十岁时，觉得自己可以在赌场上呼风唤雨，叱咤风云了，便告别了师傅曹洛川，独自一人到各地闯荡。这一年，正是威名显赫的慈禧太后葬入东陵地宫之时。在以后的岁月里，他靠赢来的钱结识了一些地痞流氓、军警官吏，并时常设宴招待银行经理之类的财神爷，酒足饭饱之后照例要有麻将、牌九等余兴，往往一局终场，成千上万的巨款便滚进了他的腰包。孙殿英并不当守财奴，他用这不费吹灰之力就得来的金钱作为广泛交游、扩充实力的资本。对这时的孙殿英来说，赌博已不仅仅是单纯的赢钱，更重要的是可成为交际联络，进而加以利用的手段。为这个手段的顺利进行，他常常把赢来的钱主动退还给输主，甚至有意识地把牌打输，以博取这些人的欢心。后来的事实证明，孙殿英在官场摸爬滚打，屡仆屡起，与这个手段所起的效果有着直接的关系。多少年后，当孙殿英发迹时，回忆自己青少年时期的赌博生涯，他不无自豪地说："赌博这玩意儿，并不是什么坏事，我可以从赌博中看出每个人的性情，并针对这些人的性情结交了许多朋友。这些朋友帮了我很大的忙，纵然有的不肯帮忙，至少不至于说我的坏话。我是一个粗人，没有真才实学，如果连这点办法都没有，还凭啥混呢！"正因为如此，孙殿英直到当了师长、军长之后，他的办公桌上还时常摆着麻将牌、天九牌和骰子等赌具，就像猎人对于猎枪、烟鬼对于烟枪、侠客对于佩剑一样，形影不离，爱不释手。

孙殿英凭着一身赌博的绝技和结交四方朋友的豪情，自认为走遍江湖，无可阻挡了。意想不到的是，他在二十二岁那一年的宜阳庙会的聚赌中，突然遭到警察围捕。孙殿英锒铛入狱，一关就是三个多月。在狱中，他呼天不应，叫地不灵，只有任凭狱卒折磨和污辱，往日的豪气与霸气一扫而光。也就是这次入狱，他又意外地结交了同一监号的豫西绿林人物焦文典。这位见多识广的绿林好汉，见孙殿英颇有一番英雄气概，便劝他弃赌从戎——这是孙殿英人生旅途上的一次重大转折。经过对自己碰壁的深刻反思和焦文典的开导，孙殿英逐渐认识到，赌博固然可以赢钱发财，吃穿不愁，但毕竟属雕虫小技，又是历代王朝政权所禁止和为正直之人所不齿的下九流，在官府面前永远低三下四，东躲西藏地过老鼠样的生活。眼下正逢乱世，整个中国已是四分五裂，朝廷无力治国平天下，各路军阀正磨刀霍霍，饮马四野，大有问鼎中原之势。这样的年景，必须当兵、带兵，掌握枪杆子。只要有了枪杆子，就有了地盘，有了地盘就可以任意纵横驰骋，建功立业，为所欲为，到那时就没人能奈何得了了。对于焦文典的话，孙殿英深以为然，一个全新的更具诱惑力的世界豁然向他敞开了大门。他恨不得一步踏进去，看个究竟，尝个新鲜，痛痛快快过一把人上人的生活。他走出监狱后，暂时放弃了苦心精修的赌博术，四处寻找当兵的机会。不久，经人介绍，他到河南毅军统领姜桂题部队当了一名普通士兵。这毅军原为一个叫宋庆的人所创，属慈禧

毅军将领姜桂题
（前排中坐者）与
同僚合影

皇太后的嫡系部队，曾被大清王朝赐号"毅勇巴图鲁"[①]，意为英勇无敌，简称为毅军。这支英勇善战、声名远播的部队，曾于1900年八国联军进攻北京时，受命护驾慈禧太后和光绪皇帝"西幸"长安。《辛丑条约》签订之后，李鸿章又命袁世凯派姜桂题率兵到河南弹压地面，迎接慈禧、光绪銮驾回京。从这一送一接中，可以看到这支部队在朝廷中具有其他部队无法匹敌的分量和位置。孙殿英正是深慕毅军的强大声望，才托人求情来此当兵的。

　　但是，未过多久，孙殿英就觉得这支训练有素的部队与自己的脾性格格不入。由于嗜赌成性，只要一天不赌，他心里就像抽鸦片的人断了鸦片一样难以忍受。于是，他索性瞒着长官，不时地找几个士兵偷偷地赌上几把，以过赌瘾。他知道这支部队纪律严明，是不许赌博和吸食鸦片的，开始时还有所收敛，但时间一长，也就渐渐麻痹放肆起来，有几次竟公开聚众赌博。这一不同寻常的举动，终于被毅军统领姜桂题得知，并立即下令将孙殿英捕获，按军纪狠狠打了四十军棍。孙殿英初出茅庐就遭此责打羞辱，心中悲愤不平，一气之下开了小差，跑到豫西各县，又过起了原来那游荡不定、居无定所的赌博生活。就在这不断的游荡中，孙殿英又从黑道朋友那里学了一手发财本领，那就是制毒和贩毒。当时中国有不少的人在吸食鸦片或"金丹"一类的毒品，制毒、贩毒是一项暴利的行当。孙殿英将本领学到手后，便悄悄地用赌博赢来的钱，投入到制造"金丹"和贩卖鸦片的生意上来，并很快获得了极大的利润。

随着社会的日渐混乱和自己年龄的增长，孙殿英越来越感到枪杆子的重要，当年那个绿林好汉焦文典的忠告又在耳边回响。为了牟取更大的暴利，就必须依靠枪杆子取得权势，只要有了权势，不管是赌博还是制毒、贩毒，都不必提心吊胆，整日为性命担忧。想到这里，他决定再度迈进军营，以图日后飞黄腾达。由于他在贩运毒品中结识了河南省陆军第一混成团团长兼豫西镇守使丁香玲部的官佐，通过这位官佐的介绍，他很快入丁香玲部当了一名小副官。这陆军混成团属地方军队，自比不得当年的毅军，而丁香玲乃一典型的地方军阀，属贪财忘义之辈，更无法和毅军统领姜桂题相提并论。加之这时清朝皇帝溥仪已宣布退位，民国怪胎诞生，政权归军阀首领袁世凯控制，天下已呈军阀割据，各自为政又相互残杀之势。孙殿英瞅准了这个天下大乱的机会，在揣摩到了丁香玲贪财好色的性格后，便串通官佐一起向丁香玲献计，以筹备军饷的幌子提出制毒、贩毒一事。丁香玲一听有钱可赚，有财可发，当即批准，并让孙殿英全盘负责制造和贩运事务。孙殿英领了"圣旨"，自是大显身手，率领一伙兵痞打着丁香玲的旗号，先后到陕西、河南、安徽等地贩卖所造毒品，并很快打开了局面。在此期间，孙殿英又结识了豫西悍匪首领张钫、陕州警察局警长吉星照等黑白两道的首要人物，从而一路畅行无阻，生意越做越大，路子越拓越宽，除豫、陕、皖三地外，汉口、连云港、大连等地的水路码头，也成了他销售毒品的地盘。为了区别于其他贩毒团伙的毒品，创出自己的名牌，以质量取胜，孙殿英竟费尽心思，凭着自己特有的聪明，制出了一种别具特色的海洛因"红丸"，并用白布袋包装，袋上印着绿色飞鹰商标，名曰"靛英牌"。这种毒品由于劲大力足，价格适当，很受买主欢迎。每次制出，很快便销售一空。为了牟取更大的暴利，孙殿英又开动脑筋，使用诡计，制造了一大批假货。从毒品的颜色到包装与真品外观一模一样，只是商标上印的飞鹰眼睛是闭着的，而真货包装的商标上鹰眼是睁开的。这个小小的差异使人很难留意和辨别。孙殿英正是凭着这一点给自己留出了宽阔的退路。当假货销出后，吃亏上当的买主纷纷找上门来要讨个说法。孙殿英先是故作惊讶，矢口否认，待买主们拿出假货物证，他看了看，又装出极为愤怒的样子，大骂有人故意毁坏"靛英"的名牌信誉，竟借用飞鹰的商标来伪造货物，冒充名牌。但只要仔细察看，就不难发现破绽，这个破绽就是假货商标上的鹰眼是闭着的，而真货商标上的鹰眼是睁开的。说着从库里拿出真品相互对照，果然一睁一闭，真假分明。买主们只好自认倒霉，悻悻而去。孙殿英略施小计，白花花十几万大洋②便进了腰包。丁香玲见孙殿英如此聪明能干，倍加欣赏，很快将其提升为排长，接着又晋升为机枪连长。孙殿英在丁香玲部由一名小小的副官，成了颇具实力的机枪连长。当年在豫西结交的一些赌徒酒友，闻讯纷纷来投。孙殿英来者不拒，热情接待，想走的给钱给物，想留的编入机枪连当兵。大多数来投者都愿留下跟这位"麻哥"共图大业。孙殿英凭借手中雄厚的资财和与各种实力人物的关系，居然成了豫西一名显赫的人物。这一年孙殿英三十三岁。

在连长任上的
孙殿英

孙殿英当了机枪连长，有人有枪，有钱有势，制毒贩毒更是如虎添翼。北起大连，南到宁沪，西至陕甘，水旱两路，到处都有他的据点和销售场所，并有当地实力人物保驾护航。只要出示孙殿英的名片，毒品一路通行无阻。后来孙殿英成为盘踞一方的小军阀，仍经营毒品生意作为牟取暴利的绝活，并且鸟枪换炮，不论是做原料的鸦片，还是制成的"白面""金丹""三两三""机器泡"等各种烈性毒品，全由专业化工厂生产，由武装士兵押送，往来于山西、河南、北平、天津、上海等地。由于他制造的毒品烈性十足，对人体的危害极大，吸食过这些毒品的人，有的致死致残，更多的是沦为坑蒙拐骗、偷盗抢劫、杀人越货的罪人。本来就混乱一团的社会治安状况，由于毒品的渗入，犯罪者猛增，社会秩序更加混乱不堪。在这种态势下，当时主持河南等地军政大权的军阀吴佩孚，于1922年秋曾严令缉捕制毒犯孙殿英，希冀以此杜绝毒品来源。但孙殿英早已今非昔比，他已羽翼渐丰，手眼通天。经过层层或明或暗的关系，他将自己保护匿藏起来，一代枭雄吴佩孚也对这个小小的连长无可奈何。

🌑 黑夫子星夜点迷津

正当孙殿英在黑白两道大显身手时，一位叫黑夫子的世外高人又为其献上一计。这位黑夫子的真名实姓外人多不知晓，只知他是前清举人，因家道中落，以给别人算卦占卜为生，整日游荡江湖，居无定所。他跟江湖骗子不同的是，尽管生活落魄，但总是洁身自律，在豫西一带颇有威望，号称豫西小诸葛。孙殿英跟他相识后，很是敬慕他的为人和声望，每每做出虔诚的样子前去请教。时间久了，那黑夫子便夸孙殿英聪明伶俐，气度过人，粗中有细，极讲义气，正是乱世英雄的极好人选。只可惜身边都是一些酒囊饭袋、鸡鸣狗盗之辈，缺少高人指点。尽管三十余岁也算混了个机枪连长，看上去虽然耀武扬威、不可一世，但这毕竟是狐假虎威，拉大旗作虎皮和小地头蛇式的威风，倘真的跟那一方实力人物叫起板来，则不堪一击，形同重车冲上螳臂，巨轮碾上小蛇之势。黑夫子从爱惜孙殿英这个乱世人才着眼，决定为其指点迷津，希冀他能成就一方霸业。

于是，黑夫子选了一个星光灿烂的夜晚，将孙殿英领到一座小山包上，面对繁星密布的苍穹和黛色的山岗，开始对孙殿英进行点拨。黑夫子从历代事业有成的帝王将相说到晚清的洪秀全、曾国藩、李鸿章、左宗棠等各色人物，接着列举了眼前的孙中山、袁世凯、曹锟、吴佩孚、张作霖等一代人

建于北宋时期的豫西新安县洞真观一度成为豫西庙道会的大本营。此为洞真观部分残存的建筑

杰，得出的结论是：洪秀全、孙中山靠的是宗教迷信和三民主义起事，曾国藩、吴佩孚、张作霖等靠的是自己亲手建立的武装力量雄霸一方。纵观天下有成者，无不是按此方法而行。要想成就更大的事业，就必须要举起一种宗教或一个宗教式主义的大旗，创立自己的嫡系武装力量，若一味地依附权势，狐假虎威，终不能成气候。生逢乱世，对胸无大志、苟延残喘者可谓不幸，而对想成就大事的英雄豪杰，又实为千载难逢，堪称不幸之中的大幸……黑夫子与孙殿英推心置腹地谈了一个通宵，在论完了天下大势之后，也学当年诸葛亮指点刘备的样子，让孙殿英先立足豫西，创立自己的武装，然后再逐鹿中原，图霸全国。黑夫子说："历史上许多帝王将相及事业有成者，都是靠故乡的子弟兵发展而成的。而要实现这宏图大业的第一步，就是要找到一家宗教或创立一种主义，以便利用宗教或主义的大旗，号召四方英雄，并做到任何时候，任何境况，这种宗教或主义都在起着凝聚作用，从而使自己达到兵书上所云的善战者不败，败而不亡，亡而不死，死而不僵的神奇境界……"最后，黑夫子更加明确地指出，眼下在豫西、豫中、鄂北一带极为盛行的封建迷信会道门"天仙庙道会"，就是上天赐给孙殿英的一面大

旗。只要抓住这面大旗，建立自己的武装，那么豫西可定，中原可图，天下可问鼎矣！

孙殿英经黑夫子的一番指点，顿感热血沸腾，壮志倍增，野心大起，遂当即决定加入庙道会，建立自己的武装，图谋辉煌大业。

孙殿英听信了小诸葛黑夫子的蛊惑与指点，很快拜了"天仙庙道会"领袖张明远的大徒弟李老喜为师父，称张明远为师爷，并与后来盛行于豫中地区的"新庙"创始人朱金刚为师兄弟。孙殿英凭着自己一连之长的身份，初一入会就取得了极高的辈分和地位，这为他日后控制庙道会的信徒创造了良好的开端。

天仙庙道会属于道教的一个分支，源起于四川峨眉山，由刘廷芳再创于豫西。刘廷芳，乳名卯金，字德兴，外号刘神仙，乾隆六十年（1795年）生于河南省巩县沙鱼沟英峪村，十五岁时离家出走峨眉山，并跟一老道学习道教和医术。在这段时间里，他接受了道教激进派的教育，决定以教会的形式组织力量，准备秘密造反起事。十年后返回原籍，一边为百姓治病，一边传教。由于他妙手治好了许多病人，声名鹊起，信教的人越来越多，他开始被冠以刘神仙的美名。刘廷芳在传教七年之后，看到教徒甚多，自己已立稳了脚跟，便想确立和巩固自己永久的地位，以顺利达到聚众谋反的目的。为达到这个目的，他采用了历史上许多教派顶峰人物惯用的伎俩——神化自己。于是，在一番周密策划后，道光二十四年（1844年）二月二十二日，他在自己生日的宴席间，在众亲朋面前突然倒地不起，并口吐白沫，眼睛上翻，嘴里咕哝着需仔细分辨才能知晓的话语。而他的一位心腹徒弟趁机向人解释是姜太公附了他的体，师父要以当年姜尚姜子牙的名义"治国法，灭贪官，定乾坤！"

刘廷芳的一番表演，唬住了在场的所有人。在大家惊魂未定之时，刘廷芳回复原形，乘机就地成立了"天仙庙道"，以姜太公为名誉道长兼祖师爷，自己为姜太公的嫡传弟子兼庙道会的实际领袖，并依照八卦的方法，吸收了八八六十四位忠实道徒，作为自己的再传弟子，其余道徒作为这六十四位弟子的弟子，按辈分依次传下去。从此，刘廷芳以祖师爷的身份高居于庙堂之上，广收弟子，加紧了密谋造反的准备。

道光二十九年（1849年），刘廷芳号令众道徒秘密打造枪甲准备谋反。

由于组织不严，被人告发，刘廷芳谋反未成，便遭清政府逮捕，以谋反罪被点天灯。

刘廷芳虽死，但阴魂不散，也就是黑夫子所说的"死而不僵"。他的两位大徒弟与洛阳东南的高崖村农民张明远结拜为师兄弟，并将其师父的八卦、九宫、五行等法术教了张明远。从此，张明远便在家中大摆香案，广泛吸收道徒。庙道不但未在劫难中衰亡，反而越发扩大了影响，提高了在百姓心中的地位。张明远在吸收了祖师衣钵的同时，又加以改造和发展，将吸收的道徒划分五排，最先吸收的八八六十四名亲信道徒为头排，亦称第一辈，其他依次类推。各辈均有代号，男道徒按元、亨、利、贞、祥等依次排列，女道徒按莲、修、梅、桂、真等类推。头排称张明远为师父，二排称他为师爷，依次类推。因孙殿英拜的是张明远的头排道徒李老喜为师父，自然称张明远为师爷，称刘廷芳为祖师爷了。孙殿英当时的辈分，在庙道徒中已是很高。

张明远病故以后，由李老喜主持庙政。这李老喜大有"青出于蓝而胜于蓝"之意，在继承的基础上又有创新和发展。这个发展就是别出心裁地向新收的道徒们传授了极为神秘的四句谛言：

> 上上姜尚转卯金，
> 技授无蔽踵徽音。
> 才育八八原有定，
> 弓长苗裔白何心。

每当李老喜收徒时，他就把四句谛言用朱砂书写在一张黄表纸上，并排贴在墙上，焚香祈祷，隆礼传授，但并不能解释谛言的真意奥妙，这无形中又增添了庙道的神秘色彩。后来孙殿英入庙道会，对这四句谛言同样是不明其意，而他收道徒时也原样传授，只让徒弟们默念，不解释其中含意。所有的道徒就这样迷迷糊糊地一代又一代地传了下去。

其实，这四句谛言只不过是一个粗通文墨的农民，照葫芦画瓢编造出来的而已。非要追究其意，那便是：第一句指祖师爷刘廷芳系姜太公转世，非凡人之体；第二句指刘廷芳将其真法大义只传给了弟子张明远（字无蔽）一人；第三句指按八卦排列，收最亲信的道徒八八六十四位继承庙道祖业；第四句的关键处是白、何二字，这白、何实指张明远的妻妾白氏和何氏，意为在供奉刘廷芳、张明远的同时，这两个女人也应一起供奉。至于为什么要把这两个女人也一起供奉，也许只有李老喜一个人心知肚明了。

1911年春，李老喜的弟子朱金刚脱离了师父，另行在河南伊川白沙镇创办了"新庙"，自称"豫东派"，称师父李老喜、师爷张明远为"豫西派"。这朱金刚聪明过人，野心颇大。另立门户后，他专以请神看病为手段，走村串户，发展道徒。其势力范围很快遍及洛阳、伊川、临汝、登封等二十多个县份，向南还扩展到湖北省境内。所收道徒共设二十排系，祖庙以下各县设有分庙，道徒多达一万之众。朱金刚不但能力超人，头脑也格外灵活。除广泛吸收道徒，扩大徒众势力，还施展经济手段，大肆捞钱刮财。他不但看病治疗要钱，还特别规定凡入道者需交"成采费"二元，"庙引费"一元。逢年过节，以及祖师爷刘廷芳生日、张明远生日并朱金刚本人的生日，都要求道徒送礼拿彩。由此，朱金刚在短短的几年之内，就因大发横财而成了当地有名的暴发户，其声威大大超过了在豫西苦心经营的师父李老喜。

孙殿英拜李老喜为师之后，为挽回师父的颓势，也为自己立稳脚跟，当即献出一条奇计：要在庙道会的祖师爷刘廷芳的故乡英峪村旁建立一座庙道院，并表示要将自己贩毒得来的钱财捐献出来。只要道院建成，豫西庙道独一无二的最高地位便可奠定，朱金刚就再也没有能力与师父抗衡了。李老喜闻言大喜过望，即刻号令众道徒有钱的出钱，无钱的出力，很快在英峪村旁建成了规模庞大的庙道院。刘廷芳、张明远以及白氏、何氏两个女人的塑像依次排列于正殿之中，其他各路神仙的画像、泥塑一应俱全。李老喜报请当地官府，派去近百名道徒予以守护。

果然不出孙殿英所料，庙道院建成后，声震豫西，香火极盛，争相入道者不计其数。每年的阴历二月二十二日刘廷芳生日这天，庙道院照例要举行规模庞大的庙会。各地信徒从四面八方纷纷拥来，将成捆的香烛投入香案前的炉鼎中，火焰熊熊，高达数尺，彻夜不息。尤其是庙会期间，几家戏班子同时在庙道院四周搭台布景，演唱对台戏，更增添了庙会的热闹与隆重。许多前来烧香还愿的信徒，在距离道院数里之外，就开始一步一作揖，十步一磕头，跪爬着来到庙道院。四方百姓对庙道的迷信已到了极端狂热和痴迷的地步。豫西庙道会再度以勃勃生机发展壮大起来，并取得了公认的无与伦比的顶峰地位。孙殿英由于在修建庙道院中慷慨解囊，他的地位在道徒心中扶摇直上，大有取李老喜而代之的声势。孙殿英渐渐成了豫西庙道会的实际领袖。而成了实际领袖的孙殿英，又主动以谦让的姿态，和豫东派领袖、自己的师兄弟朱金刚结成联盟，并逐渐将自己的势力和弟子向豫东渗透。没用几年，孙殿英又成为豫西、豫东两派庙道会的实际领袖，其师兄师弟、徒子徒孙几乎遍布整个河南省。孙殿英在庙道会中的崇高声望，为他日后拉杆子发迹，并在人生旅途上屡仆屡起，起了极为重要的作用。

当然，加入庙道会并夺取地位和声望，只是一种图谋大业的工具和手段，并不是他追求的目的，他所追求的是这个庙道会无法给予的权势和地位。于是，孙殿英仍以机枪连长的身份，或明或暗地扩充、发展、培植自己的私人武装。凡他所提拔任用的班长、排长，大多要先入庙道会，或成为师兄师弟，或成为忠实弟子。这样他的部队除了军队明显的上下级关系之外，又多了一种无形的迷信色彩和威慑力量，更有了一种凝聚力和亲和力。正当孙殿英准备利用丁香玲和庙道会这两面大旗悄然发展自己的势力时，一件意外的事件，使他又做出了新的抉择。这就是在孙殿英人生旅途上颇具荒诞意味的赌妻事件。

一天傍晚，孙殿英赌瘾上来，便在军营中邀了几个同僚聚赌。几个回合下来，丁香玲的一名禹姓副官输了个精光。这位副官硬着头皮向周围赌友告借，但没一人答应。他情急之中恼羞成怒，以十足的流氓语气说道："既然哥们儿不肯赏脸，那我就把家中新娶的老婆押上吧！"一语既出，四座皆惊。孙殿英趁机讥讽道："好！你拉屎可不能往回里坐。"禹副官涨红着脸答："大丈夫顶天立地，一言既出，驷马难追！"众人闻言跟着起哄道："禹副官这回可要说话算数，要是输了，就得把家中的漂亮娘们儿交出来，不得抵赖耍滑。"禹副官把牌猛地一拍，狠狠地吐出了一个生硬的字——"中！"于是，牌九重新摊开，二人杀将起来。这孙殿英在赌桌上堪称职业杀手，谁能与他匹敌？禹副官空怀满腔热血，一身激情，一个回合下来，还是败在了孙殿英的手下。禹副官见自己屡战屡败，又败得如此凄惨，心中怒气、悔气、羞愤之气一时无处发泄，索性把牌往桌上一摔，掉头走了出去，边走嘴里还嘟嘟哝哝的，似在骂着什么。众人见状，一时惊讶无语。孙殿英尽管赢了牌，但见禹副官这架势，亦感无趣，尴尬之中不禁勃然大怒，大骂道："你输了牌服个软，说几句好话就算了，谁还当真要你的婆娘！可今夜输了牌转屁股就溜，嘴里还不干不净的，我孙大麻子岂能容你?！"孙殿英越说越气，众人也在一旁火上浇油，齐声指责禹副官不仁不义，应该狠狠收拾他。孙殿英一时性起，说了声："走，去把他的婆娘弄来！"立刻派人带上十几个兄弟，又找来一辆篷子车，气势汹汹地直向禹副官的家中扑去，等见到了新娘魏氏，二话没说，几个士兵上去连拖带拉，将其拽上篷子车，然后一溜烟返回军营。

那禹副官输了牌之后，没有回家，而是到一个老乡的营房里解闷消气。他万没想到孙殿英真的会把自己这个堂堂副官新娶的婆娘弄走。他得知事情真的已经发生时，又急又气，又羞又怒，立即跑到丁香玲的卧室，声泪俱下地诉说了孙殿英抢走自己婆娘的经过。丁香玲闻听勃然大怒，自言自语地叫喊道："孙大麻子呀，孙大麻子，你聚众赌博已不像话，居然抢起弟兄的婆娘来，这成何体统！"盛怒之中，急呼卫兵将孙殿英传来要当面教训。

那孙殿英自将魏氏抢到自己的卧室后，灯影之中见其颇有姿色，遂欲火中烧，淫心顿起，当即将魏氏掀翻在床上，成了云雨之事。正当此时，一亲信破门而入，说是丁香玲要唯他是问。孙殿英闻听出了一身冷汗，想起今夜的荒唐之事，即便丁香玲不深加追究，传将出去也有些不太体面，对自己日后的形象大为不利。若到了丁香玲跟前，不但挨一顿教训，肯定还要物归原主，将这个可爱的女人还给禹副官，落个鸡飞蛋打。既然得到了，就不能再失去。孙殿英想到这里，索性一不做二不休，立即穿衣下床，召集全连人马，连同抢来的女人魏氏，当夜匆匆拉上了嵩山的太室、少室一带的山林之中，脱离了丁香玲部。那躺在床上搂抱着小姜正在吸大烟的丁香玲，不但没有等到孙殿英前来受训，反而听到了全连人马和武器被其拐走的噩耗，自是怒火万丈，当即呈报河南省督军，要求通令缉拿孙殿英，同时派手下部队进山追剿。谁知这丁香玲部的团营军官，大都与孙殿英交情甚厚，不仅不真心追剿，反而为孙通风报信，故意让孙殿英率部匿藏。几个月折腾下来，丁香玲见捉孙一事迟迟未果，怕再发生别的乱子，便自认倒霉，也就撤回追剿部队，对孙殿英不再理会。那个丢了婆娘的禹副官，更是老鼠钻风箱——两头受气，在被丁香玲臭骂一顿后，无颜再在军营混下去，只好灰头土脸地溜之大吉。

⚙ 走上庙道会的神坛

孙殿英带着一个连的人马、武器上了嵩山之后，由兵变匪，干起了打家劫舍、绑票诈财的勾当。当生活稍安定之后，他再次利用在庙道会的威望，广泛招揽信徒随同自己进山落草为寇。每有道徒投来，孙殿英总是设坛插香，先把自己师父传授的四句谛言，用朱砂抄写在黄表纸上，令其叩头背诵，并规定每天必须在睡觉前默读一遍，方可入睡。为了适应新的形势，孙殿英把四句谛言的最后一句"弓长苗裔白何心"改为"无限前程白何心"，意在告诉道徒，只要真心实意跟我孙殿英干，就会有"无限前程"。道徒们大多是一些没有文化的农民，对庙道的神秘力量深信不疑，每默念着四句谛言，似乎觉得真的有庙道神灵在保护扶助着自己，对孙殿英这位庙道领袖自是忠心耿耿，百般尊崇，来嵩山投奔他的人也越来越多。

随着时间的推移，孙殿英觉得仅凭一个庙道领袖的身份，对道徒们发号施令，还不够神圣，威力也不够大。如果将自己神化，由人变神，让自己站立于神坛之上，以神的旨意发号施令，将庙道的神秘推向极致，效果自然要有一番明显的不同。于是，在经过一番苦思冥想之后，孙殿英终于又谋出了一条奇计。在二月二十二日庙道的祖师爷刘廷芳的生日快要到来的时候，他突然对手下人声称，自己要到英峪村祖师爷的庙道院进香。在将大小事务安排妥当后，他独自一人悄然下山而去。

几天后，孙殿英返回山中。他回到山中做的第一件事就是将几个亲信道徒集中起来，设坛插香，极其神秘而又郑重其事地宣称，自己到英峪村进香期间，曾夜宿于庙道院的耳房内室。正酣睡中，只见白奶奶满身缟素，从天飘然而下，来到了自己室内的窗前，轻声说道："道院西墙角下的巨石下面有宝剑一柄，名曰太阿宝剑。念你捐款修庙道院有功，姜太公特赐予你，快快取来吧。如得此剑，就可逢凶化吉，遇难呈祥，纵横天下，无可匹敌。"
他一夜连梦两次，醒来觉得奇怪，便悄悄起床前往道院的西墙角察看，见
果有巨石一块，等将巨石用铁锹掀开，忽见一道金光飞射而出，夺人二目。
俯身细看，确有一柄神剑横卧于此。他连忙跪下拜谢神恩，之后捧剑而归。
正走之间，又见白奶奶飘然而来，他刚想跪拜答话，只见白奶奶伸手将一柄
秃毛拂尘递了过来，说道："只有宝剑，没有此物，如同只有天而无地，只
有阴而没有阳。这天地阴阳缺一不可，快拿去吧。这是姜太公祖师特派我来
赐予你的神器呀。"说完踪影全无。他低头一看，一柄秃毛拂尘早在自己手
中。当天夜里，他将这两件宝物带回室内，第二天就赶上山来了……孙殿英
说着，转身从一个背囊中摸出了宝剑和秃毛拂尘给道徒们观看，道徒们见师
父说得活灵活现，神秘莫测，又亲见此二物，哪敢怀疑，纷纷跪在孙殿英的
面前磕头庆贺起来。自此之后，孙殿英将宝剑与拂尘一并用黄绫子包裹起
来，遇有行动，便命一亲信随从背负于肩，和自己寸步不离，并时常借助此
物请/降神作法，使他的信徒一看见黄绫子包，就想到无所不能的神灵就在
眼前，想到师父和自己的"无限前程"及辉煌事业，从而对孙殿英忠贞不
贰，至死不渝。直到日后拥有了数十万大军，孙殿英也从来没有抛离这个神
化自己、笼络人心的法宝。当然，愚昧无知的道徒们怎么也不会想到，孙殿
英压根就没有去英峪村的庙道院，而是在山下逛荡了几天之后，从一个破旧
的庙里，找来一个道士，通过这个道士花了五块大洋，到民间买来了那柄铜
剑。至于那柄秃毛拂尘，更是滑稽荒诞，那是孙殿英在破庙的厕所边撒尿
时随意捡来的。尽管滑稽可笑，但还是被多数道徒神化了。这个奇特的效
应，连孙殿英自己有时都大为不解。若干年后，孙殿英对此曾直言不讳地
说："几十年来闯荡江湖就靠了它。孙中山总理有国民党、三民主义；蒋
介石委员长有黄埔嫡系；我孙大麻子气候小，就只有靠庙道会了。每年二
月二十二日祖师爷（刘廷芳）生日这一天，我要亲自传道，向徒弟们要一
手，要钱的有钱，要鸦片的有鸦片，要官的有官，要女人的有女人。有好
多徒众不远千里来投，为的还不是这些，怎好叫他们失望。想我孙大麻子
这些年风风雨雨，之所以屡仆屡起，就是靠这帮铁子弟捧场。当然，这一套
只能骗骗老实巴交的农民子弟，骗不了读书人，那些儒生秀才是不信这一
套的。"

孙殿英正是靠了这些，居然在脱离丁香玲部之后，又在嵩山一带站稳了脚跟，并经过几个春秋的苦心经营，聚拢人数达到了一千之众。当时豫西各县的财主、士绅们，都与那些由匪而官的省府要员互有往来，互有依傍，形成了一个黑白两道相杂交际的庞大地方势力。这个地方势力时白时黑、时明时暗地经常跟当地官府衙门抵牾，很是令执政者头痛不安。当一次次的不测之讯报于河南省最高府衙时，督军万选才经过再三考虑，终于做出改剿为抚的决定。万选才本人原也是土匪出身，后经招安当上了团长、旅长、师长，直至混到河南省督军这一全省最具实力的位置。由于自己的亲身经历，万选才对土匪们的心理及目的很是清楚，只要真心许以高官厚禄，没有不为之动心而接受招安的。于是，他派出河南省参议员李啸澜前往嵩山招安孙殿英，并以营长相许。孙殿英听说自己能当营长，当即慨然应允，下山接受招安，并被暂编于河南督军手下的第五旅，受旅长憨玉琨节制。

孙殿英虽由连长晋升为营长，所部匪徒也成为政府的正式军队，但多年养成的匪性，使他和手下的弟兄军纪败坏，声名狼藉，很难和憨玉琨部融在一起。孙殿英的顶头上司侯邦杰更不把这个由匪变兵的赌棍孙大麻子放在眼里，总是对孙殿英本人及其手下弟兄傲慢无情，处处刁难，事事挑剔，并三令五申予以严词痛斥。而旅长憨玉琨对这位麻脸营长也极不信任，极不尊重，经常在大庭广众之下揭其老底，使孙殿英极为尴尬和痛苦。在这种上下夹击排挤下，孙殿英觉得如此寄人篱下，仰人鼻息，缩手缩脚地生活，倒不如干脆当个土匪王痛快。想到这里，他满含悲愤地又串通部下军官，在一个月黑风高的深夜，悄悄地把一营队伍和兵器拉上南阳一带的伏牛山中，重新操起旧业，落草为寇了。

1922年，第一次直奉战争打响，憨玉琨部由直系军阀的实力人物吴佩孚改编为第二十七师，憨玉琨晋升师长之职，驻防洛阳，势力大为扩大。成为师长的憨玉琨就职后，声言他要做的第一件事就是荡平洛阳周围的土匪流寇之窝点，而孙殿英首当其冲。面对新的政治格局和军事形势，孙殿英知道自己无力和憨玉琨抗衡，甚至连周旋的余地都极小，为保全自己的实力，不致被憨部吃掉，他只好认错知悔，向憨玉琨表示臣服。在一番托人求情、行贿之后，孙殿英再次归顺憨玉琨部，并被改编为一个独立团。孙殿英因祸得福，又从营长升为团长。

　　1924年，直奉大战再起，在吴佩孚亲临山海关前线督战、冯玉祥倒戈发动北京政变、直军即将全面溃败之际，孙殿英也趁机发动兵变。他同丁香玲部的一个骑兵连兵合一处，在洛阳四周攻城略地，大力收编地方民团和各地庙道信徒，一时声势颇大。憨玉琨无可奈何，只好打电报告知在山海关前线准备指挥直军全面反攻奉军的吴佩孚。但这时冯玉祥倒戈已成，北京政变已经发生，奉军大军压境，怎顾得了孙殿英哗变一事。吴佩孚在气恼之中，只好电令憨玉琨守住洛阳，见机行事。孙殿英在势力进一步扩大后，便自封为独立旅旅长，离开洛阳周边，率部窜往豫、鄂两省边界自由活动。

　　1925年，进关后的奉军首领张作霖又与吴佩孚携手，准备进攻冯玉祥部。孙殿英则趁机率部由南阳、西平一带窜往信阳，再沿豫皖两省交界地带东下，一路招兵抢粮，掠财争色，人数由原来的一二千人猛增到五六千人，声势越发浩大。驻防洛阳的憨玉琨见孙殿英一天天发展壮大起来，遂派人前往表示亲近和拉拢。当奉系的张作霖和直系的吴佩孚再度联手开始对付冯玉祥时，憨玉琨与驻守河南的冯玉祥手下将领胡景翼部首先接火，开始激战。憨玉琨为扩大自己的实

已有三百余年历史的亳州城内花戏楼，一度成为孙殿英及手下官兵寻欢作乐的场所

力，又将孙殿英收编到自己麾下，并任命其为第五混成旅旅长，孙殿英的旅长算是有了一个正式的名号。意想不到的是，憨、胡大战的结果，憨玉琨败北，胡景翼获胜。孙殿英眼看局势对自己不妙，马上改投冯玉祥的国民军第三军副军长兼第二师师长叶荃部下做了个旅长。时间不长，国民军第三军奉冯玉祥之命，由豫开赴陕西。孙殿英深知自己不是冯玉祥部的嫡系，一旦远离家乡，必然受到掣肘，难再发展和周旋，甚至只能任人宰割。基于这样一种考虑，孙殿英在即将进入陕西境内时，突然在一个深夜率部悄悄地脱离了国民军第三军，又在豫西一带自由活动起来了。

孙殿英带着这支亦兵亦匪的队伍四处游荡，不知不觉来到了安徽省亳州的边缘。亳州位于涡河南岸，交通便利，商贾辐辏，地方殷富，是清末著名毅军将领姜桂题的家乡。孙殿英想起亳州，就想起了姜桂题，想起姜桂题，就想起了自己生平第一次投毅军当士兵时，那所受四十军棍的耻辱。大丈夫生在天地之间，要恩怨分明，有恩当报，有恨当雪，尽管姜桂题已经故亡，但他的公馆还在，他的家属亲信还在，当年四十军棍之耻今日不雪，更待何时？想到这里，孙殿英下令全旅官兵，要不惜一切代价攻陷亳州，只要亳州城破，官兵可随意行动，财宝、女人皆可随便抢掠。

孙殿英的这道命令，使全旅官兵匪众欣喜若狂，尽管他们跟这孙大麻子亦兵亦匪十余年，但像这样明令随便抢掠的事还是第一次。官兵们想到既有财宝和女人所图，自是人人尽心，个个用力。亳州城尽管护守甚严，但在官兵匪众的猛烈攻击下，瞬间崩溃。孙殿英率部如同饿虎扑食一般冲入城中，大肆抢掠。城内所有商业繁盛地区，如白布大街、爬子巷、南京巷等处，均被焚掠殆尽，富商大户的财宝、女人——不管是妻妾还是小姐尽数落入官兵匪众的手中。一时亳州城内人喊马嘶，叫哭连天，乱作一团。最倒霉的当然是已故毅军将领姜桂题的满门老小，不但公馆被捣毁，金银细软被抢掠一空，姜桂题的弟弟、前毅军管带姜桂欣等全家男女老少近五十口，均被绑架。男性任其官兵殴打惩罚，女性任其匪众蹂躏糟蹋。当年那所向无敌的姜桂题绝不会想到，他当初那出于公事公办的四十军棍，会给他整个家族带来如此大的灾祸。只可怜姜桂题一世英勇无敌，声名远播，如今面对孙殿英的公报私仇，那九泉之下不安的孤魂也无可奈何了。

孙殿英部在亳州大肆劫掠、奸淫的消息，很快被逃亡的亳州守兵报知河南省新任督军张福来和安徽省督军齐燮元。两位督军闻听大怒，分别调派二十个营，总共四十个营的重兵急驰亳州，并将孙殿英部重重包围起来。面对大军云集，血战在即又凶多吉少的严峻局势，孙殿英有些后悔自己的鲁莽，不该如此明目张胆地劫掠亳州，致使两省督军大动肝火，合力派重兵前来围剿。但孙殿英毕竟亦匪亦兵摸爬滚打了近二十年，练就了处理各种复杂情况和险境的能力与胆魄，面对显然是无力抵抗的险局，经验告诉他，绑架人质借以脱险是最为有效的办法。尽管手段卑鄙残忍，但也只能如此，何况对孙殿英来说，这也是家常便饭。于是，他下令绑架了包括姜氏家族在内的富商大户二百多人，押于城墙之上让敌军观看，同时扬言，如果城外放一枪，城内就杀一人，以此作为要挟。孙殿英的这一毒计果然生效，城外虽有四十个营的重兵包围，但始终不敢强行攻城。双方僵持了近二十天后，终于达成一条协议，对方愿让开一条生路让孙殿英率部逃走，但不得再在安徽、河南地界活动，至于逃往何处，由孙殿英自己选择。

协议达成，双方又各怀鬼胎。按城外军队将领的打算，只要孙殿英一出城，就命令军队截杀，孙部便死无葬身之地。但孙殿英久经沙场，又是极富经验的惯匪，怎肯轻易上当，他当然有应付的妙计。就在孙殿英部从对方让开的亳州西北角城门奔逃出来时，绑架的二百多人仍然被裹挟其中。更显其狡猾的是，孙殿英对赶来的说客扬言："如果两省督军胆敢派兵来追，首先将手中的'票号'统统杀掉。"并要求"票号"的亲属速凑一定数量的粮草和钱财，给孙的部队急需。这样，城外的部队眼看着孙殿英逃去却不敢追截，而"票号"的亲属则跟着孙殿英屁股后边，不断地送钱送粮，直到出了河南地界来到山东曹州，孙殿英走出了险境，才将"票号"放回。

孙殿英可谓因祸得福，逃到曹州脚跟未稳，便有绰号"红孩儿"的匪首刘月亭率众来投。不久，又有直军残部谭温江（字松艇）主动归顺。这谭温江原是保定陆军军官学校的毕业生，先在吴佩孚部下为军官，后吴佩孚兵败，一时无人投靠，见孙殿英来此，便决定投靠孙殿英。从此，孙殿英军势猛增，士气大振，一个决定新的命运的时代再度来临。

投靠张宗昌

孙殿英进驻山东曹州后，面对日渐兴旺的军势，在高兴之余又增加了几分忧虑。他觉得自己虽然号称一旅之长，但毕竟不是一名正规军人出身，所率部下在过去的十几年里，匪气十足，尤其是亳州事件，已使自己这支部队声名狼藉，遭人唾弃。若这样一味地折腾下去，很难成就大的事业，即使势力再大，世人仍将自己当作一股流寇看待。想到这里，他决定整饬军队，严格要求，严格训练，使自己的队伍朝着正规军的方向发展，力争做到驰骋于疆场而能胜，进驻于领地而能安，彻底改变人们对自己的看法。不久，他在当地请了一位保定军官讲武堂毕业的退伍军人冯养田来做自己的参谋长，以整顿军纪。冯养田不负厚望，一上任，就对孙殿英的队伍，从军官、士兵到军需杂物，都给予严格的要求和训练，使之一切行动都合乎正规军校的操典规范。冯养田不愧为名牌军官学校的高才生，不到几个月的时间，所训军队素质大变，军容风纪整饬一新，赢得了当地百姓和同行的称赞。一时孙殿英军队声望鹊起，远远高于附近的其他驻军。

春风得意的张宗昌

孙殿英看到自己的军队有了如此美名，自是欣喜万分，索性又在曹州地方高薪聘请了一位名叫梁朗先的饱学之士，作为自己的秘书长。这梁朗先原为一没落举人，前清翰林院庶吉士，由于受到同僚的排挤而回故乡曹州府隐居，并以借教私塾和替人相看风水维持生活。就在这期间，他结识了同样以算卦、相风看水为生的落魄文人韩虎古。当梁朗先被聘为孙殿英的秘书长时，韩虎古早已被奉系军阀张作霖的部下、直鲁联军总司令兼山东省督军张宗昌聘为参谋长了。孙殿英初来山东，正想寻找靠山，设法巴结张宗昌而苦于无门，想不到大路却豁然摆在了面前。他得知自己的秘书长与张宗昌的参谋长是至交时，欣喜若狂，当即让梁朗先通过韩虏古的关系，向张宗昌引荐自己。梁朗先既做了孙殿英的秘书长，自然是遵命照办，答应一试。

张宗昌于清光绪八年（1882年）二月二十三日生于山东掖县（今莱州市）祝家村。由于家乡连年遭受荒旱，他十八岁时便怀着吃顿饱饭的欲望告别故乡，闯荡关东，先在海参崴一带打工，后落草为寇，成了一名土匪小首领。因他生得人高马大，臂力过人，胆子极大，而又豪爽义气，因此，在黑道中很吃得开。辛亥革命后，他率二百多匪众，投北洋军阀冯国璋，由骑兵团长升至暂编陆军第一师师长，奉命进入江西驻守。不料江西督军陈光远惧怕这头睡在榻侧的"野狮"，便投其所好，选来一江湖美女给张宗昌为妾。张宗昌不知是计，整日沉溺于女色之中，不久就被陈光远在一个深夜将其部下一万多人缴械改编。张宗昌孤身一人逃出江西，先到北京，这时的冯国璋已下台，靠山失去，只有改投靠直系军阀曹锟，谁知此事又被吴佩孚中途搅散，投曹锟未成。张宗昌走投无路，只有折回东北投靠奉系军阀张作霖。同是土匪出身的张作霖，见张宗昌甚是可怜，如今穷途来归，又是一个可用之材，便让他当了宪兵营的营长，归宪兵司令陈兴亚指挥。张宗昌虽然在此之前当过正规军的师长，如今连降三级只带一营杂牌兵，自感委屈，但此时非彼时，只好暂且忍下，苦守待机。

机会终于来了。当第一次直奉战争打响时，吴佩孚到了天津。此前被张作霖挤走的原吉林省督军孟思远去看他，希望吴佩孚在打败奉军后，帮助他恢复原有的职位。但吴佩孚却不给情面地说："要当督军必须自己打天下，现成的督军是弄不到手的。"

孟思远碰了一鼻子灰，悻悻而归，并将吴佩孚的话对他的外甥高士傧说了一遍。这高士傧原是吉林省驻军的一名师长，听了舅舅的一番苦诉，觉得吴佩孚说得也有道理。于是自告奋勇，要取道海参崴，到黑龙江绥芬河去策动他的旧部"山林游击队"司令卢永贵起事反奉。

高士傧来到绥芬河，果然将卢永贵说动。在奉直两军在榆关对峙的关键时刻，卢永贵突然宣布独立，并通电推举高士傧为奉吉黑三省讨逆军总司令，带领所部两千余人和临时收编的两股"红胡子"土匪，将中东路"五站"的奉军驻守军包围缴械，打算再由绥芬河乘火车向西，一鼓作气冲到哈尔滨。

其时，张作霖正在天津附近的军粮城指挥作战，得报有此不测之变，又一时无法抽调兵力应付，便想起了驻扎在哈尔滨的张宗昌，命令其迅速攻打兵变的高士侯、卢永贵部。

张宗昌尽管从小没读过书，肚里没有墨水，但脑袋极为聪明，深知这是一次立功露脸的好机会，便迅速行动起来。当他率部赶到五站后，打听到卢永贵的部下以及他所吸收的"红胡子"队伍，大多是自己当年在一起打工的工友，而且是乡亲。因此他不再强攻，而是悄悄地从对方那里找了几个原交情不错的工友，一起豪赌畅饮，欢言道故，一夜之间，就将卢永贵的队伍全面瓦解。高士侯、卢永贵逃跑途中，又被部下出卖，一并落入张宗昌之手。张宗昌奉张作霖之命，将其二人就地正法。可怜卢永贵从起事到败亡，前后只短短的八天就丢了性命。

张宗昌出奇制胜，收编了卢永贵的部队，实力大增，由原来的一个营扩编为三个团，他本人除被张作霖通电嘉奖外，还被任命为吉林省防军第三混成旅旅长兼绥宁镇守使、中东铁路护军副司令。张宗昌由衰转盛，终于迈出了飞黄腾达的第一步。就在这一年的初冬，中俄边境上突然拥来近万名俄国沙皇的溃兵。这些人本是沙俄派往欧洲战场的军队，俄国十月革命成功，这支部队不能回国，又遭红军堵击追剿，于是到处流窜，此时又沿中俄边境来到五站附近找到张宗昌，希望给予援助。张宗昌在请示张作霖后，决定将这五千多人连同武器一起收编，让他们单独成立了一支铁甲车炮兵队，由俄国军官聂卡耶夫带领，直接受张宗昌指挥。第三旅的实力再度增强，张宗昌也威名大震。

虽然张宗昌的部队在不断扩充，但军饷却无多大增加，官兵生活极苦。为解决军饷问题，张宗昌便下令在五站种植鸦片，以其暴利获得饷源。

由于张宗昌实力渐大，引起了奉系一些将领的嫉妒，加上这支混成部队平时匪气十足和种植鸦片的恶名，许多将领对张宗昌十分不满。奉军总参谋长杨宇霆报告张作霖，坚持要把这支队伍除掉。张作霖渐被说动，终于在1923年奉军冬季举行的实战演习前痛下决心，并对主持演习的校阅委员会说："每年花一百多万，养着张宗昌这帮队伍种大烟，太不像话了！这回演习，要是看看不行，就把他们解决，缴械遣散好了。"

校阅委员会的实际负责人郭松龄，是奉军新派中的实力人物。这位保定讲武堂出身的军官，对张宗昌的军队向来厌恶，这次有了张作霖的明确指令，自是欲除之而后快。此时的张宗昌在一阵威风后，面临又一场命运的抉择，而且这是凶多吉少的严峻抉择。

演习开始了，郭松龄凭借手中的权柄，故意刁难张宗昌，意在置其于不利之险境。按预定演习方案，以张宗昌的"北军"，对抗暂编奉天陆军第一师师长李景林的"南军"，争夺的地点是沈阳以北的巨流河。

此时张宗昌的"北军"还在五站、绥芬、宁安一带，要到达争夺目标，就需渡过松花江，沿长春、四平街往西南行进，全程七百多公里。而李景林的"南军"就在沈阳以西的北镇，离巨流河只有一百余公里。这巨大的差别本来就使"北军"处于一种极为不利的境地，而郭松龄还要落井下石，特设了种种困难和"情况"，以此给张宗昌难看。在奉天的将领们谁都看得出，张宗昌是在劫难逃了。

对这一切，张宗昌当然蒙在鼓里，接到命令后立即率部长驱七百余公里，向巨流河开进。其时东北土地上的庄稼早已收割，野外残存的一尺多长的高粱茬子，像一柄柄利剑被纷纷扬扬的大雪覆盖、隐藏。在一声接一声的"卧倒"命令下，士兵们一次又一次扑倒在雪地上。由于看不见刺刀样的高粱茬子，卧倒后的士兵全身几乎被戳烂，整个原野随处可见一堆堆、一团团的"红雪"。张宗昌虽然对此残酷的"演习"目不忍睹，但又无能为力，只好强忍痛苦率部继续操练。

这天中午休息，张宗昌发现原野里有三间无依无傍的茅屋，便带着参谋长王鸣翰进屋暂避风雪。

屋子里什么也没有，只有一盘土炕。张宗昌蹲在炕上，从腰里取出盛酒的皮壶喝着，眼望窗外的漫天大雪，不禁发起牢骚，大声骂道："他奶奶的，这是哪个龟孙子弄出来的演习计划，整得俺这般苦！"

话语未落，门外闯进一人，张宗昌抬头一看，正是担任统裁官的郭松龄。只见郭松龄圆睁二目，满脸煞气地问道："你在骂谁?!"

张宗昌愣怔了一下，知道刚才的话被郭松龄听见，心里想："坏了！"嘴上却诡辩说："这是俺的口头禅，并没有骂谁！"

"你还想抵赖！那好。"郭松龄向前跨了几步，指着张宗昌的鼻子，厉声骂道："我×你妈！这也是我的口头禅。"

此话既出，参谋长王鸣翰脑袋"嗡"地暴涨起来，只见张宗昌从炕上一跃而下，蹦到郭松龄面前，脸由红渐渐变黑，嘴唇剧烈哆嗦着，愤怒得一句话也说不出来。

王鸣翰看着面前两个黑塔样的大汉，各自都将手按于腰间的枪套之上，眼里都迸发着仇视的火焰，无声地对峙着。王鸣翰想，要是这土匪出身、杀人不眨眼的张宗昌拔出手枪拼命怎么办？这个可怕的念头刚刚冒出，却见张宗昌后退一步，双手当胸，对郭松龄作了一揖，极平静地说道："郭二大爷，你×俺的妈，那你从今以后就是俺的亲爹了，我张宗昌还有什么说的！"

王鸣翰的脑袋又是"嗡"的一声，形势的急转直下使他目瞪口呆，本想出面打个圆场，但什么话也说不出来。

郭松龄话已出口，本想借此机会和张宗昌干上一场，只要两人一交手，张宗昌的军队就不必再演习下去，可当场被缴械遣散了。谁知张宗昌突然来此一招，令郭松龄也大感意外，愤怒之中又多了一分尴尬，只好冷笑一声，掉头向外走去。

王鸣翰这时才回过神来，急忙下炕想留住郭松龄，为二人说和，但被张宗昌一把拽住。等郭松龄走远了，只见张宗昌满目含泪，咬牙切齿地说道："鸣翰，现在只有一个字可由我们选择，那就是拼！"稍停片刻，张宗昌擦了把眼泪又补充道："要豁出性命拼着干，只要能见到老帅，往后的事都好办了！"

王鸣翰对张宗昌刚才的机智应对和肺腑之言极为赞赏，也明白了郭松龄等人的真正用心。于是，他也大动感情地说道："只要咱相互以身作则，咬紧牙关挺着，士兵也就没有什么怨言了。"说完，两人慷慨悲壮又热情激昂地咚咚喝起酒来，直到把皮壶中的"烧刀子"烈性白酒喝了个精光。

哀兵必胜。尽管郭松龄等为张宗昌的部队设置了一个又一个障碍，但这支部队却在张宗昌与王鸣翰等军官以身作则的带领下，士气振奋，军威大增，一路过关夺隘，终于按原定计划渡过巨流河，到达目的地。就在最后一个士兵在目的地落脚时，张宗昌倒在地上，望着漫天飘舞的大雪，激动得热泪直淌，半晌说不出话来。

事后，郭松龄与张宗昌之间的宿怨被李景林得知，李景林觉得张宗昌受了委屈，而自己也不是奉军嫡系，很有拉拢联手的必要，便电请张宗昌赴奉天，由他出面为二人调解讲和。张宗昌到了奉天后，李景林又去邀张学良，他想借此机会也和张学良套套近乎。张学良应邀而到，四人坐到了一起。

李景林以东道主的身份说："咱们内部不应闹意见，大家应联合起来，同心协力，共同对付直军，打倒吴佩孚。"

郭松龄觉得自己理亏，席间负疚地向张宗昌赔礼道歉，张宗昌也表示要尽释前嫌。接着由李景林提议，四人结拜为异姓兄弟，焚香叩头，重申盟誓，表明心迹。为表示自己情真意切，肝胆相照，张学良特别在张作霖面前替张宗昌说了一番好话。张作霖大为高兴，在张学良的建议下，张宗昌由吉林省防军第三旅的地方武装，改编为正规部队的东三省陆军第三旅，防区亦由五站、绥宁一带移往靠近沈阳东丰、西丰、北丰的三丰地界。张宗昌因祸得福，为他日后的飞黄腾达又打开了一条通路。

1924年9月，第二次直奉战争爆发，张宗昌被任命为奉军第二军副军长，同军长李景林合兵一处进击热河南路。在冯玉祥倒戈，吴佩孚南逃后，张宗昌率部入关，在滦州、清东陵一带劫掠地方百姓和皇家陵园珍品财富的同时，又大量收编直军残部，所率人马由原来的一万多人猛增到十几万人，并且缴获了大量武器装备。原直军第三师，是吴佩孚起家的本钱。当年吴佩孚转战川湘、夺占湖北、击败皖系，第三师均为主力。吴佩孚正是依仗这支精锐之师，过关斩将，一路顺风顺水，官也越做越大，故世人给第三师冠以"常胜军"的美誉。做了大官之后的吴佩孚一直不愿将第三师轻易置于他人指挥之下，仍然兼任该师师长。就是这样一支所向披靡，攻无不克、战无不胜的军队，却在第二次直奉大战中败下阵来，张宗昌乘胜追击，将其残部全部收编。从此，号称"常胜军"的直系第三师，在民国初期军阀混战的舞台上消失了。收编了第三师残部的张宗昌，却如一颗耀眼的新星，在中国北方腾空而起。

第二次直奉战争后，张宗昌被晋升为奉军第一军军长，所有从征官佐也普遍晋升一至二级。张宗昌的队伍已是将星闪耀，士气高昂，在华北一带不可一世。这支军队不仅有北洋军阀军队的共同特点，而且更有它突出的一个特点，那就是官兵极其复杂的成分和出身，十几万人的队伍，其中土匪、游民、地痞、流氓等占据大半，绿林匪帮和流氓构成了张宗昌军队的主流。除此之外，张宗昌还拥有一支其他军阀没有的白俄雇佣兵部队和由他儿子张济乐为团长的一支两千多人的童子军，年龄均为十岁左右。这支兵匪合一、中外合一的"联合军"，所到之处，无不十室九空。他们烧杀淫掠，无恶不作，对老百姓实行"三光""二翻""一空"政策。"三光"是：鸡鸭猪羊被杀光、骡马牛驴被拉光、门窗橱柜被烧光（当木柴引火做饭、取暖）；"二翻"是：翻箱倒柜、翻遍墙角和房内的砖地，看有无值钱的东西；"一空"是：东西能拿的拿走，不能拿的甩出去，致使家家户户空无一物。而张宗昌的白俄部队更为凶残。这些白俄人大都喜欢喝酒，终日酗酒狂歌，惹是生非。他们打伤了人，或者奸淫妇女后，警察从来不敢过问，谁敢上去阻拦，只能引来他们的一顿暴打。

就是这样一支军队，在它的缔造者张宗昌的指挥下，从东北边境的五站，伴随着刀光剑影、枪炮硝烟，一路杀进关内，长驱直入，渡过了长江。这支部队在江南和上海一带刮了一阵"张宗昌飓风"后，又折回山东。张宗昌本人则于1925年7月以山东省督军、省长、直鲁联军总司令的名义，开始了对齐鲁百姓的无耻统治和压榨。他不仅以声势显赫而闻名遐迩，更以贪婪无度、凶暴残忍、荒淫无耻而著称于世。他督鲁期间，是山东历史上最为黑暗的时期。张宗昌也以"三不知"将军而给后人留下了笑柄，即不知道自己有多少钱，手下有多少兵，身边有多少姨太太。事实上，他除了整日榨取民脂民膏，挥霍无度而不知钱袋里有多少钱外，他的直鲁联军从番号上看，最盛时达到三十多个军，官兵人数时多时少，分别为十万、二十万、三十万不等，有时一夜之间就是几万或十几万的变化。至于其散留在全国各地和随身的姨太太，更是无以计数，据说有成百上千之众。随着他势力不断增强，权力也日益增大，残害妇女的丑行也就越来越疯狂、放肆，所到之处，除了逛妓院、强奸妇女外，还要随时纳妾。在张宗昌的淫欲生涯和姨太太队伍中，最具特色的是由一大群外国美女组成的"联合国姨太太"队伍。这些女人分别来自苏俄、日本、德国、土耳其等不同国家。张宗昌放荡之极时，可搂着外国女人在床上接见外国公使，在出席外国人举行的酒会时，也常携带十几名外国姨太太以显色威。他在无耻地强奸了北洋军阀巨头王士珍的侄女后，反而指责王士珍："女人当嫁不嫁，还留在家里干什么？"

张宗昌自称不知道有多少姨太太，不知道玩弄过多少女人，但对自己未发迹时所垂涎而未弄到手的女人，却刻骨铭心，怎么也无法忘记。他刚回到山东，坐上齐鲁大地的头把交椅后，所做的第一件寻花问柳的事，就是派人四处查访一个叫陈佩瑜的女人的下落。

辛亥革命爆发的初期，张宗昌以百十人的流氓弟兄，受革命党的委托，策动拥有两万人马的东北胡匪刘玉双加入革命同盟。张宗昌在策反中大捞好处，窃取了革命军骑兵团团长职务，最后把离了巢穴的刘玉双活活气死在上海。张宗昌得意之中回到阔别许久的故乡烟台，意在查看是否有独立发展的机会。就在这段时间，天生爱酒好色的张宗昌，对烟台的风月场所产生了浓厚的兴趣，并开始四处猎艳。

这天，副官张少俊不知从谁的手中花钱弄到了两张请帖，傍晚时分便带着张宗昌来到位于烟台山的白玉别墅——号称烟台最高级的"外国点心"陈佩瑜小姐的别墅。

张宗昌和副官特意晚来了一会儿，因为是花钱买的请帖，并不认识女主人，倘来得过早，未免尴尬。

当二人叫开门，随着仆人吴妈来到客厅时，就听里面传出一片喝彩之声，要求陈小姐再来一曲。此时，陈佩瑜小姐正坐在钢琴前，身穿黑色的落地长裙，显露出修长苗条的身材，一双玉手从紧扎着的袖口伸出，柔软、白皙、细长的手指轻轻抚在键盘上，侧转着玉体向众人送着迷人的秋波。

张宗昌二人找了个空位子坐下，陈佩瑜小姐很平常地向两位陌生的客人瞥了一眼，俯身弹起了委婉动听的《夏威夷小夜曲》。整个客厅琴声悠悠，如一只夜莺在低唱，众人半眯着眼，陶醉在眼前的这个女人制造的艺术氛围之中。

几乎是目不识丁的张宗昌却听不出半点名堂，他坐在那里盯着陈佩瑜的侧影，一边胡思乱想，一边品评其美色。只见眼前这个女人眼睛如同汪着一潭清水，清澈见底，既碧波荡漾，光明磊落，又勾人魂魄。那直削如线的鼻子、丰润艳丽的嘴唇，配在那瓜子型的脸上，俊美无比，简直就是苍天特意为人类制造的一个尤物。张宗昌看得如痴如醉，心旌荡漾又火烧火燎地痛苦难熬。

客厅里又爆起一阵喝彩声，把张宗昌吓了一跳。当他从痴迷中醒过来，看到陈佩瑜立起身来，提着裙裾，款款移动莲足，向众人微微鞠躬，表示答谢，客厅里的灯光也随之亮堂起来。

张宗昌趁势向四周看了看，见客厅里共有十几个人，有外国人，有中国人，都是一色的绅士派头，众人起身告辞，一一握别走了出去。张宗昌不知详情，见客人纷纷走出，也不好久留，只弯腰向陈佩瑜轻轻点了下头，也老鼠样溜了出去。等来到外面的空地上，张宗昌才大惑不解地问副官："这也叫卖身吗？"

"她是卖艺不卖身。"副官张少俊轻轻地回答着，见张宗昌怅然若失的样子，又补充了一句，"要想一近芳泽，只怕比花魁娘子还要身价百倍哩！"

张宗昌轻轻"哦"了一声，快快而归。这一夜他通宵未眠，陈佩瑜那倩丽的身影、迷人的微笑总在他的脑海里翻腾。张宗昌越想越觉得于心不甘，索性第二天早晨从箱子里摸出两副金镯子揣在腰中，独自一人悄然向陈佩瑜的别墅走去。

"啪！啪！啪！"连敲了几下门，见无人应声，张宗昌才突然想起要按电铃。因脑海里总在翻腾着陈佩瑜的身影，这电铃一按下就没有松手。

女仆吴妈咚咚地出来打开门，对着张宗昌大声呵斥道："你这人咋搞的，怎么这样鬼叫门似的按铃？"

张宗昌这才发现自己的手还在电钮上，急忙窘迫地放下，声音有些沙哑、颤抖地说："我找陈小姐。"

"哦？！"吴妈一愣神，又上下打量了一眼有些猥琐的张宗昌，心里好像明白了什么，便故意拿眼睛斜睐着张宗昌那因发窘变得涨红的脸，拖着长音说道："陈小姐好像没请阁下吧？"

"是的，请你转告，就说有一个团长慕名来找她。"

"团长，什么团长？！"吴妈一副不屑一顾的样子。

"当然是带兵打仗的团长了，革命军的。"张宗昌想到自己的官职，不觉振作起来，动作、表情也大方了许多。

只见吴妈嘴唇似笑非笑地撇了一下说道："那你就请回吧，陈小姐的客人中，最小的也是个师长。"

张宗昌顿觉头"嗡"的一声，一股怒火猛地蹿出，积压在心中的匪性霸气冒了出来，遂跺脚破口大骂道："真他娘的不识抬举，臭婊子，臊腔货，不就图几个臭钱吗？老子也有钱……"

叫骂声惊动了房中的陈佩瑜，她身穿睡衣来到阳台，冷冷地问道："什么人一大早在这里骂街呀？"

张宗昌闻听此言，抬头一看，顿时呆若木鸡。只见陈佩瑜秀发蓬松，白色睡衣遮掩着那颀长并富有曲线的身体，半睁半眯的眼睛分外神秘和刺激。在这光彩夺目、勾人心魄的俏丽女人面前，张宗昌粗野蛮横的匪性顿时消失殆尽，呆愣了好半天才突然想起什么，赶紧从怀里摸出两副金黄色的镯子，托吴妈送过去。

吴妈迟疑地接过来，极不情愿地走到阳台上。陈佩瑜不屑地接过来看了看，一抬手又扔到张宗昌的面前，转身回房间的同时，对吴妈扔下生硬的三个字："让他滚！"

张宗昌拾起金镯子，带着满腔的愤怒与羞辱匆匆离去，走出好远，他又立下身转头望了望那座在晨曦中灿烂辉煌的别墅，心中恨恨地说道："娘的，今日之辱不报，我张宗昌誓不为人。有朝一日，你要落到我的手里，不把你干成八瓣儿，就算白来这世上走一趟！"张宗昌带着一颗受伤滴血的心，离开了那座他曾迷恋仰慕的白玉别墅，离开了他的故乡。

一晃十四年过去，如今回到故乡的土地做了督军的张宗昌，仍然没有忘记当年在烟台的那段恩怨，他一想起那迷人的"外国点心"，就想起了十四年前在那座别墅旁立下的"宏誓大愿"。

张宗昌派出当年的副官、现在的少将参议张少俊赶往烟台，寻找陈佩瑜。谁知陈佩瑜早已嫁人，并有了两个孩子，在青岛崂山脚下的李村师范学校当了音乐教师。张少俊通过当地的黑社会组织，终于找到了陈佩瑜，并在其放学的路上将其绑架，带回济南。

张宗昌见到陈佩瑜，心里着实激动和狂喜了好一阵子。这种激动不仅是陈佩瑜虽徐娘半老，但风韵犹存，更重要的是一种心灵的满足，一种占有欲的快感，一种在大爱大恨之后复仇雪耻的变态自尊。在这复杂变态的情感支配下，张宗昌当天晚上就令陈佩瑜陪他睡觉。

同样出于一种丧心病狂的心态，张宗昌认为只让陈佩瑜陪自己睡觉是不够的，必须在睡觉的同时还要整治她，这样方解心头之恨，达到畸形的心理满足。于是，张宗昌让勤务兵把炕烧得滚烫，然后强硬地扒光陈佩瑜的衣裤，将其粗暴地按倒在炕上。

陈佩瑜被烫得大叫起来，本能地要爬起来，又被张宗昌按倒。陈佩瑜喊叫着在滚烫的热炕上来回翻滚，张宗昌的手总是不肯松开，直到陈佩瑜哭喊着求饶并扑到他的怀里，张宗昌才狂笑着松了手说道："当年你让我滚，我没有滚，现在可真轮到你滚了。滚得好，滚得像花一样好看呢！"

又是一阵狂笑过后，张宗昌对一言不发、可怜巴巴的陈佩瑜说："你当年不是会光着大腿跳什么地雷（芭蕾）舞吗？现在就跳给我看看！"

陈佩瑜眼里汪着泪水，哀求道："我老了，已多年不练功了，哪里还会跳什么芭蕾。你就饶了我吧！"

张宗昌依然恨恨地说："当年你在烟台白玉别野（墅），当然是不会跳给一个小小团长看的，可今天我是堂堂督军，是比师长、军长、司令还要大的总司令，难道还不配看你这个外国点心跳舞吗？"

陈佩瑜这才明白，原来是十几年前自己在烟台时种下的祸根。她悔恨交加，悲愤交集，流着热泪说："当年我年幼无知，怠慢了你，可今天实在是老了，无能为力了。"

"老了，老了跳起来才更有味呢！给我跳！"张宗昌依然是不依不饶。

"你？……"陈佩瑜没有动。

"好吧，你不愿意跳，我帮你跳，看是不是真的老了。"张宗昌说完，拿起自己的皮带，猛力向陈佩瑜的身上抽去。

陈佩瑜尖叫着跳起来，在屋里乱窜。张宗昌的皮带一次又一次地落到那裸露的身体上，陈佩瑜蹿跳不止，雪白的肌肤出现了一道道青紫的血痕。

一个月后，陈佩瑜那个当作家的丈夫，终于打听到自己的妻子被张宗昌掳去，并做了第十六房姨太太后，当场气疯了。两个未成年的孩子成为流浪街头的孤儿……

在张宗昌亲身示范下，他的土匪大军所到之处，稍有姿色的妇女只要避之不及，就会遭到野蛮的残害。而就是这样一个愚昧、粗鲁、贪财、好色的武夫，却一时成为中国政治舞台上一个呼风唤雨的人物。

同声相应，同气相求。驻在曹州的孙殿英正是得知了张宗昌的身世和习性之后，才心向往之，欲将其作为坚固靠山的。

在韩虔古的斡旋下，孙殿英终于在济南督军府见到了张宗昌。在此之前，韩虔古已在张宗昌面前替孙殿英说了许多好话，言称他的队伍训练有素，而且不骚扰百姓，极受当地老百姓的称赞与敬重，等等。这次孙殿英来拜访，又屡屡表示臣服和真诚归顺之意，相同的经历，相同的发迹史，相同的脾性使张宗昌对这个和自己一样同为土匪出身的旅长颇有好感，当场答应将孙殿英的队伍收编，并定番号为直鲁联军第二十五师，孙殿英被委任为师长。孙殿英很是得意地回到驻地，可孙部这个只有六七千人的队伍，由于鱼龙混杂，山头林立，权力争斗异常激烈，已成为师长的孙殿英，只好暂编了九个旅，而实际听他指挥的只有三个旅。为了剪除异己，扶植党羽，孙殿英特请张宗昌的参谋长韩虔古出面于除夕请客，等九位旅长到齐后开宴，以举杯"通天乐"为行动信号，埋伏的兵卒一拥而上，将其认为离心异己的七个旅长一并擒拿，押到屋外就地枪决。而后将九个旅编为三个旅，驻防山东济宁一带。孙殿英自此以一师之众，算是正式在山东扎下了根，并为日后的晋升发达打通了门户。

当然，这时的孙殿英没有想到，他与张宗昌的短暂联合，会使自己在三年之后，重温这位上司未竟的旧梦，在清东陵地宫抛棺扬尸，从而臭名远扬。

不过，现在他要做的还不是那惊天动地的大事，而是为争取张宗昌的进一步信赖而寻找立功的机会，这个机会不久便来到了。

生命中的辉煌

虽然军阀张宗昌以强大的实力占据了山东地盘，但前山东督军马良的残部，仍然在几个角落征钱征粮，独霸一方。其中莱芜一带的顾震、蒙阴一带的苏子烈，凭借泰沂山区易守难攻的优势，率领部分散兵游勇和土匪、流氓自成天地，不肯就范，并渐成张宗昌的心腹之患。孙殿英部的归顺，使张宗昌想到了这两股悍匪，决定以毒攻毒，令孙部将其剿灭。一是试探一下孙殿英的诚意，二是就此检验一下这支部队的战斗力，是否像韩虔古老夫子说的那样勇猛和富有斗志。

孙殿英接到命令，感到事关重大。常言道，好汉难踢头三脚，这第一脚踢得如何，关系到孙殿英及这支部队的前途命运，必须精心策划做到万无一失。于是，孙殿英急召各旅长及其幕僚制定破敌之策，秘书长梁朗先在分析了敌情后，献出了"假途灭虢"之计：先安顿蒙阴的苏子烈，强攻远处的莱芜顾震，待顾部被消灭以后，再回身消灭蒙阴的苏子烈。各旅长及孙殿英都认为此计可行，即照计分头去做准备。孙殿英先派团长杨明卿前往蒙阴，拉拢安抚苏子烈，并以杨为人质与苏在一起，表面上表示诚意，实则暗窥举止，以备战起，好里应外合。待这一切都安排妥当后，孙殿英没有忘记庙道会的作用，又将这次战斗神化，在大队人马出发前的夜晚，在军营内的广场上秘密铺设道场，要求庙道真君祖师爷降旨，以便遵旨行事，以臻全功。按庙道会的规矩，凡是收徒、治病和问事，都要设道场，摆香堂，悬咒语，供祭品，焚香燃烛，行跪拜礼。而后师父坐在供桌旁，由另一人代神发话，道徒们称此人为"差口"。这代理神的"差口"先饮凉水净口，即佯装神仙附体，手舞足蹈，装神弄鬼，口念谁也听不懂的咒语，而后发话。道徒们便把这些荒唐无稽的话看作神的旨意，无不心悦诚服，奉命唯谨。十几年来，孙殿英就是利用这个"差口"作为纠集徒众，发展实力的工具，从而达到了自己的目的，并借以坚定部众的信念。

此次孙殿英将道场、香案等布置妥当后，请来副官王尚文和文职参议谢鸣武登坛，众信徒由孙殿英率领立于坛下。王尚文充当神的代理人，也就是"差口"，谢鸣武在坛上称作师爷，专做导引事宜。

烛光映照中，只见王尚文在台上将一碗碗凉水喝进去，吐出来，又喝进去，再吐出来，一番折腾后，开始连打呵欠。扮作师爷的谢鸣武突然大喊道："祖师爷驾到！"众道徒在孙殿英的带领下，扑扑通通地跪在地上，恭听圣旨神言。王尚文此时已面色铁青，声音低哑，似明似暗地说了四句，经过师爷谢鸣武的一番解释成为：

夜色沉沉不见星，
长枪短剑要冲锋。
奋勇登上莱芜城，
保在丑时立大功。

师爷谢鸣武说完，再次严肃地强调："刚才是祖师爷圣旨，要真心遵旨行事，保证丑时建功。"道徒们领了旨意，不敢有半点怀疑，一个个极为真诚而又充满信心地磕头散去。

第二天，孙殿英率部向莱芜城进发，当晚丑时二刻，发出攻城令，守城兵匪全面溃败，匪首顾震带领几个亲兵匆忙夺路而逃。孙殿英部攻入城中，大获全胜。

天亮时，孙殿英骑一匹高头大马在卫士的护卫下进入城中，这时，城中大街小巷的安民告示早已贴出，官兵对百姓秋毫无犯。面对夹道欢迎的百姓，孙殿英心中沸腾激动了好一阵子，禁不住流出了几滴热泪——毕竟这是自己从戎十几年来，从未见过的一种自豪和光荣的场面，是率部窜入山东以来为政府立的第一大功，是自己有生以来办的第一件体面事啊！

莱芜城攻克后，孙殿英不失时机地挥师蒙阴，利用潜伏的杨明卿里应外合，一举攻破蒙阴城，苏子烈部除战死者外，几乎全部被俘。孙殿英共收编顾震、苏子烈残部近三千人，缴获了部分枪械、马匹，使自己的力量更为雄厚。在济南的张宗昌闻报这大麻子师长旗开得胜，很是欢喜，通电予以嘉奖。孙殿英也借着胜利的喜庆，又从济宁搞了个俏丽的女人作为自己的姨太太，可谓双喜临门，春风得意。

孙殿英在济宁安顿不久，张宗昌又来了命令，让他率部围剿土匪张明久。这张明久乃山东境内的悍匪首领，手下有三四千匪徒，经常在沂水、兖州、章丘一带流窜，专门打家劫舍，明火绑票，民愤甚大。不久前又抢了章丘县旧军镇孟家不少财产，并烧了几间房舍。孟家是山东乃至全国屈指可数的大财主，是北京八大祥（瑞蚨祥、谦祥益等八家带"祥"字号的皮货绸缎棉布综合商店）的财东，在全国拥有一定的势力和影响。这样一家久负盛名的财东，遭到张明久的洗劫，自是于心不甘，异常恼怒，便上告山东省政府，要求将张明久及其匪众捉拿归案，予以严惩。张宗昌鉴于孟家的影响力和社会舆论，不好推辞，决定由孙殿英部出面解决。

孙殿英本是土匪出身，又是剿匪的能手，对于土匪的行情自是甚为明了。哪股匪众该剿，哪股匪众该抚，心中自然也是有数，这一切都必须在自己不损失实力，又能得实惠的范围内进行。像张明久这样拥有三四千之

章丘旧军镇
孟氏祖宅

众的悍匪，若一味地动用武力，怕自己会损失不少。孙殿英不懂《孙子兵法》，但多年的实战使他同样知道逢强智取、遇弱活擒的战术道理。于是，对于张明久，他决定明剿暗抚，借此扩大自己的实力。

孙殿英率部来到章丘一带，秘密派人暗中和张明久联络，张明久果被说动，表示愿意归顺。孙殿英见几千之匪众瞬间被瓦解，高兴之余，又觉得缺了点什么富有刺激的东西，心动之中，突然想起孟家的巨产，既然张明久已经得罪了孟家，何不再干他一次，以此浑水摸鱼，发笔横财？孙殿英主意一定，亲自召张明久会面，交谈过后，当场封张明久为旅长，其他亲信分别封为参谋长、团长、营长等职。同时命张明久率部合同自己的部分军队，在化装后二次洗劫孟家。这次劫掠，将孟家所有的金银财宝和细软衣物几乎抢了个精光，仅大车就装了二百多辆，还放火烧了孟家一百四十多间房子。

孙殿英志得意满，给张宗昌拍发了密电，称张明久等匪首已被擒获，众匪全部被缴械收编。张宗昌见电大喜，立即复电命令孙殿英将张明久等匪首押解济南处决，以平民愤。孙殿英见张宗昌要处决张明久，心中极为不安，遂以途中押解易出问题为由，要求由自己将张就地正法，省政府可派监斩官监斩并将尸体拍照。张宗昌觉得孙说得在理，复电表示同意，并派出监斩官前往孙殿英驻地执行监督。孙殿英本想张宗昌会全权委托自己处理了事，想不到竟真的派来了监斩官，无奈之中，不得不假事真做，开刀见血了。孙殿英面对监斩官，又借口白天杀张明久恐激起兵变，要趁天黑执行，监斩官表示同意。

这天拂晓，张明久和他的亲信，新分封的参谋长被绑赴刑场，将被执行枪决。张明久见此情景，一路大骂孙殿英不讲义气，不够朋友。孙殿英任其谩骂，并不多辩，也不让他的士兵制止。刑场上，执行官借着朦胧的夜色一枪打死张明久的参谋长，又迅速将枪放在张明久的肩上打了一枪，趁势将张踢翻在地。这时张明久才恍然大悟，立刻躺在地下装死不动。执行官假装验尸，把参谋长脸上的血抓了一把抹在张的脸上。由于这一连串动作干得迅速利落，不露痕迹，省府派来的监斩官虽在不远处站着，却未能看透这鬼把戏。待天微明，当场拍了照片回去交差。张明久被士兵用苇席卷着装上一辆牛车，假装掩埋，路上却逃之夭夭。这一切，都出自孙殿英的事先安排，张明久见孙大麻子真讲义气，也就死心塌地地投奔孙殿英，当了一名团长。孙殿英未费一枪一弹，收编了三四千人，还得了无数的钱财，实力再度大增的同时，又是一番得意，禁不住说道："山东真是个好地方，俺孙大麻子在河南苦熬了十几年，比不上在山东半年的收获，看来命该如此，让我孙大麻子在这里发迹了！"

孙殿英有幸言中。就在他来山东一年之后的1926年春，张作霖、吴佩孚、阎锡山联合攻打冯玉祥的战斗又打响了。

冯玉祥自第二次直奉大战，发动北京政变后，势力迅速膨胀，先后占领了河南、直隶、北京、陕西、内蒙古等全部或部分地区，成为中国举足轻重的一支武装力量。而吴佩孚在直奉大战中兵败南逃后，经过近两年的苦心经营，又集结了十万余众盘踞于湖北，气势咄咄逼人。张作霖则除整个东北地区以外，又占据了从山海关、天津到山东的沿海和内陆地区。由于冯玉祥势力迅速膨胀，以及在北京政变后分配地盘上的纷争，使张作霖对冯玉祥异常反感和痛恨，而吴佩孚由于冯玉祥在直奉大战中的倒戈，更是欲将其置之死地而后快，一直守在山西的阎锡山眼看几乎要被冯玉祥的势力所包围，自是于心不甘，想打破这种格局。于是，张作霖、吴佩孚、阎锡山三方军阀出于各自的目的和共同的利益，自然地走到了一起，一场欲置冯玉祥于死地的密谋终于付诸行动。

开战之后，吴佩孚命正开赴山东的亲信爱将靳云鹗率三个师回师河南，与围攻河南信阳的寇英杰一个师兵合一处，全力攻打守在信阳的冯玉祥所属国民军第二军十一师蒋世杰部。双方经过四十八天的血战，信阳城终于被吴佩孚的直军攻陷，冯玉祥的部下、师长蒋世杰被俘，其余官兵全被直军改编。

攻陷信阳后，吴佩孚军迅速向前推进，很快占领了河南全境。紧接着，靳云鹗又指挥直军三个师二十一个旅约十二万人分三路北上，势如破竹，先后占领了石家庄、保定、大名，直逼北京城下。

与此同时，吴佩孚的盟军张作霖和张宗昌的部队先后攻克滦州、天津、通县，向北京合围而来。阎锡山的晋军也由西向东攻击而来，冯玉祥的国民军主力被迫撤回到北京四周设防。

4月1日，奉军制订出进攻北京的计划，以张宗昌为前敌总司令，并开始动用飞机向北京城内投掷炸弹，京城遗老新贵、平民百姓一片惊慌。

4月6日，奉直鲁晋四军联合对在北京四周设防的冯玉祥部下达总攻击令，分东西两路钳形夹击。冯玉祥见自己的军队遭到众兵围攻，知难以抵挡，便做出了撤兵至绥远省五原地区的决定。撤兵之际，冯玉祥派手下头号大将鹿钟麟的精锐部队做后卫，死守居庸关，以堵截追兵，掩护退却。奉军云集南口，以刘翼飞、弓富魁部先后发动攻击，但久攻不下，且损失惨重。前线总司令张宗昌无奈，只好请张作霖再派奉军合力攻打，而张作霖奉军主力正在其他地方作战，无兵可派，很是为难。张宗昌见张大帅为此愁闷不乐，自己手下也无兵可派，亦觉心中不安，情急之中，想起了孙殿英，并决定让其部赶来一试。经张作霖和吴佩孚共同合计，恐孙殿英难有胜利把握，便由吴佩孚从大名抽调一个师协助孙殿英作战。

孙殿英接到张宗昌发来的参战急电，立即率部从济南搭火车赶到德州，然后急行军斜插河北，直奔南口居庸关南长辛店。吴佩孚所调的直军鲍沣部队，自大名乘火车沿京汉线直抵北京郊区。张作霖、吴佩孚闻知两支部队已赶到京郊后，命令各军"部署停当，则可相机进攻"。

孙殿英知道这一仗非同小可，对自己的前程比以往任何一次都重要，要是取胜露脸，张作霖可能要给个地盘，那时自己可就成了一个实实在在的小皇帝了。如果失败而归，不但自己丢了脸面，也会使张宗昌在奉军将领中感到折损颜面，若张宗昌对自己失去了信心和信任，这前程也随之休矣。想到这里，他找到幕僚梁朗先和冯养田，请他们先分析一下局势，以便做到知己知彼。梁、冯二人在详细研究了冯玉祥的军情后说："冯玉祥的队伍如今已成强弩之末，其原有实力仅为一个师，其余部队多是收编直军残部而成，不一定能为其卖命。而今又是在溃退途中，并无长期恋战之意。以我师之众和直军鲍沣部配合，必能胜之。"孙殿英听了，觉得此言有理，便坚定了必胜的信心，决定不惜一切代价拿下南口。

因孙殿英有了莱芜剿匪时的经验，更加相信庙道会的厉害，此次攻打南口，他又故技重演，在军营内设坛摆香，祈求祖师爷的保佑。孙殿英率领众道徒跪在香案前，恭听王尚文"差口"的降旨和师爷谢鸣武的代传。只见这王尚文在一番喝水、吐水、净脏洁身的折腾后，终于降下旨来。经谢鸣武翻译，这庙道真君的旨意是："攻打三关并不难，三天之内我来看，若敌死守不退却，我用风刮水来淹。"孙殿英听罢急忙率众道徒叩头谢恩领旨，第二天即整顿队伍，迅速开往南口阵地，和冯玉祥的守军交起火来。孙殿英由于不熟悉地形和对方的虚实，遂指挥军队打打停停，停停打打，以此来摸清对方的底细。出乎孙殿英意料的是，到第二天后半夜，天空突然阴云密布，狂风大作，大雨迅疾而下。孙殿英和众官兵以为是庙道真君显灵于世，顾不得休整，从帐篷里冲出来，向对方阵地杀将过去。一时雷声、雨声、风声、枪声、喊杀声震动山谷，激战两个小时后，南口阵地被攻陷，冯军退却而去。

第二天一早，张作霖得知南口被攻陷，敌军退却的消息后，高兴之余又很感意外，想不到这无名之辈的孙殿英竟打败了冯玉祥，而且这么快就逼得敌人溃退而去，真是有点神了。赞赏之余，他命人将孙殿英找来，自己要亲自看一看这孙殿英到底是什么模样。当孙殿英匆匆赶来时，张作霖上下打量了一下，以惊喜的口气说道："好你个孙大麻子，什么出身，竟如此骁勇善战？"孙殿英大着胆子回答："同大帅一样的出身。"说完便恭恭敬敬地站在原地低头不语。

张作霖听罢哈哈大笑："非绿林出身，怎有这般奇才。好，好呀！"在一番夸奖之后，张作霖当即下令晋升孙殿英为三四方面军第十四军军长，部下各晋升一级，并拨给一个炮兵营，营长为颛孙子瑜，同时许诺，若北京四周稍为安静，就在此处拨一块地盘让其占据。这一切，算是张作霖对孙殿英这次获胜的物质奖励。自此，孙殿英以一个军万余人的兵力，奉命暂时退回山东济宁一带，仍归张宗昌节制。孙殿英经过十几年的风风雨雨，终于从一个普通的士兵，成长为一个显赫的正规军的将军。颇具野心的他并未到此止步，而是借此机会，加紧了招兵买马，继续扩大势力的行动。他在渴望着好运再次到来。遗憾的是，他所等待的好运尚未到来，霉运却接踵而至了。

兵败山东

当冯玉祥的部队全面溃退之后，奉军占据了北京，直军屯兵西苑，由冯玉祥在北京政变后扶植的段祺瑞政府垮台，段祺瑞本人隐居于天津，开始吃斋念佛的生活，这个在中国政治舞台上曾经叱咤风云的人物，从此消失了。

正当张作霖、吴佩孚等军阀为赶跑了冯玉祥而扬扬自得、踌躇满志时，南方的革命党人却在紧锣密鼓地制订计划，调集军队，要进行以彻底打倒北洋军阀为目的的最后的北伐了。

1926年，直系、奉系军阀共同把持北京政府时合影。前排左起：张作霖、吴佩孚
后排左起：张宗昌、张学良

1924年北京政变后，冯玉祥和段祺瑞等曾先后邀请革命党的领袖孙中山北上，共主国家大政方略和时局。孙中山虽深知北上议政难有什么理想的成果，但为了推进国民革命，决定抱病北上。

离开广州前夕，孙中山念念不忘打倒北洋军阀，并把黄埔军校学生看作完成北伐大业的重要力量。为此，他专门视察了这所由自己亲手缔造的学校，并对黄埔师生发表了颇动感情也颇为悲壮的演讲："我看见你这个黄埔军校精神，一定能继续我的革命事业。现在我死了，就可以安心瞑目了！如果前二三

年，我就死不得。现在有这些学生，一定可以继承我未竟之志，能够奋斗下去的……这次北上，不论成败，决不回来。革命大任，交黄埔军校同志负之。"

视察黄埔军校的当天傍晚，孙中山一行登上永丰舰，离开广州北上。12月31日，到达北京，未及议政，就因肝病住进了医院。至1925年3月12日上午9时30分，这位创立民国的一代伟人拼尽最后的一丝力气，在夹杂着英语、粤语、普通话的"和平""奋斗""救中国"的呼声中与世长辞，终年五十九岁。

孙中山去世了。南方国民政府的实力派人物在一年多的吵吵闹闹和钩心斗角后，终于推举黄埔军校校长蒋介石为北伐军总司令，欲完成孙中山未竟的事业。

1926年7月1日，广州国民政府军事委员会颁布北伐部队动员令。北伐军总司令明确提出了先定三湘，再克武汉，会师中原，统一中国的战略目标。

7月9日，广州骄阳似火，蒋介石顶着炎炎烈日，一手接过中央监委吴稚晖代表国民党中央授予的北伐军军旗，另一只手接过国民政府代主席谭延闿代表国民政府所授予的北伐军总司令大印，然后满面春风地转身向操场示意。只见黄埔军校大操场上，旌旗耀目，枪支如林，士气高昂，战马嘶鸣，一派蓬勃旺盛、战而必胜的气氛。

7月上旬，北伐军出广东，向两湖的吴佩孚部队发动攻势。北伐军一路势如破竹，敌人仓皇逃窜，湘江两岸捷报频传。不久，北伐军进逼长沙城下，坐镇长沙的吴佩孚部将、湘军总司令叶开鑫不战而逃，北伐军第八军李品仙师顺利占领长沙。

9月1日，北伐军兵临武昌城下。9月3日，蒋介石亲临前线指挥战斗。他见部队两次攻城未果，便下令首先攻取汉阳、汉口。北伐军占领汉阳、汉口后，吴佩孚见两湖难以立足，趁深夜撤出武昌，仓皇逃往河南信阳。武昌遂被北伐军团团包围，成了一座死城。

9月20日，蒋介石乘着两湖战场胜利的喜庆气氛，在武昌城外的余家港车站召开高级军事会议，同时下达了三个重要命令：一、强攻武昌。二、调国民革命军第一军之第一师、第二军、第三军、第六军、第七军，同时开赴江西，开辟第二战场，攻击北洋军阀的实力派孙传芳部。三、任命第一军军长何应钦为北伐军东路总指挥，率所部三师攻击福建的北洋军阀周荫人。

江西的孙传芳是个足以和吴佩孚、张作霖相抗衡的大派军阀，除占据江西全境外，还占有江苏、安徽、浙江、福建等地盘。号称五省联军总司令，共有十九个师零九个旅，可参战兵员约为十六万，机枪三百八十挺，各种火炮三百八十四门。其实力尚在吴佩孚之上，可谓声势浩大。在北伐军跟吴佩孚部杀得正酣时，老于世故的孙传芳却袖手旁观，坐视同属北洋派系的吴佩孚兵败而不救，企图保存实力，并从中渔利。直到蒋介石调大军进攻江西老巢时，孙传芳才从梦幻中醒过神来。他一面匆忙将驻扎在江苏、安徽、浙江的部队调往江西，同原驻守在江西、福建的部队会合，一面急电张作霖，准备与之联合，共同对付北伐军。

9月21日，孙传芳在由南京到九江的"江新"轮上望着滚滚长江，对随从们说："南军没有什么了不起。吴佩孚被打垮，是因为除刘玉春的一旅人而外，其余都算不上什么军队。现在请南军尝试一下我的厉害吧。"

然而孙传芳高兴得太早了。就在他尚未完成迎战准备时，北伐军却突然兵分三路，从醴陵、浏阳、攸县、会昌、于都等地一起向江西杀来，蒋介石也亲自赶奔江西坐镇指挥。由于孙传芳部队的主力此时都分散在外省，防守南昌城的只有可怜的六百人，近乎一座空城。北伐大军一拥而来，于9月19日，不战而夺取南昌，孙传芳大败。

10月10日，围困湖北武昌城的北伐军终于攻进武昌，两湖全境尽收北伐军囊中。

吴佩孚失去湖北后，元气已尽，只得将残部撤至河南，准备固守。

北伐军在短短的几个月内，几乎荡平了整个南方，大军饮马长江，克日北指，准备一鼓作气荡平中原，占领全国。

面对北伐军的强大攻势，在奉天的张作霖再也坐不住了，不得不于11月19日匆匆赶到天津，在蔡家花园召集奉系高级将领会议，商讨退敌之策。驻守济南的张宗昌于11月13日也匆忙赶到蔡家花园。

11月29日，张宗昌建议推举张作霖为安国军总司令，和吴、阎共同成立"讨赤联盟"③，由张作霖统一指挥，与会将领深以为然。此时，在江西兵败逃跑的孙传芳也来到蔡家花园，表示愿意收拾残部，归张作霖指挥。张作霖随即宣布自己任安国军总司令之职，同时任命孙传芳为安国军副总司令兼苏皖赣闽浙五省联军司令，张宗昌为安国军副总司令，仍兼直鲁联军总司令。

12月1日，北方军阀的蔡家花园会议结束。这次会议制定了共同对付南方国民革命军和北方国民军冯玉祥部的策略和军事部署。但北方各派军阀之间的矛盾，以及吴佩孚和阎锡山不冷不热的态度，给蔡家花园会议的决策无形中罩上了一层阴影。

新任安国军总司令张作霖见吴佩孚在河南力不能支，根据会议决策，准备派兵假道河南，在长江一线同北伐军决一雌雄。但吴佩孚深知只要奉军一到河南，他仅存的一点地盘也将自动化为乌有了。因此，他坚决阻止奉军假道河南，而让其从海路乘军舰抵长江作战。这一损人利己的策略，张作霖自然不会答应。眼看北伐军已越过长江向中原气势汹汹地杀来，张作霖认为不能再等待下去了。他不顾吴佩孚的强烈反对，毅然决定分兵两路进军河南，并专门派了吴佩孚的老对头赵倜为河南宣抚使，随军南下，负责招降吴佩孚残部。至此，北洋军阀两大派系合作的局面彻底破灭了。

1927年2月8日，奉军第十军于珍部突然开到河南，将河南督军齐燮元的卫队缴械。然后开到新乡，将当地驻军王为蔚之一部缴械。

2月中旬，张作霖决定调东北吉、黑两省军队入关，以全力保持长江以北的地盘，张宗昌则调集鲁军赶往江浙前线，负责解决河南问题。孙殿英作为一支不可轻视的力量，被调往南京附近前线作战，直接受直隶军务帮办徐源泉的指挥。徐源泉是张宗昌的老部下，当张宗昌在奉军任旅长时，他是褚玉璞团的团副，张宗昌建立直鲁联军后，徐源泉便当了直隶军务督办一职。

正当奉军大量拥入河南时，原投降奉系的毅军忽于中牟自动退却，吴佩孚部下靳云鹗部乘势在中牟、开封之间发动了一次猛烈的反攻，并于当天占领开封，次日占领中牟。奉军前敌总指挥于珍、毅军总司令米振标、河南宣抚使赵倜皆夺路而逃。

正在吴奉两军在河南境内自相残杀时，晋军首领阎锡山派人到汉口表示愿意中立和亲近，同时派晋军大将徐永昌率兵进驻娘子关，宣称"保境息民"，禁止吴奉两军进入。自此，奉、吴、阎的"三角讨赤联盟"完全瓦解。

恰在这时，冯玉祥又率领国民军由陕西入河南，给吴佩孚以致命打击。

吴佩孚在张作霖、阎锡山以及湖南的唐生智、陕西冯玉祥的挤压、打击下，所属军队分崩离析。在四面楚歌中，吴佩孚只好弃军独自逃往四川，接受实力派人物杨森的庇护。

吴佩孚虽把自己看作战无不胜的儒将，但此时属于他的那个时代已经彻底过去。在逃往四川后，日本第一舰队总司令荒城二郎同日本海军驻华特务机关头子藤秀大佐等一行十五人来到吴佩孚的住处，拜访这位落魄的大帅，表示愿供给私人借款一百万，赠枪十万支、小炮五百门、机关枪两千挺，让其东山再起，问鼎中原。但吴佩孚却说："过去我有枪不止十万，有钱不止百万。可见成败不在钱、枪的多少。如果我想借外债、引外援，何必等到今天。中国人的事让中国人自己了结吧，贵国的盛意我不能接受。"英雄末路，尚有如此言行，真没有愧对吴佩孚的一世英名。至此，这位曾经呼风唤雨的一代军阀巨头，完全退出了中国政治、军事舞台。

吴佩孚的军队溃败后，冯玉祥和唐生智部占据了河南大半，张宗昌在江浙的防线也逐渐被北伐军主力冲垮。奉军被迫溃退到山东境内。

面对一天紧似一天的形势，张作霖决定重新进行战略部署，原北方的镇威、直鲁、五省联军的名义一律取消，统称为安国军，并组成北方安国军政府，由张作霖本人担任安国军政府大元帅，主持全盘的政治和军事事务。

1927年6月18日，张作霖在中南海怀仁堂就任大元帅之职，孙传芳、张宗昌在参加大元帅的就职典礼后，当天相偕赶回济南布置防务。根据新的战略部署，张宗昌将直隶的大部分驻军统统调往山东境内参战，从南京战场退却下来的孙殿英部又被调往山东前线。

由于整个北方的军队几乎都调往山东境内，加之直鲁军退出江苏后，孙传芳的原五省联军也退到山东地盘来就食，无疑大大加剧了当地百姓的负担，山东人民更处于水深火热之中。因无力缴纳张宗昌强硬摊派的军饷，百姓纷纷逃出故乡。而张宗昌搜刮的民脂民膏，并非全部用在军饷和其他事业上。他把直鲁两省当作自己的私有财产，尽情挥霍。他为妓女脱籍或者聚众豪赌，往往一掷数万金而毫无愧色。手下的大小军官见主帅如此，也都吃缺吞饷，层层中饱，因此积欠军饷，使兵士们过着半饥半饱的生活。在这种情形下，直鲁军有的倒戈投向南方北伐军，有的则沦为披着军队外衣的强盗土匪。直鲁军明显大势已去，只待在北伐军的一阵喊杀中土崩瓦解了。

在南北双方都在紧锣密鼓地布置新的战略战术，准备决一雌雄的空隙，在蒋介石的阴谋筹划下，国民党反动派开始屠杀曾在北伐征战中共同出生入死的共产党人。蒋介石被迫下台又重新复出后，将冯玉祥、阎锡山以及桂系的李宗仁，紧紧地拉入自己的阵线之中，在又一轮紧锣密鼓的策划之后，终于开始了向奉系军阀最后的全面攻击。

1928年2月13日，国民革命军重新编组为四个集团军，其部署为：

蒋介石为全军总司令，何应钦、李济深为总参谋长。

第一集团军总司令由蒋介石兼任，辖18个军，29万人。

第二集团军总司令为冯玉祥，辖25个军，31万人。

第三集团军总司令为阎锡山，辖11个军，15万人。

第四集团军总司令为李宗仁，辖16个军，9个独立师，约20万人。

蒋介石在基本完成北伐的部署后，于4月7日下达总攻击令，具体部署为：

第一集团军沿津浦路北上。

第二集团军沿京汉路北上。

第三集团军沿正太路向东北进军。

第四集团军白崇禧第十二路军，沿京汉线北上。

4月10日，国民革命军第一集团军分左右两翼向张宗昌的鲁军发起攻击。鲁军一触即溃，望风而逃。蒋军右翼不战而入山东境内。12日，张宗昌下令鲁军总退却。至5月1日短短十八天的时间，第一集团军攻陷济南，鲁军越过黄河向北溃退。

5月17日，第一、第二集团军攻克德州，第三集团军占领了石家庄。

5月30日，奉军在保定的关键性战役中失利，北京岌岌可危。张作霖见大势已去，下令奉军全线退却。

6月2日，在北伐军兵临京师的危急时刻，张作霖被迫发出通电，决定退出北京，撤至关外。电文称："为避免同室操戈，喋血京师，祸及中外，决

张作霖乘坐的列车被炸翻情形

意本着化干戈为玉帛的宗旨，奉军全部退出京师。以后的政治问题，留待全国大众裁决。"

6月3日，张作霖携潘复、张景惠、王荫泰等三十余人，离京返奉。至6月4日凌晨，当张作霖的专列行至沈阳西郊皇姑屯时，被日本关东军预先埋设的炸药炸翻，张作霖身受重伤，于当日上午9时30分死亡。

6月4日，南京国民政府正式任命阎锡山为京、津卫戍总司令，全权处理接收京津事务。

6月20日，张作霖之子张学良承袭父职，就任奉天军总司令。

7月1日，张学良通电南京国民党政府蒋介石、冯玉祥、阎锡山、何应钦等人，表示愿意用和平的手段统一全国……

就在国民革命军最后的北伐业已完成，全国即将和平统一的喜庆气氛中，从政府首脑到普通民众，谁也没有料到，一起震撼中外的东陵盗宝案悄然发生了。在整个北伐战争中，似乎并未太显山露水的孙殿英，也随着这起东陵盗宝的惊天大案，在一夜之间轰然震彻整个世界。

注释:

①巴图鲁:或作把土鲁、巴兔鲁,满语,汉译为英勇。清代对武官表现勇敢者的赐号。勇号有清字(即满文)、汉字之别。清初,勇号只有清字的与本名连用,如额亦都巴图鲁;或加一清字于巴图鲁之上,不再称原名,如古英巴图鲁〔努尔哈赤第二子代善,明万历三十五年(1576年)因击败海西女真之一的乌拉,有功被封〕。乾隆朝以后,巴图鲁之上加用汉字,如健勇巴图鲁〔河南新野人齐慎,清嘉庆十八年(1813年)因镇压河南滑县李文成起义,有功被封〕,勇号失其原义。清、汉字勇号本无高低之分,满、蒙、汉官员均可赐用。清末,以清字比汉字为贵,换汉字为清字,谓之"换号"。

②大洋:即银币。清代有许多外国银币流入并通行于中国某些地区,俗称番饼、番银、洋钱,其中西班牙银圆称"本洋",墨西哥银圆称"鹰洋",英国银圆称"站人洋"。民国初年,铸造的银币有两种,一是以袁世凯头像为纹的"袁头",一是以孙中山头像为纹的"孙头"。"袁头"又称袁大头、袁头币,1914年由天津造币总厂开始铸造,一圆银币重七钱二分,银九铜一,后为便于收换旧币,改为八九成色。此币花样崭新,形式划一,重量、成色均能严格按照规定,自1915年起由北洋军阀政府发行,逐渐成为流通货币中的唯一主币。总发行量在5.9亿以上。

③讨赤联盟:1924年起,国民党采行联俄联共政策,南方的国民政府被北洋军阀视为赤色政权,故张作霖、吴佩孚、阎锡山等人组成"讨赤联盟",对抗北伐军。

军部密谋

第六章

日暮皇陵

　　孙殿英兵败山东，溃退河北，接近清东陵。任增祺旅长深夜奇遇，陵寝前枪声响起，盗墓贼惨死墓中。东陵宝物的诱惑，马福田烧香引鬼，枪炮声再响东陵。军部密谋，北平探访，一幅罕见的地宫葬宝图。万事俱备，东陵大劫在即。

走进清东陵

　　在张宗昌的鲁军在江浙前线被北伐军击溃后，孙殿英随前线总指挥徐源泉先是退到河南境内。这时，国民革命军第二集团军冯玉祥部，正对奉军第三、四方面军张学良、韩麟春部发动猛烈攻击。徐源泉指挥孙殿英部奉张宗昌之命往豫北增援。为了加强其战斗力，张宗昌特意把自己从东北带入鲁地的一个白俄骑兵团，派给孙殿英部联合作战。孙殿英率部进入豫北后，其部下徐长龄旅夺回滑县，任增祺旅攻克卫辉县。因徐长龄与冯玉祥部北路军总司令鹿钟麟有同乡之谊，鹿写信劝降，徐长龄为之所动，滑县复落入国民革命军之手。任增祺死守卫辉县城，遭鹿钟麟大军围困，最后寡不敌众，卫辉县城被攻破，旅长任增祺被俘，其他官兵多半投降，孙殿英部退守山东。

　　在北伐军的强大攻势下，奉军和直鲁联军弃河南、丢山东，节节向北溃退。1928年4月30日，张宗昌放弃济南，仓皇向东逃窜。徐源泉率孙殿英等部也先后弃山东退到天津南仓，继又退到河北蓟县、马兰峪一带，6月29日退至蓟县城。正在徐源泉、孙殿英走投无路时，蒋介石出于自身利益，派遣其亲信要员、专门负责动员北方各军响应北伐的何成濬，对徐源泉、孙殿英策反，徐、孙二人见奉、鲁军大势已去，只好暂时答应倒戈，并接受了蒋介石的改编。徐源泉被任命为国民革命军第六军团总指挥，孙殿英为第六军团第十二军军长，其部下设了四个师，一个独立旅和一个工兵团，外加部分手枪队等。至此，孙殿英摇身一变，又成为国民革命军的一员将领。

　　孙殿英部来到蓟县后，把军部设于城内的一座寺庙中。随后，孙殿英即命人召来遵化、玉田、蓟县三县的官僚、豪绅、商贾商量军队的粮饷事宜。这三县的头面人物来到军

孙殿英十二军在蓟县的军部旧址，现为城关第一小学（作者摄）

部后，听了孙殿英的叙说，个个脸上布满愁容，支支吾吾表示自己的困难。孙殿英大为不悦，强硬地坚持三县要均摊给养，并一定要在近几日筹到。面对孙殿英的蛮横、强硬态度，各县官僚、豪绅们只得硬着头皮叙说困难的理由。玉田、蓟县的官僚叙说时，孙殿英强忍着怒气听下去，但脸上却露出极不耐烦的表情。在孙殿英近二十年的兵匪生涯中，几乎每到一地，都要经历这样一次次和当地官僚、豪绅打交道的过程，并有一番讨价还价不甚痛快的折磨。孙殿英深知，自清末以来，军阀割据称雄，战火频繁，土匪横行，土地荒芜，生意不振，老百姓的日子已势如水火，家家都面临着妻离子散、家破人亡的绝境，哪里还有多余的钱财来养活军队。况且这遵化、玉田、蓟县一带又地瘠民贫，比不得江南鱼米之乡，筹集粮饷自是困难重重。但话又说回来，既然要保存这支军队，就要吃饭花钱，尽管孙殿英部已改编为国民革命军，但这只是一个名分，蒋介石是不会将手中的钱财花在这支被招安的部队身上的。

正当孙殿英欲以一军之长的雄威对面前的士绅采取高压手段时，却听遵化县的来人说道："眼下奉军溃退，许多军队由兵变匪，在这一带打家劫舍，抢钱抢粮，当地老百姓仅有的一点救命钱财，几乎都被抢劫一空。原马兰峪①有匪首马福田，本是一名多年巨匪，盘踞马兰峪一带无恶不作，于去年秋曾被奉军岳兆麟军长收编，马福田成了团长。谁料想奉军败退，马福田重又率部下四五百人归山，仍回该镇，倒行逆施，更甚往昔，烧杀淫掠，肆意横行。在将当地老百姓的钱财劫抢一空后，又窜往清东陵，捣毁殿宇，刨坟掘墓，将大量金银器具及坟中珍宝盗出，运往北京变卖，据说一笔就成交十二万元之巨……"

"什么？！"孙殿英听到这里，原来那迷迷瞪瞪的头脑像被电击一般，跷起的二郎腿迅速收回，"腾"地从椅子上站起来，冲遵化县的来人急切地问道："这清东陵离本军部有多远？"

"几十里地，翻过两个山头就到了。"来人答。

"清东陵不是有军队守护吗？怎么可以让马福田之匪类任意横行？"

"别提了，清东陵的驻军早没了。现在只有几个半死不活的老头子在看护，像没主没家的孩子一样，地面上的珍贵东西几乎全被抢光了，树木也被砍伐殆尽了。"

"噢？！"孙殿英听到这里，脑子里瞬间闪过一个念头，心中的热血加速了流动，布满麻孔的黑脸泛起一丝红润。他站起身，倒背着手异常激动地在地上来回走着。过了好一会儿，他停住脚步，眼睛放出一种兴奋和神秘的光说道："保境安民是我军之首责，现在我就和诸位达成个协议，从明日起，我军即出动队伍在防区内剿灭匪患，保证一方平安，你们也要尽心尽责地为我筹集粮饷，如何？"

众人见孙军长如此一说，也就不便再硬着头皮顶下去，只好苦笑着答应，各自回去。

等这帮官僚、豪绅一走，孙殿英立即向副官详细询问了东陵地区地形，并把师长谭温江召来说："你速将队伍拉到靠近东陵的马伸桥驻防，并派得力人手查清东陵的一切情况向我呈报。我有一种预感，你我弟兄发一笔横财的机会可能到了来了。"

谭温江望着孙殿英那兴奋而得意的神色，沉默了片刻，似有所悟，不再追问，当即遵令，调集全师人马向离东陵不远的马伸桥赶去。一到马伸桥，谭温江让参谋长等安排驻防事宜，自己则带上副官及部下团长赵宗卿等十余人，打马驰向清东陵。经过近一天的查访，清东陵的一切情况全部查清。当天夜里，谭温江亲自飞马向蓟县军部赶去。

清东陵自1663年葬入第一个皇帝顺治之后，其时共有帝、后、妃陵寝十四座。这十四座陵寝又分为三百多座单体建筑，均以昌瑞山下的孝陵为中心，分布在东、西两侧，依山就势，高低有差，错落有致，主次分明。陵区外围的黄花山等地还有十多座园寝，那是清代王爷、皇子、公主、勋臣、保姆等人的葬地，其陵园规制与妃园寝相似，均以绿色琉璃瓦盖顶。整个陵区沿燕山余脉昌瑞山而建，着意山川形势的自然美与建筑景观人文美的和谐，达到了"陵制与山水相称"的目的。昌瑞山为东西走向，正中主峰突起，两侧群峰层层低下，宛如一道天然屏障。明朝初期，出于战略上的考虑，曾在山脊上建有蜿蜒起伏的长城，明代中后期的一代名将、定远将军戚继光曾率部在此地镇守。清朝建陵时，因长城有碍于"风水"的统一和完整，清政府便下令拆除了山顶十多公里的长城，打通了南北125公里，东西宽窄不等约有20公里的陵区。整个陵区始以昌瑞山为界，分为南、北两个区域。昌瑞山以北为"后龙"。这"后龙"区域山连山，岭套岭，气势磅礴，绵亘不绝，顺着雾灵山脉，直达兴隆、承德地界，可谓群山千里，气象非凡。在"后龙"区域内，分设内、中、外三条火道[②]，并有重兵看守。昌瑞山以南为"前圈"，以层峦叠翠的昌瑞山为后靠，东依马兰峪起伏的鹰飞倒仰山，西傍蓟县高耸入云的黄花山，南抵天然翠屏、犹如倒扣金钟的金星山，陵区的最南端，则有天台、烟墩两山对峙，形成一个险峻的陵口，名为兴隆口，亦称龙门口。清代建陵时，兴隆口有一口深不见底的水潭，潭中之水墨绿幽深，即使大旱之年，潭水也永远不会干涸。相传，兴隆口的烟墩山有一泉眼与渤海相遇，潭中有龙土的第八子率领鱼鳖虾蟹众水族看守门户，因此兴隆口又叫龙门口。每当旱季，西大河水势减弱，行人从此口经过，便能感受到这里气氛萧瑟，冷气森森，令人悚然心动。兴隆口还是清朝帝后妃嫔人葬东陵时，运送梓宫和彩棺或帝后拜谒陵寝时的必经之路。通过时，在这里架设木桥。銮驾过后，即将木桥拆除，以防闲杂人等通过。由此，兴隆口不仅是孝陵，亦是整个清东陵的一道天然门户。

自清建陵以来，除原有的山林外，又不断在前圈和后龙栽植大批陵树，使整个陵区苍翠蔽日，一望无际，名曰"海树"。在陵区中心，各座陵寝附近所栽的陵树，行列整齐，各有定数，名曰"仪树"。这种仪树树枝斜伸，亭亭如盖，具有龙飞凤舞的姿态，由此取名叫作"盘龙松"。据咸丰年间一位护陵大臣上报朝廷的数字，昭西陵（孝庄皇太后陵寝）仪树1023棵，孝陵的仪树为43 680棵，景陵、景妃园寝、双妃园寝三处的仪树是33 500棵，裕陵的仪树是11 007棵，裕妃园寝的仪树是1360棵。

以上只是咸丰时的记载，自然没有包括咸丰以后各座陵寝所植的仪树。如果把以后的定陵、惠陵以及咸丰、同治的后妃陵寝所栽的仪树棵数加在一起，则共有十六万九千多棵。至于整个前圈和后龙所栽的全部树木，据清末时的估计，大约在八百万棵以上。1913年，文人陈诒重曾将所见到的清东陵陵园景色以诗记之，并做了如下诗注：

> 初至，从龙门口入，两岸壁立，一泓冷然，绝水而驰，溅沫如雪。水侧春草膴茂，夹毂送青。更前则群松蔽山，苍翠弥望，殿寝黄瓦，乍隐乍现于碧阴之中。好风徐来，晴香满袖，清肃之气，祛人烦劳。

从陈诒重的诗注中可以看出，到清朝灭亡，民国成立后，清东陵还保持着原有的磅礴气势。由此也可以看出，为培植、保护这个陵区，清王朝的历代帝王花费了多么大的心血。

由于清朝历代帝王都认为能够在上吉之地建陵，便可以"开福祉于隆基，绵万年之景运"，故陵寝在他们的心目中占据着十分重要的位置。为了保护陵区的安全，在陵区周围开割了火道，竖立了红、白、青三道界桩③，界桩外是二十里官山，并在前圈东、南、西三面筑起了四十里的风水围墙。

陵区的围墙又称风水墙，有保护陵区风水之意。顺治的孝陵完工后，陵区的风水墙也开始建设，并初具规模。以后历朝不断增建、维修，并逐步完善。整个墙高达九尺四寸，厚二尺八寸，大部分为城砖灰砌灌浆，有的山岭地段用山石砌成。前圈东面的围墙北起马兰关西城根，与长城相接，往南依次经过二洞④、九洞、水洞、福君山至马兰峪西城外，留有一门，称东门口。此门专系八旗官兵及在东陵上当差的员役出入之门。康熙二年（1663年），在昌瑞山建造孝陵时，就在陵区东侧、长城隘口的马兰关设副将镇守，专司陵区的防护之责。雍正元年（1723年）改马兰关副将为总兵官。自乾隆元年（1736年）始，马兰关的总兵官由八旗汉军人全部改为八旗满洲人充任，其职别和身份越来越高。

由于陵区之内，特别是后龙地界，到处是茂密的树林，丛生的杂草，堆积的枝叶，漫山遍野，无边无际，极易发生火灾。故每年都要将风水墙内的荒草割除一次，割除的时间一般定在农历九月初一，如遇闰月，则从八月初一开割。每到这时，由马兰关总兵衙门先期在路口贴出布告，晓谕满汉军民人等届期进入风水墙内割草，各口、门官兵则严格搜查，严禁夹带火镰、烟包及其他易燃物品，次年三月初一停止割除。

为防止陵区外的野火延烧到陵区内，早在康熙二年就由守陵官兵在后龙的东、西、北三面开割了一条宽30丈、长84里的防火之道，火道之内的一切树木、杂草都被砍除干净。每年割除一次，由白露节开始，马兰关镇标的左右两营各派兵一百名，分别由千总、把总二员带领，予以割除。自乾隆元年开始，又从陵区东侧的灵窝沟起，分别向北、向西再转向南开设了一条宽20丈，长320里的外火道。道光七年（1827年），又在昌瑞山后开割了一条长21.5里的里火道。至此，陵区的后龙已形成了里、内、外三条火道。而前圈在乾隆四十六年（1781年）和同治五年（1866年），也分别开设了两条十余里的火道。由于这些火道的开设，清东陵历经二百多年而未发生过重大火灾。与此同时，火道也逐渐成为陵区边界的标志之一。

当然，清东陵之所以未遭火灾和人为的破坏，保存完好，这与清王朝派遣最为精锐的八旗兵丁直接守护各陵有重大关系。按清王朝规定，凡皇帝陵，设总管一员、翼长二员，骁骑校二员、章京十六员、甲兵八十名左右。这些官兵每月分成八班，每班有章京二员、甲兵十名，昼夜传筹⑤巡逻。到光绪朝中期，驻扎在东陵的八旗兵总兵力达一千一百多名。

除此之外，设在马兰关的绿营是专门保护东陵陵区安全的军队。雍正元年下辖三个营，随着陵寝的不断增建，到嘉庆五年（1800年），马兰关已下辖八个营，人数由原来的六百名增加到一千余名，到光绪九年（1883年），人数猛增至3157名。另外还配备了数量可观的武器装备，其中刀类就有六种，共2416把，鸟枪类六种，1529支，箭类三种，47 359支，炮类二十四种，758门，还有其他大量衣甲、旗号等。

为了加强对陵区的防护，马兰关历任总兵官煞费苦心地制定了一系列巡逻方法。据清东陵研究专家徐广源先生多年潜心研究，发现乾隆初年，当时

马兰关绿营旧址大门（作者摄）

的马兰关总兵布兰泰发明了一种"签牌挨拨传递法"，这种方法以抽签发牌的方式，将兵丁一拨拨轮番派出，周而复始，昼夜不停地巡逻陵区。

乾隆二十五年（1760年），新上任的总兵图尔禅认为，"签牌挨拨传递法"虽好，但不够完备，特别是在夜间易出疏漏。于是他在此基础上发展出一种"传筹夜巡法"，这种方法是制筹六根，左右两营各三根，每夜互相传递三次。每晚初更，左营派兵二名，执筹一根，从正关城（马兰关口）出发，沿风水墙外围依次传递到二道洞、三道洞、府君山、东口门、吉祥口、堂子山、西便门、雁飞岭等处，最后传递到右翼苇子峪，由汛弁（近似兵站长）查收，第三根天明送到。同样，从初更起，右翼从苇子峪派兵二名，执筹一根，沿着上述相反方向，依次传递到左翼正关城。如此做法，可使整个夜间，前圈东、南、西三面总有巡逻之兵。与此同时，沿内火道和外火道也采取了类似的传筹方法，只是白昼递送巡逻，各营汛（兵站）立有号簿，如有阻滞迟误或发生意外情况，随时登记注明，以便稽查。

到了乾隆四十三年（1778年），新任总兵保宁认为传筹夜巡法仍有不足之处，一年之间，不同的季节，昼夜长短不一，如果控制不严，缓速由兵自便，后半夜难免会出现悬空。因此，在原有的基础上又增加四根筹，共计十根。每夜分五个更次，每个更次由左右两营各发筹一根，在正关城和苇子峪各设更香，以记时辰。这样，夜间每个更次都保证有巡逻之兵，不致出现悬空现象。

　　关于陵区的防护大致如此，而前圈和后龙的火道、界桩外围的防护措施也不断改进、变化，日臻完善。

　　乾隆三十五年（1770年），总兵旺保禄创建了分段防守之法，将内火道以南、前圈的天台山以北分为八段，限定界址，以镇标两营千总、把总十五员，经制外委十五员按年轮流驻守，每段派千把总一员、经制外委一员，督率各汛弁兵，昼夜巡防。

　　道光十一年（1831年），马兰关总兵钟昌制定了一套严密的后龙一带巡逻法。钟昌选定后龙居中之地兴隆山，作为总巡会哨之地，每月左右两营各派兵二起，每次两翼同日并出，分东西两路巡查，最后俱赴兴隆山会哨。会哨返回时，第二起巡逻弁兵又从两翼出发，约二十日轮流一次。

　　道光十五年（1835年），新任马兰关总兵容照，先后两次到内外火道亲自巡视，觉得以前所定的各种巡逻方法虽然严密周详，但仍有美中不足之处。驻守兵丁和巡逻兵丁长期在外，其勤惰优劣很难了解掌握，常有玩忽职守之弊。因内外火道纵横数百里，山深林密，路径交错，虽设有许多堆拨，但贼匪却极易隐藏，很难查拿。于是，新任总兵容照把外火道以内、内火道以外广大地面分为四段，并制作了多块木牌，牌上编写号码记号，加盖印信，把牌分发给各段巡逻兵丁，每次按汛递送，限定日期，然后将牌逐日收回，以此作为每日有巡逻之兵的凭证。因各段远近不一，故往返日期也有长短。第一段巡查东西，往返需十一日，制牌十一面，每日发牌一面，到第十一日发完，第十二日收回第一日发出的第一牌，到总兵衙门挂号呈缴，到第二十二日将

乾隆裕陵末任翼长阿和轩（清东陵管理处提供）

十一面牌全部收回，以后再按此法循环办理。其他各段巡逻方法与第一段相同，只是往返所需时日不同。如在巡逻往返途中遇大雪封山或山洪暴发，路阻难行，迟滞时日，要在号簿内登记，可免究办。

为防止巡逻兵丁在巡逻途中偷懒作弊，容照还令人制作了六面合缝牌。合缝牌分上下两半面，连接起来便是一整块。在牌子上写明发往地点，在合缝处加盖印章，将六个下半面牌分别交给沿途的曹家路、墙子路、兴隆山、窄道子、大洼、黄崖关等六关汛保存，另外六个上半面牌由马兰关总兵衙门收管。何时派兵丁到某处巡查，就把某处的上半面牌交给该兵丁，查至某处，就将存留在那里的下半面牌换回，把上半面牌留在那里。容照制定的这种方法受到了当朝道光皇帝的称赞，后几经交换改进，终于使巡逻之法完善起来。

由于马兰镇绿营⑥是专门防护陵区安全的军队，具有其特殊性，因此不能像其他绿营军队那样定期集中操练，只能利用空闲季节操演训练。为了训练八旗兵丁，道光十一年经东陵守护大臣有麟、溥喜和马兰关总兵钟昌奏请，在东陵设立马步骑射公所，由八旗中的章京、骁骑校中挑选技艺娴熟者充当教官，每月轮流教习各陵八旗甲兵，要求严格，使他们具备上马能战，下马能守的良好素质和战斗能力。

按清王朝规制，除皇宫大内，皇家陵区可称得上第一禁区，许多保护皇陵的法令、规定，都明文载入《大清律》中。如法令中有"车马过陵者及守陵官民入陵者，百步外下马，违者以大不敬论，杖一百"，"如延烧殿宇墙垣，为首拟绞监候，为从杖一百，流三千里"，"树株关系山陵荫护，盗砍与取土、取石、开窑、放火者，山陵有伤，亦大不敬也。不论监守常人，为首者斩，为从者充军"。

清廷制定的法规、法令不仅对普通百姓严加防范，而且对专司守护陵区安全的绿营官兵，一旦触犯禁令，也绝不宽恕，严惩不贷。如乾隆四十三年（1778年）八月，绿营兵丁陶文启、张宗信在夜间巡逻时，因烤火御寒，不慎燃烧了一片荒草，但未烧毁树株。这二人被查处后，还是被杖责一番，又双双发往伊犁给厄鲁特为奴。他们的上司、把总李文瑞畏罪自杀，都司欧陛诏被革职查办。

道光六年（1826年），外委崔思通嘱手下兵丁招引外人偷入红桩（外火道内侧的木桩标志，红桩以内为风水禁地）以内打猎，从中分得猎物。此事被上司察觉，将崔思通发往新疆充当苦役。

不但绿营兵丁、普通官员如此，即是防区的最高长官及守护大臣，如违犯禁令，也绝不轻饶。乾隆四十二年（1777年）二月，时任马兰关总兵的满斗将景陵后宝山上的一段石墙拆掉，以便行走。而后又将头道沟、二道沟一带的树株砍伐八百四十多棵，被部下控告，满斗立即被革职交刑部查办，定为斩监候，待秋后处决。后来多亏家人四处活动，买动许多大员为其说情，乾隆终于开恩，由斩监候改为降职处分，满斗总算保住了一条命。当时的东陵守护大臣允祁，也就是康熙帝的皇子、乾隆帝的叔父，因未能发现和参劾满斗的违禁活动，坐失察罪，送交宗人府严加议处后，被降为镇国公。

嘉庆十一年（1806年）正月，因陵区树株被盗砍，当时的马兰关总兵丰绅济伦被革职。新接任的总兵巴宁阿刚上任四个月，因木门沟树株被盗，不仅遭到革职的处罚，还被发配到吉林边疆充当苦役。

道光元年（1821年）六月，因有兵丁用刀砍伤了陵区内树木，事发后，马兰关总兵庆惠被降为陵区内务府[7]主事。

从以上的记载中可以看出，由于清王朝的一系列禁令和法规，加上几千名八旗兵丁的日夜守护防范，直到溥仪退位、大清灭亡之时，整个东陵界内尽管时有小范围的失火、砍伐、偷盗等现象发生，但毕竟未在整体上对陵区形成危害。这个时候的清东陵应该说是生气蓬勃，风水景色俱佳。

当溥仪退位，清朝灭亡后，根据民国政府对清室的八项优待条件之规定，清东陵的护陵人员、机构仍然承袭清制。属于"皇族私产"的清东陵，按照"一体保护"的规定，还留有四百名八旗兵丁看护，同时宗人府、礼工部等机构也分别继续承担陵区的一切事务。按优待条件，民国政府每年要拨发白银四百万两供清室支配，但由于民国政府的拖欠以及溥仪小朝廷的挥霍，用于东陵各机构人员的俸银俸米被迫减半支付。这样勉强维持到1914年，民国政府将东陵红桩以内地界划归清室管辖，守陵人员以薪饷无着、急需解决旗民生活困难为由，推举护陵大臣报请溥仪在紫禁城的小朝廷，准予开垦土地，以此用以维持生计。自此，东陵界内的土地及树木开始了大规模的毁坏。

1915年，由清室呈民国大总统袁世凯批准，在东陵成立林垦局，一切

由清室经营。清室派原东陵守护大臣载泽为东陵林垦督办并兼管整个陵寝事宜。但身为八旗子弟，只会要钱花钱的载泽，根本无力无计经营管理，只好委托天津"天丰益"商号筹款代办。如此一来，土

清皇室人员冒雪察看东陵树木被伐情形（清东陵文物管理处提供）

地及林木的破坏又进一步升级了。

　　1921年，北洋政府直隶省长曹锐见东陵林垦油水甚厚，便以查办天丰益商铺盗买陵树为名，派手下爱将何谦吉率领一个团的官兵，查抄没收了天丰益在东陵地区的一切财产，设立了由直隶省辖的东荒垦殖局，由何谦吉任局长。至此，东陵落入北洋军阀之手，毁坏程度急剧上升。

　　1924年，第二次直奉战争爆发，冯玉祥发动北京政变，奉军大举入关。张宗昌部进入东陵大肆抢掠之后仓皇南下，奉军将领李景林任直隶督军，东陵林垦之事又落入李景林之手。1925年，冯玉祥的国民军第一军派兵来东陵驻扎，东陵林垦又落入冯玉祥之手。到了1926年，张作霖、吴佩孚、阎锡山联手将冯玉祥赶出北京，奉军再次大举入关，并把持北洋政府，东陵事宜全部归还清室。天丰益也随之恢复旧业，仍由清室的载泽当挂名经理。但好景不长，奉军三、四方面军团探知东陵奇货可居，又将其垦殖业务夺回自己的手中。1927年，南方的国民革命军和奉军在中原展开决战，奉军三、四方面军调往前线，东陵的垦殖事务由清室的原马兰关总兵兼任。1928年6月，国民革命军北伐入京，奉军溃退关外，东陵陵寝及荒垦殖局由北伐军战地政务委员会接收，但

未派人负责经营，更未派一兵一卒前来保护。

随着政治时局的风云变幻，人事的不断更迭，东陵荒垦殖局已变成公开毁坏土地，盗伐陵树的代理机构。在虎去狼来，你争我夺的短短十余年中，东陵陵树遭到了空前洗劫，前圈、后龙的"仪树"和"海树"被盗伐一空。当年群松蔽日、苍翠弥望的万顷青山，到1928年已变成童山濯濯了。更为严重的是，东陵的地面建筑，也被各路军阀和当地土匪盗劫拆毁。先是各殿宇所有铜制装潢，如铜钉、铜字等全部被盗，继而各殿槅扇⑧、槛框、窗棂被拆盗一空。尤其在奉军溃败，北伐军来到之时，东陵处于无人过问管理的真空状态。身为护陵大臣的毓彭，见时局如此混乱，也不再尽心守护，开始串通监护人员，索性将各陵隆恩殿前月台上陈设的大型鼎炉、铜鹤、铜鹿等拆运偷售，中饱私囊。当地的好事之徒见护陵大臣都监守自盗，认为陵寝宫物可自由取夺，于是纷纷拥进陵区，群起拆毁殿庭，肆意盗卖。其间有一伙盗贼趁着混乱，竟掘开了惠妃陵寝⑨，进入地宫，抛棺扬尸，盗走了大量珍宝。此风一开，许多土匪、强盗都盯上了陵内地宫中的珍宝。而这时奉鲁两军大举溃退，整个京津地区遍

奉军将领在孝陵前留影

布着一股股、一撮撮亦兵亦匪、由兵变匪的队伍，许多散兵游勇因不愿随奉军退往关外而四处流窜，清东陵正成为他们最合适的蚕食和劫掠之地。

🏛 任旅长雨夜奇遇

当谭温江离开东陵飞马来到蓟县军部时，已近晚上十点。孙殿英正和几个旅长围在一张桌旁聚赌，屋里传出"哗哗啦啦"的推牌声。见谭温江进来，孙殿英热情地说了声："松艇老弟，来得正好，这几个烧得不行，你过来克他几把，看他们还有啥子可说？"说完，又将目光盯住牌桌不再动弹。谭温江本来心急如焚，急欲将自己查访的关于清东陵极其复杂和紧张的情况做一汇报。但看到眼前的军长嗜赌成性、如醉如痴的样子，也就不便去打断，只好坐在桌旁，让侍卫端来一杯茶水，边喝边看，边耐着性子等着。

几个回合过去，旅长们自然不是对手，一个个输了个精光，表示彻底臣服，自称是败兵之将。孙殿英哈哈一笑，将赢来的钱往桌上一推，随着"咣咣嘟嘟"的响声，提高了嗓门说道："只要你们服了，就没什么亏好吃了，各人将赌头拿去，回屋睡觉吧！"

众旅长长嘘了一口气，脸上散发着激动、感谢的喜色，纷纷将光洋装进口袋，四散而去。

这时屋里只剩

位于蓟县十二军军部旁孙殿英住处（作者摄）

孙殿英和谭温江两人。孙殿英站起身略表歉意地招呼道："哎，刚才只顾赌玩，差点将大事忘了，来，快里屋坐。"

两人进到里屋，孙殿英亲自给谭温江沏了一杯香茶，问道："东陵的情况咋样？"

"原打算明天再向钧座汇报，想到军情紧急，就连夜赶来了。"谭温江显然是将查访东陵的事当作军情并作为紧急军情来对待了。

孙殿英见部下如此一本正经，煞有介事，也就板起面孔说："快给俺说说。"

谭温江将在东陵查访到的被破坏、劫掠情形一一向孙殿英做了汇报。

孙殿英听完，紫黑色的脸上露出怒色，恨恨地骂道："看来那宝贝都便宜了李景林等龟孙了。俺老孙以前没想到要在死人身上发财，这会儿算碰着了，他们能做这里的买卖，俺为啥不能做。松艇弟，据你所知，那东陵里还有什么物件可捞一把？"

"地上的几乎全部抢光了，即是剩下的一点，也没啥捞头，要做，就只能是地下了。"谭温江回答。

"你是说掘墓？"孙殿英欠起身子问道。

"是！"谭温江干脆利索地回答，眼里放着刺人的光。

"俺长这么大，这刨坟掘墓的事还没干过。小的时候，听老家的大人们说，打瞎子、骂哑巴、踢寡妇门、挖绝户坟，是伤天害理的事。如今这皇帝的坟，兴不兴挖得？"孙殿英试探性地问着。

"如今天下纷争，兵荒马乱，这东陵早已成为无家无主的一块肥肉，此时还不动手，难道眼睁睁地看着别人抢去不成？"谭温江不失时机地鼓动起来。

今天的孙殿英出道已几十年，再也比不得当年那毛头小土匪了，历史的风雨已使他开始办事谨慎起来，于是他怀着一颗矛盾的心说道："英雄所见略同，俺也早有此意。松艇弟，你先别急，这盗墓一事毕竟关系重大，待俺和两位老夫子商量一下再做最后决定吧。"

"好吧。"谭温江见不便再多说下去，起身准备告辞。

就在这时，侍卫官从外面进来报告："任增祺任旅长求见！"

孙殿英和谭温江都不禁一愣，片刻之后，孙殿英大声问："哪个任增祺？"

"就是在河南卫辉县被冯玉祥部队俘虏的那个任增祺旅长，他说今夜一定要面见钧座。"

孙殿英鼻子重重地哼了一声，紫黑的脸痛苦地扭曲着，怒气冲冲地说道："这个该杀、该枪毙的任增祺，一个旅的人马都被他折腾光了，他怎么没死，还有什么脸来见我？让他给我滚！"

任增祺原在鲁西南一带为匪，后被张宗昌的直鲁联军收编任团长。北伐军饮马长江后，任增祺又被任命为旅长，并被张宗昌编入孙殿英的部队，受孙指挥。想不到时间不长，就在豫北的卫辉县城被冯玉祥部俘获。这样一个败军之将，且与孙殿英并无深厚感情，孙殿英故意对他表现得很冷淡。

"钧座，我看任旅长也有他的难处，当时奉军张学良部都顶不住冯玉祥大军的进攻，何况增祺老弟一个小小的旅。咱们不是也……"谭温江和任增祺素有交往，早在任增祺在鲁西南为匪时，谭温江就跟他熟悉，后任增祺投了张宗昌的直鲁联军，谭投了孙殿英，在较长的一段时间里还互通信息。当任被编入孙殿英部时，两人的关系更加密切。所以，今天谭温江有意要在孙殿英面前拉他一把。

孙殿英沉默了一会儿，对侍卫官说道："那好吧，就先让他进来，俺正要找他好好算一算账呢！"

过了不长时间，突然"哗啦"一声，门开了。一个蓬头垢面、衣衫褴褛、满身血污的人出现在孙殿英面前，后面跟着两个护送的勤务兵。

"钧座！"那乞丐般的人凄楚地喊了一声，扑通跪倒在地。这个突如其来的场面使屋里的两人都吓了一跳。过了好长一段时间，孙殿英和谭温江才从愣怔中回过神来。

"增祺！是你？！"谭温江抢步向前，将任增祺拉起，问道，"是他们放你出来的？"

"是我自己逃出来的。"任增祺说着已泣不成声。

"张宗昌交给我一个旅让你带，今儿个你怎么自己跑回来了，手下的弟兄呢？"孙殿英见任增祺狼狈不堪的样子，想起往事，禁不住连讽带刺地挖苦起来。

"钧座，那一个旅被冯玉祥部下的鹿钟麟给吃了。我作战不利，丢了您的脸，您要枪毙，都是应该的。我今天专门来请罪，任钧座处罚！"任增祺不愧是多年的兵匪出身，面对孙殿英的讽刺与挖苦，他擦干了眼泪，挺直了腰杆，做出一副大丈夫可杀不可辱的末路英雄气概，两眼布满血丝，直直地盯着孙殿英。

孙殿英被任增祺不凡的气势震了一下，心中暗暗佩服这位绿林出身的汉子。试想，这南北大战，连赫赫有名的吴佩孚、张作霖、张宗昌、孙传芳都大败而逃，何况一个小小的旅长。即使他浑身是铁，能打几个钉，连自己今天都脱离奉军和直鲁联军，成为国民革命军的一分子了，还要难为一个战败而归的旅长做啥？尤其现在大局未定，战火未熄，说不定还要依靠这些人为自己拼命呢！想到这里，孙殿英由怒转悲，眼含热泪，亲自沏了一杯茶端过来，示意任增祺坐下讲话，并道歉似的说道："增祺老弟，刚才我是由于心中烦闷，说了不好听的话，你看这一万多人退到此处，粮饷均未有着落，弟兄们眼看就要喝西北风了，我心中怎能不慌、不烦呢？还请增祺老弟海涵呀！只要你还活着就好。来，快喝口水解解乏吧。"

孙殿英的一席话，像一股热流滚过任增祺的全身，他再次抽泣起来。谭温江上前劝说了一番，任增祺止住了哭泣，像突然想起了什么，遂从腰间掏出一个溅满泥水血污的口袋。"钧座，这回我捡了点见面礼来孝敬您。"说着，"哗啦"一声，将里面的东西倒在面前的茶桌上。

孙殿英和谭温江眼睛同时一亮，只见几十件大小不等的珠宝，在不太明亮的灯下闪着耀目的光芒。恰巧这时孙殿英在山东济宁娶的那位二姨太走了进来，见到这琳琅满目的珠宝，大叫一声："哎哟，这是从哪里弄来的这么好的宝贝，喜杀人啦！"

孙殿英和谭温江都不禁惊异地问道："增祺老弟，这是从哪里弄来的？"

任增祺看到孙殿英满脸的惊喜，知道他不会再对自己存有芥蒂了，端起茶喝了一口，又点上一支烟抽着，这才慢慢讲出了事情的经过。

任增祺在豫北卫辉县战役被俘之后，他和其副官、侍卫三人，被鹿钟麟部先是关押在县城监狱，后鹿钟麟部奉命继续北伐，任增祺三人也随之被一同带走。当来到山东境内时，任增祺等被关押在泰山附近的一座破庙里。由于连日征战，士兵自然疲惫不堪，负责看押的士兵也渐渐松懈。任增祺瞅准机会，在一个夜晚，伙同另外两名部下，砸死看押士兵，夺枪逃窜。这

清东陵主陵园，远处
山头即为黄花山

个时候直鲁联军正大举溃退，张宗昌已弃济南而逃。任增祺带领二人随着直鲁联军残部越过黄河，向直隶省溃退而来。他们来到天津附近时，见漫山遍野都是溃败的奉军。奉军官兵有的改行变成了土匪，就地劫掠抢烧，有的做回百姓，正三三两两地结伙赶奔家乡。任增祺经过一番苦苦的打探，终于从孙殿英的师长柴云升部下几个开小差的士兵口中，得知孙殿英部已退至蓟县和马伸桥一带。于是，任增祺带领副官和侍卫又匆匆向蓟县赶来。当离蓟县还有三十多里地时，因天黑下雨，他们走错了路，跌跌撞撞竟到了清东陵外的黄花山附近。

这时，雨下得更大，四周一片漆黑，远处不时滚过阵阵雷声。筋疲力尽的任增祺等三人，想尽快找个村落避雨歇息，但在山中转来转去，总是没有见到半盏灯火。正焦急之间，突然一道闪电劈空而下，照亮了四周的山峦树木，荒野田畴。也就在这刹那间，三人借着雷电之光同时看到了前方不远处的殿宇红墙。

"前方好像有座庙，咱先进去避避雨吧。"副官说着，径直走向前去，意在察看究竟。慌不择路的任增祺一声不吭地和侍卫跟了上来。

三条黑影沿着残破不堪的红墙转了半圈，终于找到了一座同样残破不堪的殿房摸了进去。又是一道电光闪过，只见一头龇牙咧嘴的怪兽蹲卧在眼前，三人同时打了个激灵，瞬即又感到是一场虚惊。面前的怪兽只是由一块巨石雕刻而成，背上还驮着一块矗立的石碑。石碑好像遭过雷火轰击，

清东陵风水墙外太子陵宫门旧影

已变得犬牙交错，参差峥嵘。三人望着这尊物件，才知道自己进的不是庙中的殿房，而是一座皇陵的碑亭，因为只有皇陵的碑亭才会是这般模样。只是这碑亭的盖顶早已残破，雨水滴滴答答地落下来，很难在此立足，幸亏门洞还完好无损，可以暂时容身避雨。

几个人全身已经湿透，寒风吹来感到又饥又冷。副官从随身携带的一个布袋里摸出三个玉米饼子，每人一份，默不作声地啃嚼起来。

过了一会儿，任增祺问道："咱这是到了啥地方？"副官沉思片刻道："刚才我也在想，咱们是不是进了清东陵，听说清东陵离蓟县不远呢。像这个碑亭，只有皇陵中才有。""怎么到了这个鬼地方。"任增祺自言自语地说着，副官也轻轻叹了口气，不再言语。

雨还在淅淅沥沥地下个不停，雷声仍在远处轰鸣不止，不知过了多少时间，只见侍卫猛地从坐着的石阶上站起，握紧了手中的大枪。

"怎么回事?！"副官也猛地站起，不解地问道。

"你听，那边好像有人！"侍卫答。

三个人同时竖起了耳朵，在雨幕中仔细地分辨着声音传来的方向。由于雨声的干扰，无法准确地听清。

"是不是错觉，这黑灯瞎火的，也真叫吓人。"副官轻声说。

"不要疑神疑鬼了，这风雨之夜哪有什么人，快好好地待一会儿吧。"任增祺补充着。

一阵沉默。侍卫也渐渐放松下来。

突然，侍卫又轻声喊道："有人，肯定有人，我听清了，就在后边。"

这一声呼叫，令任增祺和副官都顿感毛骨悚然，头皮"嗡"地炸开来，心"咚咚"跳个不停。

"你们在这里待着，我到后边去瞅瞅。"侍卫说完，提着大枪悄悄地向后溜去。

约莫过了半个时辰，侍卫又悄悄地溜了回来，轻声说道："没错，是有人，一伙盗墓贼，他们正在挖着呢。"

"哦?!"任增祺猛地站起身问道："他们有多少人?"

"有三四个，好像快挖通了。"侍卫答。

"奶奶的，活该让咱发笔死人之财。走，去看看。"任增祺说着，带领二人借着雨幕和夜色向后摸去。快要接近目标时，三人悄悄地潜伏起来。

在一个坟堆样的土丘旁，几个黑影正来回晃动，虽然看不清人的面目表情，但这是一伙正在盗墓的贼寇已是确定无疑。为了弄清虚实，三人再度匍匐前进。随着一块石头被无意间撞动了一下，对方已嗅到了异常，只听夜幕中一声"谁?!"的急促问话，随之传来"咚"的一声土炮的响动，扫帚状的铁砂粒朝三人头顶飞来。

"还击!"任增祺一声令下，侍卫手中的大枪立即开火，"啪!"一声清脆的枪响，由于夜黑树杂，没有击中，对方大叫着四散奔逃，瞬间消失在雨夜中。

三人追了过来。不多时，又是一道闪电划破夜幕，三人看清了，这是一个硕大的土丘，在土丘的斜坡中间，有一个黑乎乎的窟窿，窟窿的四周散落着镐、锹、镢、钎等盗掘工具。不用说，这个窟窿就直通陵墓的地宫，不知这伙人是盗掘成功，还是未成。副官找了两块石头，扔进窟窿，只听里边发出"咚咚"的声响，显然是掉进了地宫中。随后，便不再有动静。三个人不声不响地在四周搜寻着。突然，只听从那黑乎乎的窟窿里传出微弱的叫喊声："完了，完了，快拉我出去……"这种时隐时现的声音，在这伸手不见五指的风雨之夜，听起来分外恐怖，不禁令人联想起陵墓中那死人的骷髅，以及骷髅突然复活时那龇牙咧嘴、张牙舞爪的恐怖形象。三人只觉四周鬼气阴森，脊背发凉，淅淅沥沥的雨声变成了无数鬼怪袭来的脚步声和喘息声。这时，陵墓内又发出了微弱的声音，侍卫将枪口对准窟窿口，大声喊道："谁？是人还是鬼？"

"甭开玩笑了，老三，快把绳子扔下来，拉我出去，货全在我腰中了。"声音再度从里边传出，只是这次比先前要大些，外面的三人都听得较清楚。

"我明白了，这是一个盗墓贼，和刚才那帮人是一伙的，肯定拿到什么宝贝了，看有没有绳子，将他拖上来。"副官说着，就在四周乱摸，终于从不远处的一堆乱草中找到了一根绳子，显然，这是那帮逃走的盗墓贼留下的。

绳子从洞中扔了下去，里头发出一阵"窸窸窣窣"的声响，接着一道手电光射了出来。外边三人不知这是里边的人事先约好的信号，因此没有任何表示。墓中的人却着急起来："老三，老三，快拉我出去，一大堆东西都在我腰里呢！"里面这个胆大包天的盗墓贼，依然把任增祺等当作他的同伙而大声叫喊着。

任增祺等顿时明白过来，用力连拖带拽，总算把盗墓贼从窟窿里弄出来。这盗贼刚呼吸了一口新鲜空气，身子还没有站起来，就被任增祺等人用手中的绳子就地五花大绑了起来。

"你们是什么人？"盗墓贼感觉情况不对，挣扎着问道。

"我们是冯玉祥派来的护陵军队，不许叫喊，喊一声就枪毙你。"任增祺压低了声音恶狠狠地说着，将枪管戳在他的前额上。

盗墓贼一听，顿时没了声响。因是雨夜，看不清他是被吓昏了，还是吓蒙了。他应该知道活人比死人厉害，他可以摸着黑下到陵墓的地宫里，钻进棺椁之中，趴在死人身上抢劫财宝而毫无惧色，但面对这冷冰冰的枪口，却不能不胆战心寒。盗墓贼被架着来到了刚才避雨的碑亭里。这时，天色已经微亮了。

盗墓贼从惊恐中醒了过来，看到面前的三人，"扑通"一声跪在地上求饶道："爷爷饶命……"

"我问你，这是什么地方？"任增祺开始发话。

"这是黄花山。"盗墓贼答。

"黄花山?!"副官一皱眉头，沉思片刻道，"这黄花山与清东陵有没有关系？"

"东陵内葬着皇帝、皇后、妃嫔。这黄花山是东陵的外道，专门埋葬王爷、王子、公主和低级妃嫔的地方。"盗墓贼答。

"这地方算不算皇陵禁地？"

"那是自然……要算的。"盗墓贼嗫嚅着说。

"既然是皇陵禁地，你们咋敢胡作非为，肆意盗掘陵墓？"副官继续问着。

"不瞒爷爷说，这段日子由于南北打仗，兵荒马乱，东陵已没人管了。这黄花山上的十几座陵墓都被人挖过，连东陵里边也开始盗了。俺也是听说这情形后才来的，想不到第一次来就被爷爷捉住了。请爷爷饶俺这一回吧。"盗墓贼又趴在地上磕起头来。

"把你挖的东西拿出来看看。"任增祺在一边冷冷地发话。

盗墓贼将腰间捆着的一个粗线布袋摘下来，将里边的东西"哗啦"一声倒在面前的石阶上。

这时天色大亮，雨也已经停歇，晨曦的曙光照在眼前，只见一堆珍珠玉翠、银镯金饰，散发出灿灿耀眼光芒。任增祺等三人精神猛地一振，瞪大了双眼盯着这堆珍宝呆愣着一动不动。

过了好长时间，任增祺才回过神来，望着盗墓贼问道："那里边还有没有？"

这一声问，盗墓贼觉得眼前的处境显然是朝着一个好的方向发展，遂振作了精神答道："这个墓前几天被人盗过，东西不算多了，要是把尸骨从棺里拖出来，这死人的身子底下肯定还有一些。"

"那好吧，你现在再进去一次，就把那尸骨拖出来，将值钱的东西全部拿出。俺仨在上边给你望风，等你出来后，所有的东西二一添作五，对半分成咋样？"任增祺用温和的面孔望着盗墓贼，以商量的口气说。

"这……"盗墓贼脸上露出不情愿的神色，但转眼望了一下副官和侍卫那冰冷的面容和充满杀气的眼光，只好答应再试一次。

几个人一起来到土堆旁，盗墓贼望着那黑乎乎的洞口，慢慢将绳子捆在腰间，可怜巴巴地望了三人一眼，极胆怯又无可奈何地由侍卫拽着绳子，钻了进去。

尽管天已大亮，但满目的残垣断壁，满目的荒冢野岭，加上山谷滚动的涛声，阴森森的树影蒿蓬，还有不时在四周林中响起的猫头鹰的怪叫，仍令人感到异常恐怖，周身紧张得发冷。

约莫过了半个时辰，陵墓中传出细微的声音，三个人用力将盗墓贼拉了上来。

这时，只见盗墓贼已累得脸色蜡黄，满头泥水和热汗，身子刚钻出洞口，就瘫坐在地上，嘴里喘着粗气，动弹不得。

副官将他身上沉甸甸的布袋解下来，打开口看了一眼，又递给任增祺，只见一堆金光灿烂的东西，比刚才见到的还要多，还要刺眼。任增祺看罢，将布袋交予侍卫，脸上露出得意的喜色。

"干得不错！这墓中的主人是男还是女？"任增祺在赞扬的同时又显得漫不经心地问。

"是个女的，可能是位公主，身子还没坏呢！"盗墓贼已不再大口喘息，脸上也有了点血色，见任增祺如此一问，顺口说了出来。

"你娶婆娘了没有？"任增祺仍和颜悦色地问。

"还没……没娶呢！"盗墓贼不好意思地说着，冲三人咧了下嘴，尴尬地露出了笑脸。

"我看你跟里边的这位公主成一对倒是蛮适合的，你看呢？"任增祺脸上喜色全无，杀气顿生。

"你……我……"盗墓贼深感不妙，吓得说不出话来。

"就这样定了，你就进去陪着那位漂亮的公主好好地睡一觉吧。"话未说完，只见任增祺弯腰伸出双臂，将盗墓贼小鸡一样抓起，向洞中塞去。盗墓贼尚未来得及叫喊，只听"扑通"一声轻微的响动，整个身子已掉入陵墓的地宫中。

这突如其来的一切，将副官和侍卫吓得目瞪口呆。任增祺此时满脸严肃，冲二人说道："把那块大石板抬过来压住洞口。"

"这……"侍卫刚想说什么，任增祺命令道："少啰唆，快动手！"于是三人一起将身边的一块大石板移过来，压在洞口上。

"快撤！"任增祺喊着，首先提着盛宝物的袋子向陵外的深山快步走去，副官和侍卫心中忐忑不安地跟在后面。

当三人来到一块丛林密布的山谷处，任增祺停住脚步，对二人说："先在这里休息一会儿吧。"径自找了块青石板坐下来。

"刚才那事，是不是有点……"喘息未定的副官看来对那个盗墓贼的悲惨遭遇有些不忍，想说点什么。

"来，快坐下，我正要跟你们说呢！"任增祺示意二人坐到青石板上说道，"事情明摆着，这两包东西是不能给他的。如果将他放掉，这家伙一定回去召集人手赶来对付咱们。刚才那帮人是做贼心虚，在黑夜里弄不清咱们的来路，故被惊散而逃。现在他们说不定已回过神来，装成无事的百姓以各种名义向这黄花山陵园赶奔而来呢。一旦和刚才那个家伙接上头，他们必在四周围堵我们，若果真如此，咱们因拿着这两袋东西，反而成了盗墓者，他们则成为护陵的英雄了。如果消息被当地官府得知，后果将不堪设想。现在那个家伙进入陵墓和公主睡觉去了，其他的贼又不认得咱，这样自好走脱。退一步说，即使被他们发现，或报告官府，咱也还有狡辩回旋的余地。你俩看呢？"任增祺说完，望着副官和侍卫。

副官和侍卫这时方如梦初醒，连忙点头称旅长的见识比自己高出一截，并问道："那咱们现在该咋办？"

"先找个能藏身的地方躲一躲，下午开始赶奔蓟县见钧座。"任增祺果断地回答。

于是，三人找了个不大的山洞钻进去，又用石头将洞口堵住，躲藏起来。由于一路的疲惫和昨夜一番折腾，三个人刚一坐下便觉头重身沉，身子一歪，呼呼睡了过去。

不知过了多久，侍卫被洞口石块的响动惊醒。他一骨碌爬起来，以高度的警觉持枪侧身悄悄向洞口移过来。通过石缝的间隙和传来的声音，侍卫才知道，原来是几只野狗在作怪。看来这几只饿得肚皮干瘪、眼睛发蓝的无家可归的野狗，闻到了他们的气味，误以为是可饱餐一顿的猎物了。侍卫"咚咚"跳动的心渐渐缓下来，用尽力气"哗"的一声将垒起的石墙推倒，然后摸起两块石头又"叭叭"地向野狗掷去。那野狗被突如其来的响动和重石的打击惊吓得四散奔逃。侍卫走出洞口，这才发现太阳已经偏西了。

侍卫赶紧叫起旅长和副官，三人匆匆向山外赶来。当他们一路打听来到蓟县城门外时，天早已黑了下来。就在跨步进入城门的刹那间，任增祺的脑海中蓦地闪出一个念头，他让副官留在身边，让侍卫到城内老百姓家中借了一把铁镢，然后在城门外不远处的一棵树下挖了个深坑，将劫来的珍宝中认为最珍贵的十几件埋入地下，其他的又包起来作为面见孙殿英的见面礼。

当任增祺来到城内的军部见到孙殿英后，叙述了劫持珍宝的经过，只是故意隐匿了在城门外埋宝的那段秘密。

孙殿英听了任增祺极富传奇色彩的故事，兴之所至让二姨太亲自挑了桌上的几件珍宝，又转身对谭温江说："松艇老弟，你也来两件，拿回去哄太太。"

"谢谢钧座，这是任旅长孝敬您的，我就不拿了，等有机会再请钧座赏赐吧。"谭温江客气地说。

"在这里还摆什么臭文人的客气架子。"孙殿英挑了两件珍品硬塞到谭温江的口袋里，又对两名卫兵说："天不早了，先领任旅长还有外边一起来的两名弟兄找副官安排个地方睡觉，明天再叙谈吧。"

任增祺刚转身欲走，孙殿英将桌上的那包珍品迅速包起递了过来，说道："任旅长的心意我领了，最好的东西也收了，这几件你就拿回去和你一起来的两名弟兄分一分吧……哈……哈……"孙殿英说着十分温和可亲地拍着任增祺的肩膀，边送往门外，边笑了起来。

等任增祺走后，孙殿英转回身将门插上，神色严峻地对谭温江说："松艇，你说得有道理，看来这东陵一事，咱不下手，迟早也会成为他人的囊中之物。事关重大，形势紧急，今天晚上你立即回马伸桥驻地，明天一早派军队严守东陵所有机关要道，并密切注视东陵的一切异常动静。在我最后做出决定之前，东陵的一草一木、一砖一瓦都不能落入他人之手，听懂了吗？"

"卑职明白，一定按钧座的命令去办，现在我就告辞了。"谭温江满脸兴奋，激动地回答着。

"路上多加小心。"孙殿英说着又唤来副官说，"调拨一个警卫班护送谭师长回驻地。"

"是！"副官答应着走出去。谭温江出门，大步走进苍茫的夜色中。

枪炮声，响起在东陵

谭温江从军部回到马伸桥驻地的第二天，即1928年7月1日早晨，便匆匆召集部下传达孙殿英的指令，派出军队封锁东陵各交通要道，同时联系当地警察所和民团，侦察匪情，布置防务。各部得到命令后，迅速行动起来。谭温江坐镇马伸桥镇的师部，全权调遣和指挥。

当天傍晚，谭温江接到了两份报告。首先是部下赵宗卿团的报告：

一、职率队于十一时到达石门镇，所有防务业经布置完毕。

二、分派第一营进驻新城镇妥为布防，对马兰峪方面严加戒备。

三、据石门土人称：马兰峪匪人约有四五百名，长短枪二百余支，迫击炮八门，骡马近四百匹，另外还有轿车等运载工具。该匪已将由东陵盗出的器物大部分变卖，价值不清。

四、顷据探报，该匪已被国民革命军第三军白师长收编，正在接洽中。

五、钧宪发下布告五张，分贴石门、新城各镇街衢，商民均极欢迎。

谨呈

师长谭

第十三团团长赵宗卿

另一份来自警察分所的报告称：

呈为呈报事，窃今奉钧命令巡官派警向东路侦探民情，等因奉此，巡官遵即派警详细侦探，各处均安堵如故。惟马兰峪有前被收营之匪队盘踞该处，约有三四百人之多，现又被军界收容，约有成效。并闻遵化以东四十里外有奉军出没，未知确数。惟本日上午十点有本军据扎上下捻头之队伍，已开到石门镇，分驻新城一营，石门二营，余无别情。各处仍安堵如常，此则本侦探之实在情形，除再行侦探再为报告外，理合将此情报告师长大人钧鉴施行。

蓟县二区警察分所巡官赵昆

七月一日

谭温江通过对两份报告的分析，认为清东陵四周至少有三股较强的武装力量在活动。一为国民革命军第三军的白姓师团，其次是奉军残部，最后为马福田的匪帮。从探知的情报看，这三股力量都有可能对东陵形成威胁，但一两日内似乎不太可能。这样想着，紧张的心情舒缓了许多，连日的疲劳使他早早地上床搂着他的一个汪姓的三姨太歇息了。

谭温江位于蓟县马伸桥的师部旧址（作者摄）

正当他睡得极度香甜时，突然被一阵急促的敲门声惊醒。谭温江打了个冷战，一骨碌从被窝里爬起来，大声问道："谁？"

"我是李副官，报告师长，马福田率匪众突然开进东陵，正在盗掘皇陵。赵团长派人来报是不是干了他。"门外的李副官急促地做着汇报。

"奶奶的，这么快！"谭温江一边穿衣服，一边下达命令，"李副官，你代我命令赵团长，立即进入东陵将这帮乌合之众给我干掉，只许胜，不许败。命十五团及手枪队立即赶赴东陵援助赵团，命蓟县第二区民团堵截围剿，命西二三堡保卫团火速出动堵截围剿……"副官受令，迅即转身离去。谭温江穿好衣服，提着手枪向师部跑去。

谭温江的预感确是对了。此时马福田正指挥手下匪众，在东陵大肆行动着。

这马福田是土生土长的遵化县马兰峪人，此人自小游手好闲，长大后吃喝嫖赌、打家劫舍、拦路抢劫、绑票索财、强奸妇女，可谓无恶不作。后来在东陵一带拉杆子为匪，纠集了几十人靠绑票索财为生，并和手下另一名土匪王绍义狼

位于马兰峪镇的马福田旧宅

狈为奸。只要马福田绑了票，王绍义就扮作中间人为两头说票。这一劫一放之中，二人诈取了大量不义之财。马福田、王绍义拿了钱，玩女人，下馆子，花天酒地，肆意挥霍。由于时局动荡不安，当地人虽对他恨之入骨，又毫无降伏的办法。如此年深日久，马福田渐成气候，成为东陵地区杀人不眨眼的活阎王。无论是当地官府还是乡绅、百姓，闻之马福田三字无不心惊肉跳，头皮发麻。如谁家的孩子啼哭不止，只要一提马福田来了，便戛然而止，不再哭泣。整个东陵地区，马福田已成为近似妖怪和厉鬼的象征。到了1927年，入关的奉军第二十八军岳兆麟部进驻东陵，并在马兰峪一带收编土匪，以扩大自己的势力。马福田不失时机地拉了三四百名土匪投靠岳部，被任命为独立团团长。那个跟他狼狈为奸的王绍义也当了个亲信副官。1928年6月底，奉军在与国民革命军交战中溃败，岳兆麟部由冀中保定撤往冀东滦县。当部队行至玉田县新安镇时，马福田见奉军大势已去，遂拉着队伍趁夜叛离岳兆麟部，窜回家乡马兰峪一带胡作非为。他在马兰峪打家劫舍，抢夺钱财并火烧了十几家商铺后，又暗中派心腹潜入东陵窥测动静，看有无盗掘的可能。盗掘东陵是他一开始为匪时就经常做的一个惊险而辉煌的梦，这个梦已在他心中压了许久了。当探知东陵无一兵一卒镇守时，他大喜过望，立即意识到这是一个千载难逢的绝好时机，此刻不干，更待何时？想到这里，他率领匪众开进东陵，开始实现他那惊险而辉煌的梦了。

但是，当马福田气势汹汹地来到东陵陵寝之时，事情突然起了变化。那浩瀚的建筑群，那精美绝伦、辉煌灿烂的殿宇楼亭，似有一种无形的力量向他压来，并迫使他瞬间莫名其妙地感到自己的卑微和渺小。这个号称天不怕地不怕的活阎王犹豫了，开始反复思虑、琢磨这种奇异的心理现象，并怀疑是否有鬼神在暗中作怪。其实这个草莽匪徒并不知道，眼前的建筑艺术形成的一种强大的文化力量，使他感到了身心的压力和神秘，并对此望而却步，是文化本身的魅力战胜了这个并不懂文化的赳赳狂夫。马福田思虑再三，终于咬牙挺胸，决定先盗劫地面的财宝，派人挖一些四周的王爷、王子、公主之类的小墓，至于这帝后的陵墓，视情形再做计较。

于是，在短短的几日内，东陵地面残存的所有值钱的物件以及黄花山中的几座皇家墓葬，被他率众匪洗劫一空。而就在马福田对东陵内帝后的陵寝，是盗还是不盗的问题上犹豫不定，尚未做出最后抉择时，谭温江的第五师开进马伸桥，并迅速封锁了通往东陵的交通要道。

面对第五师的所作所为和急转直下的局势，以地头蛇自居的马福田十分恼火，争强好斗的报复心理以及贪恋钱财的欲望和疯狂，将他对帝后陵的敬畏感压了下去。他不再犹豫，立即做出了盗掘帝后陵寝的决定，并于7月1日深夜从山中拉出一标精干人马，携带枪炮和盗掘工具，沿着熟悉的山道，绕开赵宗卿部的设防，悄悄进入东陵，开始行动起来。

众匪首先扑上了康熙皇帝的景陵，在隆恩殿后挖掘起来，想以此找到进入地宫的暗道。意想不到的是，仅挖数尺，地下突然涌出黄色水浆，状如瀑布，势如喷泉。众匪徒正迟疑间，地上的水已积有二尺多深，且仍汹涌不绝。匪众们一时蒙了，马福田也愣在那里不知如何是好。过了一会儿，他将一年老的匪徒叫过来，打听为何出现这种奇异现象。老匪徒想了半天说："我也不太明白，只是小的时候听我爷爷说起这里有一深潭和蛟龙出没的故事，莫不是与这个有关联？"

这个故事凡马兰峪老一辈的人大都知道，说的是康熙登基后，派大学士、礼部尚书、工部尚书和钦天监官员，到马兰峪的昌瑞山一带勘察万年吉地。这帮官员术士经过近一年的反复踏勘，终于在孝陵东南三里许的地方相中一地。只见此处群山朝揖，众水分流，郁葱雄秀，彩霞飘逸，堪称乾坤聚秀之区，阴阳合会之所，实为上吉之地。只是令臣僚们为难的是，在穴中之外有一深潭，广约亩许，深不见底。据当地老人们讲，此潭底部与陵区南十里的龙门口相通，两水互流，实为一脉，且潭中常有蛟龙出没。先时，每逢大旱，当地人常到此潭祈雨，无不灵验。自昌瑞山辟为陵区，首建孝陵以后，当地人才不敢再到此地祈雨。

当臣僚们将踏勘的结果呈报康熙之后，康熙略加思索道："待朕亲临阅视，再做道理。"

第二年春天，康熙借谒陵之机，在臣僚们的护卫、陪同下来到昌瑞山。在拜谒了父皇的陵寝孝陵之后，由大学士及各部大臣陪同来到了先前相中的那块宝地。但见此处山清水秀，林木葱郁，堂局严密，护砂环抱，果真是风水宝地。再看那穴外的深潭，确有亩许，深不见底。颇具学识的康熙，见这个水潭正处于两道山沟的汇合之处，山沟陡直，水流湍急，对下部形成了极大的冲击力，年深日久，必然冲击成坑，积水成潭。一遇到阴雨连绵的季节，积水一多，水面必广，水潭四周，山高林密，草木丛生，必然映衬得深不见底，由此便附会出潭底直通十里外龙门口的故事。至于蛟龙出没、祈雨灵验一类的故事，更是神奇臆想，不足为信。康熙察看完毕，对此处甚是满意，当晚宿住马兰峪行宫。

第二天早晨，康熙召臣僚们说："昨日夜间，梦见龙王三太子前来见朕，三太子说道：'陛下乃真命天子，统御万邦，治国安民，德泽苍生，福祚绵长，小神由衷敬佩。闻知陛下相中那块宝地，欲做万年吉地，小神情愿迁居龙门口，将此地让于陛下。'朕听后再三推辞，他说：'此乃天意，理应如此，不必谦让。'既然昊天垂鉴，却之不恭，就将此地定为万年吉地，明春就诹吉兴工吧。"众臣答应称是。

第二年开春，旱情严重，水位大降，昌瑞山下那个深不见底的水潭缩小得只剩半亩。众臣僚和修陵臣工大为惊异，以为康熙所梦到的龙王三太子真的搬家走掉了，修起陵来自然也就分外卖力。为了避免山沟之水冲浸陵寝，康熙命监陵大臣在两条山沟下游各接修一条又深又宽的马槽沟，以此疏散、引出山水。然后再让修陵工匠用二十个柳条大罐昼夜淘水，不到两天，潭水即被淘干。经过六年的紧张施工，景陵终于建成了。

显然，传说自有它编造和不真实的成分，但就康熙的景陵而言，人们很明显地感到其地势低下。而据后来的东陵研究者认为，康熙陵在建造前，确实存在着如何将地势低下而存水的现实加以解决的问题。尽管以后这个问题得以解决，但随着年深日久，地下再度存水，当上部的土层、石层被盗掘后，重新喷出水浆是可能的，且这股水势有可能渗入地宫，使整个景陵地宫成为一个大水库。

此时，这个传说被老匪军简单、概括地向马福田讲了后，马福田竟疑神疑鬼地认为可能是那个龙王三太子在保护着地下康熙皇帝的尸魂。他见地下水势越来越大，索性下令停止挖掘，带领人马直奔顺治帝的孝陵。

匪军们来到孝陵后，吸取了康熙帝景陵的教训，不再在隆恩殿前寻找地宫入口，而是直接奔上那用土堆成的像馒头样的宝顶。几乎所有的人都知道，皇帝的尸骨以及随葬的珍宝，就在这宝顶下的地下玄宫中，只要从宝顶向下挖去，就一定能找到玄宫和棺椁。

当马福田挥动手枪指挥匪军紧张地挖掘，并将宝顶的土层挖出一个直径约三尺的窟窿时，那个在景陵前曾说起地下有龙潭的年老的匪军又突然想起了什么，急急来到马福田的面前报告说："我听老人们讲，这顺治的孝陵中什么宝贝也没有，连皇帝的尸体也没有，是个空券，里头只葬着一把扇子，一双鞋子。顺治皇帝当年没死就出家当和尚了。"

"是真的吗？"马福田大为吃惊地问。

"老人们都这么说。前几年我跟一个守陵的太监聊天，他也是这样说的。看来是不会错，咱不要白费力气了，快去挖别的陵吧。"老匪军有些焦急地建议和催促着。

"唉，真他妈倒霉，你咋不早说？"马福田又急又恼，未等老匪军答话便问，"你看挖哪一个又快又保险？"

"旁边乾隆爷的裕陵和慈禧的定东陵修得

乾隆皇帝裕陵前用于盛水灭火的铜缸

太好、太牢靠，不易挖开，咸丰爷的定陵和同治爷的惠陵都可挖。"老匪军答。

"那好吧，就依你说的办，人马分成两队，一队挖定陵，一队挖惠陵。"马福田说完，立即下令停止挖掘，将人马分成两队，由王绍义领一队去挖同治帝的惠陵，自己亲率一队向最西边咸丰帝的定陵赶去。

马福田率匪军扑向定陵后，为求万全之策，又将人马分成两队，一队奔宝顶由上往下钻孔，一队赴陵下排水沟，撬石掀砖，希望能在此处找到地宫的入口。与此同时，王绍义一帮人也开到惠陵加紧挖掘。

就在马福田率众匪由景陵而孝陵，再是惠陵和定陵，这样反复折腾尚无成果时，时间已接近拂晓，正在布防巡逻的谭温江师十三团的士兵意外发现了他们的踪迹和企图，于是立即回去做了报告。之后，谭温江毫不犹豫地下达了围剿命令。

随着师长谭温江命令的下达，所属团、队纷纷向马兰峪和清东陵包抄而来。马福田正率队干得起劲，眼看定陵的宝顶又挖出了一个硕大的窟窿，看来用不了多久，就可挖穿宝顶找到地宫了。正在这时，放哨的匪军慌忙前来报告："国民军正向东陵围剿而来！"马福田听罢大惊失色，立即命令停止挖掘，迅速投入战斗。众匪军接到命令，纷纷扔下手中的锹镢及镐头等挖陵工具，先后操起枪炮在马福田的指挥下开始迎战。谭温江的十三团赵宗卿部以三个营和一个机枪连、一个手枪连的兵力，向马福田部围扑而来。马福田并不怯战，指挥手下迅速和王绍义率领的挖掘惠陵的匪军会合，凭借东陵有利的地形地物，和赵宗卿部展开了决战。霎时，整个东陵枪声炮声响成一片，密集的子弹在陵寝的宝顶、大殿、碑亭之间来回乱窜，子弹和建筑物撞击，在发出"唧唧溜溜"的声响的同时，又爆出一串串耀目的火花。枪炮声中，拂晓的雾气和枪管炮口中喷出的呛人的浓烟，又将陵寝的大殿、碑亭慢慢遮掩起来，越发增加了几分战斗的酷烈和紧张。

双方在群山林立、殿宇高耸的东陵从拂晓一直战斗到天亮。马福田部渐已不支，急忙派人赶奔马兰峪老巢搬请驻守的匪军。谁知搬兵的匪卒回来报告，马兰峪老巢已被谭温江的十五团及手枪队端了窝，驻守的匪军残部正向东陵以外的深山密林逃奔。马福田知道大势已去，遂率匪军且战且退，企图退往陵区以外的山中。谁知赵宗卿部死死咬住不放。马福田无奈，只好指挥匪军与赵宗卿部决一死战。双方激战到接近中午，谭温江部的十五团和手枪队也从马兰峪向东陵合围而来，双方力量悬殊，马福田知道自己再也无法抵抗了。他来到匪军的背后，冲硝烟弥漫的东陵园寝长叹一口气，低声说道："娘的，老子今日先走，明天再来讨债！"然后转身带领几名亲兵杀开一条血路，在硝烟和树木草丛的掩护下，扔下正在战斗着的匪军，落荒而去。

由于马福田逃跑，匪军群龙无首，战斗很快结束。

当日，谭温江所属的参战部队及协助参战的地方部队，在打扫战场、清点战利品及查明在战斗中损失的一切后，分别写出了战况报告，其中赵宗卿团的报告是：

职团于七月二日奉令剿办马兰峪股匪，俘获及战利品如下：

俘获匪众一百一十二人，嫌疑犯均由当地绅董先后保释，余三十八人实为悍匪。此役计获杂色枪一百余支，迫击炮三门，骡马三十余匹，轿车一辆，木箱两只，箱内之物，经初步验查，为珍珠翡翠之类贵重物品，似是由陵墓中盗取之物，具体数量未查，现原封上交师部。

是役所有官兵伤亡人数如下：

受伤项下：

少校团副张洪范腿部受伤；

一连七班一等兵王福生右肩受伤；

二连一班一等兵邵先进右背后受伤；

二连二班二等兵刁起有头部受伤甚重；

三连五班下士贾超凡左腿下部受伤；

四连六班下士刘振山右臂受伤；

二营六连二班下士范得秀手部受伤；

六连六班一等兵何祚德足部受伤；

马兰峪保卫排排长宋得仁受伤。

阵亡项下：

一连五班一等兵陈法本阵亡；

一连八班下士曾有福阵亡；

四连六班一等兵刘步营阵亡。

以上受伤官兵九名，阵亡三名，谨呈师长谭。

第十三团团长赵宗卿

蓟县第二区团总刘化风报告如下：

敬禀者：昨奉师长函谕内开，已令二十二团准于七月二日拂晓向马兰峪剿匪，令即就近通知兴隆山连庄会，将马兰山一带各要隘关口严密把守截堵，防匪北窜，等因奉此，当即分函兴隆山五星里团总霍凤林、平谷县第二区团总王廷贵、蓟县第八区团总张海明、遵化西五堡团总张凤至，于三日晚间向各山口堵截外，并于本日招集各董在区会议表决。各团丁该准于今夜十二点向北山喜峰口、丈台口、牛道口出发，占山防守。所有带用服式符号开载于后，特此禀明，请令行各团营，俾免发生误会，谨此禀请

师长大人钧鉴　敬叩
勋安
蓟县第二区团总刘化风七月二日

计开：

团丁去掉军帽上旧式五花帽花；

袖章用上白下红缀于右臂，惟白布上方另缀一形如洋元样之红布，以资识别；

旗帜用红色方式，上嵌白布亚（阿）拉伯字码1、2、3、4、……8，另有青天白日旗一面；

无故不准开枪，再请饬发今日口令一份。

与此同时，遵化、玉田、蓟县三县绅董陈汝翼、吴毓庚、李盛唐向谭温江致函：

师长大人麾下：素仰鸿仪，未瞻矩范，荷蒙垂谕，惠我一方，辰维勋华日茂，政履延厘，为祝为颂。敬复者：遵化僻处山陬，风俗朴厚，向称安谧之区，乃近数年来人心不古，世道乖离，少则三五成群，多则数百啸聚，抢掳杀烧，莫名惨苦。官府既乏保护之力，人民又无自卫之方，生受荼毒，仰天兴叹。近因时局不靖，匪徒又形麇集，图谋不轨，隐患方长。今我师长，

适从天降，督队兜剿，出民水火，造福闾阎，安良弭盗，泽及群黎，凡我人民有生之日，即戴德之年。奉谕之下，随即传知治安会、警察所，其速通知西方一带各村，按口把守，严防匪窜，以副我师长保境安民之至意。肃此敬复，并请勋安

名正肃七月二日

🏵 浑水摸鱼

当以上三县的绅董士豪怀揣各自的目的，以四方百姓的名义，共同致函谭温江，奴颜谀媚，极尽奉承之能事时，他们绝没有想到，这支军队剿匪的真正目的。第二天，被俘的马福田属匪众被就地枪决，尸首吊在石牌楼前示众之后，孙殿英借口"防匪护陵"，把谭温江师和刘月亭两个旅的兵力，全部开进东陵四周，控制了陵区的御路神道、砂山隘口。同时宣布，整个陵区戒严，一切人等不许入内，并在陵区附近的东西沟村、大红门外及马兰峪、苇子峪一带贴出多份布告，其内容如下：

军部布告

为布告事，照得马兰峪股匪猖獗，劫抢烧杀，奸淫掳掠，民不聊生。本军长应地方绅董之请，特派劲旅竭力剿除，赖官兵奋勇，将士用命，巨匪授首，元恶已除。除当场击毙不计外，生擒悍匪三十余名，已就地正法，以昭炯戒，藉寒匪胆。犹恐余孽尚在，死灰复燃，一面举办清乡，逐细查究，一面搜索山林，随处侦缉，以期一网打尽，永绝根株。尔商民人等，如有侦知匪人逃匿踪迹及潜藏处所者，应即报告，以便拿获而清妖孽。本军长束发从戎，向以保国卫民为职志，除暴安良不遗余力，其有被匪蹂躏之区，不得安居乐业者，本部但得报告，即派队剿办，职责所在，不敢告劳。仰尔各色人等，转相告诫，一体周知。切切此布。

国民革命军第十二军　军长孙魁元
七月三日

20世纪20年代的马兰关旁的马兰峪镇（马兰峪镇政府提供）

布告贴出后，谭温江师、刘月亭师，外加两个旅的兵力，一边在东陵内大肆劫掠建筑物中残存的金银铜铁之饰物，一边四处"清乡"，东陵周围近百个村落全部列为清查的对象，官兵们如同无王之蜂，四处乱窜，肆意横行，进得村镇，抢财劫宝，欺男霸女，又是一番疯狂的折腾。如遇不从者，男的绑起拳打脚踢，女的强行奸污，然后纵火烧房，让其倾家荡产，流落街头。据查，仅一天多的时间，马兰峪镇被焚烧的店铺就有陈北秀的鞋铺南屋二间、陆子起的栈房三间、义成公杂货铺北房九间、永泰银楼西屋四间、二合义布庄西房十间、义顺成锡铺西屋二间、铜发号铁铺西屋七间，其他普通民房不计其数。

面对孙殿英部的种种不法之暴行，各地商绅、百姓忍无可忍，纷纷组织起来以书面的形式向十二军表示强烈抗议。从原十二军档案中幸存的五份抗议书中，可以看出当时百姓那无可奈何又义愤填膺的悲切心情。

（一）马兰峪十八家商户甘结

为具结恳请事，此次司令[10]因清查枪械匪人拟派队分赴各商号实行清乡计划，查商等在马兰峪本地经商多年均系安善良民，绝无隐匿不报等情，为此具结，恳请司令收回直接清乡成命，以恤商艰。所有各商号内倘有隐匿枪械及无法之处，均有商等负责，自行查明密报，俾商等免受虚惊，得安生业，实为德便。谨呈司令大人。

具结商号：荣成号、悦合昌、广聚隆、德太斋、福泰兴、广聚成、福增合、宝生堂、万升源、德丰和、东聚成、四合油店、德新成、同义成、太仁药店、长发永、德裕厚、广盛号。

（二）马兰峪南关七甲呈文

为呈请事，窃敝镇遭时不幸，忧患频仍，今幸节钺贲临，使登衽席。复蒙扶苏黎庶，逐户清查，公民众聆悉之余曷胜感激。第念钧辕甫至，对于地方商民各户其臧否诚有未详，不无过劳廑念。今百家长、十家牌等情愿稍负责任辅助进行，俾全镇百姓实沾仁惠，可免繁杂之虞。兹谨拟清乡办法，百家长、十家牌等担负完全责任，递次按户加具切结。其十家内、百家内是否有无匪类，有则据实呈报，逮捕重惩；无则加具结甘结，用安民户。似此办法未知是否有当，如蒙采纳，敬当从速遵行，以期安谧，俾慰慈廑。可否之处，恭候示谕祗遵。

谨呈国民革命军师长谭

马兰峪南关第七甲

（三）马兰峪特别二区第五甲农绅甘结

为出具联名保结事，窃查石板房、南门外住户系耕种贸易、极其贫寒之人，俱安本分良民，并无不法为匪之徒。今因贵司令清乡搜械，于昨日已经贵军收查四五次之数，是以据实声明，并不敢隐匿不报，恳乞免查，以免人心慌恐，而安良善。倘有不法情形，必为前来密报，为此出具联名，保结是实。

谨呈司令大人钧鉴

马兰峪特别二区第五甲

（四）马兰峪西十一村首事赵广田呈文

为呈请事，本镇西十一村首事人等恳乞司令大人请免清查户口，俾免贵军虚劳辛苦。窃查各村并无窝藏土匪等情，如贵军查有窝藏情事，以首事人村正副等担负完全责任，如蒙允准，再出保结，以正明确。

恳祈

司令大人钧鉴

十一村首事赵广田等具呈

（五）马兰峪特别第二区第三甲保结

为出具连环保事，窃氏等久居此地为商务农为业，并无不法为匪之人。今因贵司令清乡搜械，于昨日已经贵军连查六七之数，是以据实声明，并不敢隐匿不报。恳请免查，以免人心慌恐，而安良善。倘有不法潜来，必为密报。为此出具连环保结是实。

谨呈

司令大人台前

钧座批示遵行

具连环保结人：沙寿光　高显章　马景山　张树森

郭福云

对于这些百姓的抗议，孙殿英、谭温江等置之不理。他们有自己的考虑，在决定盗掘东陵之前，既没有粮饷，又要保存这支军队，唯一的办法就是趁火打劫，浑水摸鱼。至于百姓之死活，他们不再顾及，所思虑的就是盗掘东陵的得失与时机。

正当孙殿英、谭温江为封锁了东陵窃喜，并准备做出埋在心中几晚的最后抉择时，又接到了不祥的报告。

首先是遵化西二三堡保卫团团总齐东升给谭温江的紧急函件：

师长勋鉴：本月二日晚八点承奉面谕，令东升率领保卫团在马兰峪东北一带地方射击堵截，庶免匪人逃逸等因，遵即赴该处布防。侯至三日下午四点急接敝团紧急报告，突有国民二十一军军人五六成群纷纷由防地经过，似有扰乱之举。现未奉军部明令，不知如何解决，请团总火速回团以凭裁处等语。东升未奉钧座撤防命令，匆匆冒昧回团，方命之愆，幸勿见责。一俟有用东升之处，千乞惠示祗遵，是所祷盼，知关奉闻，诸乞鉴核。余容续报，敬请

　　勋安　伏维垂照

西二三堡保卫团团总齐东升谨上

七月三日下午九时

接下来是赵宗卿团的快报：

顷据人民报告及职部侦探报称：马兰峪以西七八里处东陵地带，开到混成部队约一旅，自称革命军第八军第七旅，奉令开往遵化改编，因天气炎热，来此休息等情。又据吴营长面称：查该部系前鲁军第八军柴云升旧部，官兵粗野，情势煊赫。皆携枪各山闲游，并时来窥探职部防地不可理喻等情。

查该部突来我军防地，且正值肃清悍匪之时，并未奉到军部通知，该军是否国军，无从判断，业令职部严行戒备，以防意外。对于该部究竟如何处理，请示方略，以便遵行。

谨呈师长谭

第十三团团长赵宗卿

七月四日午后四时三十分于马兰峪团部

谭温江看罢信函和报告后，觉得这支来路不明的军队，对自己的行动计划无疑会构成重大威胁。事非寻常，他立即拟就一份紧急报告，呈送给蓟县的孙殿英。

紧急报告

一、顷据职师第十三团团长赵宗卿报称：于今（四日）午后四时三十分，东陵开到自称国民革命军第八军第七旅（系前鲁军柴云升部）声称奉令开往遵化改编，因天气炎热来此休息。但该部官兵粗野异常，声势煊赫，不时窥我防地，不可理喻等情。

二、查该部是否国军未见中央明令，通过职师防地前又无通报，径入禁地，殊深骇异。除令该团严行戒备，周密布置，以防意外而备不虞外，应如

279

何处置，伏乞钧宪速示机宜，以便转饬祗遵。

谨呈

军长孙

第五师师长谭温江

七月四日于马伸桥第五师师部

孙殿英接到谭温江的报告，同样大吃一惊，立即回函：

松艇弟鉴：报告阅悉，该军隶属何部向无明文，此刻突如其来，行踪尤觉暧昧。惟当此军队混乱之际，亦不便竟认为匪，容待查明再定应付办法。但该部现时地点接近我军防区，务须饬属严密防范，免为所乘。如有侵犯我军情形，即以武力对待。至驻马兰峪赵团方面尤须特别注意戒备，是为至要。专此即颂刻祺

兄孙魁元拜启

函件送出后，孙殿英仍是坐立不安，这支来路不明的军队的意外插入，给他的第一个感觉就是不能再犹豫了，关于东陵命运的最后抉择就在今天。想到这里，他又在回函中加上一句："请松艇弟将防范措施布置后，火速来军部议事。"

🏵 神秘来客

谭温江接到孙殿英的回函后，顾不得多想，他把军事防务一事全盘委托给参谋长金一山办理，自己则骑上那匹枣红色战马向蓟县匆匆赶来，当他走进军部孙殿英的办公室时，只见梁朗先、冯养田两位老夫子也在此处，且每人的脸上都布着几分神秘和严肃，见谭温江进来，只是略微地点了点头，并未像往常一样起身微笑着迎上来打招呼。谭温江看到这神秘而紧张的气氛，对即将发生的事情，心中已猜出了几分。

待勤务兵给谭温江泡了杯茶退出后，孙殿英盯着谭温江的脸，开门见山地说道："松艇弟，眼下的紧张局势已明摆着非让俺做出选择不可了，刚才俺已同两位老先生商量过，现在再问你一句话，这东陵地下的宝贝，咱们是要还是不要？"

谭温江抬头望了下同样一脸严肃的孙殿英，不假思索地回答："那还用说吗，事情明摆着，到口的肥肉谁愿意再吐出来。不只是要，以小弟之见，这几天必须行动，再这样拖延下去，恐怕就来不及了。到那时，任凭咱有一千个后悔也为时晚矣！"

"还中！"孙殿英抬手猛地拍了一把谭温江的肩膀，接着说道，"老弟算说到俺心里去了，只是你看咱咋个行动法？"

谭温江沉思片刻，答道："就照马福田下挖的地方挖下去，只要进入地宫就什么都好说了。"

孙殿英没有吭声，梁朗先从座位上站起来，手扶老花眼镜插话说："松艇此言差矣！我军之行动，怎可蹈马福田鼠辈之覆辙？！"

谭温江愕然，望着眼前这位老夫子摇头晃脑、煞有介事的样子，不解地问道："那，以梁老先生之见，该如何行事？"

梁朗先伸手从桌上摸起茶杯端在手中，并不喝，只是将杯盖一掀一合，上下碰得"砰砰"响，穿蓝布长衫的身架很有派头地来回晃荡着，他并不具体盯着哪个人，似乎又全盯着，遂开口道："马福田辈只知胡搅蛮干，见一处挖一处，像猪拱瓜一样，把整个东陵翻腾得碑石狼藉、乌烟瘴气，到头来一个陵墓也未打开，实乃无头脑的猪狗之辈所为也。"

梁朗先说到这里，轻轻地呷了口茶，又围着室内一个大桌于转了半圈，继续说道："这东陵之行动，非同小可，更绝非儿戏之事。以老夫之愚见，对东陵地宫实施挖掘，如同对紫禁城用兵，甚或比对紫禁城用兵还有过之。既然谈到用兵，自当按兵法所言行事。孙子曰：'知己知彼，百战不殆。'试问松艇弟，你这个经常带兵打仗之将，是否在不知道城门在哪儿，城中有多少兵力驻守的情形下，就指挥弟兄强行攻城？"

"这……"谭温江尚未来得及辩驳，梁朗先又像私塾先生给学生上课一样演讲起来："孙子十三篇兵法中最为称绝的一篇，乃是'不战而屈人之兵'。用之东陵，就该是不掘地宫，而让其埋葬的宝物自动进入咱们的腰包——当然了，这是不可能的！"

听罢此言，孙殿英和谭温江都忍不住哑然失笑起来，心想既然不可能，你还在这里瞎白话什么。

"梁老先生，时不我待，您就快说说怎样办吧。"谭温江有些厌烦地说。

"好吧，那我就明说，以老夫之见，在挖掘地宫前，必须探明每座帝后陵中地宫的入口可能所在的地方，地宫中到底存放了何种宝器，而这些宝器物件，哪座陵最多、最贵重，哪座陵最少，最无足轻重。这样，我们可选择几座最值得挖的陵墓下手，其他一律不许官兵私自动手。当我们以最快的速度找到地宫入口，并进入地宫将宝物取出后，要按原样封闭地宫，并迅速撤离东陵地区，不要留下点滴把柄。不但马伸桥驻地要撤，就是这个蓟县军部也要撤。在我们撤走后，必然有大量的兵匪和当地人趁机拥入东陵寻找便宜，东陵地区必然一片大失控、大混乱。万一东窗事发，我们佯装不知，默不作声，罪过必然会转嫁到这些拥入东陵的兵匪和当地人身上，这便是兵法上所说的'借尸还魂'，或曰'借刀杀人'之计也。"梁朗先得意地说着，来到座位上坐定，望着三人不再吭声。

孙殿英、谭温江、冯养田三人，显然是被梁朗先刚才的一番奇谈所打动，心中暗自佩服。孙殿英按捺不住心中的激动，问道："梁老先生奇计是好，只是这探访一事实在难办，再说这撤防一事亦不简单，没有上边的命令，咋好私自决定？"

梁朗先听罢，胸有成竹地说："以老夫之见，此事不难。这东陵一带散落着许多前清守陵遗老和当年修筑陵墓的工匠、夫役，他们一定知道这地宫的入口在何处。只要略施小计，通过现在还守在东陵之内的那几个前清遗老，不难访到知晓之人。至于撤防一事，我意派人前往北京去拜见总指挥徐源泉老头子，备些礼物呈上，谎称蓟县一带筹备粮饷实在困难，商家、百姓之财产俱被兵匪抢光，强筹粮饷恐激起大的民愤，若无粮饷又怕激起兵士哗变，如此一来，徐源泉必同意换防。为万全之计，我要亲自随同赴京，除见老头子外，还可察看京城政界和军界的动静，根据形势看是否适合咱们下手。如果京城秩序井然，我们尚要考虑，如果京城处于混乱无序状态，合该天意如此，我们当立即动手行事。这事做完之后，还要暗中查访东陵地宫的葬宝图。以我当年在清廷谋事时所闻，凡帝后入葬的宝器，都有史典记载，内务府有些官员、太监还详尽地私自记下入葬宝器的名称、数量以及贵重程度。当年我曾和几位内宫太监交情不错，听说他们尚在京城散居，只要能找到，大事成矣！"

孙殿英和谭温江被梁朗先的一番精彩演说，激动得热血沸腾，冯养田也显露出了自愧不如的神态。谭温江惊喜不已地问："那我们该做何具体行动安排？"

"老夫不敢越俎代庖，这个要看钧座的想法。"梁朗先知趣地答。

孙殿英压抑着激昂的情绪思索了一会儿，沉着黑黑的麻脸说道："看这样中不，松艇弟今天就回东陵做探访地宫事，不管情形如何，后天带梁老先生赴京拜谒总指挥徐老头子。待你们从京返回后，再做行动。"

"这样也好，只是有一事今天必须做出安排，那就是假如挖掘东陵一切顺利，当咱慌忙撤走时，东陵地宫挖出的物件，用什么车具运走？我看还是速从遵化县调车为宜。至于要车的名义，就说我们已奉上级的命令，准备设立兵站，调来大车做押运给养物品之用。"一直未发话的冯养田及时提醒说。

"参谋长所言极是，我这就让副官拟函发遵化县筹备车具之事。"孙殿英说着刚要喊副官，冯养田再次提醒道："我看不必以军部名义，那样动静太大，将来也不好掩饰和周旋，还是以松艇师的名义发函为宜。"

"也好，松艇你看中不？"孙殿英问。

"中！俺这就回马伸桥准备，明天晚上再回来向钧座呈报一切情况。"谭温江说完，又喝了几口水，告别孙殿英等人，骑上枣红马，借着夕阳的余晖，向马伸桥飞驰而去。

当天傍晚，一纸由谭温江发出的冠冕堂皇的公函急如星火地送往遵化。内容是：

征调大车函件
第五师函遵化县

径启者，敝部命令驻防此间，日需给养，为数甚巨。查石门、新城、马兰峪等处迭经马匪蹂躏，地方空虚，人民疾苦，对于敝部给养不忍令其筹措。现在军兵站业已设立通州、蓟县等处，俟后拟即前往领取，以轻地方负担。惟敝部大车甚形缺乏，即希贵代雇大车三十辆，务于本月五日送至马伸桥，以便前往装运，免致重累乡民，尚希筹集，星夜送到为荷。此致

遵化县知事

函件送走后，谭温江没有休息，而是在跃动的灯光下来回踱步，思索着如何查访东陵地宫的实情。时近半夜，谭温江亲率十几名亲兵，全部便衣打扮，骑马出马伸桥，向东陵匆匆赶来。

他们进入东陵一座单檐歇山式黄琉璃瓦顶的隆恩门，拐到红灰剥落的院墙与东朝房的空当后，纷纷下马。接着，十几把手电筒发出刺眼的光柱，向灰瓦卷棚的破败的班房交织照射而来。这座班房原是八旗官兵护陵值班之处，各路兵丁在此换防交接后，沿红墙外的石砌更道昼夜巡逻，以保卫帝后灵魂的安然。

而现在，东陵的红墙黄瓦尚在，唯那些兵丁却无处寻觅，残缺斑驳的班房中，只有两位年逾古稀、孤苦无依的护陵老人在此了度残生。在这兵荒马乱、东陵震荡、遍地流血伏尸的年月，差不多所有的守陵人丁都四散奔逃，唯他们还在此坚守。他们不是不想离开这是非之地，而是实在找不到去处可供容身，残酷的现实注定要让他们二人与清东陵地宫中的列祖列宗共存亡——这就是他们的命运。

谭温江等十余人，借助手电的光亮，呼呼啦啦地向班房赶来。此时，这荒野空园，万籁俱寂，突然传来杂乱的脚步声，守陵人豢养的一条满身污秽、骨瘦如柴的老黄狗吼叫着，跟跟跄跄地扑了过来。这意外的插曲，使走在最前边的人骤然紧张，握枪的手不觉触动了扳机，随着"叭"的一声脆响，一粒子弹飞出乌黑的枪膛，击射在面前一块大石板上，碰撞出一串耀眼的火花。那条老态龙钟的黄狗，一看这阵势，遂不敢继续逞能，夹着尾巴逃奔而去。

谭温江等人迅速用脚踹开门扉，闯进屋里，两个守陵的老人刚从床上惊起，尚未摸到自己的裤子，冰冷的枪口就在刺目的手电光柱中对准了他们的脑门。

"不许喊叫，我们是马福田马团长派来的，今夜找二位有点事要谈，请

你们老实交代，否则，我们客气，怕是这手中的铁家伙不答应。"人群中有一个小头目模样的人冷冷地说。

"好汉爷爷饶命，您问啥事，凡俺俩知道的一定如实回告。"两个老汉已吓得面无人色，赤裸着身子在床上叩起头来。

谭温江示意守陵老汉将油灯点上，又挥了下手，亲兵们都退出班房在四周警卫，屋里只剩他和副官面对眼前两个正颤抖着穿衣提裤的老汉。

谭温江坐到床沿上，压低了声音道："奉马福田团长指令，特前来探访能知晓这帝后陵墓地宫入口之人，想来二位定会知道其中奥秘所在吧。"

两个守陵老人惊愕了一下，神情黯然地先后说道："好汉爷，我俩乃普通的守陵之人，在此前未曾受过皇家恩宠，这地宫入口一事实不知晓。再说那地宫中随葬的器物，只听说顺治爷的地宫是座空券，没啥子东西。康熙爷是打天下的，地宫葬物不少，乾隆爷是坐天下的，地宫的东西自然就多，慈禧老佛爷是送天下的，地宫的随葬品最多，也最贵重……"

谭温江见两个老汉边说边抖成一团，知道难以问出具体的口供，又想这地宫入口和随葬器物也绝非普通守陵人能知晓，遂从腰中摸出几块大洋放在床上，声色比较温和地说道："我相信二位老前辈说的都是实话，这是一点小意思，请二老收下。不过，我还有个要求，请二老在东陵附近给介绍一位通晓地宫入口和随葬器物之人。这样，我们也好回去交差。"

"这，这……"两个老汉望着灯下发着灿烂光亮的"袁大头"，既恐惧又激动地沉思了一会儿道，"要说知道这事的人，恐怕只有定大村的苏必脱林一人了。他曾经在定陵任过郎中，后来因祸得福，和李莲英亲近起来。慈禧老佛爷入葬时，他曾在定东陵料理过丧事，应该知道地宫的入口在何处。"

"能详细说一说此人的来历吗？"谭温江一听，立刻精神倍增，对发话的白发老汉说。

"这个说起来话就长了，要不是巴结李莲英，这苏必脱林脑袋早搬家了。"白发老汉见面前的汉子真诚地问自己，恐惧渐已消失，开始有些自得地讲述起来。

按照祖制，这东陵每年的清明、中元、冬至、岁暮、忌辰都要举行十分隆重的祭祀活动，每月朔（初一）、望（十五）日还要举行小祭。祭祀时，

苏必脱林旧居（作者摄）

朝廷的礼部、工部、兵部等都要派员参加，还要供奉名目繁多的祭品。

就在定大村居住的满人苏必脱林任咸丰帝的定陵郎中时，正赶上慈禧老佛爷最后一次来祭陵。就在这次规模极其庞大隆重的清明祭陵中，苏必脱林属下的一个执壶女官出了点差错，使这位郎中险些脑袋搬家。

那天，慈禧老佛爷在妃、嫔、宫女及众臣僚的簇拥下，众星捧月般地在三座陵寝门左门石阶前降下御舆，按"左君右臣"的等级规定，秩序井然地向陵寝门内走去。当来到门内的石雕五供台前，慈禧跟众人停住，开始祭祀。只见供台上作为象征性的石雕一炉、二烛、二瓶早被人擦拭一新，在阳光的照耀下反射着粼粼青光，那泛着青光的汉白玉石雕之上，摆着各色鲜果和分别用黄、白色生丝绢帛叠就的一沓一沓的"金银箔"。慈禧在守陵女官的引导下，来到石五供北面进行祭祀，其他人等分别立在南边行六肃、三跪、三拜等礼。

随着司礼官一声"执事官各司其事"的高喊，执事女官把跪拜用的蒲团放在拜位之前正中。慈禧在几案前，面北朝着明楼宝顶跪下，其他人等面朝西跪下，紧接着由女官进爵，太后三祭酒，每祭一次，行一次拜礼，然后起身进站在东边，面朝西方举哀，妃嫔、臣僚们也一并举哀。

就在祭祀进行到祭酒一礼时，苏必脱林大祸临头了。原来负责祭酒时递盅摆碟的女官都是守陵郎中、员外郎的妻女，其中这次在右边执壶斟酒的女官就是郎中苏必脱林的女儿。当天，她在慌乱中疏忽了一个关键的细节，那就是在祭祀前没有检查自己手执的壶中是否有酒，大祸就来源于此处。

只见慈禧躬身屈膝磕头作揖之后，又目不斜视地伸出右手接过酒杯，右侧执壶女官，也就是苏必脱林的女儿赶紧斟酒，万没想到，手中的壶竟是空的，壶嘴一滴酒也没流出来。刹那间，苏必脱林的女儿蒙了，干张着嘴，瞪着眼，木偶似的立在那里不知如何是好。在一旁伺候着的守陵郎中苏必脱林，一直注意着女儿的每一个细微动作，这意外的插曲，惊得他冷汗唰地从额头上淌下来。苏必脱林深知，在如此严肃隆重的清明大祭中，出现如此不测之事，按大清律例，他和女儿的头都得搬家无疑。就在这千钧一发的严峻时刻，只见左侧那位执壶女官手疾眼快，蓦地伸过自己手中的壶嘴，给慈禧杯里斟满了酒。一生都精明老练的慈禧，此刻也许因年岁已高，或因全神贯注于跪拜之礼中，竟没有发现这以桃代李的短暂一幕，仍像什么也没发生一样做着下一步的祭祀之礼。

但是，这个一闪即过的差错，未能逃脱在一旁站立的总管太监李莲英鹰犬一样的眼睛。当慈禧祭祀完毕，凤舆在妃嫔和众臣僚的簇拥下走出隆恩门，过了玉石拱桥之后，李莲英故意放慢脚步，待苏必脱林走向前来，他将袍袖猛劲一甩，狠狠地瞪了苏必脱林一眼，然后压低了声音，神色严肃地说道：“你这该杀头的东西，能瞒过老佛爷，还能瞒过我吗？等着瞧吧！”说罢，扭头大步走去。

李莲英这句话，如同五雷轰顶，万刃刺身，当即将苏必脱林惊吓得面如土色，差点晕倒在地。看来大祸不可避免了。

但苏必脱林毕竟是混迹官场多年的老手，在短暂的惊悸之后，立刻冷静、清醒起来，未等慈禧、李莲英一行离开东陵，他派去贿赂李莲英的人，早已携带重金等候在李总管下榻的行宫了。

李莲英之所以偷偷地对苏必脱林说那一番深含威胁的话，要的正是这样的奇效。苏必脱林算是猜准了他的心理，并及时地满足了他的贪财欲望。如

清东陵慈禧陵隆恩殿中的祭拜雕像（清东陵管理处提供）

此一来，苏必脱林跟他的女儿不但未受到任何惩罚，反而和李莲英建立了一种亲近关系，不久即荣升一职，可谓因祸得福。

苏必脱林因跟李莲英有了这般关系，成为东陵守护大臣中举足轻重的人物。因而，当慈禧归天入葬时，他有机会参加了东陵葬礼的全过程，并深知地宫入口的具体位置。又因为慈禧陵的地宫入口和其他帝后陵的地宫入口在整个陵寝中的位置基本相同，那么，苏必脱林必能找到东陵几乎所有帝后陵寝的地宫入口——这是一个毋庸置疑的关键性人物。

谭温江听了白发老人的叙说后，心情越发激动，又从腰里摸出五块大洋"咣"的一声扔在床上说："太好了，那就请老前辈今夜跟我们一起去会一会这个苏必脱林吧。"

"现在就去？"白发老人问。

"就是现在。"谭温江不容争辩地两眼盯着守陵老人说。

"他的家我只去过两次，这黑灯瞎火的，怕是难找哩。"老人说。

"到了那里慢慢找，无论如何今晚要见到这个宝贝人物。走吧！"谭温江有些不耐烦地催促着。

两个守陵的老人无奈，只好默不作声地将"袁大头"收起，然后下得床来，领着谭温江等十余人，在夜幕中向定大村摸去。

谭温江等人骑在马上，两个老汉步行在前头引路，约半个小时后，一行人悄悄钻进定大村。又经过近半小时穿街走巷的转悠，终于找到了苏必脱林的院门。从外表看，这是一座豪华的深宅院落。

为避免惊动四邻，谭温江命两名亲兵翻墙而入，从里边打开大门，一群人直奔屋门而来。苏必脱林的家人听到拍打窗户的声音后，先是未敢吭声，继之以惊惧的声音问道："谁？"

"是马福田马团长派来的部下，我们要见苏必脱林大人，有要事相商，快开门。"外边的人答。

屋里一阵沉默，接着是窸窸窣窣的声响，不多时，屋里亮起了灯光，门随之"吱"一声打开，谭温江的几名亲兵冲了进去。

满头白发、老态龙钟又睡眼惺忪的苏必脱林已端坐在大厅的椅子上，看样子他深知抵抗无效，只好硬着头皮出来以待事变了。

谭温江令亲兵们在院子里看住两个带路的老人，自己和副官进得屋里，将门闭紧，问道："您就是苏必脱林前辈？"

"正是，不知诸位深夜造访有何见教？"苏必脱林冷着脸站起来，示意两人落座。

"我们受马福田团长差派，前来拜见老前辈。这是一点小意思。"谭温江说着，副官将几十块"袁大头"从一个随身携带的口袋里掏出来，摆放在桌子上，屋里顿觉亮堂了许多。

苏必脱林明知眼前的境况是黄鼠狼给鸡拜年，但不得不强装客气表示谢意，同时让家人泡了三杯香茶端上来。

"听说老前辈曾在定陵当过护陵郎中，后来又做过护陵大臣？"谭温江问。

"是的，不过是几十年前的事了，现在老朽正等着自己进陵墓呢。"苏必脱林答。

"还听说您亲自参加和主持办理过慈禧皇太后的入葬事宜？"谭温江再问。

"只是侍候过老佛爷的圣体，主持入葬一事之人乃朝廷重臣，非我等位卑身贱之辈也。"再答。

"那慈禧老太后随葬的器物您一定知晓吧？"谭温江单刀直入。

苏必脱林惊愕了一下，沉思片刻之后，冷冷地苦笑了两声："那是朝廷重臣和亲族要员们的安排，老佛爷的圣体和随葬器物运来东陵时，都是早就密封好了的，这等大事卑职怎能知晓。"

谭温江一时语塞，心想这老家伙不愧是官场老手，看他这处事不惊和说话圆滑的样子，定是一个顽固不化、难以对付之辈。但他还是怀着侥幸心理继续问道："那慈禧陵墓地宫的入口想必是知晓的吧？"

"这个……"苏必脱林稍做停顿，端起茶杯呷了口茶回答，"老佛爷的圣体入葬时，我不在现场，只在外围做些琐碎差事，更是难以知晓了。"

谭温江听到这里，火腾地蹿向头顶，心中恨恨地想：这老东西，看来他是敬酒不吃吃罚酒了，不给他来点狠的，难以问出一点实情。

他正欲拍案而起，准备以武力相威胁时，转念一想，也罢，今天夜里先饶了他，亦免得打草惊蛇，待正式行动时，再收拾他不迟。想到这里，谭温江强按怒火，说了几句不冷不热的题外话，起身率领众人告辞而去。

当他们来到苏必脱林的院外时，谭温江一边上马，一边对副官吩咐道："记住这个院子的位置，回去后派几个弟兄前来轮流监视这个糟老头子，不能让他跟官面上的人接触，更不能让他跑了，过几天会有大用处的。"

副官满口应承。谭温江接着说："还有，告诉那两个看陵的老头子，今天夜里什么事情也没有发生，要是走漏半点风声，立即要他们的命。"

"是！"副官回答着，来到两个看陵老汉跟前，将谭温江的话复述一遍，两个老汉连连点头称是。快出村口时，副官对老汉说了声："后会有期。"然后翻身上马，随谭温江等人迅即冲进朦胧的夜色中。

经过大半夜的折腾，谭温江觉得又困又乏，回到驻地一头栽到床上就睡了起来。当他一觉醒来时，已是第二天下午了。

他刚洗漱完毕，副官就递过来一份函件，只见上面写道：

遵化县复五师函

径复者，本日九点钟接奉钧部四日公函，以贵军兵站业已设立通州蓟县等处，嗣后拟即前往领取，以轻地方负担，惟大车缺乏嘱即代雇三十辆，务于本月五日送到马伸桥，以便往运等因奉此。查四日晚间接奉钧部由马兰峪发来电话，嘱代雇大车三十辆，务于五日送到马伸桥，因以车多时迫，筹集非易，往返电商，允于所雇之车统于六日上午送到石门。委员长等恐误军用，一面派定各乡车数，飞饬速将承雇大车于五日夜间或六日午前赉送石门在案。兹准前因，相应函复，即乞查照为荷。

此复

第五师司令部
遵化县临时治安维持会启
七月五日

谭温江看罢，对副官说道："就按他们所说的办吧。"言毕，又像是突然想起了什么，将副官叫到跟前轻轻地耳语了几句，副官心领神会，转身走去。约一个小时后，三名骑马的国民军来到东陵两个守陵老人的班房前，下马进得屋来，声色俱厉地向两个老头追问昨晚这里为什么有枪响。老人呆愣了半天，还是没敢道出实情，只说昨晚的枪响在对面的山坡上，大概是土匪路过，怕国民军截击，打枪问路。三名国民军听罢哈哈大笑，其中一人掏出手枪，朝在一边汪汪乱叫的那条瘦削不堪的老黄狗扣动了扳机，随着"乒"的一声清脆的响声，那条黄狗脑浆迸裂，栽倒在地。两个老人惊叫着扑向黄狗的尸体。三名国民军又一阵狂笑后上马飞驰而去。

这三名国民军正是谭温江的部下，专为探询老人的守密情形而来。但有一点，他们只知道昨天晚上改扮成马福田部来陵寝之事，至于来的真正用意，除谭温江和他的贴身副官外，其他人都蒙在鼓里。

🌀 赴京秘访葬宝图

谭温江本想好好休息一个晚上，第二天一早赶赴军部汇报探知的情况。想不到时近半夜，孙殿英的副官打电话到师部，说钧座命谭温江连夜赶到军部，有要事相商。谭温江极不情愿又有些兴奋地从睡梦中起身，带上副官和两名随从侍卫，骑马向蓟县军部匆匆赶去。他心中明白，所谓要事即东陵盗掘之事，看来这麻脸将军有些急不可待了。

果然，谭温江一到军部，孙殿英在听取了他的短暂汇报后即告诉他，蒋介石自6月3日由北京返回南方后，又于7月3日偕李宗仁、冯玉祥、宋美龄等

291

人抵达北京，准备于7月6日举行四总司令祭奠孙中山灵柩的盛典。估计蒋介石这次来京，对中国的政治、军事等事务都有新的说法和变更。为掌握确凿的情报，孙殿英命谭温江随梁朗先老先生赴北京探察动静，以最后决定东陵盗掘事宜，并向总指挥提出移防的请求。在一番密谋策划之后，谭温江连同副官、侍卫，伙同梁朗先带的两名侍卫，分乘两辆轿车向北京赶去。

临走前，谭温江恐自己赴京后东陵地区生变，极不放心地又给他的师参谋长金一山发出一函：

一山弟鉴：别后于次晨八时安抵蓟县。奉军宪谕，命乘汽车即赴通州、北京，代表晋谒总指挥，约明后日始能回马伸桥。防地诸赖弟大力妥慎主持，各部所需给养，暂可由地方筹用。杨赵两团给养马干，即直接与遵化县筹办，所借五千元须派干员亲到该县坐催为要。由地方所要之车辆骡马，暂为留用，候令发还。奉军长谕，毛军有开赴遵化之说，遇本师奉令开遵化时，吾弟即带领杨团先开遵化布防，以御他军进入为要。由遵化要大车三十辆，即派员押赴蓟县军部为要。

此请 勋安 并颂

化宇弟台安

小兄谭温江七月六日

为避免发生意外枝节，孙殿英又以个人名义致函第五师：

径启者：查近日各方纷纷收抚匪徒，召集溃兵，枪支缺少，服装杂乱，我军既未奉到正式明令，真伪也无从证实。兹为警备周密兼防其扰乱地方起见，所有一切杂色队伍，未经本军通知者一概不准接近我军防地，望转饬所属一体遵照为要。

专此顺颂

公祺

孙魁元启七月六日

当谭温江、梁朗先等人赶到北京兵马司胡同徐源泉的府第时，这位徐总

指挥随蒋介石去西山参加祭奠孙中山灵柩的盛典刚刚回来。谭温江等将携带的重金、名器等礼单呈上，并说了代表孙殿英拜谒之意。徐源泉自是格外客气热情。在谈话尚未正式进入主题之前，徐源泉先是谈了上午蒋介石偕宋美龄、冯玉祥、李宗仁、阎锡山、李济深、李烈钧、戴传贤、张群、蒋作宾、白崇禧、鹿钟麟、商震、徐永昌等近百人至西山碧云寺孙中山灵柩前，举行完成北伐四个集团军总司令的祭告典礼。蒋介石亲自担任主祭，在灵柩前敬献花圈，然后

徐源泉

是冯、李、阎分别襄祭，接着由河北省主席商震代读祭文。读毕祭文，开棺瞻仰，及见孙中山遗容。

徐源泉将上午的热闹场面说完，呷了口香茶，然后开始一本正经地问起第十二军的情况。梁朗先、谭温江按事先跟孙殿英的密谋，一唱一和地叙述了军队在蓟县、遵化一带，给养难以接济的苦处，并请求这位总指挥准予调防到顺义、密云一带。

徐源泉听罢，半天没有吭声，有些花白头发的头仰靠在椅背上，眼睛微闭，右手的指头轻轻地叩击着木椅的扶手，明显是在做慎重考虑。沉默了好长时间，徐源泉像从昏睡中醒过来似的说道："既然如此艰难，移防也是应该的，但鉴于目前的局势，此事我亦要向阎总司

蒋介石、宋美龄等在西山碧云寺孙中山祭告大典现场留影

令请示。估计明天就可给你们回复。"

徐源泉说完，梁朗先、谭温江连忙点头称是，并趁机又说了一大堆恭维之言。待要告辞时，梁朗先又问道："徐总指挥还有什么训示？"

只见徐源泉挺了挺腰杆，面带严肃地说道："回去告诉魁元，蒋总司令此次来京，主要是借祭奠先总理之名，决定裁减军队之事，大概明后天这个裁军会议就要召开。蒋公介石先生的意思是，北伐已经完成，全国将要统一，民众亟待休养生息。目下，最紧要的问题就是裁军。"

"要裁减哪些军队？"谭温江一听裁军，心中不安起来，焦急地问道。

"哈哈……"徐源泉轻轻地笑了两声道，"此事尚无定论，但事情已明摆着了。那就是冯、李、阎的三个集团军。"

"那我们不在其中了？"谭温江又问。

徐源泉依然不紧不慢，面色冷冷地说："不但要在其中，恐怕要首当其冲了。"

"哦？！"梁朗先、谭温江大惊。

"事情很明显，蒋先生是故意削弱旁系军事势力而独扩大嫡系。作为直鲁联军的旧部，命运是可想而知的。好在有我这个老头子在这里顶着，会尽力与他们周旋的。回去告诉魁元弟，不管出现何等情况，都要设法保住我的这支力量，只要我的人还在、枪不减，总会有地盘的。同时也劝他严格管束军队，好自为之。"徐源泉说到这里，从椅子上站起身，梁朗先、谭温江也知趣地起身告辞。待两人跨出门槛时，徐源泉又叮嘱一句："刚才的谈话非同儿戏，除让魁元一人知道之外，不能对其他任何人讲，二位明白便是。"

梁、谭二人点头答应，遂告辞而去。

路上，梁、谭二人坐在同一车中默默无语。徐源泉所透露的消息，无疑是个噩耗。看来十二军近两万名弟兄已成为鱼肉，任凭蒋介石随意切割了。时势既然如此凶多吉少，那么东陵盗掘一事无疑要加紧行动。当然，目前二人一时还难以完全明白为什么徐老头子要向他们透露这样一件尚未公开的军事秘密。其实就徐源泉而言，他知道自己非蒋介石的嫡系，指望看家的班底还是孙殿英的部队及其他少量的杂牌军。这样故意透露的目的，无非是在警告孙殿英的同时，又有些拉拢罢了。

梁、谭二人各自想着心事，车子驶入中国饭店，他们要在这里住下，好进行下一步关于探访东陵地宫葬宝图的行动。

当天下午，梁朗先带了一名侍卫，便衣打扮来到了地安门外一条狭窄的胡同，待拐过几个弯，进入了一座小巧精致的四合院。这是梁朗先早年在京时很要好的一位何姓太监的私宅。何太监早年曾侍奉过慈禧，跟李莲英关系非同一般，想来他应知道帝后随葬珍宝的情况。

出来迎接的是一个四十多岁的太监模样的男人，等问了梁朗先的姓名和大体经过，这人便回到后边的房子向何太监做了通报。

尽管何太监久病缠身，行将就木，但闻梁朗先前来拜访，他异常兴奋，挣扎着从床上坐起来，让这个男子搀扶着，步履蹒跚地来到前房的客厅。"学卿（梁朗先的字），你可想杀我了。"何太监传出了沙哑而尖厉的声音。

梁朗先被这多年未能听到的怪诞的声音和何太监那满头飘散的白发，以及那张核桃皮一样干瘪、黑瘦又有些枯黄的丑陋不堪的脸吓了一跳。他本能地从座椅上站起身迎了上来，没有打拱，却悲喜交集地拉住了何太监那双像冬天的树枝一样干瘦粗糙的手。

一阵短暂的寒暄，何太监诉说道："咱俩自上次分别，一晃十几年过去了，现在我已经成了快要死的人了，要不是我的义子整天服侍左右，怕再也难跟您见上一面了。"何太监有些伤感地说着，示意身边搀扶的那个太监模样的男子："来，快给你梁爷请安。"

梁朗先抢步向前，连称不敢当，然后将何太监扶到椅子上坐就。

当两杯香茶端上来后，梁朗先吩咐跟来的侍卫将携来的重礼的礼单呈上。何太监早已成为落魄之人，见这梁朗先突然送来如此贵重的礼物，揣测之中又有几分不安和感动。

梁朗先并不马上提出东陵的事，他的话题总是在何太监当年宫廷生活中最荣光的那一段，以及两人交往中最值得回忆的事中打转。这让处于孤独、寂寞，甚至绝望中的何太监陡感温暖和幸福。两人自是越谈越投机。

眼看日落西山，梁朗先让侍卫到门外的饭馆叫了几个像样的菜，打了几斤好酒，表示晚上继续和这位多年不见的老朋友唠叨几句。当这一切置备齐全，每人的肚中增加了几两火辣辣的烧酒后，梁朗先开始按事先的计划，一步步向正处于兴奋状态中的何太监发起攻势了。

话题极为巧妙和自然地转到慈禧和东陵上来。随着梁朗先好奇的提问，何太监滔滔不绝又略带显耀地谈道：

　　"慈禧老佛爷的定东陵，那修得才叫派呢，用的石料来自京西房山县，大理石汉白玉来自云南大理，砌陵用的澄浆砖来自山东临清，有的砖瓦来自江南苏州。整个陵寝使用的铺地砖，要用桐油事先浸泡数月，连砌墙用的灰浆，都是用糯米汁拌和的，并且每砌一段就用又厚又长的铁条揽固。故此，老佛爷的陵寝可谓坚厚无比，固若金汤。"何太监说到此处，又"嗞"地喝了盅酒，刚要继续说下去，梁朗先插话问道："那就是说老佛爷的陵寝是不怕被外人盗掘的了？"

　　何太监听罢，哈哈笑了两声道："那倒未必，你没听过民间有句话，叫作'自古以来，未有盗不开之陵墓'。秦始皇的陵都能被项羽盗掘，何况老佛爷的陵墓。正因为如此，老佛爷生前曾对几个管事的太监谈起过自己死后葬仪之事。每当说及前朝许多皇陵都遭后人盗掘，地宫所藏的珍宝不仅被人盗走，陵墓主人还要受劈棺扬尸之惨剧时，慈禧老佛爷这不可一世之人主，也不寒而栗。有一天，我正在老佛爷身边小心地伺候她，谁知她突然问我和身边的同伴道：'你们说这陵寝地宫除修得坚固，还有啥法子可使陵寝永保无恙呢？'"

　　"听了老佛爷的话，我壮起胆子回禀道：'老佛爷容禀，佛祖释迦牟尼曾说：人有三种毒，第一是贪，第二是瞋，第三是痴。瞋和痴都是有治的，唯独人的贪心却是永远没有止境的。中国的葬仪风尚一向提倡厚葬以明孝，故历朝帝后带去地宫的珍宝也越来越多。而当本朝一旦失势后，就会有歹徒暗生邪念，铲墓拆庐。自秦末项羽掘始皇陵之后，二十三朝的皇陵，至今没剩几个完好的，正所谓天下无有不可掘之陵墓。若想让陵寝永保无恙，唯一的万全之计就是薄葬，千万不要厚葬，厚葬只是一时之光彩，却由此埋下隐患的种子。关于此事，我闻汉代宰相张释之有几句谏汉文帝的话，说得甚好。他言：使其中有所欲，虽固南山终有隙；使其中无所欲，虽无石椁又有何憾耶！这句名言就是说，如把许多惹人眼红的财宝埋在地下，就是把坟墓浇成一座铁山，也会遭人盗掘失掉；要是棺材中没有什么值钱的东西，即便是将棺椁摆在大道两边，也不会有人来撬它。说到这里，我望了一眼老佛爷，暗中窥视其喜怒。想不到慈禧听罢，半天没有吭声，然后将那张黄脸蓦地往下一沉，说道：'你这话好像是说大清朝气数已尽，江山难保了？'说完又冷笑了两声。我一看这阵势，知道大事不好，又斜眼看李莲英的脚由原来的外撇突然改成里收，这是我们私下里商定发现老佛爷发怒的信号。到了这时，我才在心中暗恨自己言多必失，惹来横祸，不觉汗流如注，衣裳皆湿。为消除慈禧心中的杀机，我'扑通'一声跪倒在老佛爷的脚前，不住地磕头求饶。"

"后来咋办了？"梁朗先像听一段惊险故事似的问道。

"后来老佛爷不再理我，只是扭头问在旁边站着的大总管李莲英道：'小李子，刚才他的话你听见了，他劝我归西时什么也不要带，你说这还成大清朝的体统吗？古人都有玉能生寒，金能抗火的说法，都葬用了金缕玉衣，我倒像个叫花婆子一样去见大行皇帝，行吗？'"何太监说到此处，又喝了一盅酒，故意卖关子一样瞅着梁朗先。

"那李莲英咋说？"梁朗先问道。

"嘿！"何太监放下酒盅，抹了下嘴，说道，"这李大总管是何等聪明之人，他立刻瞪了我两眼，又在我的屁股上踹了一脚，嘴里说着让我滚起来，免得让老佛爷看着生气。我知道，他这是暗中救我，就赶忙跪爬到一边直起身不再吭声，这事就算过去了。只见李大总管讨好地对慈禧说：'老佛爷别听他胡说什么厚葬薄葬的，依奴才看，老佛爷定能长生不老，即便有那么一天修炼成仙，在这宫中住得烦闷了，要到西天佛祖那里待几天，也要比祖上哪位天子都要风光阔气，才能显得出我大清的威风和气派。老佛爷尽管放心，您走后一切有奴才料理，奴才愿把老佛爷在宫里宫外用的、穿的、玩的、喜欢的，挑拣最好的统统给老祖宗带去，让老祖宗到了西天极乐世界，也要做一个比佛祖释迦牟尼还要显贵漂亮的神仙。'慈禧听了李大总管这番花花言语，那张绷着的蜡黄脸迅即转怒为喜，直夸李大总管会说话，懂她的心呢！"

梁朗先听到这里，连忙将话题转到自己图谋欲求的事情上来，故作惊奇和新鲜地问道："那慈禧死后，她的地宫里到底葬了些啥样的宝贝？"

何太监显然已有几分醉意，由于多少年没有这样的机会倾诉衷肠和生活的悲苦，见梁朗先如此真诚、热情地倾听自己说话，精神越发兴奋，不免故弄玄虚地说道："嘿！那随葬的宝贝可就多了去了，数也数不清，整个大清

慈禧出殡时的仪仗队，前边是长矛队

面对慈禧送葬场面，时任荷兰阿姆斯特丹《电讯报》驻华记者（Henri Borel）深感震惊，他说："行进在送葬队伍最前端的，是一队身着新式军装、手拿长矛的骑兵，他们一个个装束齐整，举止得体。紧随其后的是一列排着纵队、手牵马匹的仆役。再往后面，是几百名身穿猩红色绸缎衣服、帽上插着黄色羽毛的仆役，他们轮换着抬行慈禧的灵柩。在灵柩后方承担护卫的有两队骑兵，一队骑兵手拿飘扬着红色长条旗的长矛；一队骑兵手持长枪，身穿镶上了红边的灰色军衣。行进在护卫骑兵之后的，是一排排穿着红衣服的仆役，他们举着绿、红、紫、黄等各种颜色的旌旗和低垂的绸缎条幅。"又说："那些举着旌旗的仆役行列没完没了，似乎他们把皇宫里的旌旗全部搬出来给已故太后送葬了。"

国的家产差不多全让她带入东陵地宫了。先不说那棺椁内的宝贝，就是在棺椁之下那口金井中，还葬有慈禧老佛爷生前所佩戴的价值连城的十八颗珍珠呢！"

何太监说到此处，又瞪着醉意蒙眬的眼睛问道："这金井你懂不懂？"

"只是听说，没见过实物，不太懂。"梁朗先回答。

"这皇家陵寝中，每一座陵墓的地宫中，都有一口'金眼吉井'。这井里的水，不管旱季或是雨季，永不干涸，也不外流，故此称不竭不溢的金眼吉井。有这样的井水镇着，放在上面棺椁中那帝后的尸骨才永不腐烂。为了表示对这金井的感谢，墓主人都事先把最心爱、最珍贵的物件放入井中，算作回报天地之恩。慈禧老佛爷生前，对金井穴位中的物件安放格外看重，当定东陵地宫完工后，她选了一个黄道吉日，由侍卫大臣、太监、宫女簇拥着来到东陵，亲自视察地宫工程。当监工大臣把地宫中金井的盖子开启后，老佛爷两眼望着空洞洞的井底，一时性起，轻轻挽起衣袖，把右手腕上佩戴的十八颗珍珠手串摘下来，放到了金井里。霎时，整个金井散满了道道光芒，几乎能在黑暗的地宫中照见老佛爷的人影。

　　"慈禧满足了平生的夙愿，了却了一件心头大事之后，回到了北京。可她每当梳妆打扮时，看到手腕上的珍珠手串不在了，就像丢了魂似的六神无主，后悔不该把如此珍贵的稀世之物过早地放入金井之中，遂产生取回来继续享用的想法。可老佛爷又一寻思，当时这珍珠放入金井时，是祈求佛祖保佑来世吉祥的，如又半路取回，岂不显得自己心地不诚？再说，当时好多侍臣、太监、宫女都在场，若取回手

清室大员再次赶赴清东陵向慈禧棺中放置宝物

中，不但得罪了佛祖，也会遭到外人耻笑。在欲罢不能，欲取还难的情势中，老佛爷思来想去，终于找到了一个折中的办法。她暗中派了一位心腹侍卫，持她的密谕，披星戴月，日夜兼程米到了东陵。在陵寝内务府郎中、员外郎、主事、兵丁等人的帮助下，重新打开定东陵地宫的大门，揭开金井盖，取出了那串光芒耀眼的珍珠手串。经过一番慎重的包裹之后，侍卫连夜赶回京城向慈禧报喜请功去了。

　　"慈禧看到失去的珍珠手串又回到自己手中，更加珍惜看重，但

总不好意思戴到手腕上，只是放在寝室的密柜中，有时独个儿拿出来偷偷看几眼，摩挲几下，然后又小心地藏起来，从不示人。事隔多年，有一次慈禧在宫中接见外国使节夫人，为显示自己至尊至贵的地位，慈禧命太监把自己收藏的古玩陈设全部摆出来，供洋夫人参观。性起之中，连同那件秘藏了多年的十八颗珍珠手串也一并摆了出来，之后又戴在手腕上向洋夫人炫耀，直把这群外国人惊得啧啧称奇。这次事件之后，慈禧珍珠手串的秘密泄露，一时引起群臣的非议。慈禧闻听后，也觉得这份珍宝既然已献给了佛祖地神，怎能再继续享用呢？想到这里，不得不派人又将这串珍珠偷偷放回东陵地宫的金井之中了。

"除金井中的珍珠手串之外，慈禧的棺椁中还随葬了大量稀世之宝。大总管李莲英曾亲自参加了老佛爷的殓葬仪式，圣体入棺前，先在棺底铺上一层金丝镶珠宝的锦褥，上面镶着大小珍珠一万多颗，各种宝石二百余块。老佛爷头顶翡翠荷叶，脚踏碧玉莲花，身穿数千粒珍珠金丝串绣的寿衣，真可谓豪华非凡，气派夺人，为大清历朝所罕见。据当时有人估计，不算皇亲国戚、王公大臣私人的敬奉，仅清皇室随葬物品入账后，即值五千万两白银。这些珍宝据说还有一种看不见的艺术价值。因为这个价值看不见、摸不着，也就无法估量了……"

何太监说到这里，似乎又回到了二十年前的岁月，很有些得意与自豪地望了一眼梁朗先。梁朗先趁机问道："你说了那么多随葬宝贝，谁记得清，朝廷当时可有记录？"

"记录当然是有的，不过都已成为清宫极其秘密的档案，后来交民国政府封存了，外人很难看到了。"何太监说。

"要是能亲眼见一见这份葬宝图，就是死也无憾了，不知何老兄可有办法？"梁朗先继续引诱何太监上钩。

"这个吗……哈哈……"何太监夹着公鸭嗓子怪笑了两声，梁朗先感到毛骨悚然，只是硬着头皮望着对方那张像被猪血涂抹过的紫红色的蛛网状的脸。

"要想见识一下，其实也没啥难的，我这就给你找份东西看一看。"何太监说着，唤来他的义子搀扶着自己进入了后房，不一会儿，又颤颤悠悠走出来，手里提着一个黑色的小包袱。到了酒桌前，何太监将包袱打开，拿出一本有些发黄的像书一样的手抄本递过来，有些神秘地说："老佛爷的葬仪都是李莲英大总管一手操办的，殓葬时做得极其隐秘，由他的侄子李成武帮他秉笔登账，不让其他任何人确知葬宝的底细。这李成武也是个很有心计的人，登完账后又以笔记的形式偷偷将慈禧地宫随葬宝物记录下来，开始秘不示人，后来清廷垮台，民国成立，才渐渐在我们兄弟几个中间流传。再后来我也设法讨他的欢心，弄了个副本，这也算自己伺候老佛爷一辈子的宠幸和证据。"何太监说着极感荣耀地望着梁朗先。这时的梁朗先不再顾他，只是迅速从腰里掏出老花镜戴上，聚精会神地借着微弱的灯光观看起手中的"葬宝图"，只见上面用黑色的蝇头小楷撰写着：

爱月轩笔记·慈禧葬宝图记
李成武

……太后未入棺时，先在棺底铺金丝所制镶珠宝之锦褥一层，厚约七寸。褥上覆绣花丝褥一层，褥上又铺珠一层，珠上又覆绣佛串珠之薄褥一，头上置翠荷叶，脚上置一碧玺⑪莲花。放好，始将太后抬入，后之两足登莲花上，头顶荷叶，身着金丝串珠彩绣礼服，外罩绣花串珠挂，又用珠串九练围后身而绕之，并以蚌佛十八尊于后臂之上。以上所置之宝系私人孝敬不列公账者。众人置后方将陀罗经被⑫盖后身，后头戴珠冠，其旁又置金佛、翠佛、玉佛等一百零八尊，后足左右各置西瓜一枚，甜瓜二枚，桃、李、杏等宝物，大小二百件。后身左旁置玉藕一枝，上有荷叶莲花等，身之右旁置珊瑚树一枝，其空处则遍撒珠石等物。填满后，上盖网珠被一个。正欲上子盖时，大公主⑬来，复将珠网被揭开，于盒中取出玉制八骏马一份，十八玉罗汉一份，置后之右手旁，方上子盖，至此，殓礼已毕。其账单及某君所估价值如次：

第一号：（宫中账簿记物每种均列称第一号）

金丝锦被值价八万四千两，镶八分珠一百粒、三分珠三百零四粒、六厘珠一千二百粒、米珠一万零五百粒，红蓝宝石大块者约重四钱十八块，小块者六十七块，祖母绿五分者二块，碧玺、白玉共二百零三块（略估珠值八十五万四千二百两，宝石约值四万二千两）。

绣佛串珠褥制价二万二千两，用二分珠一千三百二十粒（约估值二万二千二百两）。

头顶翡翠^⑭荷叶重二十二两五钱四分（估值八十五万两）。

脚登碧玺莲花，重三十六两八钱（估值七十五万两）。

后身着串珠袍褂两件，绣价八千两，共用大珠四百二十粒，中珠一千粒，一分小珠四千五百粒，宝石大小共用一千一百三十五块（估值一百二十万两）。

后戴朝珠^⑮三挂，两挂珠，一挂红石（约值二百四十五万两）。

后戴活计^⑯十八子珠镜等，共用八百粒，宝石三十五块（约值十九万两）。

陀罗经被铺珠八百二十粒（估值十六万两）。

珠冠制价五万五千两，用大珠四两者一粒（估价一千万两）。

身旁金佛每尊八两重，共二十七尊；翡翠佛每尊重六两，共二十七尊；玉佛每尊重六两，共二十七尊；红宝石佛每尊重三两五钱，共二十七尊（共约值六十二万两）。

足旁左右翡翠西瓜各一枚，青皮、红瓤、白籽、黑丝（约值二百二十万两）。

翡翠甜瓜四枚，系二白皮黄籽瓤者、二青皮白籽黄瓤者（约值六十万两）。翡翠桃十个，桃青色，粉红尖，黄宝石李一百个，红宝石杏六十个，红宝石枣四十个（共约值九万五千两）。

闻尚有二翡翠白菜，系绿叶白心，菜心上落一蝈蝈满绿，叶旁落二马蜂，系黄色者。但公账未列，或为王公等敬也。左旁玉藕三节，上有灰色泥污状，藕上长出绿荷叶、粉莲花、黑荸荠等一枝（约值一百万两），右旁珊瑚树一枝（约值五十三万两），该珊瑚树系红色，树上绕樱桃一条，青梗、绿叶、红果，树上落一翠鸟，亦为天然宝物也。身上填八分大珠五百粒，六分珠一千粒，三分珠二千二百粒，红蓝宝石二千二百块（约值二百二十三万两），网珠被用珠六千粒，均为二分重者（估值二十二万八千两）。番佛四十八尊，约值五万二千两，番佛每尊高不及二寸，皆白玉质，佛为白身，白足着黄鞋，披红衣，手持红莲花一枝，亦天然生成者。

…………

梁朗先深知，这李成武乃李莲英四弟李升泰之子，后过继给李莲英为子。随着李莲英的受宠，李成武也随之平步青云，一跃成为慈禧身边二品花翎顶戴、副将衔的侍卫。上述记录，自是可信的。除此之外，李成武在笔记中还录有清廷内务府关于《孝钦后入殓，送衣版，赏遗念[17]衣服》册中的记载：

光绪五年三月二十五日（1879年4月16日）在地宫安放了金花扁镯[18]一对，绿玉福寿三多佩一件，上拴红碧瑶豆[19]三件。

光绪十二年三月二日（1886年4月5日）在地宫中安放红碧瑶镶子母绿别子[20]一件，红黄碧瑶葫芦一件，东珠[21]一颗，正珠[22]一颗，红碧瑶长寿佩一件，正珠二颗。

光绪十六年二月二十九日（1890年3月19日）在地宫安放正珠手串一盘，红碧瑶佛头塔，绿玉双喜背云茄珠[23]坠角，珊瑚宝盖、玉珊瑚杵[24]各一件，绿玉结小正珠四颗。黄碧瑶葡萄鼠佩一件，上拴红碧瑶豆一件。红碧瑶葫芦蝠佩一件，上拴绿玉玩器一件，绿玉佛手别子一件，上拴红碧瑶玩器一件。红碧瑶双喜佩一件，上拴绿玉一件。

光绪二十八年三月十日（1902年4月17日）在地宫安放白玉灵芝天然小如意一柄，白玉透雕夔龙天干地支转心碧佩[25]一件，红碧瑶一件。

光绪三十四年十月十二日（1908年11月5日）在地宫安放金镶万寿执壶[26]二件，共重一百九十七两七钱一分，上镶正珠四十颗，盖上镶正珠六十颗，米珠络缨[27]一千零六十八颗，真石[28]坠角。金镶珠石无疆执壶一件，共重九十一两六钱，上镶小红宝石二十二件，底上镶小东珠二十颗，盖上镶碎东珠二百零四颗，米珠络缨五百三十四颗，真石坠角。金镶珠石无疆执壶一件，共重九十三两七钱，上镶小宝石十六件，底上镶小东珠二十颗，盖上镶小东珠二百零四颗，米珠络缨五百三十四颗，真石坠角。全镶真石玉杯金盘二份，每盘上镶东珠二颗，共重六十六两五钱五分。金镶珠杯盘二份，每盘上镶东珠八颗，杯耳上镶东珠二颗，共重六十八两三钱二分。雕通[29]如意一对。

光绪三十四年十月十五日（1908年11月8日）在地宫中安放金佛一尊，镶嵌大小正珠、东珠六十一颗。小正珠数珠[30]一盘，共二百零八颗。玉佛一尊。玉寿星一尊。正珠念珠一盘，计珠二百零八颗，珊瑚佛头塔，绿玉福寿三多背云，佛手双坠角上拴绿玉莲蓬一件，珊瑚古钱^㉛八件，正珠二十二颗。正珠念珠一盘，计珠二百零八颗，红碧瑶佛头塔、镀金点翠^㉜，镶大正珠，背云茄珠，大坠角珊瑚纪念蓝宝石，小坠角上穿青石杵一件，小正珠四颗，镀金宝盖，小金结六件。正珠念珠一盘，珊瑚佛头塔，背云烧红石金，纪念三挂，蓝宝石小坠角三件，加间小正珠三颗，珊瑚玩器三件，碧玉杵一件。雕珊瑚圆寿字念珠一盘，计珠一百零八颗。雕绿玉圆寿字佛头塔，荷莲背云，红碧瑶瓜瓞大坠角上拴白玉八宝^㉝一份，珊瑚豆十九个。珊瑚念珠一盘，碧玉^㉞佛头塔，背云红色，纪念三挂，红宝石小坠角三件，催生石^㉟玩器三件。

从这份记载中可以看出，在慈禧生前，定东陵的地宫刚刚竣工时，许多珍贵的宝物即陆续送到地宫安放，直到慈禧入葬，地宫封闭才得以终止。

李成武的这份笔记，让梁朗先看得眼红心跳，恨不能立刻进入地宫，将这些宝物全部取出。但理智又很快驱使他平静下来，他突然想起，自己此次来京，探访的不只是慈禧陵寝地宫的葬宝图，应该还包括康熙、乾隆，甚至其他所有帝后陵寝地宫中藏宝的情形。想到这里，他开始问道："不知

慈禧出殡时来京的骆驼队

时任荷兰阿姆斯特丹《电讯报》驻华记者Henri Borel说："来自戈壁滩的高大骆驼，满身绒毛，体格壮硕，就像是远古时期的怪物。它们成二列纵队，行走在道路的两旁。它们背负着用黄绸包裹的搭帐篷必需品，因为这个送葬行列在到达清东陵之前要走整整五天的路程。这一队行列是多么具有东方色彩！首先是披着黄绸、色彩鲜艳的轿子，然后是白色小矮马，而现在则是高大而威严的骆驼。这情景离我们的时代是多么遥远。"

除慈禧地宫之外，其他陵寝，比如说康熙爷、乾隆爷的陵寝地宫，是否有这样详尽的葬宝记录？"

"康熙爷、乾隆爷入葬太早，据我所知，除当时内务府有些记录外，还没有这样详细的笔记加以记载。"何太监答。

梁朗先点了点头，想这何太监所言也许是真实的，既然如此，那就先将这份葬宝图弄到手再做计较。于是，他硬着头皮问道："这份笔记在今日看来也堪称珍品了，不知能否借予小弟赏玩一夜？"

何太监听罢，微微有些吃惊："这……"后面的话没有说下去。

梁朗先早有准备，接着说道："小弟今天来得太急，还有一点礼物放在中国饭店我的兄弟谭师长的皮箱中未能带来，不如明天一早让侍卫连同这份笔记一同送来吧。"

听到梁朗先有此暗示，正处于落魄中的何太监自然心领神会，不再多做计较，当即答应了梁朗先的要求。

梁朗先既已得逞，自然不再久留，立即携笔记告辞而去。回到中国饭店，连夜备了笔墨纸砚，将葬宝图一字不漏地抄录了一遍。第二天一早，梁朗先备了点礼物让侍卫连同笔记一同送回何太监的院中，算是了结了一段情谊。

梁朗先并不甘心。7月7日，他又带上一名侍卫在北平的各个胡同里转了一天，找了五位原在清廷内务府当差的太监，希望能找到康熙和乾隆陵寝地宫的葬宝图。遗憾的是，他的希望落空了，没有人能给他提供像《爱月轩笔记》这样详尽的记录了。尽管如此，他还是有不少的收获，除得到了一份乾隆入葬时的穿戴记录外，又听到了关于康熙陵寝地宫葬有价值连城的九龙杯，乾隆陵寝地宫葬有堪称无价之宝的金鼎玉器以及元代赵孟頫[30]的《秋郊饮马图》、钱选[31]的《孤心图》等绝世名画等，最有价值的乃是春秋时代铸成的一柄莫邪宝剑。对两处地宫葬宝情形，亦有了一个总体的了解。

就在梁朗先四处探访葬宝图的同时，谭温江也没有闲着。他借访友之名，在京中四处寻找当年保定陆军军官学校同学、军界朋友，打探京城局势和即将到来的全面裁军的动静。就在这不住的探访中，谭温江得知，京城以及全国并不平静，关外的奉军并未向蒋介石臣服，溃兵散勇及成群结队的土匪遍布全国各地，包括北平在内，治安状况越发混乱不堪。更值得重视的是，蒋介石的裁军政策，实际上是明目张胆地打击、压制冯、李、阎三个军阀巨头，而借以扩充自己的实力，这一明显损人利己的阴谋，自然引起了冯、李、阎三路军阀的强烈不满，北伐时的四总司令已产生了重大的裂痕、矛盾甚至仇视。表面上看来平静的北平（北京此时改称"北平"）已暗伏杀机，各路军阀已磨刀霍霍，一场不可避免的内战将再次来临。

如此波诡云谲的政治局势，在使十二军前途命运遭到严重威胁的同时，也为盗掘东陵创造了千载难逢的绝妙契机，此时不干，更待何时？

7月7日夜晚，梁朗先、谭温江再次拜谒徐源泉，并得到了准予十二军近日移防的指令。梁、谭二人精神大振，返回中国饭店之后，即密谋要尽快离开北平赶回蓟县，去实现那个蓄谋已久的辉煌的梦想。

7月8日凌晨，梁、谭二人携带在京城的非凡收获，离开中国饭店，乘车匆匆返回蓟县。就在他们一行走后几个小时，蒋介石在北伐军总部驻北平行营公署正式召开了裁兵会议，看来内战真的已无法避免了。

注释：

①马兰峪：营房集中区和重要衙署所在地称为"镇"，与城镇的"镇"定义不同。清东陵风水墙外东侧，由北至南共建立马兰镇（即马兰关）、马兰峪、南新城等三镇。马兰峪于康熙二年（1663年）建立了孝陵营房（供该陵之八旗兵丁和礼部员役居住），康熙五十七年（1718年）又在其东面设立了孝东陵营房。雍正二年（1724年）起派郡王一员、奉恩辅国公二员至东陵任守护大臣，在马兰峪城东面建立王府一座、公府二座、房一百七十间，东南面建立一座侍卫城。到清代后期，派来的守护大臣由王爵改为贝子爵，员额由三名减为两名，撤销了侍卫城，王公府也迁到镇内，分别称为东府、西府。镇内设

有"东陵承办事务衙门"，由东西府陵寝守护大臣和马兰关总兵官共同主持；主要负责东陵与朝廷之间的往来文牍，代表皇家处理陵寝事务。

②火道：以人工开辟出来的防火隔离道。本为天然山沟，沟中的草木都被割净砍光，以遏止沟外的山火蔓延到陵区里来。

③界桩：清东陵的外火道长320里，沿内侧每里原立红桩三根，共计940根，并在火道的关隘山口等四达之地立界石十块。有鉴于界石距离遥远，不足以相互照应、标示界线，乾隆七年（1742年），马兰关总兵布兰泰带领员役、工匠，在外火道外十丈处设立白桩，共计960根，位置与红桩对等。这些白桩高八尺，埋深二尺，与十处界石相连，界石上书"风水外界"四字。乾隆三十五年（1770年），直隶总督杨廷璋上奏，说红、白桩之间相距太近，白桩之外听民自便，容易引起火灾，对陵寝威胁甚大，因而建议在白桩以外十里处安竖青桩。朝廷奏准，故设立72根青桩，每根桩上挂一面牌子，上面写着："后龙风水重地，凡木桩以内，军民人等不准越入设窑烧炭，各宜禀遵。如敢故违，严拿从重治罪。"乾隆四十五年（1780年），马兰关总兵保宁又上奏，说青桩之间相距数里，界线不明，百姓常误入界内，兵弁也不便巡逻稽查，因而建议增设青桩。朝廷又奏准，故添补青桩228根。乾隆六十年（1795年），马兰关总兵爱兴阿在桩牌中间随火道曲折之处，相度形势，又添补了858根青桩。以后历经几次增设，依红、白桩每里三根之例，青桩总数达1500多根。

④清东陵在风水墙下有通水孔，并设置水关，派兵弁防守，依其数目而定地名为"道洞"。

⑤传筹：清代禁卫制度之一。"筹"是一种类似令箭、竹签的东西，护军以之传递作为检查值班的标志，如某处无人侍值或睡熟，则此物不能下传。

⑥马兰镇绿营：清代兵制，总兵所统率的绿营兵称镇标，凡镇均加地名。由于马兰关设有总兵署衙门，该镇之绿营就称为"马兰镇绿营"。

⑦陵区内务府：全名"东陵总管内务府衙门"，也称"内关防"，简称内务府，当地旗人称之为内府。专门为管理皇家陵寝，并采办和加工供品，为祭祀活动服务的机构。康熙二年（1663年）始设，最高长官是东陵总管内务府大臣，从雍正元年（1723年）起由朝廷降旨简派，乾隆三十八年（1773年）起由马兰关总兵兼任，直至清亡。分设于帝后陵寝的内务府，置郎中、员外郎、主事各一员（昭西陵无郎中）。妃园寝也有内务府，一般以内管领主其事。

⑧槅扇：亦称隔扇、格扇、槅扇门、格扇门，为柱与柱之间用以隔断室内空间的活动门扇，具有丰富景观的装饰作用，并利于采光。每扇槅扇由直的边框（亦称为大边）和横的抹头构成，可划分为三段。上段为槅心，亦称花心，由棂条组成各种菱花，多为双面，中可夹纱、绫等或镶玻璃、字画。中段为绦环板（或称腰华板），表面刻出各种条环；下段为裙板（或称障水板），表面刻出卷曲的云纹，或镶嵌玉石、螺钿（贝壳薄片）、珐琅等。此种木作装修创于宋代，常用于宫廷、府第、大宅等建筑内。有六扇、八扇乃至十余扇不等，必要时可全部拆卸下来，以扩展室内空间。

⑨惠妃陵寝：位于惠陵西侧的西双山峪。光绪元年（1875年）四月开工，光绪四年（1878年）九月完竣，按清代妃园寝的标准规制建造。内葬淑慎皇贵妃富察氏［原为慧妃，光绪三十年（1904年）薨］、恭秀皇贵妃阿鲁特氏（孝哲毅皇后之姑，原为珣嫔，1921年薨）、献哲皇贵妃赫舍里氏（原为瑜嫔，1931年薨）、荣惠皇贵妃西林觉罗氏（原为瑨贵人，卒年不详，在1931—1935年。"荣惠"为生前所封的徽号，其谥号待考）。淑慎皇贵妃的宝顶居前排正中，另三位皇贵妃的宝顶

居后排，由东向西依次排列。1935年3月15日，献哲皇贵妃和荣惠皇贵妃的金棺同时奉安于惠陵妃园寝，是最后入葬清东陵的皇家成员。

⑩以下五份抗议书中之司令，均指孙殿英。

⑪碧玺：现代学名为"电气石"，即清代文献中的披耶西、碧霞玺、碧洗、碧霞希、碧霞玭，民国初年北京市场上的珠宝商称之为碧硒或碧玺，均为古波斯语之音译。呈六角形透明柱体晶石，化学成分为硅酸根的盐类，摩斯硬度7至7.5，因含有不同的金属离子，而可显现红、黄、绿、白、紫等各种颜色，以粉红色居多。主要产于缅甸，明代时已为富豪人家所喜爱，清代时演变成"辨等列"的礼仪用玉，常饰于妃嫔、王公之朝冠顶。

⑫陀罗经被：又称陀罗尼经被、陀罗尼经衾，因其上用金线织有"陀罗尼大悲咒"，故名。据佛教传说，此种梵文密咒功德无量，如能遍印于布帛，覆盖在死者身上，即使生前罪孽深重，也不会坠落地狱，而能超度亡灵脱离苦难，上达西方极乐世界。清宫御用的陀罗经被由西藏活佛进贡，是佛教密宗圣品。据《大清会典》记载，皇帝、皇后、皇贵妃、贵妃、妃、嫔、皇太子、皇子、皇子福晋可以陀罗经被随葬，贵人以下和王公大臣，只有皇帝加恩赏赐时方可奉旨使用。皇帝、皇后、皇太子的经被系以黄缎织金，五色梵字，一般皇族的经被则在白绫上用金漆或朱砂印写梵文佛经。清代末期，这项丧俗流传至民间，多为有钱人家所袭用。慈禧尸身上的陀罗经被，长2.8米，宽2.74米，近似正方形，明黄缎底，真金捻线织成，由江宁织局织造，除了机边两厘米外，其余全为提花部分。经被最外层是万福万寿花边，由团寿、卍字与蝙蝠相间组成。第二层为团佛与莲花相间组成，上下横排九尊佛像，左右纵列各十二尊佛像。第三层为汉字佛经部分，每行二十二字，共三百一十行，文字自外向里排成纵列，总计一万七千八百余字，每个

汉字仅一厘米见方。第四层亦是万福万寿花边。经被中心是一
座喇嘛塔，塔高1.4米。塔顶有楷书汉字横额"慈航渡福"。
横额上方由左至右为十二章（古代帝后祭祀服上专用的图案）
之日、星辰、月，星辰为三星并列，以直线相连；日中有三足
乌，彩云托之；月中有玉兔捣药，彩云护之。更上方横排九块
方印，印文为九叠篆字，文均不清楚。塔尖荷叶上端坐两尊小
佛。塔身两侧的佛幡和璎珞各有七个圆圈，其中篆书文字左为
"光明善证菩提果"，右为"安静香鼎功德林"。塔的中心部
位排列着五块篆体汉文印章，由上而下分别是圆形的"广仁驱
邪宝印"，长方形的"正德通缘佛赠之宝"、圆形的"十地圆
通"、圆形的"宝镜灵光"、三角形的"普照大千"。塔身横
向多格，每格均织有经文，是一部六千七百多字回环的《金
刚经》。塔下层为莲花须弥座，塔左右布满流云、蝙蝠，以
及十二章图案中的火（燃烧的火焰）、山（三峰并峙）、龙
（外降五爪龙各一），华虫（彩羽雉鸟）、黼（斧形白刃的
刺绣纹饰），黻（两弓相背、形似亚字的刺绣纹饰）、宗彝
（饰虎、蜼图纹的祭祀礼器各一）、藻（丛生的水草）、粉米
（白米）。左边日乌下方织有唐·玄奘的《摩诃般若波罗蜜多
心经》，共二百七十字；右边月兔下方织有北齐的《高王观世
音经》，共七百八十字。整件经被文字笔笔清晰，花纹道道精
美，布局构图严密，其用料之纯、幅面之大、工艺之善，都属
罕见。

⑬可能指荣寿固伦公主（1854—1911），本为恭亲王奕
䜣第一女，福晋瓜尔佳氏所生。奕䜣参与辛酉政变，得使两宫
皇太后垂帘听政，故受慈禧恩宠有加，泽及其女。咸丰十一年
（1861年）底，特诏封为固伦公主。同治元年（1862年），宣
召进宫生活；同治四年（1865年），奕䜣请辞固伦封号，诏改
封为荣寿公主。光绪七年（1881年），晋封为荣寿固伦公主，
赐乘黄轿。

⑭翡翠：本来指的是鸟，汉·许慎《说文解字》云："翡，赤羽雀也"，"翠，青羽雀也"。大约在宋代时才指玉石，到清代中晚期逐渐盛行，大多用于装饰、陈设。翡翠为天然矿石，主要产于缅甸，其质地坚硬，故又称"硬玉"。绿色鲜艳漂亮的翡翠为上品，其优秀者能与宝石齐名。正因为如此，它才得以在中国宝石的四大品类——珠、宝、翠、钻中占一席之地。

⑮朝珠：挂在颈上垂于胸前的串珠，由一百零八颗珠子穿成，据说象征十八罗汉。满族信仰佛教，故清代制定服饰典章时，借鉴历代朝服佩玉礼制，将佛教的念珠定为穿着礼服时的佩戴饰物。一盘圆珠分为四份，份间加不同质地的大珠一颗，叫作"分珠"或"佛头"，象征一年四季。佩戴时有三颗佛头分别居于胸部左右及下方，另有一佛头垂于背后，连缀葫芦形的"佛塔"，再用条带贯以扁圆状的"背云"，下系珠玉状的一"大坠角"，组成"背鱼儿"。在左右佛头的上方，另缀三串十颗小珠，左二串，右一串，名为"纪念"或"纪捻儿"，象征每月三旬，下系珠玉状的"小坠角"。纪念又名三台，即观天象的灵台、观四时的时台、观鸟兽的囿台，或谓象征官职的尚书（中台）、御史（宪台）、谒者（外台）。大小坠角上有的连缀着覆钟形的宝盖，甚或拴以小型珍玩。清制，朝廷举行典礼时，自皇帝、后妃、文五品武六品以上官员及命妇，皆挂朝珠。凡京官、军机处、侍卫、礼部和国子监等机构官吏，不分等级，一律可戴之。朝珠的数珠、质地、串线，按等级各有定制。帝后朝珠用名贵的东珠、明黄色串线，其他人的朝珠可用青金石、松石、珊瑚、琥珀、蜜蜡、果核等制作，皇子、亲王、妃嫔用金黄色串线，余者均用石青色串线。但皇后朝珠的佩戴方式比较特殊，以一盘东珠朝珠挂在颈上垂于胸前，另有两盘珊瑚珠由左右肩过，斜打十字交叉于胸前。

⑯活计：手工艺品。清·李斗《扬州画舫录》卷十七载：

"苏州玉工，用宝砂金刚钻造办仙佛人物禽兽，炉瓶盘盂，备极博古图诸式。其碎者则镶嵌屏风、挂屏、插牌，谓之玉活计。"

⑰清代帝后妃嫔死后，都留下大批的遗物，如冠、服、器皿、饰品等，绝大部分在名目繁多的祭祀奠礼中焚化，有的存入宫中，其余的衣物珠宝则分赏给嗣皇帝、皇太后、后妃、太监、宫人、宗室亲属、文武大臣，留作纪念，称为"遗念"。

⑱金花扁镯：用金丝编成花纹的扁状环形镯，是戴在手腕或脚腕上的装饰品。

⑲碧瑶豆：即碧玹磨成的豆状珠子，中间有孔，可穿绳子。在清宫档案中，碧玹或作碧玡，"玹"音同"弘"。其他文献中或作碧玡玺、碧鸦（玺）、碧（鸦）犀，均为古波斯语之音译。其质地如水晶，有红、紫、黄三色，红者如桃花，紫者如玫瑰，黄者如秋葵，皆通明光亮。或说碧玹即碧玺。

⑳子母绿别子：子母绿，即祖母绿，又名助水绿、珇坶绿、祖母碌、助木刺，均为古波斯语之音译。系六方柱状透明和半透明宝石。主要化学成分是硅酸铝铍，其内部组织结构有绵丝状的渣纹，一般多以"蝉翼"称之，摩斯硬度5至8。祖母绿之色泽纯正、艳丽，在宝石中有"绿宝石之王"的美称，它在西方开发使用甚早，而在中国，至少元末时已对这类宝石有相当认识，明代中叶则演变为礼仪用玉。别子，用玉制成的烟袋、荷包坠饰。

㉑东珠：亦称北珠。东北松花江（清代时称"混同江"）下游及其支流所出产的珍珠，其质地匀圆莹白，大可半寸，小者如菽颗。在辽金时期已很著名，为朝廷贡品。清代皇帝视之为"发祥圣地"的宝物，非奉旨不准人取。

㉒正珠：体积硕大的珍珠，供皇帝专用。

㉓茄珠：形状如茄子的珍珠。

㉔杵：即"金刚杵"。原为古印度的一种兵器，中间有握

把，两端有刃头，梵语叫作伐折罗，佛教密宗以之表示智慧、坚利、斩断烦恼、降伏恶魔的法器。

㉕白玉透雕夔龙天干地支转心碧佩：佩饰的一种，中心可转动，运算天干地支，形如夔龙，用白玉透雕而成。

㉖执壶：酒壶的一种，筵席上用来斟酒，比茶壶高大。

㉗米珠络缨：米珠，形状如米粒的小珍珠；络缨，即珞璎，通常写作璎珞，用线缕珠宝结成的装饰物，形如网状或穗状。

㉘真石：可能指"真鍮石"，产于波斯，色如黄金，烧之赤而不黑。

㉙雕通：即透雕。是在浮雕的基础上镂空其背景部分，有的单面雕，有的双面雕。

㉚数珠：又称佛珠、念珠、诵珠。念佛号或经咒时，用以计数的工具。古代多以木枢子（或作无患子，即菩提子，色黑而坚）贯串，故又名"木槵子"。一般由108颗珠子组成，故又名"百八丸"。也有14、18、21、27、36、42和1080颗者。其附件多与朝珠相同。

㉛古钱：即旧式的制钱，外圆内方，象征天地。

㉜点翠：中国金属细工传统技法。是应用翠鸟的蓝、紫色羽毛绒，巧妙地胶黏于金银器上，色彩鲜艳，永不褪色。在工艺上讲求平整服帖，不露底。

㉝八宝：佛前的轮、伞、螺、盖、花、瓶、鱼、长等八种供品，藏文谓之"八吉祥相"。轮即法轮，寓意誓不转退；伞即宝伞，寓意慈荫众生；螺即法螺，可以召唤天神；盖即白盖，可以庄严佛土；花即莲花，象征清净无染；瓶即宝瓶，象征甘露清凉；鱼即金鱼，寓意福德有余；长即盘长结，寓意吉祥如意。八宝由眼、耳、鼻、舌、身、意、心、藏所感悟显现，描绘成八种图案，作为佛教艺术的纹饰。至清乾隆年间又将它制成立体造型，常与寺庙中的供器一起陈设。

㉞碧玉：色如菠菜，略有透明感。由于所含成分不同，其间包含了各种不同的深浅层次，色彩较淡的称"菜玉"，色彩深的呈墨绿色或近于墨色，只是在强光照射下才透出绿色。有些碧玉中还带有铜矿斑点。碧玉作品在元代以前很少发现，清代玉雕则多有使用。

㉟催生石：青金石的一种。

㊱赵孟頫（1254—1322），字子昂，号松雪道人，浙江湖州人。宋宗室，仕元，官至翰林学士承旨。他画艺广博，山水、人马、竹石等无不精擅，提出作画贵有古意和书画同源的理论，推崇唐人画意，提倡以云山为师，反对南宋院体画（宋代翰林图画院及其后宫廷画家比较工致一路的绘画，风格华丽细腻），其书画艺术在元代时影响极大。

㊲钱选（约1239—1300），字舜举，号玉潭、清癯老人、习懒翁、霅川翁，浙江湖州人，南宋景定年间为乡贡进士，宋亡后焚尽经书史籍，潜心于绘画，人品及画品皆称誉当时，得唐、北宋大家之神韵，并力排南宋院体画风，山水、花鸟、人马无不精擅。其画论标榜"士气"，为元代文人画之先驱，赵孟頫早年曾向他请教画学。

东陵盗宝

第七章

日暮皇陵

密谋既定，东陵劫难不可避免。披挂整齐的大军借着夜幕，分别开赴康熙、乾隆、慈禧三座帝后陵寝。随着一声又一声惊天动地的爆炸，地宫大门轰然洞开。阴森恐怖的地宫深处，一阵阵叫骂和哀号声中，帝后棺椁被劈，尸骨被弃，旷世珍宝被劫。人类历史上最野蛮的盗陵案由此爆发。

孙殿英：崩皇陵也是革命

盗陵时的孙殿英

当梁朗先、谭温江回到蓟县军部时，已是7月8日下午。孙殿英听闻汽车的响动，早已迎将出来，拉着二人的手，亲热得像分别了几年的老朋友，说笑着向办公室走去。

梁、谭二人讲述了进京拜谒徐源泉总指挥的经过，以及徐老头子说蒋介石决定裁军，而孙殿英的十二军则是首当其冲。孙殿英听罢，拳头"咚"地砸在茶桌上，震得茶水四溅，杯子"哐啷"一声蹦到地上摔成了几片。

"奶奶的，想拿俺孙麻子当羊宰，没门！这十二军是俺多年风里雨里拉起的难兄难弟，不是他老蒋一句话就能解散的。徐老头子说得对，只要咱有人有枪，腰包鼓起来，就不怕没有地盘，也不怕他老蒋耍鬼花招，要是逼急了，俺还可拉杆子自己干。"停了片刻，孙殿英望着梁、谭二人说道："看来这东陵是非动手不可了？"

"千载难逢，不能有半点犹豫了。"梁朗先说着，从怀里掏出了《爱月轩笔记·慈禧葬宝图记》和乾隆入葬前的穿戴记录，递给了孙殿英。孙殿英识不了几个字，只翻了一下，便让梁朗先做口头叙述。梁朗先口若悬河，滔滔不绝地将慈禧、乾隆、康熙三位帝后陵寝地宫的葬宝情形，绘声绘色地复述了一遍，直讲得孙殿英心口发痒，热血沸腾，两眼放光，全身突突地蹦出了米粒样的肉疙瘩。梁朗先讲完好长一段时间，孙殿英依然未能从梦境般的遐想中回过味来。他感到自己周身发热，心脏狂跳不止，惊喜交加又痛苦难熬。

"干，现在就干！"孙殿英似乎是在喘着粗气说着，转身呼唤门外的侍卫，让他把参谋长冯养田叫来速做决策。

冯养田很快到来，谭温江向他简单汇报了一下进京的所见所闻。孙殿英瞅着面前的三人急不可耐地催促道："你们快说，咱咋个干法？"

"那还咋干，找手下弟兄们三下五除二将陵墓掘开就得了，反正现在东陵已成为咱们的天下了。"谭温江说。

"松艇弟，事情怕不是那么简单，这东陵可是受民国政府保护的，当初大清跟民国都是签了条约的，还是慎重周全些为好。"梁朗先说。

"梁先生的意思是？"谭温江反问。

沉默了一会儿，梁朗先开始说："依老夫之见，首先要确定由谁领头来干，一旦确定，就要告之为何而干，因啥情由而干，以做到师出有名，让弟兄们干起来不觉得是件丑事、坏事、见不得人的事，而是非干不可的光荣之事。这样弟兄们心中才踏实，也肯为咱卖死力。"

梁朗先讲到这里呷了口茶，清了清嗓子接着说："马福田匪众已跑数日，看来原打算把掘东陵一事嫁祸于他身上已不可能已不存在。不过目下还可浑水摸鱼，事成之后，万一东窗事发，可推到他们的身上——这就是溃散而来的奉军残部。据老夫所闻，这帮散兵游勇在东陵四周已有近千之众，而号称柴师长旧部的一股匪兵有五六百众，他们亦有挖掘东陵之心。咱应借此机会和他们真刀真枪地干上一架，干的同时要散布他们已盗掘东陵的消息，咱奉命围剿。如此一来，东陵盗掘的一切后果将由这帮兵匪承担。说白了，这仍是兵法所云'借刀杀人'之计。"

梁朗先的一番论述，众人深以为然。接下来，冯养田又以参谋长的身份和责任，对兵力的配备以及具体行动的措施，做了详尽的论述。孙殿英经过反复思虑，除个别地方提出了自己的见解并对部分兵力做了调整外，基本同意了谭、梁、冯三人的观点。

当天下午三时，孙殿英在军部召开紧急会议，他要向众将官正式摊牌了。参加这次会议的有一、二、三、五师师长丁绰庭、柴云升、刘月亭、谭温江，参谋长冯养田、秘书长梁朗先、独立旅旅长杨明卿（原第四师残部）、军需处长李德禄、工兵团长颛孙子瑜，以及孙殿英的贴身副官季魁五、亲信弟兄韩大宝、王孝臣、甄润卿、王登瀛、黄广思、戴世僖等二十多人。

孙殿英见众将官都到齐，咳了两声，先是不慌不忙地说："弟兄们打从河南跟我出来走南闯北，打打杀杀，一晃十多年过去了。这十多年来，由于战事频繁，世道险恶，弟兄们从没过过几天舒心日子，许多弟兄过早地战死疆场。看来干咱这一行，不是死，就是活。依俺看，死要死得气派，活要活得痛快。可这回梁老先生和松艇弟进京去代我拜谒徐源泉总指挥，带回一个对咱极其不利的消息，那就是蒋介石决定要裁军，借此压制冯、李、阎三路军总，扩大自己的嫡系实力。据徐总指挥和松艇在军界的朋友们透露，这次裁军，排在最前边的就是由直鲁联军和奉军改编的部队。咱这十二军更是排在最前面，因为咱是后娘养大的，现在的爹不管了，看来用不了几天，咱们弟兄就得被迫散伙，各奔东西了……"

孙殿英说到这里，满目的悲壮与凄凉，低沉的声音似在哭泣。众将官一听，在短暂的大惊失色之后，满腔怒火涌向心头，有人开始大声骂道："日他奶奶的，想让咱散伙，没门。""要真让咱散伙，钧座还是带着弟兄拉杆子自己干吧……"霎时，整个会场哄哄嘤嘤，吵闹起来。

孙殿英所要的正是这种效果，当部下那激愤的情绪被煽动起来之后，他接着说："徐总指挥托梁先生和松艇捎话给俺，说上边的事他顶着，尽力跟蒋介石周旋，不管发生了啥风险，叫咱这支队伍无论如何也不能散，要活就活在一起，要死也要死在一块儿……"

"中，就这么着，看他蒋介石有啥办法治咱……"会场上又是一阵哄叫。

"可要保住这支队伍谈何容易，本来粮饷给养就很艰难，万一蒋介石真的发布了撤销咱队伍的命令咋办？那时弟兄们不散也要活活饿死。不知在座的诸位谁有好办法让弟兄们活下来。"孙殿英急转直下的一席话，说得全场鸦雀无声，众人大眼瞪小眼，谁都没有把握解决这个难题。

孙殿英见众人不再言语，板起威严的面孔说道："俺倒是有一个主意，在座的诸位看可不可行？与其在这里坐以待毙，听天由命，不如主动出击，创造条件，豁出脑袋把东陵崩了，将地宫的金银财宝挖出来！"

众将官一听，心猛地往下一沉，有的将脖子往下一缩，轻声喊道："我的奶奶，要崩皇陵?！"

这时谭温江站起身，冲众位说道："有什么敢不敢的，与其在这里等死，不如将皇陵崩了，挖出宝贝，不但咱这辈子衣食不愁，就是下面弟兄的军饷也有着落了，要是宝贝多了，咱就用这些东西招兵买马，扩充队伍，待兵精粮足，看他蒋介石还敢小视咱弟兄？"

"好倒是好，就怕万一东窗事发，上边查将下来，可如何了结？"第二师师长柴云升心怀忧虑地说道。

"我在北平面见徐总指挥时，老头子当面告诉我，不管用什么方式，什么手段，只要能保住这支队伍就行。他还说你们驻防东陵，要开动脑筋想办法，办法总是有的，天大的事由他顶着。我当时就琢磨着老头子是让咱干这件事。现在老头子已批准我们三日后移防顺义一带，其意更加明显。"谭温江信口开河地说着，侧身问梁朗先，"梁先生当时也在场，您说徐总指挥有没有这个话？"

老谋深算的梁朗先没有正面回答，只是微微地点了点头。显然，他是惧怕此时留下把柄，引火烧身，万一事后追究起来，这个假传圣旨的罪过是非同小可的。但此时的梁朗先觉得在这关键的时刻，避而不答谭师长的问话，又有些不合时宜，便在短暂的沉默之后说道："其实这也是革命嘛！"

这句答非所问的对话让众人一时摸不着头脑，精明的孙殿英却蓦地受到启示，于是他接口发言道："梁先生说得对，满人欺侮汉人近三百年之多，咱崩他的皇陵就是替汉人报仇，就是革命。孙中山搞同盟会革清朝的命，冯焕章（冯玉祥）用枪杆子逼宫革宣统皇帝的命，现在满清被推翻了，咱只好崩他的皇陵，革死人的命了。这也是继承孙中山先生的遗志，为革命做贡献嘛。"

孙殿英如此一说，众人都觉得很是在理。既然孙中山、冯玉祥他们都三番五次地闹革命，并由此得到了极大的声誉和荣耀，我们崩他几座皇陵，折腾几个死人，又有什么不可？这不是革命，又是什么？想到这里，众将官感到自己突然正义凛然、神圣不可侵犯起来，感到崩掘皇陵乃天将降大任于斯人，责无旁贷又理所当然，感到此举实在是于国于民都是有百利而无一害的莫大荣耀。

"既是一场革命，那就革吧！""咱这国民革命军，就是要革慈禧这个娘们的命的。""要是见了慈禧，扒不扒她的衣服？革她哪个地方的命？是腰带以上，还是腰带以下？哈哈……"众将官匪性渐露，一场极其重大而严肃的会议，竟然出现了酒桌上和赌场中那样乱七八糟的污言秽语。

面对这乌烟瘴气、邪言秽语的局势，孙殿英再度板起面孔大声说道："虽说这也算革命，但毕竟不是闹着玩的。听梁先生说，民国政府和清室订有条约，凡清室宗庙陵寝都在保护之列。要是将这个命革歪了，就要出现大的乱子，大家务必心中有数，一着不慎，满盘皆输。诸位明白吗？"

"明白！"众人恢复了常态，齐声回答。

"还中，现在俺让冯参谋长宣布行动方案。"孙殿英志得意满地向冯养田望了一眼。

冯养田站起来，冲众将官宣布道："谭温江师一部负责挖慈禧陵，柴云升师一部负责挖乾隆陵，丁绰庭师一部负责挖康熙的景陵，刘月亭师负责围剿奉军残部，杨明卿旅负责在陵区警戒，颛孙子瑜工兵团负责协助挖掘三陵。现遵化已送来大车三十辆，就是为装载这些宝贝而准备的。各部务于三日内完事，违者军法论处……"

冯养田宣布完后，又同众人计定了每一个行动细节，命令各路人马回驻地后，于当天下午务必准备就绪，然后开到马伸桥谭温江驻地集结，具体行动时间要待晚上设坛询问庙道真君之后再定。布置完毕，立即休会。

当天晚上，孙殿英在军部所住的那座古庙院中再度设坛，祈求祖师爷降旨。自从1926年在南口设坛求法，兵败冯玉祥以来，已有近两年没有再设坛求法了。此次盗掘东陵，他觉得事情非同寻常，必须再次故技重演，以稳定军心，让部下觉得这确是一场正义的行动，同时也求得自己心安理得。

坛场摆好，老搭档谢鸣武依然在坛上烧香拨火，"差口"王尚文则不断地喝水、吐水，煞有介事地净脏洁身。孙殿英则率部下跪在坛下，请祖师爷显灵降旨。经过师爷谢鸣武的事先安排，王尚文果然又代庙道真君降下旨来，经谢鸣武翻译，祖师爷的旨意是："满清皇主罪多端，天兵天将来发难，非是菩萨我无情，实则罪重不可免。今夜子时将兴师，三天之内破机关。"

孙殿英急忙叩头谢恩领旨，随即带上几名亲信将官和数十名亲兵，连夜乘车赶赴马伸桥谭温江驻地。他借着惨淡的星光检阅了各路装备整齐的队伍后，满意地来到师部静候子时的到来。副官再次看了下攥在手中的怀表，说时间已到。孙殿英从椅子上蓦地站起身，明亮的眼睛望着众位将官，粗糙有力的大手在灯影中用力一挥，底气十足地说了声："弟兄们，按原定方案，动手吧！"

随着孙殿英的话音落地，整个马伸桥驻地响起了嘈杂的口令声，镐头、锹把、大枪、刺刀的撞击声，呼呼隆隆的大车开动声……几路队伍按事先的布置，在漆黑的夜幕中，杀气腾腾地向东陵扑去。

　　望着一支支远去的队伍，孙殿英的脸上露出一丝得意的狞笑。

🏵 何处是地宫入口

　　当谭温江、柴云升、丁绰庭、颛孙子瑜等师、团长，率部分别到达东陵指定位置时，杨明卿旋即严密封锁了东陵地区。周围三十里禁止一切行人通行，从山沟到树林，三步一岗，五步一哨，陵区的东、西、南、北分别由一个机枪连和迫击炮连交叉把守，黑洞洞的机枪口和迫击炮筒从草丛树木中伸将出来，在星光的照耀下时隐时现。枪手、炮手躲在背后，不时用滴溜乱转的眼睛注视着四周一切动静，做出时刻准备发射的姿态。陵区四周有两支马队交头穿梭巡逻，挥舞的马刀在星夜里闪着瘆人的寒光，三个团的步兵不时鸣枪示威，阻止外人接近。

　　与此同时，刘月亭师一部也赶赴马兰峪镇和周围的村庄。他们先在村头路口张贴布告，宣告自称柴云升旧部的直

孙殿英盗陵后清室人员于1928年7月拍摄的定东陵神厨库及慈禧陵神道碑亭照片

鲁联军残部和奉军溃兵游勇，亦兵亦匪，非正式革命军。这些残兵惯匪屡屡私闯东陵禁地，图谋不良，有的暗中勾结当地人，打家劫舍，抢夺民财，强奸妇女，无恶不作。本驻防之革命军，自即日起定将其全部驱逐出防区，以保东陵禁区和四方百姓之平安。

这些布告贴出后，刘月亭又以柴云升旧部的名义，在大街小巷张贴布告，声称谭温江师非正式革命军，本部要与他一决雌雄，将其驱逐出境。

两种不同的布告贴出后，马兰峪镇及周围的村庄随之噼里啪啦地响起了枪炮声。刘月亭部在四处寻找直鲁军残部的同时，又借着混乱进入店铺家舍，开始了继围剿马福田部之后又一次大规模的洗劫。憨直善良的百姓，被忧愁劳苦折磨了一天，刚刚解除了惴惴不安的心情进入梦乡，又忽被一阵紧似一阵的枪炮声惊醒，在愈发惊恐不安中，纷纷插牢门闩，关严窗牖，企图阻止兵匪们的袭扰。但他们哪里知道，一队队兵匪在枪炮的轰鸣中，正向他们走来，那坚硬的枪托在"咚咚"地撞击单薄的门扉，冰冷的刺刀挑动着一家又一家的门帘和箱盖。与此同时，在狰狞可怖的夜幕的遮掩下，一场旷世罕见的盗宝事件，在东陵拉开了序幕。

开赴东陵的三支队伍中，进展最顺利的当属谭温江师。他的顺利不只在于对地形的熟悉，更在于对人的掌握。就在他从北平回到蓟县军部，和孙殿英、梁朗先、冯养田四人开始正式的第一轮密谋时，他就做了盗挖慈禧陵的打算。促使他做出这个决定的，除已掌握了慈禧陵地宫全部葬宝的秘密外，还在于他觉得慈禧陵中的葬宝应多于其他一切帝后的陵寝，其价值也远非其他陵寝所能比。他如愿以偿，获得了这个机会。

当各路队伍正在马伸桥驻地广场集结时，谭温江多了个心眼，密令手下副官带着一帮亲兵，身穿便衣，依然声称马福田残部，提前赶赴北沟村苏必脱林的家中将其软禁，然后

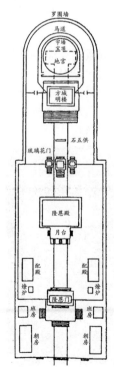

慈禧定东陵平面示意图

又赶赴东陵，将仅存的两个无家可归的看陵老头强行驱逐出陵区。当这两件事情悄然无声地办完之后，他率部下同柴师和丁师借着夜幕一起来到东陵。

谭温江率部来到慈禧陵前，立即让手下的亲兵换成便衣，到北沟村通知副官，声称马福田要面见苏必脱林，即行带走。副官心领神会，对其家人说道："我们马团长今晚要见老先生，有要事相商，明天一早再将先生护送回家，不必多虑。"说完，生拖硬拽将苏必脱林弄到一匹高头战马上，不顾其家人的哭天号地和苏必脱林的拼命挣扎，率领众人骑上战马一溜烟向东陵奔去。

来到慈禧陵前，苏必脱林被悄悄地带到陵寝的一间配殿，还没等他从惊恐中回过神来，全身的长袍马褂就被兵士们剥下，接着七手八脚地给他穿上了上士衔的军装，戴上了军帽。惨淡的灯光下，几个兵士看到苏必脱林那身不伦不类的军装以及歪戴的军帽后边那根灰白的发辫，禁不住嬉笑起来。

笑声中，谭温江从外边走了进来，很是大方地对处于惊恐和尴尬之中的苏必脱林说："老先生，咱又见面了。想不到你也成了革命军的一名上士班长了，哈哈……"

苏必脱林望了眼谭温江，愣了一下，没有回话，大概他被这位少将师长的军装和军衔搞糊涂了。

谭温江好像早有所料，主动解释道："我们马福田马团长已经投靠国民革命军，现在弟兄们已经是民国政府的队伍了。今奉上边的命令，要对清室的死人革一次命。我部奉命挖掘慈禧太后的陵墓，要找到这个老妖婆算算账。今儿个请先生来，是想让你给弟兄们指明地宫的入口，免得大家劳神费力。先生，请吧！"谭温江说着，将手一挥，做了个请的姿势。

"我，我不晓得。"这时苏必脱林好像才明白过来，很是悲愤地回答。

"老先生，常言道识时务者为俊杰，你在官场混了一辈子，对这句话不会不知吧？"谭温江冷冷地说。

"随你咋说，不晓得就是不晓得。"苏必脱林毫不示弱地回答。

"好，好，好，既然你不晓得，我看你活着也就算多余了，那就先送你上西天问一问慈禧这个老妖婆再回来说吧。"谭温江说罢，脸色蓦地一沉，冲身边的副官怒气冲冲地喊道："将这糟老头子拉出去，先赏他个'黑枣'，再挖坑埋了！"

话音刚落，苏必脱林就被几个兵丁连拖带拉拽到了陵寝外的一条水沟中，副官一脚将其踹倒在地，随着苏必脱林头上那顶军帽砰然滚落，一支冰凉的枪管顶住他的额头。

"看来你是不见棺材不落泪，不到黄河心不死。再给你一个考虑的机会，看你还有啥话要讲。"副官将黑洞洞的枪口在苏必脱林那光滑的额头上"砰砰"地点戳了两下说。

苏必脱林伸手摸了下额头上跳出的两个血肉模糊的大包，才意识到事态的严重。他深知这帮兵匪什么事都做得出来，在"黑枣"即将钻入脑袋的最后一刹那，一股求生的欲望战胜了自己悲愤的心情。他动摇了，但为了顾全面子，又不好当场求饶。苏必脱林毕竟是经历过风雨的官场老手，他故作缓和地说："我苏必脱林祖祖辈辈蒙大清之恩泽，怎好做对不起祖宗的事？"

谭温江来这一招，本来就想对其吓唬一下，见苏必脱林语气有些缓和，接口说道："大清的祖宗早就管不得你了，你还有心思管他们。别忘了，现在你拿的可是民国政府的俸禄，按理应该为民国的革命尽力，俗话说无功不受禄嘛，是不是？"

"这个……"苏必脱林沉默不语。

谭温江见时机已接近成熟，遂命人将苏必脱林搀扶起来，那顶滚在地下的军帽重新扣在了他的头上，再次带进配殿的小房中。灯光下，只见苏必脱林歪戴的帽盖下，突兀起两个青紫色的核桃状的肉包，看上去既滑稽又可怜。众兵士不明白这谭师长为什么要下令给这个七十多岁的满族老头搞了这样一身打扮，不觉"嘻嘻"笑起来，就连谭温江也忍不住露出了笑意。

"老先生，您穿着这身军装混在队伍中，给弟兄们做具体指点，只要打开地宫，里头的财宝自然也有您一份。"谭温江温和地说。

苏必脱林听了这话，霜打茄子样的脸精神了许多。他抬头望了望谭温江，长叹了一声，极不情愿又无可奈何地说道："其实要找到地宫入口并不难，在明楼下的琉璃照壁前下挖便成。"

"那就请老先生给指出具体位置，以便弟兄们动手。"谭温江说着，率先退出班房，苏必脱林为保全性命，又受到地宫财宝的诱惑，默默地跟了出来。当来到明楼旁侧时，苏必脱林指着一段极其华丽美观的琉璃照壁说："就在下面，直着挖下去，便可见地宫入口。"

慈禧定东陵明楼后边院中的琉璃照壁

"啊？！"几乎所有在场的官兵都大吃一惊，他们做梦也不会想到地宫的入口会在此处。

"先生没有记错？"谭温江半信半疑地问。

"我想没有，信与不信全在你们。"苏必脱林极其干脆地回答。

"那好，弟兄们，动手吧！"谭温江不再犹豫，非常利索地下达了命令。

几十名精选的强悍士兵冲过来，在苏必脱林所指的琉璃照壁下，抡镐挥锹，扒砖抛土，"稀里呼隆"地行动起来。当这帮兵士满头大汗，气喘如牛时，具体负责监工的刘副官按照事先的编排，喝令第二批兵士前来接替，再接下来是第三批、第四批、第五批……连续不断地替换，连续不断地挖掘，其总体的行动方针是歇人不歇锹，周而复始，循环不断，以最大限度投入力量和发挥现场作用。当接近黎明时，琉璃照壁下已挖出一个直径数米的大深坑。再往下挖，镐头铁锹突然触到了一堵坚固巨大的青石砖墙，任凭兵士们怎样用尽气力，镐头铁锹所到之处，只有"咚咚唧唧"的响声和一串又一串爆迸的火花，挖掘毫无进展。

这时谭温江经过了大半夜的折腾，觉得全身又困又乏，早已躲进陵寝配殿侍卫们专门为其架起的行军床上进入了梦乡。苏必脱林也因年老体衰，加之连惊带吓，早已支撑不住，被刘副官特许由两名士兵看押，到另一配殿房间歇息。眼看这时突然冒出了一堵大墙，刘副官和其他几个在现场指挥的高级军官都摸不清底细，不得不将苏必脱林和谭温江请来看个究竟。

苏必脱林步履蹒跚地到来后，只看了一眼便说："这是封闭地宫入口的金刚墙，只要打通此墙，便可进入地宫。"

刘副官听罢，心中一块悬着的石头落地，同时又对谭温江说道："这堵墙实在坚硬如铁，咱们的镐锹上去根本无济于事。"

谭温江本来不想让颛孙子瑜的工兵团插手慈禧陵的盗掘，免得节外生枝，但此时面对这堵铁打钢铸一样的大墙，知道自己手下的弟兄已无能为力，不得不硬着头皮派人叫来颛孙子瑜，让他派工兵团的弟兄前来助战。

颛孙子瑜很快到来。他察看了地下的这堵"铜墙铁壁"后，当即表示非使用炸药不能打透此墙。谭温江一听，觉得事非寻常，自古以来未闻有用炸药盗墓之事，万一炸药引爆，其声当是惊天动地，而墙壁、墓门等将一同被炸毁，这无疑要留下明显的痕迹。万一事后上边追究起来，十二军定逃脱不了干系。他思虑半天，觉得自己不好做主，一面吩咐颛孙子瑜先让手下弟兄开凿炸洞，一面骑马飞奔马伸桥师部，向在此处坐镇指挥的孙殿英请示。

孙殿英闻听谭温江的禀报，急将梁朗先、冯养田召来密议对策。梁朗先很是干脆地表示："既然事已至此，绝无退路，好比开弓没有回头箭。要不惜任何手段，速战速决。如多拖延一天，就增加一分危险。以后的事只能以后再说。为尽量在挖掘期间不引起外人的怀疑，可在东陵四周贴些布告，言明我军试放新式地雷，一切人等不必为此惊慌，但不得踏入东陵禁区随意探视，否则，踏响地雷被炸死炸残，本军概不负责。这样便可掩人一时之耳目。"

众人听罢，觉得再无妙计可施，只好照此办理。于是，一张张试放地雷的布告，由刘月亭部很快在东陵四周的街头路口张贴了出来。

就在刘月亭部紧急张贴布告的同时，谭温江又飞马来到慈禧陵前。这时天已大亮，金刚墙的炸洞已被工兵团的弟兄们凿好，炸药及引火装置等皆已备齐。谭温江向颛孙子瑜下达了"炸"的命令，其他官兵暂时撤离陵前，由颛孙子瑜亲自指挥引爆。这工兵团的专业特长就是攻坚克垒，炸墙摧城，

慈禧定东陵石五供
与方城明楼

在军阀混战、战事频繁的岁月，多少坚墙固垒都在他们的攻击下顷刻化为废墟，如今这堵封闭地宫入口的金刚墙自然不在话下。随着颛孙子瑜的一个信号，埋在墙壁中的炸药顷刻引爆。在"轰轰隆隆"的爆炸声中，琉璃壁下烟尘升腾，碎石纷飞，金刚墙在炸药巨大威力的爆裂下，裂开了一道长长的豁口。颛孙子瑜指挥工兵巧妙地沿着裂缝和豁口拆除砖石，不大工夫，一个黑乎乎的洞口露了出来——地宫入口出现了。

原来这东陵帝后陵寝的格局规制大体相同，所有的宝顶与地宫都建在宝城之内。有所差异的是，皇帝的陵寝，如乾隆的裕陵，其明楼下的古洞门后边为一小院落，迎面是一堵高大的砖墙堵塞，俗称"哑巴院"，官称"月牙城"，因城内前半部呈现月牙式弧形而得名。慈禧陵寝没有"哑巴院"，在青砖①墙两边各有一条蹬道，拾级而上，可达宝顶、明楼。其古洞门迎面高墙正中，修砌了一道光彩华丽的琉璃照壁。正是这道看上去极其美观的墙壁，巧妙地掩饰了地宫入口的券门。东陵地宫的秘密在此，修陵工匠们的绝顶聪明亦在此。苏必脱林所言不虚。

颛孙子瑜找来手电，小心地趴在洞边，侧着身子向里察看，只见洞内黑暗幽深，股股阴森的带着霉臭的气体飘荡而

慈禧陵明楼

出。由于气体的阻隔，手电光的穿透力只有四五米远，能见度极低，对洞内的情形几乎一无所知。

早在盗掘东陵前的蓟县军部会议上，对地宫入口打开后，哪些官兵进入，哪些官兵监视，哪些官兵护卫及取出宝物后的处理等等，都做了极其详尽的谋划和安排。为防止各路力量私匿财宝，孙殿英特别从十几年前在河南拉杆子时就拜倒在他脚下的忠实的庙道会信徒中，挑选出二十多人，分别安插在谭、柴、丁等部，以做名义上的协助，暗中的监视。同时规定，凡陵中挖出的一切财宝，无论轻重贵贱，各支队伍都要清点封箱，全部送马伸桥临时总指挥部，除留下部分供买枪支弹药外，日后弟兄们再按功劳大小、人头多少予以分配，有私匿者，杀无赦！

为防万一，杜绝漏洞，老谋深算的梁朗先又引经据典，献计道："过去明清两代的库银，每一个月都要清点一次，以防遗失。凡进库清点银两的库兵，一律光着屁股进去，待清点完毕，再光着屁股出来。走到门口时，还要举起双手，接受监视大臣的详细检查。即使这样，库兵们还是从中带出了不少银两，其藏掖的地方非是别处，恰是平时臣僚们羞于检查的肛门。据说有些老练的库兵，一次就可带出几十两白银。"梁朗先说到这里，向入会的将官们建议道："是不是待地宫被挖开后，进入地宫的弟兄也要像过去

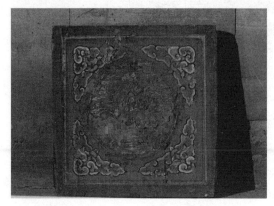

琉璃照壁遗落的带图案的花砖

的库兵一样光着屁股进，再光着屁股出？"

梁朗先说完，众人哗然，心想这老东西想的招实在太损了。这地宫怎能同过去皇家的银库相提并论？地宫幽深黑暗，死尸横陈，阴森恐怖，说不定还有暗箭、翻板、毒气之类的足以致人于死命的预设的暗器，弟兄们进去，必须要携带枪支和劈石撬杠等工具，若让这一队队士兵全部一丝不挂，只是手中端支大枪或攥握几把铁锹、镐头之类的工具，从地宫中进进出出，成何体统？再说，弟兄们冒生命之危、性命之忧进入生死不明的地宫，总得让他们多少有些额外的收获，否则，谁会替你当官的卖命？于是，梁朗先的提议遭到了多数将官的讥讽和反对。最后，还是由军部参谋长冯养田出面折中，做了凡进入地宫的官兵，一律穿单衣单裤，进出都要接受全面检查的规定。

此时，颛孙子瑜察看了地宫，因摸不清里面的底细，只好先让士兵们再将口子开大些，直到入口开到一米见方，才下令停下来。这时，由于地宫的霉气多已消散，手电光的穿透力明显加强，能见度也比刚才高了许多。

颛孙子瑜这个工兵团是孙殿英部于1926年攻打南口的冯玉祥部时，张作霖为表示对孙殿英的奖赏，特地从奉军中拨出一个工兵营归孙殿英指挥，当时颛孙子瑜便是这工兵营的营长。当直鲁联军和北伐军在中原一带厮杀时，工兵营扩编成工兵团，颛孙子瑜由此升任该团团长。尽管他已跟孙殿英转战南北近两年，并深得孙的信任，但比起在多年前就和孙殿英一道出生入死、拉杆子发迹的庙道会信徒如刘副官、李德禄，甚至谭温江之辈，仍不能算作孙的亲信和嫡系。这次东陵盗宝，他的工兵团没有承担主要任务而只充当了一个配角，即是很好的说明。

颛孙子瑜当然是有自知之明。他没有让自己手下的弟兄直接进入地宫，而是很有分寸地对谭温江说道："谭师长，我看可以让弟兄们进去了。"

谭温江环视了一下周围的十几名亲兵，只见他们面露惧色，惊恐异常，似乎觉得眼前的这个黑洞不是慈禧的地宫，而是埋葬自己的坟墓。谭温江心想，也罢，这地宫内情况复杂，说不定啥时会遭遇不测，还是让工兵团的弟兄打头阵吧，反正指挥权和监视权都在自己弟兄手中。

于是，谭温江点着一支烟吸着，不紧不慢地对颛孙子瑜说："我的弟兄玩枪杆子还马马虎虎，干这个差事就拉稀了，还是你的工兵团上吧，我的弟兄给你做个帮手。有难大家帮，有财大家发嘛！"

颛孙子瑜不做计较，亲自率领十几个弟兄，将军装外衣脱掉，帽子摘下，打着手电，端着大枪，携带工具，爬进了地宫之中。

🎖 想起曾国藩的湘军

地宫漆黑一团，十几个人进来后，相互看不见对方的身影，死寂的洞穴传出各自急促的呼吸和皮靴踏动地砖的杂乱的回声。颛孙子瑜让士兵们排成两列纵队，沿地宫砖墙的一侧站定，然后让最前面的四队八人分别平端子弹上膛的大枪，后边的士兵手拿铁斧、镐头等盗掘工具和长筒手电，自己夹在中间，紧握日本制造的连发手枪，开始悄无声息地蛇行前进。地宫的入口处是几十米的斜坡，由高及低，越走越深，这是当年修陵的工匠为滑放棺椁而特设的一段甬道②。由于斜坡较陡，进入者不得不半蹲着身子，小心谨慎地一点点向下滑动，而越往下滑，霉臭的气味越重，刺眼呛鼻，几乎让人窒息。好不容易滑到最底端，迎面一道高大的汉白玉石门挡住了去路。几道微弱的手电光穿过黑沉沉、湿漉漉的霉雾射过去，在大门的上下左右来回晃动，门铺上那对刻着暴睛凸目、龇牙咧嘴的古怪兽头，几乎同时跃进众人的视线。由于霉雾的遮掩和惨淡光亮的晃动，那对兽头若隐若现，朦朦胧胧，似活的一般狰狞可怖。不知谁喊了一声："暗器机关！"所有的人"哗"地后撤几步伏卧在地。与此同时，只听"砰——砰！"两声枪响，子弹飞射到石门之上，击出两串跃动飞舞的火花。紧接着，两个手电筒又"扑扑通通"地掉在地上滚动起来。

"奶奶的，谁让你们放的枪？"声音稍停，颛孙子瑜便左手挥动手电筒，右手握枪叫骂起来。

"也不知咋的，心一紧张，就扣钩了。"前边的一个士兵瓮声瓮气地回答。

两个因精神过度紧张，惊掉了手电筒的士兵，正循着手电筒滚动的光柱弯腰捡拾，气恼中的颛孙子瑜走上前来，照准屁股"扑扑"两脚，踹了他们个狗吃屎。

"奶奶个熊，看把你们慌的，那老妖婆还在里头睡觉呢。快，把这门给我打开。"颛孙子瑜说着，令兵士们上前推门。

兵士们稍稍平息了下紧张的情绪，一个个聚到门前开始合力推门。谁知那厚重的石门像一座山一样，任凭十几个兵士怎样用力，都傲然挺立，纹丝不动。

"给我砸！"颛孙子瑜改变了命令，十名持斧弄镐的兵士甩开膀子，抡圆了镐头利斧，用尽全身力气向石门砸去。只见镐头利斧所到之处，立时火星四溅，碎石横飞，整个地宫响起了"铿铿嘟嘟"的回声。近半个小时过去了，除将两扇大门的下部砸下一片碎石之外，其他一无所获。

"先给我停下。"颛孙子瑜说着，拿着手电筒在石门的上下左右来回照射了几遍，终于从石门闭合的缝隙处看出了问题的症结。由于缝隙很小，只能一只眼窥视，他隐约地看到一块巨石从里边顶住了大门。

"奶奶的，莫不是里边有活人或真有鬼怪，咋这块石头就这么巧顶住了两扇大门？！"颛孙子瑜嘴里自言自语地叫骂着，对里边这块石头的出现既感惊奇又大惑不解。这个胆大包天的工兵团长也不免疑神疑鬼起来。

这时的颛孙子瑜尚不知道，里边这块石头叫"自来石"。此石呈长方

慈禧陵地宫入口与
斜坡隧道

形，底部镶嵌在一个事先用平面石凿出的槽中，上部顶在两扇石门背面那同样事先凿就的槽中，类似寻常百姓家顶门用的木棍。只是这里用的木变石顶抗力较之木棍要高出千倍、万倍。

这类自来石在历代帝后陵寝中多有应用。其应用方法是，当帝后棺椁安放完毕，要封闭地宫时，将石门留一个较大的缝隙，门外的人拿一柄铁做的"拐钉钥匙"，将自来石成直立状套住，然后慢慢让其倾斜，直到和石门两边的凿槽接触。最后，随着石门的关闭，自来石的上部完全进入石门的凿槽之内，并呈斜势紧紧地顶住了石门。当这一切安排妥善后，外边的人再将"拐钉钥匙"移开，从门缝中抽出。若要打开石门，以同样的工具先从门缝中伸进，套住自来石的上部，并将其推至垂直状态，两扇石门自然会现出一个较大的缝隙，外边的人便可顺这个缝隙钻进去，将自来石移开，石门自然就会轻而易举地被打开了。

但是，这个看似极其简单的闭门开门方法，只有亲自参与帝后陵寝修筑的工匠和当朝的极少一部分臣僚知晓，其他人绝不知底细。即使朝廷关于帝后葬仪的秘密档案中，对这看似平常却极为重要的关键一环，也绝少记载。作为行伍出身的工兵团长颛孙子瑜，面对慈禧地宫大门后边的这块自来石，当然不会知道破解的秘诀。

然而，颛孙子瑜不愧是工兵出身，对这两扇石门在利用人推和镐头、利斧砸劈都无效的情况下，立即以职业的敏感和惯有的经验，想出了两个办法：一个是用炸药引爆，其次是用粗重的木棍顶撞。两个方法前者先进，后者原始，

但在工兵学的教科
书中，都有自己的
位置。通过对地形
地物的详细观察，
颟孙子瑜觉得非到
万不得已，在地宫
中不适宜动用炸药
引爆，而用原始的
木棍顶撞法比较适

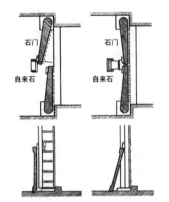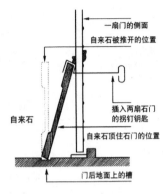

地宫石门关闭与开
启示意图

合。当年曾国藩的湘军在围攻太平军的天京时，在攻打坚固
的城门的最后关头，湘军就是靠了木棍顶撞法，将门硬撞开
的。这里不妨再来一次湘军攻占天京的办法。

想到此处，颟孙子瑜下令全体返回，待准备就绪后再做
行动。

一行人爬出地宫入口，颟孙子瑜把遇到石门的情况向谭
温江做了详细汇报，并提出了用较原始的木棍顶撞法来打开
石门。谭温江当即表示同意。

要找到合适的木棍非常简单，颟孙子瑜在陵寝后边的半
山腰，选定了一棵罐子般粗、高约一丈五尺长的松树，命兵
士用利斧砍倒，在一番去枝之后，抬到地宫入口。为了让
这棵又粗又长的树能顺利进入地宫，谭温江亲自指挥手下的弟
兄，将地宫的豁口又连折带砸，扩大了两倍，树木未费多大力
气便沿着地宫斜坡甬道，像当年滑放慈禧的棺椁一样顺利放了
下去。

颟孙子瑜站在地宫大门的旁边，让十
余人持手电筒站在不同的位置照明，然后
选出四十名精壮的士兵分列两队将树干抱
起，待一切安排停当后，随着颟孙子瑜一声
"撞——"的叫喊，四十名士兵一齐用力，
怀抱树干小跑着向石门冲去，只听得"咚"

冷兵器时代的冲车

的一声闷响，巨大的石门像山一样晃动起来，门顶的上方"噼里啪啦"地落下了无数细碎的残物。仅此一下，颛孙子瑜凭着多年的经验，便觉得此法可行。

抬抱树干的兵士退回到原来的位置，随着又一声"撞——"的叫喊，树干再次撞向石门。这次的效果比第一次显然大了许多。

"这是最后一次，争取一下给我撞开，弟兄们再加股劲，往这里撞。"颛孙子瑜说着，用手在石门的合缝处画了个他认为最宜成功的位置。又是一声叫喊，只见兵士们个个咬牙瞪眼，用尽全身力气抬抱树干再次小跑着向前猛冲过去。幽深黑暗的地宫中，一丈五尺长的大树干如同一条青黑色的巨蟒，腾云驾雾向石门的中间部位奔去，木石交撞间，先是"咚"的一声闷响，接着是"咔嚓""咯吱吱"连续的响动，巨大的冲击力将千斤重的自来石撞断，崩成数截，石门轰然洞开。由于冲击力的惯性，树干带着四十名士兵冲进门内三四米远后，树干落下，几十人扑倒在地滚作一团。原始的撞击方法生效了。

"好！"颛孙子瑜情不自禁地大喊一声，然后将手枪向空中一挥："弟兄们，给我向里冲！"其神情比当年曾国荃指挥湘军撞开天京大门时还要得意。

地宫内宝床上的慈禧棺椁

倒在地上的兵士爬起来，喘着粗气，抬手擦着脸上滚动的汗珠，随着手持电筒的弟兄，呼呼隆隆向里冲去。

进入门洞券，没有发现任何异样的东西，再往前走不远，又出现了一道高大的汉白玉石门。颛孙子瑜让兵士将树干抬过来，像前次撞击方法一样，又将这道石门撞开。随着石门的轰然开启，一股浸入骨髓的阴风冷气"唰"地扑了过来，所有的人不禁打了个寒战，跳动的心猛地蹿到嗓子眼，头皮炸裂，汗毛根根竖立起来。众人急忙收住了欲进的脚步，缩成一团不再动弹。

静了一会儿，颛孙子瑜绷紧了神经，带几名士兵手持手电筒向前照射。只见面前是一个硕大的空间，里面有一个明显高出的平台，平台上有一个巨大的黑乎乎的东西，在这东西的四周飘散着一股又一股黑白色的雾气。这东西和雾气在手电光的照射下，朦朦胧胧，若隐若现，如同大海中漂荡的帆船，又如同深山密林中伏卧的猛虎，令人遐想万千，恐怖万分。就连颛孙子瑜这个久经沙场的"天不怕"，也不免脊背发凉，冷汗"滋滋"冒出，两腿不觉抖动起来。

在这次进入地宫之前，谭温江曾专门嘱咐："如发现棺椁，不要开启，待向我报告后，再商量具体办法。"看来这个猛虎一样伏卧的黑乎乎的东西，就是慈禧老妖婆的棺椁无疑，应该就此收兵，待向谭师长汇报后，再做开棺的打算。颛孙子瑜想到这里，令手下的兵士将大树干抬起来，人和树干一同撤出地宫。这时已是7月9日夜间。

🏵 打开棺椁

谭温江听说发现了慈禧的棺椁，兴奋异常，急忙召刘副官和手下的将官同颛孙子瑜一起商量开棺取宝的办法。为使各派势力有所平衡，最后谭温江决定让刘副官带自己的手下亲兵十人，让军需处长李德禄率孙殿英的亲兵五人、颛孙子瑜率手下亲兵五人，共二十三人一同进入地宫取宝。具体分工是，由工兵团的弟兄负责开棺，孙殿英派来的李德禄等人负责照明，谭温江手下弟兄持枪监视并应付各种突发事件。待一切准备就绪后，三股分工不同的力量各怀鬼胎进入地宫。与此同时，谭温江又命手下亲兵在地宫入口朝里朝外分别架起了四挺机枪，以对付为争夺珍宝而可能发生的不测。当这一切都安排妥当，谭温江又命人骑马飞驰往马伸桥临时指挥部，向孙殿英报告地宫目前的情况。

进入地宫后的官兵，按事先的分工，应该是由李德禄部在最前边分别持马灯和手电筒照明，刘副官率枪队跟着压阵，最后才是持斧弄镐的工兵团的弟兄。

但孙、谭二人的亲兵平时自恃有哥们儿长官撑腰，作风散漫，只会在主子面前卖乖，不能冲锋陷阵，跃马争先。每次遇到强硬的战事，他们总是缩在队伍的后头，指指点点，只说不练。这次因事情特殊，不得不硬着头皮提心吊胆、怀着既想得宝又怕出事的复杂心理进入地宫。

漆黑的地宫一片死寂，黑白色的霉雾依然飘荡不息，将马灯和手电的光亮压缩成几个拳头大的光晕。由于光亮微小，看不清对方的脸，只看到一个个弯曲的模糊的黑影在慢慢地似妖似鬼地向前蠕动。空旷的地宫深处，响着官兵们粗重的喘息声、脚步踏上地板的战栗声和枪斧不时相交的撞击声。

当穿过两道石门，进入盛放棺椁的后室时，走在最前边的李德禄手下的一个士兵，一眼望见平台上那黑乎乎的棺椁，极度紧张的神经被猛地一激，情不自禁地"嗷——"一声大叫，身子跟跄着倒在地上，手中的马灯甩到五尺多远的石壁上，"叭"的一声撞了个粉碎。后面的官兵听到这一声令人毛骨悚然的叫喊，本能地向后跑去。霎时，几十人挤成一团，乱作一片。后边有几个士兵躲闪不及，被撞倒在地，前边挤压过来的士兵又被他们的身子"扑通扑通"地接连绊倒了几个。地宫里回响起沉闷的厮打声和阵阵杀猪般的呼救与哀号。身为军需处长的李德禄很少经历战事，更没见过如此恐怖瘆人的场面。就在令人胆战心寒的哀号响起时，他在士兵纷乱的挤撞中，被一支横放的大枪绊了个狗吃屎，接着屁股又不知被谁的利斧砍了一下。他痛得龇了下牙，顾不得喊叫，只是将手枪扣动扳机，不管东西南北"砰砰啪啪"地一连射出五发子弹。地宫的墙壁上立即蹿蹦起一道又一道火花，两名持枪的士兵被飞窜的流弹击中右肩和大腿，嗷嗷叫着倒在地上滚起来——所有这一切，仅仅是几秒钟的工夫。在这几秒钟之间，多数人已箭一样逃奔到地宫入口，并很快蹿了出去，地宫里仅有的几个人也慢慢爬了上来。首次开棺取宝就这样不明不白、狼狈不堪地宣告失败了。

谭温江闻听后，立即派人将这二十几名官兵叫到陵园配殿集合。明亮的灯光下，只见他们一个个灰头土脸，惊魂未定。孙殿英的亲信弟兄、军需处长李德禄捂着屁股痛叫不止，自己手下的两个弟兄由于中了李德禄的枪弹，正在接受随军医生的包扎救治。谭温江简单地向刘副官和颛孙子瑜问了下情况。这两人都把责任推到李德禄和他手下的弟兄身上。李德禄边叫痛边喊冤，并和刘副官、颛孙子瑜争吵起来。谭温江看着双方指指点点、骂骂咧咧的样子，大为光火，瞪了李德禄一眼，鼻子重重地哼了一声，骂了句："奶奶的，没出息的东西！"然后下令将李德禄和两名受伤的士兵换下，又补充了十名自己手下的弟兄，让他们分别持大枪和刺刀跟在队伍的最后头以示监督。谭温江愤然说道："如再发现无故起哄，私自逃离之事，十名监督的弟兄立即进行枪杀，决不姑息。如有未击中而窜出地宫者，机枪伺候，以子弹点名。"

一行人在短暂的喘息后，在刘副官和颛孙子瑜的具体指挥下，又呼呼隆隆地拥进地宫之中。由于有了刚才的经历，也有了令人啼笑皆非的插曲以及谭温江的命令，几十名官兵壮着胆子，很快到达了地宫后室。

刘副官先命持马灯和手电的士兵，将慈禧棺椁周围以及整个后室都照射了一遍，见未有异样的东西和不测之物出现，便命所有的人将平台（宝床）上那巨大的棺椁围了起来。

灯光照射下，只见慈禧的棺椁如同北方农民在园地里盖起的看瓜草屋一样高大而孤独。所不同的是这具棺椁金光闪耀，富丽威严，周身都透出一股无形的摄人心魄的力量。望之令人脊背发凉，头皮发炸，胆战心寒，双腿发软。

颛孙子瑜先围着棺椁察看了一圈，以便找到开启的位置。只见棺椁四周严丝合缝，金光闪耀中，除外部刻画着一些曲里拐弯的像虫子一样的符号外，没有一丝缝隙可供剜撬。颛孙子瑜这时尚不知道，中国封建王朝帝后的棺木大多分为几层。战国之后，明代之前，帝后的棺椁多达六层，只是明之后才渐渐减少，一般是两层，外层为椁，里层称棺。慈禧同样沿用了这个习俗，将棺木做成了外椁里棺两层。这棺与椁分别采用云南原始森林里极为名贵的金丝楠木制成。此木材不仅质地坚硬细腻，花纹均匀秀美，同时还清香可人，沁人肺腑。棺椁制成后，外部要刷七七四十九道漆。待慈禧入殓后，工匠们又在外层罩以金漆，在有效地填补了缝隙后，棺椁呈现出金碧辉煌、华美富丽的奇特效果。

至于外部那像虫子一样的恐怖的符号，则是佛教界四大天王的经咒。颛孙子瑜同样不知道，这金椁里面那具红漆填金的内棺，其棺盖之上还刻有九尊团佛及凤戏牡丹、海水江崖等图案。同时棺的内外还满布填金藏文经咒等古老的文字符号——这是清代帝后棺椁中独有的一种宗教形式，其寓意在于让死者灵魂得到佛祖与神灵的保佑。

但此时，万能的佛祖与神灵面对荷枪实弹、持斧弄镐的兵士，再也无能为力了，一场旷世劫难就要来临。

颛孙子瑜和刘副官凑在一起简单商议了几句，立即下令工兵团的弟兄劈椁开棺。五名兵士挥斧扬镐，用足了力气"喊里咔嚓"一阵连劈带砸，不多时就将那金光四射的外椁砸得千疮百孔，四处摇晃。紧接着，又是一阵力劈猛砸，厚重的外椁被劈砸成一块块破板烂片，难以成形了。颛孙子瑜指挥工兵先将椁盖撬起，几十名士兵围上来一齐动手，将盖木掀于地下，两边的椁木随之"稀里哗啦"崩散开来——一具红漆填金的内棺出现了。

这具内棺显然比巨大的外椁小了许多，也单薄了许多。不用问，几十年前曾经在大清王朝最高权力宝座上呼风唤雨、威震四野的慈禧太后就躺在里边，那令官兵们朝思暮想、梦寐以求的绝世珍宝也在这具木棺中。只要劈开这层木棺，一切的梦想都将变为现实了。此时，所有的人都屏住呼吸瞪大了眼睛望着这具木棺，所有的人都忘记了地宫黑夜的恐怖，开始想入非非，摩拳擦掌，恨不得立即将这具木棺合抱抱出，独吞自享。官兵们还未见珍宝，却都眼珠滴血，陷于一阵迷狂之中。

颛孙子瑜迫不及待地下令手下的弟兄镐斧齐上，劈砸木棺。五名工兵自是分外卖力，冲上前来挥镐抢斧劈砸开来。刘副官见铁镐利斧劈砸下去，木棺急剧地动荡摇晃起来，急忙喊道："住手！"工兵们挥起的镐斧立时在空中停住，所有的人都以惊恐不解的眼神盯着刘副官。

"这样下去会将棺内的宝贝震碎捣坏，颛孙弟，看有没有其他的办法可以开棺？"刘副官说。

颛孙子瑜思索片刻说："先用利斧在棺盖的下方劈出几个小洞，再设法撬开棺盖，其他地方不要劈砸，这样里面的东西就无大的损伤了。"

刘副官点头同意，几名工兵用利斧小心地在棺盖下方劈凿起来，很快开出了几个长方形的豁口，几把铁镐伸进豁口中撬了几下，棺盖开始松动并露出了缝隙。"快将刺刀插进来！"颛孙子瑜喊着，十几名兵士走上前来，将枪上的刺刀密排着插入缝隙之中。

撬开慈禧太后的棺椁（房恒勃绘）

"给我开！"又是一声令下，阴冷死寂的地宫中，顿时响起镐头利斧的撞击声和刺刀的沙沙声响。马灯和手电忽明忽暗、忽左忽右地照射着木棺，利斧和成排的刺刀在光的映照下，闪着道道寒光，兵士们憋足了劲用力向上撬着。突然，木棺中传出"嘎嘣"一声巨大的响动，整个棺盖"哗"地蹦起一尺多高，紧接着，一阵凄冷的寒气和阴风黑雾"呼"的一声蹿出棺外，直向兵士们的面部扑来，每个人的脸上都像被重重地撒了一把石灰，疼痛难耐，涕泪俱下，眼前一片漆黑，头脑一阵晕眩。就在这个瞬间，众人抽刀弃斧向后滚爬而去，蹦起的棺盖又"咣"的一声回到了原位。

望着兵士屁滚尿流的惊恐之状，颛孙子瑜和刘副官都没有叫骂，他们各自端着大张机头的手枪，站在地宫出口的地方，命令所有持枪的兵士都将枪口对准眼前的木棺，呈扇形慢慢包抄过去。同时严厉规定，一旦出现慈禧诈尸伤人的不测之象，先以刺刀相拼，奋力搏击。万一慈禧尸身刀枪不入，刺刀拼杀无效，当开枪射击；若射击无效，则且战且退，直至退出地宫，由机枪封锁地宫出口。

兵士们端枪围将上来，木棺复成死寂之状。刘副官来到兵士们的身后朝木棺详细观察了半天，觉得就此开棺仍不踏实，便派人到地宫外调来两挺机枪架在地宫后室的出口处，枪口对准棺中心部位，并告诉机枪手，只要兵士们一退却，两挺机枪同时开火，予以射杀。在感到万无一失后，刘副官方才命兵士重新开棺。

快用刺刀给我抵住

棺盖很快被刺刀和利斧撬开，慢慢移于地下。由于刚才的气体基本跑净，棺中再无阴风黑雾冲出，只有一股浓重的霉臭气味散发开来。棺中的尸骨和珍宝被一层薄薄的梓木"七星板"覆盖，上面用金线金箔勾勒成一行行的经文、墓志及菩萨真身像。掀开"七星板"，下面露出了一层柔和光亮的网珠被，当兵士用刺刀挑出网珠被时，棺内唰地射出无数道光芒，宝蓝、微紫、嫣红、嫩绿等各种颜色交替混合着射向地宫。整个地宫波光闪烁，如同秋后西天瑰丽的彩虹，耀眼夺目，灿烂辉煌。整个地宫后室如同白昼般光亮起来。只见一个形容鲜活的女人，身穿华贵富丽的寿衣，头戴九龙戏珠的凤冠，凤冠之上顶着一株翡翠青梗金肋大荷叶，足下踩着翠玉碧玺大莲花，静静地仰躺在五光十色的奇珍异宝之中。那长约二尺的玉枕放着绿色光芒，金丝凤冠上一颗重四两有余的宝珠，珠光闪烁，流耀含英。整个棺内如同旭日初照中的大海，碧波荡漾，碎光迭起，光彩流溢。那个女人如同在金光烁动的海洋之上，青丝如墨，颧额隆耸，双目微合，面庞如生，如同花间仙子蓬莱俏女般美丽动人。但这种神奇的美貌转瞬即逝，随着外部空气的突然进入，那看似鲜活的身体如同冷水泼于沙滩一样，"唰"的一声收缩塌陷下去，粉红色的脸庞由红变白，由白变紫，由紫变黑，微合的双目渐渐张开，额骨突现而出，那双由于霉变而生有一寸多长白毛的手，随着整个尸体的塌陷猛地收缩起来，紧闭的嘴唇在荡动中裂开来，两排牙齿蓦然露出……

"诈尸啦！"

一个兵士在神经极度紧张的巨大的心理压力下，恍惚觉得慈禧已蹦跳起来，抓住了他的头发，掐住了他的脖颈。他在情不自禁地大喊之后，先是一蹦老高猛地向后一仰，整个身子"扑通"一声倒在地上，昏厥过去。其他兵士闻听这突然的一声叫喊，一股冷气自下而上窜入头顶，头发多竖而起，

"哗"地向地宫出口蹿蹦而去。极度紧张使所有的人忘记了用刺刀拼杀，忘记了开枪射击，只顾呼呼啦啦向外奔逃。原本就离地宫出口最近的刘副官，看到前边乱将起来，顾不得下令阻止，自己先从两名机枪手的头上一跃而过，率先逃窜。两名机枪手见众士兵叫喊着蜂拥而来，一时摸不清究竟，在惊恐混乱中扔下机枪也向后逃奔而去。

"快压棺镇邪！快架大枪！"颛孙子瑜不愧号称"天不怕"，他一边撤退，一边握紧张大机头的手枪对准棺木，嘴里不住地叫喊。

慈禧大殓时所穿的绣佛字朝服

几个逃在最后的兵士听到叫喊，突然想起了刘副官先前的命令，停住脚步，端平大枪，向棺木望去。

"快，冲过去，用刺刀给我抵住！"颛孙子瑜挥动手枪，仍叫喊不止。此时兵士们紧张的心情有些缓和，十几个人先后端着大枪向棺木冲来，随着"噼噼啪啪"的一阵响动，十几支枪杆刺刀叠加相压，死死地架在棺木之上，随后，又是十几支枪杆刺刀叠压过来。整个棺木之上枪杆林立，刀光闪耀，黑洞洞的枪口伴着几十双血红的眼睛，对准慈禧的尸体一动不动。

颛孙子瑜力挽狂澜，使这支盗宝队伍终于稳住了阵脚。

过了一段时间，见棺内再无动静，颛孙子瑜抹了把脸上的冷汗，令手下的弟兄将慈禧的尸体合力抬出，扔在地宫后室西北角的棺盖上，为发泄对刘副官及谭温江部下亲兵的不满和怨恨，有些疯狂的颛孙子瑜，将那个依然躺在棺木前似醒非醒，嘴里不住喊着"诈尸啦，诈尸啦"的士兵先是猛踢了两脚，然后让手下的弟兄将其连拖带拉，扔到了仰面朝天的慈禧的尸体之上，转回身来到棺前开始取宝。

慈禧身下的垫布

这时，刘副官带着几名亲兵摸索着又返回地宫后室。由于刚才临危逃跑，刘副官不免心感惭愧，无力再度揽权，整个局势被号称"天不怕"的颛孙子瑜和他手下的工兵弟兄所控制。刘副官只能端着手枪，指挥手下弟兄持枪站在外围监视。

如果说恐惧产生勇敢，那么财宝的诱惑将使人变得更加勇敢甚至疯狂。此时，官兵们面对棺内光芒四射，令人眼花缭乱的奇珍异宝，一切的恐惧全然冰释，慈禧的"诈尸"现象似已成为久远的过去。现在，即便这个全身遍生白色长毛的老太婆真的一跃而起，挥爪前来，也没有人理会了。一切的思维和紧绷的神经都在面对这一棺旷世珍宝而做着各种盘算。

颛孙子瑜弯腰低头，先从棺中拣出六匹神形各异、雕刻精湛的翡翠马，而后又拣出情态毕肖、栩栩如生的十八尊金罗汉，继而捧出一棵鲜艳瑰丽的大号珊瑚树，只见这珊瑚树，全身长满了一串串连理的樱桃小树，青梗、绿叶、红果，娇艳欲滴，鲜亮无比，更为奇特的是，有一棵樱桃树上还站立着一对珠玉镶成的斑翎翠鸟。颛孙子瑜转了下身子，又从左边小心地取出玉藕一枝，藕上长着绿色莲叶，开放

慈禧棺椁中的翡翠白菜

着粉红色莲花，莲花的旁边还吊着几颗黑色荸荠，如同刚从水中取出一般鲜美瑰丽。在玉藕的旁边，站立着一棵特大号的翡翠白菜，绿叶白心，菜心上落着一只鼓眼伸颈，振翅鸣叫的绿色蝈蝈和两只红黄相间的马蜂，整个造型美丽绝伦，妙趣横生，让人不能不感叹它的缔造者那鬼斧神工的天才创造。当这棵翡翠白菜被抱出后，颛孙子瑜又从棺中的一角，取出一个宝石西瓜。这西瓜绿皮红瓤，中间呈切开状，黑色的瓜子散布其中，活灵活现，娇艳可人，如同一个上帝特别恩赐的真西瓜，为满头大汗

的官兵解渴清凉而独设。所有的人望着这个诱人的西瓜，都觉得瓜香四溢，涎水奔流，难以自控。在西瓜的旁边，摆放着一个晶莹透亮的羊脂玉碗，碗中盛放着一串紫玉雕凿而成的葡萄。同那宝石西瓜一样，这串葡萄鲜活的造型，几欲以假乱真。而旁边一个水晶盘中盛放的红宝石的枣子、黄宝石的李子，一个个晶光闪亮，润泽鲜艳，又将官兵带进了欲醉欲仙的无尽的遐想之中。

从慈禧陵盗出的番莲纹白螺

当颛孙子瑜将棺中最为奇异贵重的大件珍宝取出，又令手下的弟兄将一堆堆的玉佛、金佛、钻石、珍珠向外捧拿时，站在旁边监视的刘副官才从目瞪口呆中渐渐回过神来。他生怕颛孙子瑜和他手下的弟兄暗起歹意，在珍宝中做手脚，于是悄悄溜出地宫，去找谭温江报告。

当他来到隆恩殿时，谭温江正和孙殿英、梁朗先、冯养田等人说话。看来这位钧座大人在马伸桥临时指挥部坐不住了，在接到谭温江派人报告地宫打开并发现慈禧棺椁的信息后，连夜赶奔而来。

刘副官向孙、谭等人报告了地宫目前的最新情况。孙、谭等人一听大宗奇珍异宝已被取出，立即热血沸腾，激动不已。为赢得孙殿英的信任和保持各股势力的平衡，在经过短暂的密谋后，谭温江当即派人把孙殿英的亲信、屁股被劈了一斧的李德禄找来，当着孙殿英的面命令由刘副官和李德禄分别带一名亲兵，携木箱进入地宫向外取宝。所取宝物一律抬到隆恩殿，由孙、谭等人当场查验。最后，孙殿英极为谨慎而严厉地补充道："地宫内进出之人，除刘、李等四人外，其他任何人不准出入，如发现胆敢私自出入者，格杀勿论！"

刘、李二人领会，分别找来自己的一名亲兵，扛着早已备好的木箱进入地宫，将珍宝一箱又一箱地抬将出来，送到

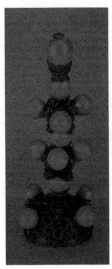

慈禧随葬冠顶

隆恩殿。孙、谭等人望着眼前这一大宗金碧辉煌的奇珍异宝，个个被惊得目瞪口呆。孙殿英激动的心情难以自制，顺口说道："松艇弟，咱这不是在梦中吧？"

"是梦，现实中的梦。"谭温江以同样激动不已的心情回答。

"有了这些宝贝，何愁我孙麻子不飞黄腾达，弟兄们不交好运！将来咱有了枪得了势，看谁敢再小看俺孙大麻子和十二军弟兄。"孙殿英志得意满地说着，向正抬着两箱珍宝走来的刘、李二人问道，"下边的宝贝还有多少？"

"最值钱的差不多都拿完了，只有一些碎珠子在棺底，不太好向外取。"李德禄一边捂着被砍伤的屁股，一边擦着额头上的汗水回答。

"俺看就到此为止吧，弟兄们担惊受怕辛苦一场也不容易，这些碎珠让他们各人捡了算了。你说中不？"孙殿英被这大宗珍宝震得头脑晕乎乎，很是慷慨地对谭温江说。

"也中。"谭温江说着，转身对刘副官道，"去，就按钧座说的传下去。"

"慢！"刘副官刚要走，被梁朗先猛地一声喝住。众人一看，才见这梁老夫子手中正拿着那份从北京寻回的慈禧葬宝图，对照眼前的实物一一端详察看。

"噢，梁老先生有啥事？！"谭温江不解地问。

"按图所示，其他珍宝俱已取到，唯不见慈禧生前放进金井中那串十八颗珍珠手串。这串珍珠堪称无价之宝，为慈禧毕生之所爱，并当着许多外国大使夫人的面炫耀过，其名声之大，全世界都知道，咱岂能白白放过？"梁朗先很是懂行地说。

贪心不足的孙殿英闻听此言，大为惊讶，既惊叹于梁朗先处事谨慎细腻，更为尚未找到、险些被自己丢弃的十八颗珍珠手串而火烧火燎。

"快下去给我找，要是找不到就不要上来了。"孙殿英重新下达了命令。

刘副官刚向外走了几步，突然又转回身，冲梁朗先问道："您说的金井是不是存在？我们曾搜查过整个地官后室前券，就是没有发现您所说的那口金井。"

"咳，我原以为你们知道这金井的位置呢，就在棺椁底下。"梁朗先颇为老练地回答。

"是这样——那我们明白了。"刘副官说着，同一拐一瘸的李德禄等人再度向地官走去。

来到地官后室，刘副官向颙孙子瑜传达了孙殿英的命令，并说了金井的位置。颙孙子瑜立即指挥众兵士合力将棺木移开，果然发现在宝床的中心部位有一个黑乎乎的窟窿，这应该就是当年慈禧亲自到地官投下那十八颗珍珠手串的所谓"金井"。官兵们发现，名为金井，其实并没有一般意义上的"井"那样深，借着其中五颜六色的宝物的光亮可以看到，最多也就有二三尺的样子。因为这"井"并不是平常所见的专为储水之用的俗物，它是整个陵寝的穴位，是帝后自以为不死的灵魂接天连地的通道。

几个兵士甩衣捋袖，趴于金井旁侧，将胳膊伸了下去。只一会儿工夫，那件被称为无价之宝的十八颗珍珠手串就被捞了出来，接着，又先后摸出了一件金花扁镯，一件绿玉福寿三多佩，一柄白玉灵芝天然小如意，一件白玉透雕夔龙天干地支转心碧佩，一件金镶万寿执壶，两件金镶珠石无疆执壶，两套金镶真石玉杯金盘，两套金镶珠杯盘，一对雕通玉如意，一盘珊瑚念珠，两盘珊瑚圆寿字念珠，三盘正珠念珠和金佛、玉佛、玉寿星等大宗珍宝，足足装了满满一箱。

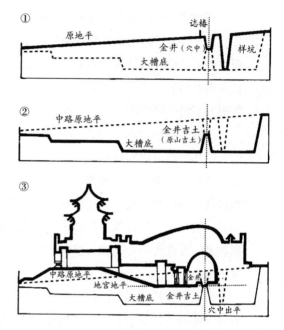

金井在陵寝建设各阶段的功用示意图（清·样式雷绘）

345

刘副官、李德禄等将这箱奇珍异宝抬到隆恩殿。孙殿英大喜过望，啧啧称叹，尤其对梁朗先更是赞不绝口，称其为诸葛在世，子牙重生，甚至比这两位先辈还要神机妙算，还要料事如神，还要聪明百倍。那梁朗先听了这些让人肉麻的溢美之词，不觉得肉麻，反而摇头晃脑，哼哼哈哈，似说似唱，像喝醉了酒一样飘飘入仙，通泰无比。

孙殿英一时性起，对谭温江说："松艇弟，把箱中的宝贝给俺锁好看好，咱几个也下地宫开开眼吧！"

"中。"谭温江答应着，立即让副官将亲兵卫队的弟兄们招来，叫他们携带长、短两种武器，手持灯笼火把，将隆恩殿团团围住，严守珍宝。与此同时，又招来机枪连长，在亲兵卫队的身后又架起十几挺机枪，枪口分别朝里朝外，并严厉命令，如有擅自起贼心并接近隆恩殿门窗者，无论是谁，当场射杀。

这一切安排妥当后，孙殿英、梁朗先、冯养田、谭温江在刘副官、李德禄及亲兵的带领护卫下，进入地宫，向后室走去。

阴森恐怖的地宫深处，散发着阵阵潮湿霉臭的气味，孙殿英等人借着幽暗的灯光来到后室，见宝床上明光闪烁，如同天空的星星落入地宫，密密麻麻地散布四处。颛孙子瑜带领十几个弟兄在宝床的棺木四周来回走动，不时地捡取着细小明亮的碎珠。那些持枪监视的兵士，也在不住地走动，四处搜寻可能随时被发现的珍宝。灰暗的地宫里人影绰绰，声音嘈杂，一派紧张忙碌气象。

孙殿英不露声色地在地宫后室的出口处站了一会儿，突然压低了声音问身旁的刘副官："慈禧老妖婆的尸体在哪儿？"

"在那边。"刘副官向西北角指了指。

"过去看看。"孙殿英说着，刘副官和李德禄头前带路，引着一行人来到慈禧的尸体前。

灯光集中照射过来，只见慈禧面目狰狞地侧躺在一块椁木板上，身边一个兵士半趴着，双手抓着慈禧那尸体的胳膊，嘴里哼着谁也听不清的声音，在地上来回蠕动。

"这是咋回事？"孙殿英不解地问。

"开棺时被吓昏了，醒来后就一直这样，看来脑子出了事，吓疯了。"

刘副官回答。

"没出息的东西！"
孙殿英恨恨地从嘴里挤出
几个字，走上前来抬起高
筒马靴，重重地向地上的
兵士踢去。只听"扑"的
一声响动，那半趴在地上
蠕动着的兵士，猛地扑到
了慈禧的尸体之上。随着

地官后殿内的顶门
石被撞断，石门洞
开（作者摄）

那木头一样硬邦邦的尸骨翻动，一道深蓝色的光芒从慈禧的
嘴里疾射而出，从西北角一直射到东南角的墙上，约三十步
之外几个士兵的头发，皆被这亮光映照得一清二楚。这道蓝
色光芒的突然喷射，惊得所有的人都打了个激灵，向后连退
数步。

"是咋回事?！"孙殿英望着慈禧那张开的嘴和从嘴里
射出的蓝光，极为恐惧与迷惑地问道。

没有人回答，所有人都为此惊诧莫名。

过了一会儿，刘副官和李德禄悄悄走上前来，大瞪着眼
睛冲慈禧张开的嘴巴望了片刻。"是一颗夜明珠！"刘副官
率先大呼起来。

"夜明珠?！"众人一听，纷纷围了上来。只见一颗硕
大的圆珠在慈禧口中若隐若现，熠熠生辉。

"我曾听说世上有一圆珠形的宝物，能生寒防暑。若死
者将此珠含在嘴里，可使尸体永不腐烂，千年鲜活如新，这
大概就是世间流传的那个东西，实乃旷世之宝物啊！"梁朗
先像发现了一个最大的秘密一样，上前插话。

"这样好的东西怎能让老妖婆占用，刘副官，给我将这
个珠子抠出来。"谭温江下命令。

"是！"刘副官答应着，来到尸体的头前，蹲下身，伸
出手指插入慈禧的嘴中。刘副官本想这夜明珠会一抠即出，

唾手可得，谁知这珠子光滑异常，像舍不得离开伴了二十多年的主人一样，"刺"的一声钻进了慈禧的咽喉，刘副官费了好大的力气，也未能抠出来。这时，围观的众人急了，刘副官更急了，他抬头瞪着猩红的眼睛，对身边的那个亲兵说："奶奶的，你去给我找把刺刀，我捅了这个老妖婆，看她舍得不舍得！"

一把明亮的刺刀很快递了过来，刘副官握刀在手，将刀尖捅入慈禧的嘴中，然后分别向左、向右狠劲地切割。很快，慈禧嘴角两边被割开了两道伸到脖根的大口子。当这一切做完之后，刘副官又令身边的那个亲兵将慈禧尸体的上部抱起来，安放到一直躺在地下哼哼唧唧，显然是神经错乱的兵士背上。慈禧的身子半趴着，头低垂，脸朝侧下，刘副官左手抓住慈禧的头发，右手猛力在她的脖颈处捶击了几下，只听"咕噜"一声响动，鸡蛋大的夜明珠滚动而出，蓝绿色的光唰地映亮了每一个围观者的脸，地宫顿时明亮了许多。

谭温江将珠子拾起来，递给孙殿英。孙殿英望着这颗耀眼夺目、光华艳丽的明珠，喜不自禁，把玩不已，嘴里不住地赞叹："绝世珍宝，绝世珍宝啊……"

大火并

孙殿英得到夜明珠后，又将颛孙子瑜叫到跟前，问了一下地宫珍宝捡取的情况，在确切地得知大件已全部取出时，让把所有捡取的珍宝集中放入一个木箱中，由李德禄、刘副官等人抬出地宫。当这一切很快办妥后，孙殿英望了一眼地宫中四处晃荡的兵士，对颛孙子瑜小声嘀咕几句，然后领着谭温江、梁朗先等人向地宫出口走去。这时，只听颛孙子瑜大声对兵士们宣布："弟兄们此次辛苦至极，孙军长决定，从现在起，剩余的珍宝不再收取上交，谁捡着算谁的，二十分钟后都要到地宫外集合，发不发财就看你们各自的造化了。到了指定的时间若还不出来，被封闭于地宫之内，算你活该倒霉！"

孙殿英等人刚走出地宫后室，进入隧道，就听见身后"呼呼隆隆"地响了起来，谭温江用手电往后一照，只见几十名官兵正如狼似虎般开始了抢夺珍宝的行动。孙殿英停住脚步，本想回来教训臭骂一通，但转念一想，这帮弟兄也的确不易，担惊受怕了几个晚上，也该发点小财，要争要抢就随他们的便吧。想到这里，他领着一行人转身向地宫外摸索而去。

孙殿英等人刚走到地宫入口的第一道石门前，忽然听到后面传来"乒乒乓乓"的枪声。"怎么回事?!"孙殿英惊得身子一抖，大声问道。众人再次停住脚步扭头观望，只见地宫后室枪火闪动，人声嘈杂，枪声喊声响成一片，子弹射到地宫的墙壁上，爆出串串火花，哧哧溜溜呈蛇状狂舞乱窜。看来里面发生了火并。孙殿英这时再也压不住心中的怒火了，不禁大声冲里边骂道："俺×你们八辈祖宗，还不赶快住手，给老子滚出来……"骂声刚落，两颗流弹顺着墙壁"噼里啪啦"像闪电一样飞来，差点击穿孙殿英的脑袋。孙殿英吓得急忙缩身，顾不得叫骂，立即带人蹿出了地宫出口。

一出地宫，孙殿英越发气愤，他一把抱起架在地宫入口的机枪，咬牙切齿地骂着："奶奶的，我叫你们抢，叫你们夺!"骂声未息，一梭子子弹从枪口"咚咚隆隆"地发射而出，地宫中立时窜进起无数道火蛇，响起"刺刺啦啦"的子弹与墙壁的撞击声。

孙殿英进入地宫
（房恒勃绘）

地宫后室枪声顿息，有几个官兵箭一样蹿到地宫入口。孙殿英见有人蹿将出来，不再开枪，在大骂一通后，和谭温江等人走进隆恩殿，开始令兵士装车和准备封闭墓门。

地宫中枪声虽息，但抢夺仍在继续，谁都知道这二十分钟是怎样短暂和珍贵，谁都明白这样的机会可谓千载难逢，对自己的后半生甚至子孙后代，起着怎样的关键性作用，多少年来冒着枪林弹雨，不惜性命冲锋陷阵，所等待和追求的不正是这满地的珍宝吗？此时不豁出性命争抢，更待何时！

宝床上慈禧的棺木先是被掀了几个滚翻，接着被"喊里咔嚓"地劈成数截，兵士们将满地的破碎木片掀来翻去，借着幽暗的光亮四处搜寻摸索。整个地宫不时响起争吵声、叫骂声、拳打脚踢和扇打耳光的声音。众官兵个个气喘吁吁，大汗淋漓，又都精神亢奋，抢夺不息。

在一片厮打混战中，颛孙子瑜指挥手下五名弟兄抢夺了大宗财宝后，突然发现人群渐渐向西北角拥去，蓦地想起了慈禧的尸体还穿着衣服，这衣服之中肯定还有不少的珍宝，自己怎么刚才就没有想到。他在暗恨之中，率领手下弟兄向西北角冲去。

但颛孙子瑜还是晚了一步，当他挤过混乱的人群，来到尸体的跟前时，只见慈禧身穿的龙袍被扯成几块扔到了一边，凤冠被踩成饼子状横在众兵士的脚下。令他大为惊骇的是，慈禧的裤褂连同鞋袜都被扒了下来，整个身子只剩一条红色的贴身裤衩儿和一只吊在脚尖上的袜子。有的兵士在撕扯着被扒下的裤褂上的各色宝石、佩物，有的正将慈禧几

慈禧棺椁被砸开后扔入棺床之下

近全部裸露的尸体不住地掀动滚翻，一只只手在头发中间、嘴里等处乱摸乱抠，似希望再找到夜明珠那样的珍宝。

这时，只听地宫的入口处传来一声喊叫："时间已到，弟兄们赶快上来，要封闭地宫大门了！"

这时，隆恩殿中的宝物已装上了孙殿英等乘坐的轿车和几辆汽车，由冯养田、梁朗先、李德禄、刘副官等官兵押送，先行向马伸桥临时指挥部奔去。孙殿英和谭温江立在地宫入口处，望着冲出来的兵士，向颛孙子瑜问道："都出来了没有？"

颛孙子瑜在人群中环视了一下，由于夜幕的笼罩，难以看清判明。"可能还有弟兄没有出来。"颛孙子瑜答。

"速派几个弟兄下去看看，不管是死是活都要给我弄出来，顺便将地宫查看一遍，一点痕迹都不能留下。"孙殿英对谭温江命令着。

十几个兵士在颛孙子瑜的带领下，再次进入地宫，果然不出所料，地宫后室还有五人没能出来，除了那个半趴在慈禧尸体身上的疯子，还有两个身受重伤的士兵和两个已死去的兵士倒在血泊中，这显然是在火并开枪时被打伤打死的。

颛孙子瑜令人将这五个或疯或伤或死的弟兄连拖带抬地弄了出去，又提着马灯，打着手电详细察看了地宫，将遗弃的镐头、利斧以及其他遗落的物件一一捡拾干净，才放心地率众兵士走出地宫。

此时，天将破晓，似明似暗的天空涌动着团团黑云，并不时滚过"轰轰隆隆"的雷声。整个东陵雾气飘散，阴风鼓荡，一场暴雨就要来临。谭温江令手下的弟兄找了些碎石烂渣，胡乱将地宫入口填塞了一下，然后让各部长官整顿队伍，待稍做休整后返回各自的防区驻地。谭温江本人则同孙殿英一起乘车提前向马伸桥临时指挥部飞驶而去。

就在谭温江走后，各支队伍尚在整顿的空隙，那些一直在外部警戒，并未得到半点宝物的兵士，又纷纷拥到地宫入口，扒开碎石烂渣，钻进地宫后室，抛棺扬尸，又进行了一次大规模的洗劫。就在这股进入地宫的兵士中，有一个叫张岐厚的上等兵，几个月后在青岛落网，供出了谭温江部盗墓的内情，这自然是后话。现在要说的是，就在这股兵士进入地宫的同时，一个满头白发，脑后还拖着一条灰白色长辫的老军人，被五花大绑押入陵区西部、咸丰帝定陵的西北侧一个早已挖出的深丈余的坑边，随着一声沉闷的枪响，老军人的后脑盖被掀掉，血尚未流出，就"咕咚"一声栽入坑中。几个年轻的军人挥动铁锨，很快将土坑填平。这时，一道蛇状的电光刺破漆黑的天幕，炸雷在土坑上空爆响，一股强劲的阴风掠过，大雨倾盆而下。土坑上方的新土在风雨的荡涤中瞬间被抹掉了一切痕迹，一个冤魂从此和大自然融为一体。

这名老军人就是苏必脱林。

🏵 地宫深处的"救命"呼声

就在谭温江部盗掘慈禧陵的时候，柴云升部也正在全力寻找乾隆裕陵的地宫入口。由于缺乏知情者如苏必脱林者的指点，柴云升本人对乾隆陵又知之甚少，故他的部队一开进陵寝，便像无王的工蜂一样嗡嗡叫喊着，四处搜寻，遍地盗掘。有的登明楼，有的入跨院，有的上宝顶，上上下下，窜来窜去，一片忙碌，更是一片混乱。

柴云升原是张宗昌麾下的一名师长，当时孙殿英初入山东济宁不久，二人便开始交往，后竟成了很好的朋友。在蒋介石北伐时，为加强统一指挥和增强孙殿英部的实力，张宗昌将柴云升师大部编入孙军，柴本人也划归孙殿英直接指挥，仍任师长之职。由于柴本人平时治军较严，所以其部号称孙殿英军的劲旅，以勇猛和敢拼硬仗著称，深得孙本人的信任和喜爱，故孙殿英将这次挖掘乾隆陵的肥差交给了柴。但这盗陵跟打仗毕竟有所不同，尤其是在地宫入口尚未找到之前，只凭一股硬劲和拼劲无目的地蛮干，只能事倍功半，甚至一无所获。这些兵士在整个陵园之中折腾了半夜，尚未找到一点眉目。这时柴云升有点急了，蛮劲再次上涌，他想起在过去几十年烽火连天的岁月中，每遇到攻城克垒时，若城门久攻不破，可转而攻夺城墙，只要将城墙撞倒、炸开，同样可以进入城中，达到夺取和占领的目的。而眼前这乾隆的陵墓，其地宫的中心就在那小山一样的坟头土堆下，只要前后左右一齐动手，朝着那堆黄土下挖过去，地宫何愁不被找到？想到这里，他令自己手下最得意的旅长韩大宝，率部挖掘陵墓宝顶的最前方，也就是明楼的后方，令三个团长分别率部挖掘宝顶的左、右和宝顶上端，企图以四面开花的方式打通地宫。与此同时，他还当场下令，"只要挖出地下的一块窑砖，赏一个袁大头"。所有的官兵听说挖出一块砖就能换来一块银圆，刚刚消退的热情又被鼓动起来，于是个个争先，人人望赏，镐头铁锨又狂飞乱舞起来。

此时的柴云升没有想到，这盗陵毕竟不是战争中的攻城克垒，若四面包围、四面出击，可迫使敌方四面阻挡，以分散其兵力和抵抗力量。但这座陵墓的地宫不是凸出地面，也不是在一般几尺深的地下，而是在距地表六七丈的深处，若挖掘的深度不够，只是像开山打隧道一样，挖个一二丈深就开始横着穿过去，即使将昌瑞山打通，也找不到地宫。柴云升的蛮干与谭温江的聪明和老练，让人越发感到从保定陆军军官学校毕业的谭温江与土匪出身的柴云升的不同。

但是，柴云升的整个布置，尚有一处是可行的，那就是在宝顶挖掘的一支力量。可惜的是这支力量几乎是从宝顶的最上端往下掘进，且还开了一个四方形的大口子，如此一来，每挖下几米，四周的土都塌陷下来，复将挖出的土坑填平，这样循环往复，几乎没有什么进展。多少年后，有研究者认为，此时若将这个口子改成圆柱形的井筒状，并将位置下移到东南、东北或西南、西北的任何一个角落，以此下挖，可达到事半功倍的效果，因为此处不易塌陷，且离地宫最近。这是一切富有经验的盗墓贼采取最多的方法和选定的位置，时隔二十年后，东陵的其他陵墓被盗时，盗墓者采取的方法和选定的位置，都是从此处下挖，并在一夜之间打通地宫。

然而，柴云升和他那些只知打家劫舍、攻城略地的部下，均不知这盗墓的秘诀，所以，他们要付出加倍的努力和心血也就是一种必然了。

直到第二天接近中午，所有的官兵都累得大汗淋漓、气喘吁吁，躺在地上再也举不起手中的镐头、铁锨了。旅长韩大保在绝望中蓦地想起，要到谭温江部和丁绖庭部察看一下这兄弟部队的进展情况。当他带着极为沮丧的心情来到慈禧陵寝前，找到谭温江，又在谭的亲自带领下，穿过设在陵寝内外的三道防线，进入陵寝内的地宫入口时，韩大保的心猛地一震，接着两眼放光，一动不动地注视着地宫入口——这时，谭温江部不但找到了地宫入口，而且已用粗重的树干撞开了地宫中第一道石门。韩大保听了谭温江的介绍，恍然大悟，立即返回乾隆的陵寝，重新行动起来。

有了慈禧陵的经验，韩大保指挥手下官兵在明楼前的琉璃影壁下，急如星火地挖掘起来。尽管乾隆陵跟慈禧陵有所不同，但毕竟大同小异，其

建筑格局基本是一致的，所以韩大保决定按照慈禧陵的办法挖下去。由于这次采取了垂直而下的短捷途径，在挖到四丈多深时就发现了金刚墙壁。沿着墙壁，又挖下丈余，在汉白玉雕阳文经咒的金刚墙上发现了异样的痕迹。沿着这痕迹用铁锹向里打去，终于开出了一个二尺见方的口子——地宫入口找到了。这时已是7月9日的深夜。

柴云升见找到了地宫入口，立即让其他几支队伍停止盗掘，专门负责警戒，并严令未经他的允许，无论是旅长还是团长都不许接近地宫入口，有违令者当场枪毙。开棺取宝一事由亲信旅长韩大保部全面负责。

乾隆皇帝裕陵琉璃壁下的盗口（清东陵文物管理处提供）

韩大保受此重任，既兴奋又激动，准备了一些必需工具，带领二十名亲兵来到地宫入口前开始行动。尽管十几道马灯、手电的光亮对准了地宫入口，但洞内黑暗幽深，像一只张开的虎嘴，除了一股股阴毒并带有霉臭味的冷风寒气向外喷散外，里边的一切都无法看清辨明，让人望之头皮发麻，脊背发凉。由于时间紧迫，不可能也绝不允许等到天亮再进入地宫，韩大保只好硬着头皮让两名胆大的亲兵先进去察看一下情况。这两名亲兵平时号称"傻大胆"，但此时面对这个黑咕隆咚的"嘶嘶"向外喷散着霉臭雾气的洞口，直感到脊背冷汗直冒，牙齿上下打战，两腿瑟瑟发抖。韩大保看到手下的弟兄已成这个样子，又望望那个龇牙咧嘴的黑乎乎的洞口，想象着地宫中那死人的恐怖形象，心中有些

害怕。但想起师长的
重托、时间的紧急，
还有那满棺的珍宝，
韩大宝又狠下心来。
"舍不得孩子打不着
狼！"他这样想着，
牙关一咬，命令两名
亲兵开始行动。

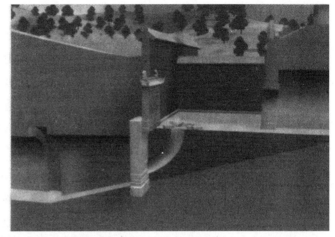

乾隆皇帝裕陵地宫
构造和盗口示意图
（徐鑫提供）

两个"傻大胆"
见事已至此，只有进
而不能退，也就抖擞精神，手中分别握了把张开机头的手枪
和一个手电筒，先后钻入洞中。

这两个士兵当然不知道最先接触的是一个斜坡甬道，这
条甬道有四五丈长，同慈禧地宫一样，是专门为滑放墓主人
的棺椁而特设的。当棺椁送入地宫入口后，在斜坡甬道上铺
放一根根滚木，棺椁压在滚木之上，并借助其下滚的力量，
轻轻滑入地宫的第一道石门处，然后再慢慢移于后室。更令
这两个"傻大胆"难以想象的是，此时的乾隆地宫已渗满了
四五尺深的地下水。这些水由于久积不散，在和棺木、尸体
混合后，形成了一种霉变后的毒菌散布于整个地宫之中，若
过量吸入这种毒菌，便会置人于死地。

但这个时候的两个兵士，只是感到地宫中霉气钻鼻刺
眼，阴风阵阵，尚能支撑，他们沿着墙壁慢慢向下走去。由
于雾气茫茫，既浓又重，手电的光像夜中的荧火一样几乎不
起作用。他们越走感到雾气越重，阴风越急，大有彻骨浸髓
之感，且脚下还不时地滑动起来，用手电一照，见地砖上已
结满了黑绿色的青苔，一块又一块，像癞蛤蟆皮一样密密麻
麻，令人望而生畏。

如果这两个"傻大胆"就此止步，钻出地宫入口，向长
官报告地宫中什么也没有，或说有一道石门挡住了去路，就

不会造成最终的悲剧。但他们不是富有经验的盗墓贼，甚至都未听说过盗墓者的故事，而即使偶有所见，或偶有所闻，恐怕也在劫难逃。因为这乾隆的地宫实在有些特别，其特别之处就在于渗积的那几尺深的水，这是慈禧地宫所未有的。正因为如此，他们已注定了在劫难逃的命运。

当两人摸索着又向前走了十几步时，只听前边的那个兵士"扑通"一声被脚下的苔藓滑倒在地。后边的那个尚未反应过来，前边的兵士已本能地拽住了他的衣袖。于是又是一声闷响，二人全部摔倒，并沿着斜坡向下滑去。这斜坡甬道越往下越陡，苔藓越多越厚。他们已完全不能自我控制，就像两根木头一样向最底部飞速滑去。没有几秒钟的工夫，只听地宫深处两声"扑通扑通"的响动，两个人先后落入水中。

"救命啊——救命！"这是两人落水后发出的第一声信号。

韩大保等人听到从地宫深处蓦地传来呼救声，做出的第一个反应，就是连蹿带蹦逃离地宫入口，恐怕被传说中的毒箭射中自己。过了好长一段时间，见无毒箭之类的东西射出，才又十分小心地向洞口围拢而来。韩大保冲地宫喊话，问发生了什么不测，怎样营救，但里边未做相应的回答。韩大保不知道他们已落入水中，并在水中"扑通扑通"地向挣扎。由于坡道太陡，加之苔藓太多太滑，任凭他们怎样折腾都无济于事，而高度的精神紧张和心理恐惧，又使他们忘掉了一切要求上边的官兵营救的办法，只是在原地挣扎、呼喊着谁也不知如何是好的一句话——"救命！"

两个"傻大胆"已被这突如其来的横祸吓破了胆，越想拼命往上爬，越是不能成

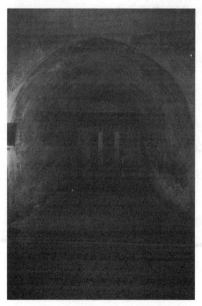

乾隆皇帝裕陵地宫入口与斜坡隧道（作者摄）

功，在近二十分钟的挣扎呼喊中，见上面无任何动静，以为对方没有听到自己的呼喊，情急之中，索性举起手枪"砰砰啪啪"地向洞口开起火来，子弹碰到洞口的石壁上，蹦蹿起道道耀眼的火光。

韩大保等人正在洞口四周焦急万分，不知如何应付地宫突变的两难时刻，忽闻地宫深处枪声响起，子弹飞蹿而来，更是摸不着头脑，再次嗷叫着四散奔逃。

半个小时之后，两个"傻大胆"子弹打光了，嗓子喊哑了，在极度的惊惧和霉气的熏闷以及绝望中相继晕倒，最后被地宫积水活活淹灌而死。

🌸 炸雷，在地下玄宫爆响

一个小时后，韩大保等人发现地宫内再无动静，便又悄悄凑上前来商量对策。韩大保决定仿照慈禧陵的办法，动用炸药炸崩地宫入口，以让其尽可能地扩大，这样上下活动的范围也就大了许多。

主意已定，韩大保立即让一个团长带领手下弟兄运来炸药，并在地宫入口处又下挖了一个三米深的大洞，将炸药埋了进去。由于颛孙子瑜的工兵团此时都集中在慈禧陵，且颛孙子瑜本人又在地宫中忙得不可开交，无暇顾及乾隆陵盗掘事宜，故韩大保干脆让步兵团的弟兄实施引爆，而步兵毕竟不是工兵，在不熟悉爆炸技术的情况下，强行引爆，其结果是，炸药不是向下和向左右两边攻进，而是在惊天动地的轰鸣中，地宫入口像民间燃放的"二踢脚"爆竹一样，火药强大的药力凝结成一道扇形的火柱，挟裹着碎石乱渣直冲天幕，崩飞的碎石在漆黑的夜幕中旋转着四处坠落，不但乾隆陵寝四周警戒的柴云升部许多士兵被碎石砸得东倒西歪，就是慈禧陵和康熙陵前的兵士，也有许多被砸得头破血流。周围村庄百姓家中的门窗也被震得"哗哗"乱响，并有许多人被震醒后慌忙从被窝里钻出来，跑到院子中间，惊恐万状，大骇不已——几个月后，当东陵盗墓案事发后，这一声炸响，成为四方百姓向官府和新闻界提供的间接证据。

待硝烟散尽后，韩大保等陆续向地宫入口围来。尽管火药威力无比，但收效却不明显，整个金刚墙只炸裂了几道缝隙，并未炸出预想中的几个窟窿。韩大保不敢再行炸崩，只好命手下弟兄动用镐锹，将金刚墙的砖一一撬下、搬开，直至出现了一个足以站着进入地宫的大口子后，才停止动作。

韩大保又亲自选了两个亲兵，令他们进入地宫看个究竟。为避免两个"傻大胆"生死不明的悲剧，两个兵士在进入地宫前，除装备了照明手电、手枪和手雷外，重要的是在各自的腰中拴上了一条长长的绳子，由外边的官兵拽住，一旦发生不测，无论是死是活都能将人拖出地宫。

一切准备就绪，两个兵士在无奈和恐惧中慢慢进入地宫。由于地宫入口的扩大，地宫中的霉雾臭气得以释放后，相对地稀薄了许多，不再直刺人的眼鼻和肺腑，手电的光芒也射得更远。两人沿着斜坡甬道渐渐下滑，当滑到底部时，手电的光照亮了地宫腥臭的黑水以及在黑水中漂浮着的两个"傻大胆"的尸体。两个兵士见状，在大吃一惊之后，迅速转身，呼喊着向外退去。由于外面已拽紧了绳索，他们未费多大力气就连爬带跑地窜出了地宫。

两位兵士喘着粗气，将地宫中的情况向韩大保做了报告。韩大保听后嘴里边喊着倒霉，边向师长柴云升做了汇报。在无其他办法的情况下，最后两人决定连夜派人赴天津购买消防用抽水机，同时将情况报告孙殿英。

就在柴云升、韩大保心中暗自叫苦，并派人去天津购买抽水机时，指挥盗掘康熙陵的师长丁绰庭来到了乾隆的裕陵，想从中吸取点经验。

其实，在三股盗掘力量中，最幸运的当属谭温江部，最倒霉的则是丁绰庭部。当这支部队开到康熙的景陵后，同柴云升部一样，也是四处盗掘，八面开花。但无论前后左右，只要挖入地面不足三尺，便有泉水涌出，尤其是宝顶的前部，其泉水势如瀑布，不可遏止。当初马福田率部挖掘景陵时，就是这种态势，并在无可奈何中被迫转移。尽管丁绰庭想了许多遏制水涌的办法，但最终还是未能生效。眼看时间快过了一天两夜，仍毫无办法的丁绰庭，才急如星火地跑到乾隆陵寝向柴云升取经。

柴云升跟丁绰庭颇有私交，闻后立即随丁绰庭亲自赶奔景陵察看。在隆恩殿的旁侧，柴云升立住身，从上衣兜里掏出一盒纸烟，抽出两支，二人分别点火抽起来。也就在柴云升掏烟的过程中，他的一张名片被无意中带出，

夜色中的乾隆皇帝
裕陵明楼

掉至脚下，二人均未发现。就是这张名片，在一个月后被派往东陵调查盗掘事宜的清室遗老发现并收起，从而成为孙殿英部盗掘东陵的又一罪证。这当然是后话。

现在，柴云升在察看了景陵的一切盗掘之处后认为：既然三尺地下都有如此汹涌之水，那么地宫之内必被泉水灌满，对盗宝极其不利。不如像土匪马福田一样，舍景陵而改挖其他帝后之陵。

丁绥庭听后深以为然，但不能擅自做主，便星夜派人向马伸桥孙殿英报告景陵情况，并请求改挖他陵。

孙殿英接到报告后，立即找梁朗先、冯养田密议。鉴于时间紧迫和乾隆陵地宫发现积水，挖掘受挫，经过再三权衡，孙殿英采取了梁朗先提出的方案，让丁绥庭舍弃康熙帝的景陵，派出部分兵力同柴云升部共同挖掘乾隆帝的裕陵，以做到速战速决。

柴云升部的兵力挖掘裕陵已绰绰有余，丁绥庭部的加盟根本没有必要。但柴云升深知这是孙殿英故意让丁绥庭跟着自己搞点外捞，以保持各支力量的平衡。同时自己又跟丁师长关系甚密，在这种时候也就不便提出不与其合作的理由。于是便答应下来，丁绥庭心中自然明白钧座的苦心，很知趣地放弃了景陵，只带了一个连的兵力开到裕陵做外围的警戒，没有插手地宫的挖掘。

孙殿英盗陵时用的抽水机（天津市博物馆提供）

裕陵地宫第一道石门西侧的文殊菩萨浮雕像

天亮时，五台抽水机同时从天津运到东陵。韩大保指挥官兵插管抽水，约两个时辰，地宫的积水已抽去大半。韩大保命人将两个"傻大胆"的尸体捞出来，又按照慈禧地宫开门的办法，命兵士砍来一棵大树干，让四十名弟兄抬着进入地宫，准备撞击第一道石门。

漆黑的地宫阴风刺骨，冷气逼人。由于尚有少量积水没有抽干，韩大保只好指挥四十多名弟兄抬抱着树干，在寒冷刺骨的黑水烂泥中摸索前进。三步一滑，五步一摇，一群兵士跌跌撞撞地总算找到了地宫的第一道石门。

所有的灯光相继照过来，只见高大厚重的石门分成东西两扇紧紧关闭。东扇石门之上雕刻着代表大智的文殊菩萨，菩萨的右手高举一柄宝剑，据说这柄宝剑能斩断人间的一切烦恼，左手承托佛家经卷，可使众生增长智慧。西扇雕刻着代表大力的大势至菩萨，右手持降魔杵能驱散邪恶，左手执法铃可传播法音。韩大保等人当然不懂得这些，他们只看到石门上的图像挥剑弄棒异常古怪，开始以为是乾隆设下的暗道机关，但经过反复察看后，觉得没有什么稀奇。韩大保这才放心地一挥手，喊道："给我撞！"于是，兵士们运足了力气，抬着沉重的树干，踩着黑水烂泥，呼啦啦向石门撞来。只反复三次，第一道石门的自来石被撞断，大门轰然洞开。门上那两位挥剑弄杵佛法无边的菩萨，眼睁睁地看着这群疯狂的官兵冲了进去而毫无办法。佛法失灵了。

官兵们越过石门，进入地宫第一道门洞券，各种灯光四处照着，抬树干的兵士们慢慢前移。灯光的照耀中，只见门洞券的东西两壁雕刻着四天王像，也称为四大金刚。据佛教传说，四大天王为佛陀释迦牟尼的护法神，他们各居须弥山③的一方，保护着东西南北各自所属的天下，由此又称"护世四天王"。四大天王手执的法器，谐音为吉祥之意。因为在南方的增长天王的宝剑舞动生"风"，东方持国天王的琵琶谐音要"调"，北方多闻天王的宝伞遮风挡"雨"，西方广目天王手握水蛇降服归"顺"。这"风调雨顺"四个字，满足了人们追求美好生活的愿望，代表着人类世代的夙愿。此时，只见四大天王身披甲胄，立眉张目，威风凛凛地站立在大门两边，沉默而又冷峻地注视着盗墓者每一个战战兢兢又贪婪疯狂的动作。遗憾的是尽管他们法力无边，但还是不能跳下墙来为墓中的主人保驾。于是，门洞券里八个册宝座④上的漆金木箱被一哄而上的官兵砸了个稀烂，里边的宝玺香册被一抢而光。当这一切结束之后，韩大保指挥兵士再度向前推进。

第二道石门出现了。

同第一道石门基本相似，这两扇石门的西扇雕刻着大愿地藏王菩萨，他左手持宝珠，右手执锡杖，据说能满足众生无边之善愿；东扇为代表大悲的观世音菩萨，右手高擎念珠，象征佛法无量。

韩大保先围着石门转了几圈，又举起拳头朝两位菩萨的

裕陵地宫第一道门洞券内的南方
增长天王雕像

裕陵地宫第一道门洞券的西方
广目天王雕像

东方持国天王浮雕像　　　　　　　　北方多闻天王浮雕像

身子轻轻捅了几下，然后传下命令，继续撞门。又是三次猛烈撞击，第二道石门被撞开。

有了这两次非凡的胜利，官兵们个个精神振奋，勇气倍增，在韩大保的指挥下，顾不得脚下的臭水污泥，又嗷叫着向前冲去，并很快来到第三道石门跟前。

同前两道石门相似，第三道石门，西扇雕刻着代表功德虚空的虚空藏菩萨，右手托月牙，象征着清凉；东扇雕刻着代表除去盖障的除盖障菩萨，右手擎太阳，象征光明。在韩大保的指挥下，这道石门又被以同样的方式攻破。

第四道石门，也是最后一道石门又横阻在众官兵的眼前。想不到这乾隆爷的地宫跟慈禧的地宫不同，竟有这么多道石门。

石门的东西两面依然分别雕刻着同前三道石门基本相似的菩萨像。东面是代表大慈悲的慈氏菩萨，右手托执法轮，象征勇于进取，誓不退转。西面代表大行的普贤菩萨，右手高执法杵，能降众妖魔鬼怪，成就一切善愿。

此时的官兵弄不明白，为什么这四道石门要刻上八尊菩萨，更无心和无力去观赏品评这八尊菩萨的艺术魅力。此时他们所关注的是地宫中可能出现的奇珍异宝。多少年后，当这座陵墓的地宫因这次盗掘而被迫清理并对外开放后，观光者进入这个由四道石门和三个主要堂券组成的全长五十四米的"主"字形的地下宫殿，在所有券顶和四周石壁上，都满布着佛教题材的雕刻。它不仅是中国古代一座不可多得的石雕艺术宝库，同样是一座庄严肃穆的地下佛堂。那四道石门上的八尊菩萨，均采用高浮雕手法，肌体丰满，神态自若；菩萨脚下，水波涟漪，芙蓉怒放，活灵活现，观之如仙露喷洒，扑面而来，可谓中国古代佛雕艺术的极品。

韩大保正指挥手下的弟兄集中全力，准备一鼓作气攻破这最后一道石门，然后进入主墓室，好实现那个潜藏于心中已几天几夜的辉煌的梦。但是，无论手下的弟兄怎样用力，粗重的树干撞到石门上，只是发出一声又一声"嘭嘭"的响动，却无法使石门洞开。

韩大保甚觉意外，挥手让满头大汗的兵士们停止行动，自己来到石门前详细察看起来。令他百思不得其解的是，这道石门看上去跟前三道没有什么两样，怎么就是撞击不开，莫不是乾隆皇帝的灵魂在冥冥之中作怪？或者是门上的这两位菩萨在起作用？韩大保在门前转来转去，总是找不到要领。最后，他牙关一咬，对着石门愤愤地说道："不管是鬼还是妖，只要落到我韩某的手中，就休想作怪脱逃！"

说到这里，他猛转身，对众官兵说："弟兄们，把这根树干给我抬出去，我要用炸药炸这狗日的。"

"是！"众兵士答应着，抬起树干，蹚着黑臭的积水，哗哗啦啦地向外走去。

韩大保的一位副官听说要炸崩地宫石门，觉得事非寻常，便上前说道："万一地宫被炸塌咋办？"

韩大保此时蛮劲正兴，冲副官瞪了下眼说："甭说炸塌，就是把这地宫炸成灰，俺也不管，只要能得到宝贝就中。"副官见状，只好默默退去。

由于地宫积水尚深，无法直接在门下埋放炸药，韩大保派人到慈禧陵请来了颛孙子瑜的工兵弟兄，这些工兵弟兄在亲到地宫察看后，决定将炸药放入铁桶之中，将桶口密封，做成铁地雷模样，放入石门旁侧，也就是能转动的石轴的部位实施引爆。

当一切准备就绪后，几个工兵实施了最后行动。只见他们将引线点燃后，迅速撤出地宫，同韩大保等人躲在地宫入口四周观察动静。

约十分钟后，地宫深处传出一声山崩地裂的爆响。几乎与此同时，每个人都明显地感到大地在急剧颤动，陵寝中的大殿、明楼、宝顶都纷纷摇晃起来。随后，一股浓烟从地宫入口喷射而出，许久才渐渐散尽——看来，这次成功了。

韩大保怀着异常兴奋的心情，亲自点了从河南老家带出的二十名"子弟兵"，携带各种工具进入地宫，准备搜寻财宝。可当他们来到第四道石门跟前时，发现三具棺椁被压在了重达三吨的石门之下，根本无法劈砸。直到后来他们才知道，由于地宫中积水太多，原本放在后室宝床上的棺椁，像船一样浮了起来。当外边动用抽水机抽水时，这些漂浮在水面上的"船"，便随着水的流动和吸力离开了宝床滑到石门背后，并将石门紧紧挤住。由此，韩大保手下的弟兄才无法用树干撞开石门。当石门被炸倒后，自然地将这三具挤上来的棺椁压住而让盗墓者一时无从下手了。

韩大保打着手电，在门前四周蹿上爬下地转了几圈，终于想出了一个办法。他令手下的亲兵先用利斧将三具棺椁的挡头砍开，再让兵士像钻狗洞一样钻进去，把棺椁中的尸骨连同随葬的宝物一起掏出来。韩大保等只要看到是黄色的或发光的器物就纷纷抢夺，其他的全部抛入地宫的烂泥污水中。

乾隆皇帝一生风流成性，生前酷爱文艺，吟诗成集，御笔文墨举国广布。同时本人又广收名帖名画及珍异古玩，在主持朝政的六十余年中，所收珍品无以计数。按照古代"生之同屋，死之同穴"的传统理论，这些珍品大部都被其带入了地宫。关于乾隆本人以及和在他后室安葬的五位后妃，到底带去了多少奇珍异宝，因研究者一直未能找到一份像慈禧地宫那样的葬宝图，还无法准确估量。但从一些零碎的史料记载来看，裕陵地面之上的隆恩殿内，当年就陈设了各种金玉珠宝、名人字画等上千件。可以想象，一座隆恩殿都藏有如此之巨的稀世珍品，作为盛放安置棺椁的地下玄宫，又会是怎样一种壮观惊人的场面！但这位一生活了八十九岁的皇帝，倾其一生搜集而来的一卷又一卷旷世罕见的名帖字画，孤本秘籍，都被当作一堆又一堆的废纸草芥扔于烂泥浊水之中。官兵们一边丢弃，一边大肆诅咒这位混蛋皇帝，为什么不在棺椁中多放些黄金珠宝，而没完没了地放些废纸烂画。据说，从乾隆的棺椁中所得的宝物，最令韩大保、柴云升以及孙殿英等满意的是一柄非同寻常的宝剑。据后来的"小诸葛"梁朗先请行家鉴定，这把宝剑就是闻名千古、声震四方的莫邪剑。

相传春秋时期，吴王阖闾命民间的著名工匠干将为其铸剑，要求这把剑铸成后，要达到削铁如泥、断石如粉、所向披靡、举世无双的神奇效果。如果铸成当有重赏，若铸不成，立即杀其全家。干将受命后，费时七七四十九天，仍未铸成。正在干将心急如焚、忧心忡忡，为全家的性命担忧时，干将的妻子莫邪问丈夫到底以怎样的方法锻炼可成此剑。干将告之说：从前恩师欧冶子铸剑，亦是久炼不成，后以女人之体喂炉神方成。莫邪一听，便舍身投于炉中，顷刻化为烈焰腾空而起，炉中的铁汁顿时流出，始成二剑。雄剑定名干将，雌剑定名莫邪。干将自知吴王阖闾必将怒其铸剑迟缓，同时又恐他再铸出相同的宝剑而杀他，便故意将雌剑藏起不献，留给其子，希望儿子为他报仇，自己则悄然遁去——这就是关于莫邪宝剑的神奇传闻。这把宝剑被盗出后，随着东陵盗案的事发，宝剑又辗转落入蒋介石之手。这自是后话，暂且不提。

且说韩大保等将压在石门下的三具棺椁中的珍宝盗抢一空后，又跃过石门，摸索着进入地宫后室。

在地宫后室那宽达十二米的艾叶青⑤石宝床上，原本停放着六具棺椁，即乾隆皇帝与他的两个皇后孝贤、孝仪及慧贤、哲悯、淑嘉三位皇贵妃。尽管这座地宫在清代所有陵寝中是葬入人数最多的，但从乾隆一生拥有四十一位后妃的数量来看，依然是微不足道的。究其原因，还在于当时形成的未成文的两个条件。其一，只有死在乾隆之前的后妃，才能进入地宫随葬。因为

乾隆裕陵地宫出土的册宝箱上的镀铜折页、玉兔、戒指、金鼻烟壶、金帽顶

一旦乾隆本人驾崩，金棺葬入地宫后，便关闭石门，填平墓道，再也不能打开，以免漏泄龙气。这第二个条件是，随葬的后妃生前必须是皇帝所喜爱的，死后经过乾隆本人的恩准才能进入地宫随葬。否则，皇帝本人讨厌的后妃死得再早，也要另立陵寝，而不能享受这一特殊的"圣泽"。最典型的例子就是乾隆早期的那拉皇后。关于这位皇后的命运，是清宫奇案中较有传奇色彩的一段，民间多有传闻。只要谈起乾隆皇帝三下江南，就不能不谈到"乾隆休妻"一节，这位被休掉的"妻"，就是那拉皇后。这位皇后在宫中生活了三十多年，死时年仅四十九岁。尽管她生前曾被皇太后赏识，也得到过皇帝的宠爱，还有"性生婉顺，质赋柔嘉""端庄惠下""秀毓名门，祥钟世德"等美名，但最终以"性忽改常，迹类疯迷"而失宠⑥，并由此了结了一生。死后不但未能进入裕陵地宫随葬，且连自己的墓穴都没有，其棺椁只好寄放在纯惠皇贵妃地宫⑦之中。每年的清明、中元、岁暮、冬至和忌辰均无享祭，可谓悲惨至极。但当时的乾隆却不顾这些，这位风流天子所宠爱和关注的只是那些在一生中给予他欢乐和抚慰的女人。其最终的结果是，有五位幸运的女人和他同穴而眠。

由于乾隆和另外两位后妃的棺椁已浮到石门之后，宝床上只剩三具棺椁歪斜不定地停放在那里。韩大保等一见到这三具棺椁，大喜过望，他们做梦也没想到，一个地宫之中竟会有这么多盛放宝贝的棺椁，直觉得这是上帝的特殊恩赐。于是，几十名弟兄将棺椁团团围住，并纷纷举起利刀快斧向棺木劈将过来。一顿"噼里啪啦"的劈砸后，

乾隆皇帝的裕陵地宫金券，内设宝床，上置乾隆皇帝及五位后妃的棺椁。因孙殿英盗陵，两棺被毁，现仅存四具，尸骨均在棺内

三具棺椁均被劈成碎块。有人见时机已到，弯腰伸手从棺椁中将尸骨拖出扔入污泥之中。其中有一具女尸通体完好，穿戴整齐。兵士们将其拖出后，横放在棺木之上，摘冠拔发，脱衣搜身，一顿疯狂的折腾后，这具一丝不挂的女尸被推入污水烂泥中，被随之踏上来的皮靴几乎踩成了肉酱。

当这一切做完后，兵士们又开始蜂拥而上，争抢棺中的宝物。无数的商周铜鼎，汉玉浮屠，宋瓷瓶壶，金质佛像，连同大宗的玉石、象牙、珊瑚雕刻的文玩、古董、名帖字画、古书纸扇……均被抢的抢，扔的扔，整个地宫后室灯影闪闪，人影幢幢，水声哗哗，争吵打骂之声此起彼伏。持续了将近三个时辰后，韩大保见能拿得出的珍宝已全部搜尽抢光，才一声令下，带领"子弟兵"匆匆退出了被折腾得一片狼藉的地宫。

地宫之外，孙殿英派来的汽车在冯养田、梁朗先等人的监视下，早已等候多时。当最后一批珍宝被过目验收并装上汽车后，冯养田以军参谋长的名义，向柴云升部和丁绰庭部下达了悄悄撤出东陵，回原驻防地待命的命令。所盗珍宝全部押运到马伸桥临时指挥部，由孙殿英验收后，再召开会议予以分发。

7月10日夜，孙殿英在马伸桥临时指挥部悄悄完成了验宝和高级军官们的分宝事宜后，当即命令所属部队连夜向顺义、怀柔一带开拔，连续三天二夜的东陵盗宝闹剧随之落下了帷幕。孙殿英部以近三十大车宝物的收获，宣告了东陵盗案/宝的成果，在人类文化史上留下了千古遗恨。

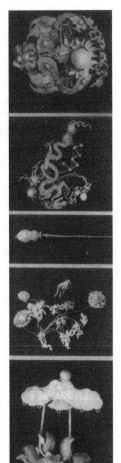

乾隆裕陵地宫残留的部分文物，后由清东陵管理处清理保存

注释:

①青砖:原料取自沉泥,因富含矿物成分,烧制后颜色青灰,质地坚硬,故名。

②甬道:即隧道。由于地宫门的宽度有限,棺木无法通过,帝后梓宫奉安时并不能靠人工抬进地宫。为了解决这一问题,工部会先在方城前搭起芦殿,殿中用木板铺成平台,平台上有专以运载帝后梓宫的特备灵车,称为“龙𰀁”,芦殿和琉璃照壁之间设戏桥(供施工人员行走或运料的斜坡道)。平台、戏桥、外隧道、内隧道,直至地宫宝床,都铺上木轨。梓宫由龙𰀁装载,沿木轨移动或下滑,始终保持平衡状态,前面有太监持灯引导,四名杠夫各牵黄绒绳(系于缎制棺罩之上)之一头,左右有护卫人员,稳妥地运到宝床上,由四块或八块龙山石(亦称卡棺石,方形,雕有云龙纹)卡牢。

③须弥山:或作须迷楼、苏迷卢等,意译为妙高山、善高山。本是印度神话中的山名,被佛教沿用。它位处大海之中,是天神“帝释天”及四大天王之居所。

④册宝座:安放墓主之香册、香宝的须弥形石座。册即册书,帝王册立或封赠的诏书,在金片或玉片上镂刻成文。宝即印信,古代称玺,唐代始称宝,以金块或玉石制成,上刻印文。册宝是某位号的证明,并无实际用途。清制,凡册立皇后,尊封皇太后、太皇太后,以及上徽号,均进金册、金宝(上徽号亦偶有进玉册、玉宝者);册封皇贵妃、贵妃,授以金册、金宝;封妃,授以金册、金印;封嫔,各发金册;赐号贵人、常在、答应,不发册、印。陪葬用的册宝,均以檀香木制成。若香宝上所刻为死者谥号,则别称“谥宝”。

⑤艾叶青:青白石的一种。青白石是中国古建筑常用石料,系变质岩,因其质地坚硬、石纹细腻、不易风化,所以被广泛地应用于制作各种石活。按其颜色或石质纹理的差异,又有青石、白石、豆瓣绿、艾叶青等类别,以艾叶青为最高级,

适于雕刻。

⑥乾隆三十年（1765年）正月，那拉皇后随驾南巡，至杭州。据说因弘历深夜微服登岸冶游，后冒死谏止，后又自行剪发，触犯国俗大忌，激怒弘历，遂被遣送回京。翌年，忧愤而死，弘历命其丧仪用皇贵妃等级，从此不立皇后。直至嘉庆皇帝颙琰亲政，始改从后礼安葬。降皇后葬礼，在清代只此一例。

⑦纯惠皇贵妃地宫：位于裕陵西侧，始建于乾隆十年（1745年），初称"妃园寝"。乾隆二十五年（1760年），为安葬得宠的纯惠皇贵妃苏佳氏，乃逾越祖制，仿照景陵皇贵妃园寝之例，增建方城、明楼和东西配殿，将园寝门及两旁的卡子墙（面阔红墙）拆除，改建到享殿两旁。乾隆二十七年（1762年）完工，以其谥号定名为"纯惠皇贵妃园寝"。嘉庆四年（1799年）裕陵定名后，又改称为"裕陵妃园寝"。内葬三十六人，包括皇后一、皇贵妃二（另一位是庆恭皇贵妃陆氏，本为贵妃，因曾抚育看护嘉庆皇帝颙琰，追赠为皇贵妃）、贵妃五、妃六、嫔六、贵人十二、常在四。除了明楼后方的大宝顶内葬纯惠皇贵妃和那拉皇后二人外，其余三十四人各自为券，排列成五行。其主体建筑布局较为合理，建筑形式豪华气派，是清代诸妃园寝中等级较高的一座。

第八章

大案惊天

日暮皇陵

　　东陵盗案公之于世，师长谭温江被捕，溥仪痛不欲生，举国一片哗然。阎锡山见风使舵，孙殿英急中生计。说不尽的悲愤之情，道不清的案中之案。在经历了一段大悲大痛和沸沸扬扬的钩心斗角之后，案情再生奇变。

⚫ 阎锡山下达紧急缉捕令

就在孙殿英率部向顺义、怀柔一带大举撤退之时，躲在东陵外围的土匪、歹徒以及奉军、直鲁残军的散兵游勇，闻风而动，纷纷向东陵这个再一次成为真空的藏宝之地赶来。当他们发现各座陵寝均被凿挖得千疮百孔，而慈禧、乾隆二陵地宫已被盗掘时，遂趁着混乱再次将原本就堵塞不严的入口扒开，打着灯笼火把，提着口袋和各种防身武器冲进慈禧、乾隆两陵的地宫，再次进行了洗劫。兵匪、歹徒们的行动，渐被当地人所闻。于是，一帮又一帮的当地人像刚刚从箱中放出的无王之蜂，成群结队地提着草筐、口袋向陵区拥来，并将地宫中散落的珠宝玉器又仔细搜刮了一遍。乾隆地宫由于泥水混杂，散落的宝物已很难寻觅，他们便携来耙钩，像在田野中搂草，又像在河沟中捕捞鱼虾一样，在泥水中四处打捞、搂钩，将珠宝玉器以及乾隆和后妃们破碎的尸骨一起装入带来的草筐、口袋，带出地宫。然后或挑或背或用车拉，将草筐、口袋弄到陵区之外的河中，用铁筛反复涮洗，以淘选出金粒与珠宝。至于那些被裹挟而来的破碎的尸骨，自然是扔入河中随水而去，可谓一场真正的洗劫。许多兵匪、歹徒及当地人由此又大发了一笔横财。

就在慈禧、乾隆两陵地宫再遭洗劫的同时，许多兵匪、歹徒又将先前被盗劫过的同治帝的惠妃陵寝地宫掘开，再次砸棺抛尸，全面搜寻劫掠。同慈禧的遭遇相同的是，那面色如生、全身完好的惠妃，被扒光衣服，赤身裸体地抛在地宫的石板上，棺木被劈成碎片，横七竖八地被胡乱抛在地宫的各个角落，所有的随葬品被劫掠殆尽。东陵再度陷于大失控、大混乱、大劫掠之中。

时间一天天过去，尽管东陵一片混乱，劫掠财宝之人络绎不绝，但没有一人及时向官府和逊清皇室报告这一消息。

原来由清室派驻的那位名义上的东陵守护大臣毓彭，在此之前就开始监守自盗，大发不义之财。当他探知慈禧、乾隆两陵被兵匪盗掘后，怕承担责任，溜回北平家中，既不出头露面，也不派人向住在天津的溥仪禀告，而是私下里倒卖从东陵盗出的文物。倒是住在北平的一位前清都统衡永（字亮生），在对东陵的被盗事件略有所闻后，为弄清事情真相，便给自己的亲戚、时任遵化县知事的蒋起隽撰写了一封私信，询问东陵情形。蒋起隽见信后，派人到东陵做了调查，并很快回信做了简短的说明。信的原文如下：

东陵此次惨案幸在弟接印前数日，尤以乾隆、孝钦后陵为甚，尸骨狼藉，惨不忍睹。同治惠妃尸体如生，实不可解，惠妃尚系弟之表姑也。可叹可哭！现在此案范围扩大，弟处正在查办，将来需由国民政府会议解决也。清室为一代君主，逊位不及二十年，如此结果，令人伤心。乾隆及孝钦前后男女两英主与中国盛衰关系最大，此次遭劫亦最甚。不遭于外人之手，不遭于革命人之手，而遭于无知识想发洋财一群军匪之手，想默默（疑或冥冥之误）中亦有定数耶？

从蒋起隽的复信看，除了庆幸此案与己无责外，似乎未表现出大的惊讶，或许在他看来东陵惨剧确系"定数"。

就在衡永接信不久，前清贝子溥忻又收到了东陵内务府旗人和钧的一件呈文。这件呈文较详尽地叙述了东陵被盗前后的经过，并实实在在地告了毓彭一状。其文是：

呈为报告东陵被盗情形以资究办事，窃查阴历五月间，奉军退却之际，陵寝保护无人，守护大臣毓彭串通内务府郎中博尔庄武、麟祥、翼长恩华等，并有著名土棍惠陵幼丁[①]邵受言勾结木商朱子山、遵化商务副会长陈敬斋，会同北平西珠市口铺陈市复兴永经理张裕振等，起意盗卖各陵金银器皿、软片[②]、五供各物，定价五万余元，又愚惑利诱众旗丁为变卖发起人。复联络各地土匪为保障，于五月十四日竟将各陵物品由朱子山等在金银器皿库内取出，运至遵化县。近闻转运平津，设法售与外人，藉饱贪欲。该商等业将款项拨付，阳则藉维持旗众生计为名，阴即由奸盗等朋分。此风一开，

陈宝琛

当地人民皆以为陵寝官物可以自由取夺，绝无窒碍，群起拆毁殿庭，肆行偷卖。仅五六两月时间，所有楠木檩架均行拆毁一空，仅存殿盖。而昭西陵、孝陵大红门、更衣殿、景妃陵、惠陵东西配殿、神厨库情形尤甚。时有孙魁元军队驻在马伸桥，目睹此等情形，见利智昏，顿起祸心。派其师长柴云升、旅长韩大保，假藉剿匪名义，于五月十八日率队分驻各陵。将裕陵、菩陀峪定东陵，用爆药炸毁地宫，将梓官发开，尽将地藏贵重物品全额掘取，隐匿资卖，事毕返防。现下各陵毁坏已极，裕陵、定东陵地宫先皇、先后御骸尚

在暴露，悲惨情状，笔难罄述。而该守护大臣毓彭与本陵在职人员，不但漠不关心，反皆来京商卖各陵铜炉鼎、鹿、鹤等古物，俾裕私囊。似此胆大妄为，罪恶已极，理应从严依法惩办，用正典刑。特此泣陈，敬祈裁夺，转饬将该盗犯等缉拿追办，以惩暴逆。钧所呈各项，如有不符，情甘反坐。伏乞钧鉴。

和钧谨呈

　　和钧的信函不但写得详细，字里行间还透出一股敢于负责的精神，"如有不符，情甘反坐"，说明此事不虚。东陵被盗的事实已被完全证实后，衡亮生当即往告清皇室宗亲载瀛等人。载瀛、载泽、溥伩与宝熙连夜商讨应变之策，最后决定，一面到北平卫戍司令部报请对盗陵匪军严加惩办，一面致函清室遗臣陈宝琛请他代向住在天津的逊帝溥仪禀告。

　　载瀛等人来到北平卫戍司令部，以极度悲痛的心情，向总参谋长朱绶光诉说了东陵被盗的惨案。朱绶光大为吃惊，急忙将情况向平津卫戍总司令阎锡山做了汇报。阎锡

　　山闻听此情，也不禁惶恐起来。当奉军大举溃退关外，北平行将被北伐军占领时，冯玉祥自以为功高望重，京津卫戍司令一职非己莫属。但就在蒋介石北上之时，阎锡山亲到石家庄迎接。在谈到冯玉祥时，阎锡山说："冯一向刚愎自用，不可深交，你可以翻翻历史，哪个人没吃过他的亏！……"听了这番话，本来就对冯玉祥心怀芥蒂的蒋介石遂产生扬阎抑冯之心。

一代枭雄阎锡山

　　阎锡山由此当上了京津卫戍总司令。这一任命，冯玉祥自是深感意外又大为恼火……如今身为平津卫戍总司令，他意识到如此大案发生在自己的眼皮底下，何以向国民政府那些虎视眈眈的大员交代？何以平息马上就要在舆论界炸响的哗言物议？何以对付溥仪小朝廷的责难和国外势力的非议？想到此处，阎锡山在出了一身冷汗的同时，决定立即召开紧急会议，以最快的速度做出各种应变之策。

　　各高级将官接到命令后，连夜纷纷赶来，一时，卫戍司令部会议大厅灯光通明，烟雾腾腾，各种措施和应急方案接连出台。会议最后决定：速电令天津警备司令傅作义，让其先派一个营的兵力火速赶赴东陵守卫，而后视情形再增派军队；暂对新闻界封锁消息，视情况变化再做透露；速派宪兵队封锁平津一切交通要道，对可疑过客详细盘查。同时，通知全国各警察署局和各海关、检查站，让其严密注视可疑案犯和可疑财物，倘有端倪立即扣留，详细盘查。尤其是平津两地的珠宝市场、各家金银铺以及钱庄、银行，要分布密探和便衣警察及大量宪兵秘密侦查，日夜守候，发现可疑之人，不需调查，先行逮捕……随着一道道命令的发出，各地军警纷纷行动起来。宪兵、密探、便衣警察像猎狗一样散布于各个角落，一道无形的巨网悄悄张开，只等待投网者的到来。

在天津时期的溥仪

就在卫戍司令部布置完一切之后，遗老陈宝琛于8月2日怀揣载瀛等人的书信，来到天津张园向溥仪报告。溥仪一听东陵被盗，立觉头顶响起一声炸雷，头"嗡"地暴涨开来，眼前一黑，身子在龙椅上摇晃了两下，便一头栽倒在地，口吐白沫，人事不知……等到臣僚们连摇加晃，又是掐人中，又是灌凉水，一阵手忙脚乱的折腾之后，总算将其唤醒并扶上椅子重新坐定。溥仪喊了声"大清祖宗……"便泪如雨下，泣不成声。

过了好长时间，溥仪才从巨大的哀痛中略微醒悟过来。他缓缓站起身，目光呆滞、迷惑地望着面前的遗臣、奴仆和白发苍苍、声泪俱下的陈宝琛，颤抖着声音问："你说，这到底是怎么回事？你们说！"

陈宝琛双膝跪倒，须眉皆颤，呜咽着说："回皇上，东陵被盗具体情形臣尚不知，只是接到载瀛等臣的信函后才略知一二。"陈宝琛说着，伸手从怀里哆哆嗦嗦地掏出了载瀛等人的信函呈上。

"念！"溥仪一挥手，泪眼婆娑地说。

"臣遵旨。"陈宝琛答应着，用他那特有的闽南方言和北方官话混杂的语调读起来：

太傅阁下，敬启者：本月十三日由衡亮生（永）交来其戚友现任遵化知事蒋起隽私函，惊悉东陵有盗发情事，尤以裕陵、菩陀峪定东陵为最，惨痛莫可名言。当即托人介绍于十四日同到卫戍总司令部，面见其总参谋长朱绶光，求其加派队伍前往保护，并速行惩办匪徒，允即照办。是日晚间，接其电话云，已派定兵队出发矣。十五日清晨复同谒商总指挥震，未及晤面，仍拟继续接洽。日内有人述称，珠襦、玉碗已见人间，刻正多方侦察，俟有端倪及办法，即行赴津上闻。兹将蒋知事原函附寄，统祈代陈。为叩。溽暑，惟珍摄，万万。不庄。定园同坐致候。

载瀛、载泽、溥忻、宝熙同启

溥仪坐在椅子上，听着陈宝琛半泣半咽地读，身子像木头似的一动不动，额头脖颈却暴起蚯蚓状的青筋，两眼几乎要渗出血来，嘴唇紧抿着，绷成一道窄小的缝隙，枯瘦苍白的双手握成拳头，死死地按在膝盖上不住地抖动。当他耐着性子听完后，冷冷地问："这盗陵之事是何人所为？"

"听说是国民革命军十二军军长孙魁元部下所为，他们以剿匪为名，用炸药炸开了祖宗陵寝地宫，掠走了所有随葬珍品，乾隆爷及孝钦后尸骨狼藉，惨不忍睹……"陈宝琛尚未说完，只见溥仪抬手抓起身边桌上的一个玉石茶碗，"啪"的一声摔得粉碎。随之猛地站起身，两眼血红，牙关紧咬，声色俱厉地从嘴角挤出了几个字："孙魁元，此仇不共戴天，我与你誓不两立！"说完，又不禁大放悲声，号啕起来……

过了许多时候，在遗臣、后妃、家人的劝说下，溥仪才止住悲声，开始考虑应付方案。除决定立即在张园设灵祭奠外，同时电召北平皇室宗亲以及清室遗臣等人即刻来津，商讨善后事宜。

8月4日中午，北平的逊清遗老旧臣"奉召"相继赶奔天津张园拜见了溥仪。溥仪满脸悲痛之色，带领遗老旧臣们来到临时设立的"奉先殿"，向乾隆和慈禧的灵位祭奠叩拜。然后，在张园的八角楼召开"御前会议"，钦定了三项应付措施。第一，以逊位王室和全国遗老的名义，向国民政府提出对十二军军长孙殿英的控诉，要求严惩窃陵魁首。第二，通电全国遗老旧臣，募捐和征集修缮陵寝的费用，在修缮之前，先派耆寿民、宝瑞臣、陈诒重、徐榕生等遗老前往东陵勘查，办理一切善后事宜。同时委派镇国公载泽、固山贝子溥忻恭代告祭，并遣镇国将军溥侗、辅国公恒煦随同行礼。第三，在张园摆设香案祭席，拈香行礼，每日三次，直到陵寝重新修复为止。

"御前会议"整整开了两天两夜，随着"谕旨"的下达，前来吊慰的王公遗老，人人满面泪痕，个个切齿怒骂，整个张园笼罩在一片悲哀和凄惨的气氛中。尤其是溥仪，更是悲不自胜，他脱掉西服革履，从头到脚换上白色的丧服，每日三次都亲率宗室遗臣，到祭房行大丧礼仪，并亲手捧杯

清族人請衛戍部
從嚴究辦盜陵案

窩藏及銷贓犯仍請認真緝捕

其主要人犯已被捕數名

平津衛戍司令部，前此在北平天津一帶，破獲盜挖前清東陵嫌疑墓一案，其代為售贓物，業在北平天津各處購贓物之人，均已有數名，嗣后仍賡續緝捕，極力研究。現擬各該破獲贓物之人，即日嚴訊，並極密偵查盜陵主管人員，嚴緝緝捕。

天津北平兩地之大古玩商，近數日來，已有被捕者，頓時在此案中人人自危。聞正在審訊中之窩藏人犯，業已起獲贓物，為數甚多。又於北平天津，大規模搜查各古玩舖，並嚴令各該舖代售或購買贓物者，速行供出。於此案內被捕主要人犯，除本市第五區呈送文，內云該第五師師長譚溫江一人，不認修理之費用，許三家店一帶，昨夜接前公署令，均於昨日晚大雨作，於八日晚八時許，值風大作，繼以大雨，出河口近數名，由上游決河附近三四名，現正設法偵查前緝云。

決口三丈

妙峰山裡淌波區塌折

宛平縣政府，昨夜接前公署令，內云所轄永定河北京政府，河北省政府，請求本部嚴究究辦及代銷贓物之人犯，未經逮捕，及代銷贓物之人犯，未經逮捕，及凌司令部現正設法偵查緝云。

清族人请卫戍部
从严究办盗陵案
的报道

高举，遥望北天，酹地祭奠。每进一爵都悲号不止，痛哭流涕。每次吊慰完毕，就满面泪痕地冲着先祖的灵位发一番宏誓大愿："祖先在天之灵遭此劫难，龙体不得安寝，实乃溥仪无能所为。今先祖灵魂在上，我溥仪指天盟誓，不报此仇，便不是爱新觉罗的子孙！"

就在天津张园的溥仪和遗老旧臣为东陵盗案大为悲恸，并指天戳地叫喊着要报仇雪恨之时，突然传来了孙殿英部第五师师长谭温江被捕的消息。

师长谭温江被捕

8月4日夜，驻北平的路透社向世界播发了一条电讯：

据盗乾隆等坟墓案，据有关人士称，共发十三棺，其珍宝价值三四千万元，今已将褚玉璞旧部改编军队中拘获少年军官一人，该军官供述一切，谓褚将守陵之兵逐走，然后费两星期时间，始觅见棺木。乾隆墓中有子母西瓜一枚，慈禧墓中有大钻石一粒，价值甚巨。各物均在天津出售，此事由阎锡山闻后乃下令彻查。

从这则电讯看，颇有些劈头盖脸，中间楔入的味道。是否在此之前，东陵盗案已被某些小报登载传播不得而知，

但这则电讯却是东陵盗案的研究者所查阅到的新闻报道中，首次被《中央日报》等国内外大报正式转发登载的

《顺天时报》报道

消息。这则后来被证实有误的消息，在被各大报转载时，并未放入显要位置，也没有引起局外人格外的关注，究其原委，大概是与这时国内多数人尚不知内情有关。

8月5日，路透社又发出了一则电讯：

东陵掘坟案拘获之谭松艇乃谭学卿之弟，掘陵者即谭部军队，谭松艇已在浴池被捕。谭为改编后之直鲁军之军官，当时其卫兵首先开枪拒捕，为警制止。

这则消息发出后，被国内外各大报所转载，8月7日，南京《中央日报》又做了较为详细的报道：

（东方五日北平电）在北平东方九十英里之乾隆帝后寝陵即有名之东陵，被偷掘，棺内所藏珍贵物品为金银珠宝等悉被窃取无遗。闻此事为褚玉璞旧部目下已改编为革命军之谭温江部，与当地有力者同谋，借用军队五百名从事发掘，盗取财宝价值估计约三百万元以上。谭之弟暗中来平销售赃品。经中国古董商告密，已被警备司令部派人拘获，其后不知何故，又将其释放。文物维护会③及满人，现正运动司法当局，严惩人犯，闻在天津销售之宝物为数甚巨云。

从以上两则报道看，除几处后来被证实有明显误差外，极为关键的一点是，谭温江被捕的时间、地点及被捕经过都相当模糊混乱。其被捕之详情，一直未被局外人所详知。当

琉璃厂古玩铺大观斋后人林荫茂向作者讲述琉璃厂兴衰与黄伯川勾结官匪销赃的情形（作者摄）

时国内人士认为最可信的推断是，谭温江于8月2日前后，带其弟谭荣九及卫兵等人身穿便衣，携盗掠的珠宝前往北平琉璃厂珠宝市尊古斋古玩店销售。谭温江下榻中国饭店暗中操纵，由其弟谭荣九等人出面和尊古斋古玩店的老板黄伯川洽谈。就在主客洽谈时，被卫戍司令部派出的密探侦知。密侦们顺藤摸瓜，将正在中国饭店客房洗澡的谭温江逮捕。

但据后来被捕的谭温江供称，谭荣九不是自己的弟兄，他更不认识此人。阎锡山在后来致南京国民政府军事委员会的函电中，称谭温江指使其弟谭荣九卖珍珠与廊坊头条义文斋，被文物临时维持会告发之后，在北平被捕。几十年后，孙殿英的一名中校秘书李鸿庆在回忆录中叙述谭温江被捕的经过时，声言当时在北平前门外一家电影院里，影片就要开始放映，谁料灯光一熄，黑暗中的人们正在静候银幕上影片的出现时，忽然，从东面楼上一个包厢里，发出熠熠白光，吸引了观众的注意力。适有北平警察局

琉璃厂大观斋创始人之一、林荫茂祖父林叔文

侦缉队人员也发现了这一奇景，便悄悄前往侦查。原来是一位阔太太的绣鞋上缀有两颗夜明珠，那白光正是从她鞋面上放射而来的。电影散后，老侦缉队长马玉山亲自跟踪追查，最后得知这位阔太太原来是谭温江的一个小妾。由此，谭温江因涉嫌东陵盗案而被捕。

不管谭温江的被捕经过怎样扑朔迷离，但他确是涉嫌东陵盗宝一案被捕了。而事实上，谭温江是受孙殿英之命，携一部分珠宝先是在天津、廊坊一带试销，以窥测警方的动静。当几次得手后，又潜入北平琉璃厂和当时最大的古玩商黄伯川暗中接头，

北京琉璃厂古玩铺

就在他们极其神秘地洽谈时，被警方窥破，谭温江在中国饭店被北平警方逮捕。至于《中央日报》报道中的"其后不知何故，又将其释放"，则是另有一段来历。

当谭温江被捕的消息传到十二军后，孙殿英大惊失色，当即感到东陵事发，大祸临头了，便急忙招来"军师"梁朗先、参谋长冯养田等人商量对策。经过一番紧张密谋，最后决定请第六军团总指挥徐源泉出面保释，先将人弄出牢房，同时对可能审查此案的国民政府及平津卫戍司令部大员重礼相赠，求其庇护，以达破财免灾，使谭温江连同十二军所有涉嫌盗案官兵都一同化险为夷的最终目的。

在孙殿英亲自授意和梁朗先、冯养田的直接参与策划下，以孙殿英个人的名义，由秘书连拟两封呈文，直接向徐源泉辩白。呈文拟就后，梁朗先、冯养田带上副官、卫兵连同大宗金银和华威银行现钞，秘密乘车赶赴北平，先拜见徐源泉，并将金银、现钞与函文一同呈上。

两件呈文的内容分别是：

（一）第一件呈文

国民革命军第六军团第十二军军长孙魁元，谨将职军第

五师谭师长温江前在马兰峪剿匪详细情形分段呈报，恭请鉴核。计开：

该部行动地点日期　职军在津奉令于六月二十四日向蓟县前进，以官兵接济未发完全，改于二十五日由南仓附近出发。该师长亦于二十五日早，率领所部由穆庄出发，随职向蓟县前进。当日至王三官庄宿营，二十六日至鲁文庄子宿营，二十八日至高各庄宿营，二十九日到达指定之马伸桥。

剿匪之缘起　职于六月二十八日率军部各处及军之直属部属进抵蓟县，先后延见城乡绅董。据称，马兰峪有匪首马福田本多年巨匪，盘踞马兰峪无恶不作，于去秋曾被东北军岳军长兆麟收编。于今春开往京保之间，奉军败退，马福田复率部归山，仍据该镇，倒行逆施，更甚往昔，烧杀淫掠，肆意横行，群请派员剿捕。职以军人责在卫民，兼众情难却，遂循地方绅士之请，令驻马伸桥之五师，就近剿击，当领发六月三十日午后三时之命令。

该队之调遣　该师奉令后，即令第十三团于七月一日，由原驻地点（即上下捻头）进驻石门镇，该师长亦于七月一日午后到达石门镇，侦察一切。当即命令十三团于二日早，向马兰峪之匪剿击前进，并令第十五团及手枪队亦于二日向马兰峪协助前进。以上各节之调遣均有命令附呈，并函约遵化西数堡，蓟县东二区各保卫团，纠伙协力堵截。

剿匪之经过　七月二日拂晓，该师第十三团搜索进抵马兰峪附近时，马匪即占据山顶发枪抵抗。后经该师长饬队围攻激战八小时，匪势渐呈不支，乃激励官兵奋勇冲入，匪多拼命逃窜，遂占马兰峪。所有一切经过情况，随时均有命令及报告。

俘获及战利品　俘获嫌疑犯均由绅董先后保释。此役计夺获杂色枪支一百余支，迫击炮三门，骡马三十余匹，轿车一辆，木箱两只，箱内之物，经官兵开箱检验，当即竭力禁止，已将所获开单呈缴总部。

占领马兰峪以后之处置　以各匪散匿四方，伏莽未除，仍由军部发出布告多张，通缉巨匪，该师亦有通缉马福田之赏格布告。该师奉令举办清乡时，曾向该镇绅董等商同会查，复经各绅议定，具结负责，率多准予免查。布告及命令并甘结均有原案可查。

剿平马匪后该师之分防　于剿平马匪后，该师长即于三日午后回马伸桥，令第十三团回马伸桥，令第十二团留马兰峪，十五团回驻石门镇，十四团及师部仍驻马伸桥，住至十日即奉命开差，此项询问各镇商民，均足为证。

该师长之行踪 六月三十日以前随军行进，并未离伍。七月一、二、三日剿办马匪，五日到蓟县见职，即派该师长于六日代职赴京晋谒钧座，八日回蓟，九日回马伸桥，十一日开驻邦均镇，十二日到渠头，十四日移郭家府，十五日移驻小店。该师在所驻各镇名誉甚好，尽可查问。

以上各项均系实在情形，据此详查该师行动，均甚明了，谭师长并未离队，能否犯法不难洞悉。伏恳钧座睿察冤枉，俯予申白，为祷。

右各项谨呈
总指挥徐
十二军军长孙魁元

（二）第二件呈文

为节略陈情恭呈仰祈鉴核查察事，窃职军第五师谭师长温江，因公赴津，道经北平遭辱蒙冤，职急代申白。因将该师自天津出发后所有动定行止详细查悉，节略如下：

查职军于六月二十五日自天津南仓附近出发，该师长即亲率所部随军前进，本月二十五日该师长宿营于王三官庄，二十六日宿营鲁文庄子，二十七日宿营于咀头庄，二十八日宿营于高各庄，途行五日，于六月二十九日到马伸桥。比以该地绅董要请派队剿匪甚急，遂令该师前往剿办巨匪。该师于七月一日即派一团进驻石门镇，该师长亦于七月一日下午亲往石门镇查看情形，于七月二日早亲率该师赵、杨两团及手枪队剿击马兰峪之匪，当日以占该镇，其本人则回马伸桥师部，检查其所呈报，并调阅其所发之命令，均无歧异。七月四日有自称革命军第八军者，突开东陵，情势粗野，不可理喻，该师长曾有报告，并有告诫官兵命令（该令原文内容系令各部严防东陵之部下，并不准与彼往来）于五日午后赴蓟州军部，六日代表军长赴通州、北平晋谒总指挥，八日由平回蓟州，九日回马伸桥。该师于七月十日即遵照职令，向邦均镇移动，于十二日该师长即率全部集中渠头庄、夏辛庄等处，十四日进驻郭家府，十五日移驻小店，住九天，均经钧部卢委员长点验一次。二十四日移驻顺义县西之衙门村，二十七日又移驻顺义县。为应点便利起见，令该师于三十一日移驻小高丽营。八月一日何委员长在怀柔点验，该师长亦在场应点，于三日点验毕，因公赴津，甫到平城即被逮捕。该员随军服务并未远离，何能犯法，谨节略上陈，伏恳鉴察为祷。谨呈

总指挥徐

十二军军长孙魁元

此时，深居北平的徐源泉对事实真相并不知晓，更不知道孙殿英向他撒了弥天大谎。两封呈文将十二军以及谭温江本人所做的一切，编排得天衣无缝，无半点可疑之处，徐源泉遂轻信了孙殿英的谎言，并开始对北平卫戍司令部随意逮捕自己部下的做法产生怨恨和不满。不论怎么样，谭温江是自己手下一名堂堂的少将师长，他的被捕，对自己这位军团总指挥也是一次无言的差辱。徐源泉这样想着，又瞥了一眼梁朗先呈上的礼单，心头一热，当即答应亲自和北平卫戍司令部阎锡山司令交涉，让其释放谭温江。

第三天，徐源泉便向北平卫戍司令部发文交涉，文称：

徐源泉公函　敬启者，兹有敝部第十二军谭温江师长于本日敝部点验完毕后来平公干，在清华池洗澡，忽被贵部员役带去。查该师长前方职务重要，即请查照开释，暂交敝部驻平办事处长罗荣衮保出，如其中果有特别案情，情愿负随传随到完全责任。兹派办事处长罗荣衮晋谒台阶，请赐接洽，为荷。此致北平警备司令部张。

梁朗先、冯养田辞别徐源泉后，又以最快的速度分别给平津卫戍总司令阎锡山、总参谋长朱绶光、北平市长张荫梧、河北省政府主席商震以及京畿有司衙门头面官员，送去了大宗的金银和现钞。由于怕引火烧身，在分送的各份礼物中，基本没有东陵地宫出土的奇珍异宝，唯送给阎锡山的一份中，夹杂着一对从慈禧地宫中盗出的全金寿星佛。孙殿英这样做的目的，意在先给这位手握重权的总司令一个隐隐约约、似是而非、模模糊糊的信息，以视其态度的变化而准备进一步应付的对策。

尽管阎锡山觉得东陵盗案事关重大，亦令自己的形象难堪，但眼下毕竟不再是大清帝国的天下，王朝易主，军阀混战，北伐军的分裂已出现端倪，

各路雄主尚在囤积力量，积极备战，无不想独自称霸中原，怎肯倾尽全力为大清卖命？自己既得重礼，又加之徐源泉亲自出面为此事周旋，在全国舆论尚未形成气候的情况下，不管谭温江是否与此案有关，先来个顺水推舟，以徐源泉的名义将谭温江保释，待看以后时局的发展情形再做进一步的打算。这样既照顾了徐源泉及孙殿英的面子，也使自己得到这份重礼心安理得。而更为重要的是，通过这次盗案事件，使孙殿英及其部属对自己产生感激之情，日后自己用人之时，这几万土匪出身的军队一旦为己所用，将是一股不可小视的武装力量。老奸巨猾的阎锡山怀揣这样一种复杂的心理，立即命令卫戍司令部将谭温江以徐源泉的名义保释。由此，谭温江重新获得了自由，徐源泉算是为部下也为自己争回了面子，孙殿英一颗悬着的心再次落下，并为此长吁了一口气。

落网逃兵供出真相

　　孙殿英长吁了一口气，在天津张园的皇室遗臣们却禁不住愤怒起来，在他们看来，这东陵盗案刚刚找到一点线索，就匆匆将涉案人放掉，这卫戍司令部到底在搞什么名堂？盛怒悲愤之下，醇亲王载沣联合清皇室成员立即向阎锡山发出了一封抗议性的函电：

阎总司令鉴：

　　据报东陵被盗，以裕陵、定东陵发掘情形最为惨重。当请北平贵总司令部派兵保护，并饬严缉案犯究办。经警备张司令在北平城内破获要犯谭温江及代销赃物之铺掌黄姓，群谓指日讯明，尽法惩治，稍足以伸悲愤，而儆凶顽。讵谭温江忽经保释，全案转送贵总司令部办理。众情不免惶惑，清室尤切怀疑。窃以两陵惨毁，尸骨暴露，葬物劫掠一空。道路哗然，人人痛诧；矧居属籍，哀疚何堪。素仰贵总司令手奠平津，安良除暴，似此穷凶极狠之巨犯，必不为麾下所宽容。敢率宗人，同声呼吁。万恳台端迅电北平总部，务即拘传谭犯归案，严讯党羽，一缉逸犯，一律处以军法，并取获赃物，宣

清东陵被劈棺扬尸
的报道

示大众。庶国纪以立，民生以安，不独清室迫切待命已也。临电哀哽，立盼施行。

载沣率载振等及清室四十六族宗室全体人员同叩（养）

几乎就在这封电报发出的同时，清遗臣陈宝琛联合遗老七十多人，也向阎锡山发出了一封志在申冤泄愤的电文：

北平阎总司令鉴：

惊闻东陵近被匪军发掘，以裕陵、定东陵情形最惨。中外骇痛，物论哗然，惟贵总司令执法如山，除恶务尽。如此巨案，必不稍宽。合词切恳严饬已获重犯迅即归案讯究；逸犯务期悉数弋获，尽法惩治，以申冤愤。一面加派得力军队驻陵专任保护，以慰群情。立盼施行，不胜悲悚迫切之至。

陈宝琛、朱益藩等七十五人同叩（漾）

阎锡山接到电文，从字里行间完全看得出逊清皇室成员和遗老旧臣的哀婉之痛，以及对释放谭温江的愤慨之情。但以老奸巨猾著称的阎锡山对谭温江释放一事避而不谈，只是极其简单并夹杂着冷淡意味地向载沣和陈宝琛分别回了电文。给载沣的电文是：

日界张园载先生并转诸先生台鉴：

函④电均诵悉，东陵被盗，至深骇诧。已电请中央选派大员讯办，并派兵保护矣。特复。

阎锡山（删）印

致陈宝琛的电文如下：

陈搜庵先生转朱、陈⑤诸先生钧鉴：

漾代电诵悉，东陵被掘，至深骇诧。获犯已电请中央派大员讯办，并由敝军遣派得力军队前往保护矣！

特复。阎锡山（寒）

载沣和陈宝琛等人接到电文后，对草草的几句不冷不热的回复以及对谭温江问题的有意回避甚为不满；无奈江山易主，大清势力去矣，对这个悲惨事件的处理，只有依靠国民政府要员，因此也就只好暂且忍气吞声，从长计议了。

就在谭温江经历了短暂的惊险，旋即复归平安，孙殿英等为此庆幸并暗暗为自己的深谋远虑沾沾自喜时，又一件事情突然出现，使十二军的将领再度惊恐起来。

8月4日，远在青岛的警察厅侦探队，干大港码头意外缉获了孙殿英的随从兵张岐厚等三人和部分从东陵盗掠的珠宝。经审讯，十二军的东陵盗宝案件被抖了出来，该警察厅以厅长王庆堂的名义将审讯经过以及张岐厚本人的口供，一并向胶澳商埠局提交了下列呈文：

呈为查获炸盗清陵人犯张岐厚等及携带弹药犯黄凌川具报讯供情形仰祈鉴核示遵事，窃据职厅侦探队长刘清霖报称：本月四日据职队侦查码头探警王诚斋报称，据伊胞弟王仪臣由天津乘陈平丸来青，查得同船旅客二人不知姓名，携带钞票多张，绝非善类，请派员检查等情。职闻报后，急派探目

废帝溥仪派人
往东陵调查掘墓真相

现已改服丧服设置祭坛
辛康熙乾隆三陵尚完好

天津七日电、卜居本埠之前清废帝溥仪、因闻清室东陵被直鲁军残兵所盗掘、且加以重大之侮辱、为之感伤不已、现已改服丧服设置祭坛、表示悲哀之意、又前清遗族、决於日内派人前往调查实情、本埠当局、亦拟派二人返回云。

禁烟事件

应归中央办理

财都有通令各省陵各陵事件、虽已载诸北平各省政府办理一节、已见载

溥仪派人调查掘墓
真相
1928年8月8日《顺
天时报》报道

王孝亭、张子珍、探警沙吉友及韩瑞生等驰往陈平丸，在船上将张岐厚、张殿元二名查获。会同大港分驻所巡官赵仲岐检查该张岐厚带有珍珠大小三十六颗，钞票一千零十元，复由一行李内检出国民革命军符号四个，黄凌川护照一纸，二毛银洋四十七个，并子弹枪药军装等物。当即雇用永泰和汽车将该犯一并带队，旋经巡官赵仲岐电话声称有广东人黄凌川至该分驻所找伊行李，该巡官赵仲岐遂令黄凌川自行来队。当由黄凌川身上及行李内检出弹药一铁盒，子弹二十一粒及上海港钞票二百零四元等情，连同珍珠钞票等件一并送该核办到厅。当即饬科审讯，据张岐厚供称安徽人，曾在国民第十二军军部当随从兵，今年五月间，队伍开至东陵驻扎，由军长孙殿英饬工兵营于夜间将西太后及乾隆帝两墓用地雷炸开。惟营长以上始能入内拿取东西，我这珍珠是天明以后，跟副官往西太后坟里拾的，由津来此，拟回原籍等语。据张殿元供称，河南人，在国民十二军当伙夫与张岐厚同事，因无钱回家，故他使我同行，张岐厚的珍珠从何而来，实不知情。查发掘坟墓而损坏遗棺、盗取遗骨及殓物者，律有专条，张岐厚虽属从犯，罪亦难逭；张殿元虽供不知情，既然与张岐厚同事结伴，究属嫌疑重大。除将张岐厚等发所管押外，应如何办理之处，理合抄录供词、函件，连同珍珠三十六颗一并备文呈报。伏祈鉴核，拮令祗遵。谨呈胶澳商埠局总办赵。计呈送珍珠三十六颗、抄供三纸。

警察厅厅长王庆堂谨呈

抄供，张岐厚供：我年二十三岁，安徽南宿州人，从先在第六军第三混成旅一团团部当随从兵，以后改编在十二军军部当随从兵，军长孙殿英。我们的队伍开往蓟州一带，于今年五月间队伍开赴马兰峪打土匪，驻在东陵，是由军长孙殿英领着两旅人去的（人数不足），旅长有韩大保及柴旅长，于五月节前二三天（按：应为五月十七日，这里记错），由军长命令，教工兵营

青島捕獲盜陵犯
奉天丸之三乘客
當搜出珍珠一顆大逾桃核
供稱發掘乾隆等墓均在內

青島通信、日前各報紛紛載消陵被掘、所盜出之珍寶物及玉石埋谷物裝飾、分向各處兜售、自北平捕獲要犯、破案後本埠軍警亦頗注意、本月五日華天丸進港、內有乘客三人、態態不安、形跡可疑、遂由身邊搜出珍珠一顆、大逾桃核、實為普通不易輕見之品、又經警廳督察官兵向前盤詰、言語支離、逐由身邊搜出行篋中搜出珍貴寶物不少、以其來跡不明、帶囘訊問、據閱該犯等供得甚實、北平盜掘填惑之犯、因北平柴發、不得已逃來青島、暫爲避免、不幸被捕、弁供裕陵乾隆墓及慈禧墓掘時、彼等亦在內云、

张岐厚在青岛被捕，《顺天时报》报道

用地雷将西太后及乾隆皇帝二坟炸开。当时我未得去，由军长的人把着门，都是团、旅、营长们下去拿东西，别人不得进去。他们拿完了，到天明以后我才去的。我这三十六颗珠子，就是从西太后的坟里拾的。以后我们的队伍就往热河开走。在杨哥庄，我因当兵不易发这些财，再跟着队伍打仗去也无益，所以才由杨哥庄偷着跑了。到了天津，我还在天津卖了十颗珠子，卖了一千二百元钱。当时买了两个金戒指，一只手表，由天津坐船来青，再赴上海，转回原籍去。我这三十六颗珠子是在天津卖了那十颗珠子去了花费剩下的。这张殿元是我叫他跟我回家的，我管盘费，我得的珠子等他都不知道。我们在第六军时就同事，这黄姓我不认识，我未同他当过兵，不是同我来的，所供是实。

孙殿英的随从兵张岐厚在青岛被捕以及供出的东陵盗案的真相，在被逐级呈报和报纸登载、转载后，如同点点星火引燃了荒野中的枯草朽木，立即在社会上燃烧开来，蹿跳的火焰伴着滚滚浓烟烧红了中华大地，也烧痛了四万万同胞的心。各种团体的电文、声明、通启、言论像雪片一样飞向国

民政府、平津卫戍司令部及各衙门、报馆，强烈指责孙殿英部的劫掠行为，要求国民政府对盗陵案的罪魁祸首务必严加追究。清室遗老、醇亲王载沣也不失时机地向此时已离平返晋，办理临时军务的阎锡山发出庚电：

太原阎总司令鉴：

删电诵悉，东陵惨案，极感主持。经已电请中央严拿逸犯，报载青岛破获案犯三名，取有赃证，据供系孙殿英随从兵，此案确系孙殿英为现行正犯。又据报谭温江部团长马福田实系同入地宫劫取葬物从犯各等语。孙殿英、马福田皆高级军官，竟敢为盗贼所不为。应请严密指拿，与谭温江一同归案究办，以彰国纪，而慰先灵。无任哀恳。载沣率清室王公宗室全体同叩（庚）。

8月8日，北平文化临时维持会向中央发出了强烈要求严办东陵盗案的电文：

敝会于八月一日拟报告有直鲁残军，在河北省蓟县盗掘清乾隆及慈禧两墓。发掘时，附近戒严将及半月，事后由该军军官谭松艇来平，寓中国饭店，将一部分之珠玉宝物，卖与琉璃厂古玩铺尊古斋馆掌黄伯川，价值约十万元左右等情，正在查办之中。又据大学院古物保管委员会主席致北平分会俭电开：报载东陵被残匪劫，业电阎总司令保护并严查盗卖宝物，望就近调查接洽并复为荷。当经敝会分函平津卫戍总司令部第四集团白总指挥、北平特别市政府、河北省政府等机关，并面请警备司令张荫梧查办在案。现于本月三日由警备司令部派员将谭松艇及尊古斋黄伯川捕获到案。据黄伯川供称销售赃物不讳。翌日警备司令部即将本案并黄伯川一名解送卫戍司令部讯办，其军官谭松艇一名，系徐源泉所属师长，当由何成浚、徐源泉索回看管，查清代陵寝系历史制度，应在国民政府保护之列，岂能任人私自盗劫，今竟以改编之军队，公然为盗匪之所不为，自此案发生，中外人士，均极注目。若听其逍遥法外，不但平津之古迹各物，已无法维护，从此军纪国法，荡然无存，其关系尤为重大。为此，电呈经过情形，请通电平津卫戍司令及地方长官，严行究办，勿少瞻徇，以为法戒，而警奸邪。

北平文化维持临时维护会（阳）。

在同一天，中华全国商联会发出了请各界主张根究盗陵案的通启：

公启者：近悉清陵被人挖掘，盗卖宝物，殊骇听闻。深慨我华族所以优于各国者，以有礼教维持之也。追远慎终，励厚民德之举，虽在革命期中，仍应力予保持，以维国本，查明陵保存数百年，清陵亦应一律保护。如乾隆、慈禧帝后陵寝，工程坚固，断非少数人及最短期间所能掘破。似此明目张胆，灭绝人道之扩大举动，必有主持之者。万恳一致主张根究主使，妥复旧观，以培民德，而维国本，不胜盼祷之至。

中华全国商会联合会启。

与此同时，中华东方学会王秉恩等会集六十名知识分子会员，向阎锡山、朱绶光、商震发出了快邮代电：

北平平津卫戍总司令部阎总司令、朱参谋长、天津河北省政府商主席钧鉴：

自不法军队盗发东陵，全国惊骇，认为非常奇变，幸贵总司令已负责究办，并电中央特设高等军事裁判，人心稍慰。惟闻盗陵正犯第十二军师长谭温江就获后，复经保释。青岛就获盗犯张岐厚供出：十二军军长孙殿英及韩柴两旅长，实为出令下手之人，已否下令通缉，尚不免怀疑，具瞻此案于人道、国法、军纪，关系至重，想贵总司令必能执法不回，严缉首要归案审讯，以警凶残。至此案调查详情，及陵工如何修复，日后如何保卫，想已统筹一切，所有办理经过情形，事关中外视听，务乞随时公布送登各报，以副舆情，以洗国耻，临颖无任翘企之至。

东方学会王秉恩、曹广桢、吴道镕、张其淦、黄诰、叶尔恺、梁庆桂、林灏深、陈懋鼎、商衍瀛、陈伯陶、章梫、王季烈、罗振玉、刘承干、许汝棻、苏宝盉、严庆其、王式、桂坫、伍铨萃、王鸿翔、谢介石、区大典、张学华、佟济煦、金钺、何藻翔、汪兆镛、李渊硕、高振霄、定安、张之照、金湛霖、区大原、何家本、钟兰芬、梁元任、苏志纲、何成浩、邓本迲、张燮垣、马銮光、沈继贤、王光圻、赖际熙、邓善麟、黄凤藻、易奉鎏、何国沣、张鹤、岑光樾、周朝槐、岑文杰、卢宝鉴、何福谦、孙守正、塔思哈、金兴祥、罗振常。

随着这些电文、通启、声明的纷纷出现，四海风传，各地报刊、通讯社除为这些函件大开绿灯，予以登载、转播外，还派出大量记者，对东陵盗案的事件做一切可能的采访报道。在各家派出的记者中，有的报道严肃，离事实较近，有的则离题甚远，哗众取宠，故弄玄虚，将本来就较为神秘的东陵盗案，搅得更加神秘莫测，难辨真伪。

舆论界火上浇油

8月12日，《中央日报》驻北平的记者以《匪军掘盗东陵的惨状》为题，发回本社一则电文：

本社十二日北平电：东陵盗陵情形，据看守该镇之旗丁报告如下：

孙殿英盗陵的公开报道

匪军五六千人，断绝交通。掘墓时首先将菩陀峪孝钦后之陵用猛炸药炸毁，地宫内石条供桌上所有殉葬宝物均被掠取。然贪心不足，复将梓官劈破。据参与其事之士兵云：将梓官劈破时，群向棺内掠取珍宝，致将尸骸扯出棺下，于争夺中致将尸首分拆，状极可惨。且有军官三人，互相残杀，已死于地宫内，其尸仍遗其中。又掘清高宗纯皇帝之陵，其掠夺情形，亦颇相类。高宗

之发及肋骨等，皆抛于墓门外。

其余后妃各棺亦俱破坏。嗣又欲盗顺治陵，因有人谓：顺治帝于生前在五台山为僧，该陵系属空棺。该军等闻言，始赴康熙陵。不料甫加破坏工作之顷，由石下沟流出黄水，畅流如瀑布，该军正迟疑间，平地上水已积二尺余，且见水势汹涌不已，故未敢动，遂又转而之他。该军获得珠宝者，多已潜逃。本地为匪军充当苦力之穷民，尚有拾得宝珠者。

同一日，天津一家小报以《乡老口中盗墓之详情》为题，报道了东陵盗案的经过：

盗陵以前之手续　盗陵之主脑人于事前，曾派调查者数人，至马兰峪，乔扮政客，往游陵寝。护陵旗员，固犹能温饱，而夫役等，则久已送穷有文，平素最喜贪图小利，若酬以一二番饼，不仅可恣意周游，并能使其津津乐道陵宫掌故。即非尽属可靠，也可聊得大概。其冒政客之调查，固亦投其所好，而得刺探详情，复命报告主脑人，知工程坚实，非短时间与少数人所可藏事，正苦无计。适当地为虎作伥，声应气求之地痞，密告该处附近，原有专习盗墓业者，今虽老而洗手（因已面团团作乡间富家翁矣），倘召得若辈至，当必有术善其后。主脑人遂命专访，得四十余人。然其来也，大半为人强威所胁，迫许以大家发财，始皆曰"愿为效命"。

将盗陵之会议　主脑人虽得盗掘老贼之助手，然证调查报告，知非个人所能独享。又虑知者多，届时珍宝满前，以原非节制之人，今复为盗窃之事，势必互相攘夺，激起绝大纷争。筹思者再，因于深夜召集会议，宣布发财计划。众大欢喜皆曰，半生幸福，为主脑人所赐，敢不惟命。遂共决议信约：（一）入内取物，议定须挨序渐进，不得争先恐后；（二）往取珍宝，只准暗中摸索，摸得何物即是何物，不得提灯执火；（三）每人只许赤手入内一次，任凭两手携取，不得另用包裹或器具；（四）除预定之人以外，旁人不得擅入；（五）如违反上述信条，由警备墓口者，处以枪决。

盗陵时之工作　某日傍晚，三千人包围马兰峪。守护陵寝旗员，知祸从天上来，大惊失措。嗣主脑人至，命拘旗员夫役于一室，令勿声张，否则杀无赦。一面即令工人随诸老盗坟贼，先掘那拉（即慈禧太后）墓。老贼辈知正面石门铁板，封局严固，不易入手。因相度墓侧约二十步处，耒锄并举，仿掘隧道法，向目标进展。及抵内层寝官，土质坚实，石壁竖立，乃用炸药轰裂。如是昼伏夜动着三宵，始穴壁望见金棺。主脑人入，命启棺。举斧力劈，牢不可启。遂出枪沿盖之封口，发弹数十，再依弹孔，刀斧并施，棺盖始得启也。

慈禧后死后之惨剧　棺盖既启，见那拉（慈禧）面色如生，知口内必含有奇珍异宝，始能保此容颜。因俯身探手，力挖其口，顾紧闭不能启。从者觅铁锤至，向那拉颊上左右各一击，声格格然，而齿牙尽落。主脑人以中指探入，挖出如龙眼大珠子一颗，又紫色宝一块，棺中较佳各物，择优掠去。呜呼，慈禧死后二十年，犹受此两锤，亦云惨矣。

翠瓜珠履之巧得　盗墓人中有一机警者，知暗中摸索，真伪莫辨，因密藏小手电灯于裤裆中，故虽检查，亦难发觉。迫入圹后，捺机遍烛，见棺内有翡翠西瓜两个，大为圆径六寸，其色泽与真者无殊，知为稀世珍品，即双手各托其一。转身复见一小首饰盒，亦并纳诸掌中，始欣欣然出。又一人入内后，手触慈禧太后之脚，遂脱其鞋，珠宝满帮，据传瓜为慈禧生前最爱之物，价值当在百万。

随着各家报社、通讯社的推波助澜，东陵盗案骤然成为1928年夏季最令世人瞩目的重大事件。各地街头的报贩们，在热浪滚滚的大街小巷窜来跑去，争先恐后地呼喊着："看报！看报！今天的京报！快看东陵被盗的最新消息！""看报！看报！看东陵盗案的最新奇闻，慈禧皇太后被两名士兵奸尸！""看报！看报！……"报贩们一边擦着额头上灰黑的汗滴，一边把印有黑色大字标题的报纸撒向人群。

"喏，两代君王的陵寝！"

"价值两亿五千万两银子的稀世之宝！"

"这可是五千年文明古国智慧和血汗的结晶，是一些连欧洲和东洋的皇室见都没有见过的奇珍异宝啊！"

"但是，这些珍宝现在被盗了，可能再也见不到了。"

"这是怎样的一种不幸啊！"

…………

所有买到报纸的人，都对这一盗陵事件投以惊诧的呼叫和真诚的哀婉之情。

国内的报纸大事渲染，国外的报刊也不甘寂寞，纷纷加入了这一事件的报道和评论。英国伦敦的一家发行量超过三百万份的晚报，除文字报道外，还配有一幅漫画，画中的士兵们在揭开慈禧的棺盖时，慈禧的僵尸竟一跃而起，目眦尽裂，做欲扑欲咬状，睹之令人心惊肉跳，瞠目结舌。

如果说英国报纸的报道具有传奇和浪漫色彩，那么日本的报道和评论却让国人感觉到别有一番滋味在心头。

当时天津的《日日新闻》转载了日本报纸的一篇评论，文中论述道：

此次褚玉璞部下发掘东陵，为世界极恶，人类所不敢为……倘褚玉璞军队长存天地之间，直使东洋道德趋于灭亡，宜国民志士群起而伐其罪。宣统皇帝亦不能减其悲痛，倘南京政府置之不问，则不及数月，必至灭亡，可断言也。如虎如狼之褚玉璞军队发掘清室东陵，将价值三四千万元之宝物，运来天津方面，售卖各节已详记各报。得此消息之宣统皇帝，异常悲痛，已自前日起在张园服丧，并设祭坛以慰祖宗之灵。皇帝及群臣悲愤之余，当与山西方面交涉，并组织调查委员会，不日诸委员即由山西军队保护，同赴东陵查勘实情矣。对此人道之蟊贼及东洋道德之破坏者，志士仁人，应速奋起，盖东洋道德之精神，即在崇拜祖宗四字，吾辈东洋人，已尊崇数千年于兹矣！今日文化日增，为毫无疑义之事。乃近年……一以战祸频仍，一以国家之不统一，各种邪说横行，而以国民革命军为尤甚。专以破坏为能事，并无从来之道德思想及主意，苟能填一己之私欲，即为满足。是诚陷入畜生之道中，为世界人类所不敢为之。发掘墓地之大罪，已在各省开始行事……据力之所能记忆者，略举一二如下：冯玉祥军队在河南发掘袁世凯之墓，掠取其中之宝物；济南发生事变⑥之际，蒋介石军队发掘日人墓地。以上等等，是其大概。其荒谬无状，宛如明末之闯、献⑦。现代中国人，如斯之堕落，已无向上之象。尤以此次倡扫除赤化之褚军，竟至掘清室之陵墓，实为无可容恕之人类蟊贼，东洋道德之破坏者。东方志士，亟应奋起以兴义军，一举而加以讨伐，斯为重要之事。若中国自己不能实行，则有崇拜东洋道德之日本人将代其伐罪也。民国与清室之关系，今毋庸赘言，辛亥之役，清军之冯国璋已完全将武汉革命军征服，继因段祺瑞之倒戈，不得已而退位。遂立优待条件，民国之待遇清室，应永久照外国皇帝之例，以优待之。乃民国十三年，冯玉祥倒戈后，遂以补助军费起见，肆其毒牙，致皇帝出奔天津，而掠夺清室之财宝。凡此种种，完全为民国毫无信义之证明。国家无信义，恰如人之无道德，危及立国之基础。今民国对清室如此，所谓中华民国者，实为一土匪盗贼之团体，不能谓之为国家也。

日本报纸这篇带有明显的刻毒和侮辱语言的评论，引起了许多国人的不满和愤怒，同时也博得了多数清室遗老的喜爱与赞赏。许多皇室遗臣和遗老借机给国民政府发电、发函，以偕日本人之势，逼迫南京国民政府尽快处理此案，修复东陵。一个叫陈厉人的遗老，竟通过报馆发出了一份《敬告四万万同胞请捐款助修清陵启》文：

呜呼！吾中国民族四万万人为欧美诸国冠，欧美人所惊诧，我同胞尽知之，然亦知此四万万人之所从出乎？考明陈建《通纪》、王圻《通考》⑧，当明全盛时人数约三万万，自万历帝而后，政治不纲，横加征敛。闯、献二贼，乘之而起，芟夷斩伐，所至靡遗。清顺治帝入关之始，即歼二贼，且尽除明代苛政，以苏吾民，于是吾民获登衽席。然十八年统计中国人数，只二千一百六万余人耳。康熙帝嗣位，南平吴三桂及郑克塽，北破噶尔丹与俄罗斯。大难既平，深求民瘼，蠲租赐复⑨，史不绝书，有普免天下钱粮之恩，有子孙永不加赋之谕⑩。雍正帝复定"丁随地起⑪"之法，以宽贫民，若贫者无田，即无丁税。乾隆帝踵成之，而又继康熙帝之志，登极之初，即普免天下钱粮者五次。计一次所免二千七百数十万两，五次共免一万三千余万两。至于一隅偏灾，其所蠲赈者复不可数计。而又有十全武功，使四夷宾服，海宇晏然。故乾隆帝五十八年统计人数至三万七百四十六万余人，比顺治帝时增十五倍。盖三帝深仁厚泽，休养生息，凡百五十余年，故滋生至此数也。逮嘉庆帝修《会典》⑫时，中国人数计三万六千一百六十九万余人，比乾隆帝时又增五千四百余万，然犹不及四万万人之数，至道光帝二十五年编审统计中国人数乃达四万两千一百三十四万余人，此皆见之清《通考》⑬、《会典》及王庆云《石渠馀纪》、王先谦《东华全录》⑭者。盖清室至是阅六帝计二百余年，凡吾高曾祖考以来，享太平之福，以保田宅，以长子孙，跃登此四万万人之数，为欧美人所惧者，何一非清帝恩泽涵濡所赐乎？自是而后外患乃生。道光帝、咸丰帝忍耻行成，为民请命。及同治帝中兴，南除发、捻⑮，西靖回、番。光绪帝继之进复新疆。甲申一役，又败法人于镇南关，国威复振。不料二十年甲午，日人夺我高丽，割我台湾，于是光绪帝力图变法，以兴国势。其后西太后复赞成立宪，以予民权。及宣统帝三年，革命军起，隆裕太后不忍征伐以苦吾四万万同胞，而慨然以天下让，此皆无负吾民。今民国建立十七年矣，清遗之臣，死亡略尽。国基定矣，而革命家犹假九世复仇之邪诬，而忘十世受恩之深重。始之以废优待，继之以逼移宫，今复加之以盗掘山陵，此可为长太息者也！不特此也，考《会典》及《东华全录》顺治帝元年即定守昌平州明陵兵额及祭典，康熙帝三十八年复委官防护江宁明太祖陵，专事修圮。雍正帝七年又下诏保护历代帝王陵寝及明诸陵，如有不周，即将该地方官严处。及乾隆帝五十年北巡至昌平州，慨明陵之颓圮，即大行修复，诏称费至百万，亦所不吝。同治帝三年收复江宁时，东太后与西太后垂帘听政，以明太祖陵被毁，亦谕即日修理，其卫护周至如此。今清东陵内乾隆帝陵、西太后陵俱被炸掘。报纸言一翠玉西瓜值万万元，其余珠宝亦值千万，而不言售者何人，价安从定，此诞妄之谈，断不足信。惟其云尸骸狼藉，惨不忍言，斯乃凶恶所必至，固无疑义者也。近闻阎总司令锡山复电清室陈太傅宝琛等云：即缉凶究办，派兵保护，以杜将来。此民国执政义所当为，吾民可毋庸置喙。惟是优待不行，宣统帝蛰居天津，如窭人子。闻搜内帑，得五千元，派员修复。而民国百端待理，未议助修。因是海内孑遗诸老，思集涓埃，以为报效。而晨星寥落，来日大难，事必无济。窃思掩骼埋赀，世人以为义举。殷富之家，苟动其恻隐，如香港新界均安坟墓，有一人捐助数万金而不吝者。我四万万同胞乎！此清先帝后，固吾辈高曾祖考以来，受其煦育，以有今日者。若漠然视之，吾恐欧美人谓我四万万同胞如凉血动物，绝不足畏……夫以我四万万同胞之众，苟出其先朝所赐千万分之一，即可以完固山陵，而又使欧美人知黄族之可畏，而不敢犯。所谓义举，尚有逾于此者乎？吾为此故，用敢推原四万万人之所从出，而请我同胞助修东陵，以匡民国之所未逮。近宣统帝纤尊降贵，苟集有巨赀可径行汇寄，无事代呈。又当时让位，帝号仍存。世俗不察，或呼废帝，或斥其名，于义为不顺，我同胞直道而行可也。中国四万万人之一，垂死老民陈厉人谨启。

本来日本报纸的评论已引起了许多国人的不满，这位垂死老民的一番叙说，不但未得到社会各界的响应，反而越发加重了国人的愤怒。垂死老民不厌其烦地列举了从大清开国到溥仪退位，历代帝王对国人的"深仁厚泽""寸草春晖"，不禁将盗陵的是与非，引到了满汉的关系问题这个老路上来。看来这个陈厉人确是到了垂死之年，进入了既老且昏的阶段，这明显不合时宜的旧事重提，使一些原本对东陵被盗哀婉、痛惜的人，开始反唇相讥，兴师问罪了："当年清军入关，兵进中原，不但有'扬州七日'，更有'嘉定三屠'，几十万中原父老死于清军的刀剑之下。乾隆更是屡兴文字大狱，多少文人墨客、学子士人无辜屈死狱中，甚至已故的文人学子，还遭到戮尸鞭体的悲惨结果。如此'深仁厚泽''春晖恩惠'，怎能令人忘怀？如今乾隆、慈禧二主陵墓被掘，也算天意促成，罪有应得……"如此相似的言论，连日不断地出现在报端，一时形成了另一种街谈巷议争论不休的话题，并呈愈演愈烈之势。当时天津《北洋画报》有一篇颇具代表性的名为《东陵被盗之因果》的文章称道：

……总而言之，漫藏诲盗，古有明训，帝后骄奢淫逸，死且不已，则其被发被盗，不过时间问题，吾知其伏难获免也。坟墓被掘，遗骸被渎，本世间惨无人理之事，然在渠帝王之辈，则咎由自取矣。苟渠辈生前，创设博物院，取宝物置其中，公之世人，则何由而遭此劫耶？至于被盗宝物，失者已失，不易收回。纵有所获，谅亦人人所欲得而甘心，于公奚补？此次东陵被掘，纯属盗窃行为，初无任何政治意味。然陵墓宫殿，胥当视为一国文化之遗迹，不当籍口革命，加以毁坏；且世界尤无此先例，愿国人勿自召蛮族之讥也可！

面对满城风雨，中外瞩目的东陵盗案，无论是清皇室还是南京国民政府，都在急于寻求一个快捷的处理办法，以平息这场从天而降的狂飙巨浪。

神秘人物东陵抢宝

清东陵所在地遵化县马兰峪，直属河北省政府管辖，东陵被盗，河北省政府自是首当其责。为向民众和舆论有一个详尽的交代，也为对此案件做出积极关注和处理的姿态，河北省政府责成驻东陵河北第一林垦局参议杜孝穆，就地调查东陵被盗始末。与此同时，南京国民政府特派接收北平府院办公处，奉国民政府电令，指派刘人瑞、张宗海、俞奋、谭肖岩等四委员，立即赶往马兰峪，勘查和接收东陵一切事宜。

当国民政府方面派出的杜孝穆、刘人瑞等人，已进入东陵勘查或正赶赴东陵时，天津张园清皇室方面先前派出赶奔东陵勘查情形的耆寿民、宝瑞臣、陈诒重等人已返回北京，并于8月12日在泽公府（载泽的府第）召开会议，准备着手筹备复葬事宜。会议决定成立临时办事机构，并委派联堃（字厚山，内务府旗人，清末广东韶州知府）为总办，徐埴（字榕生）、志林（字淑壬，宝瑞臣三子）充当帮办，另外还有裕宽、福隆阿、恩勋等三人为随同缮办，和钧、和琳、和琦等三人为随同差遣。

刘人瑞报告详情报道

对这次复葬工作的进行，事前都做了周密的考虑，为了在复葬中辨认尸骨，还特请当时北京著名检验史俞源等二人随同前往。另外，随同前去的还有各种工匠，以及妇人差等。又为了全体赴陵人员安全起见，还商请卫戍司令部派人保护。商请结果，决定派第三集团军五师九团三营九连排长曹养谦率领士兵三十名在复葬中担任警戒。

8月18日（阴历七月初四日），赴东陵的复葬人员共七十余人，分乘小汽车十辆，大汽车六辆，直出朝阳门，奔赴东陵。至此，国民政府、河北省政府、清皇室的三股力量已汇集东陵。

关于这三股力量赴东陵勘查、接收和善后的具体情况，后来都以不同的形式公布于世。颇有意味的是，当南京国民政府派出的刘人瑞等人赶到东陵时，竟意外地发现了一名竟敢堂而皇之地张贴布告，浑水摸鱼的假"接收委员"。对于这戏剧性的插曲，北平《晨报》和《新晨报》、《时报》等新闻媒介都做了披露。

刘人瑞在接受《晨报》记者采访时称：

余等系于十日由平启程，同行者有卫戍总部参谋哈汉仪、警备司令部参谋齐尚贤，宪兵两名，警备司令部护兵十余名。因途中泥泞，十五日始达该处，彼即会同各方从事查勘。据调查结果，自五月十七日起，原驻东陵孙殿英部谭温江师，第七、八两旅（第七旅驻东陵，第八旅驻马兰峪），一面彼此互造空气，声言对方行将掘陵，故双方严密戒备，形势异常紧迫，使人民不致前去。一面则互相勾通盗掘。至五月二十四日止，始盗掘完竣。孙殿英本人曾往马兰峪分赃，将赃物分毕，始各自散去。又此次盗陵之人并未由陵之正面开掘，乃由下面隧道宫门旁琉璃影壁下，直接往下挖掘。因从上直挖，较由正面横掘为近。就此证明，非有熟悉陵内情形之人做向导，不能臻此。并据报告，当挖掘时，有白胡子工兵两名在场。按军队中绝无白胡子之工兵，此二人或系当初筑陵时之工人，亦未可知。被掘陵墓主要为乾隆陵及慈禧陵，此外尚有惠陵（此陵去年已被挖，此次又重新搜查一次）。被盗去之宝物，据熟习情形者之估计，价值约值一万万元左右。内有珍珠四五十斤及各项零星宝物无数。最重要者为慈禧之玉石西瓜，瓜系天然玉所长成，并未加以雕刻，有蒂有轮，形状酷肖，为从前清官中价值连城的宝物。其余如库房内之各种常用及不常用的物品，亦均被盗一空。此外尚有一事，当余等未到以前，有名宋汝梅者，即在该处粘贴布告，称系内务部所派接收东西陵之委员，但布告上并无关防与图章，是否冒充，一时尚难查明。

嗣经各方报称，宋汝梅到库点收时，将古物携出多件等语。余即于十七日前往点收，复见宋手书朱谕一张，当由守库之人交出宋汝梅携物手条一纸。内载大号铜佛六尊，中号铜佛九尊，小号铜佛九尊，供花三盆，铜铃一件，铜塔顶带链一件。库中又有雕漆匾对十方，由宋汝梅分作五组，用自有之绒毯被包裹以外，以绳索拴好，因守库人阻止，复以余抵此，未及搬运，故尚存库内。余等以事关重要，当将该项拍照，以为印证。当余等正在点收时，突接宋汝梅当晨

国民政府派出负责调查东陵盗宝案的刘人瑞（于善浦提供）

逃走之报告，随派当地警长前往宋汝梅寓所塔山庙，追询所携各件，去后数小时未见回报，该会乃另派职员携单往索。该庙僧人知事无可掩饰，遂将宋汝梅所存各物交出，乃照单点验多不敷。严加追问，遂又交出小铜佛一座，其余谓系宋汝梅带去，详情问宋汝梅所带之副官王光耀便知。及问该副官，该副官闪烁其词，乃将庙僧海永、行绵及王光耀一并寄押警局。该僧等平日对于地方商民感情尚称融洽，旋由本地联庄会长保去。当夜又由该僧卧榻上被单内取出铜塔顶带链一件，供花三件，铜佛二座，并云小铜匾及铜对联确系宋汝梅携去，现已派人在途追索云云。

上面提到的那位"接收委员"宋汝梅一事，经刘人瑞等据实电告南京内政部。内政部获讯后，一面派科长罗耀枢来平查办，一面于9月3日致电北平国民政府接收委员会，否认曾派宋某"接收"一事。电报如下：

国民政府接收委员会勋鉴：

　　顷阅九月一日《时报》载有尊处委员刘人瑞报告，云在马兰峪见有内政部接收东陵委员宋汝梅手书之空白布告，并

宋汝梅盗走的牌匾之一（清东陵管理处提供）

由守库队交出宋汝梅携物手条一纸，内载铜佛供花等物单开各件，已由塔山庙僧人交出若干。经查不敷，系由宋汝梅携出，又云小铜匾及铜对联确系宋汝梅携出去语。查本部前后奉令，从未派有宋汝梅其人。贵会如确切查明宋汝梅有盗物情事，请即就地扣留，并盼贵会将调查详情函知来部，以凭查办为祷。薛笃弼江印。

关于那位"接收委员"宋汝梅的最后结局如何，世人皆不见有何下文。不过让人们看到和领悟的是，东陵至此确是千疮百孔，混乱至极了。至于被盗之后各陵的具体情形，当时的新闻媒介虽有连篇累牍的报道，但多是哗众取宠、故弄玄虚的不实之作，且报道中多数是对盗墓者的猎奇，很少对陵寝内外，尤其是乾隆、慈禧两陵的地宫状况做详尽披露。直到刘人瑞等三方人员对陵寝进行勘查、接收和复葬，世人才全面洞悉洗劫的野蛮惨景。

一位皇室见证人的记述

赴东陵的三方人员在事后都分别写了报告或日记。杜孝穆的报告较啰唆，刘人瑞的呈文较简单，唯清皇室人员耆寿民、宝瑞臣、徐榕生等人的呈文或日记极详尽，其中又以徐榕生所记内容最丰富。多少年后，世人仍能从这位老先生的《东陵于役日记》中，窥到当时陵寝的惨状以及其本人的心态与感想。

徐榕生在日记中叙述道：

戊辰六月二十二日[⑯]，谒耆寿民少保（龄）于马大人胡同私第。少保于数日前奉召赴津，因东陵被盗蹂躏，尤以裕陵、定东陵受祸最重，派少保同宝瑞臣宫保（熙）、陈诒重侍郎（毅）赴陵查勘，又添派镇国公载泽、固山贝子溥忻赴陵告祭，又镇国将军溥侗、辅国公恒煦自请随同行礼。臣埴亦经耆少保奏派随往，同派者联堃（此人闻系钦派者）、志林、裕宽、和钧、和琦、福隆阿、恩勋、玉振。（裕宽、玉振系留京办事。）

二十三日　筹备赴陵衣物盘费，午间谒耆少保，筹商赴陵各事。

二十四日　早陈礼臣（文会）来谈。礼臣，簠斋先生[⑰]曾孙也。往谒耆少保，值陈侍郎亦在座。

二十五日　早礼臣来谈，交来渠家藏拓本及东坡雪浪斋玉印、田黄石章等物。午后谒泽公、宝瑞老、陈诒老，宝、陈两公皆未见，泽公处谈十余分钟。

二十六日　谒宝宫保，值周养庵（肇祥）在座，未久谈，即赴西城访冯公度（恕），午后到泽公府。

二十七日　耆少保来电，招赴宅中，陈诒老亦在座。午后到泽公府会议。是日派联君堃（号厚山，内务府人，广东韶州知府）为总办；埴同宗室志君林（号叔壬，瑞臣宫保之子也）派充帮办。又随同缮办事件三人：裕宽、福隆阿、恩勋。又随同差遣三人：和钧、和琳、和琦。三人皆东陵内务府旗人，黄姓兄弟[⑱]也，住京东遵化马兰

清室人员赴东陵勘查者在慈禧陵前留影（清东陵管理处提供）

峪裕大圈⑲。和钧号仲平，和琳号子英，和琦号伟庭，皆与潘赫亭旅长（学渊）熟识。潘住石门镇，亦赴陵必经之路也。

二十八日　早瀛贝勒来，谈许久。八钟偕志叔壬往警备司令部，为接洽护送军队事，见交际处总务股股长钟君班侯，允于晚间函复。午后到泽公府，五堂皆到。本日和钧改派帮同联堃办理一切事务，是日发给旅费，辞不获已。

二十九日　午后到泽公府，又到第三集团军第五师第九团第三营九连访曹排长养谦，曹系派赴东陵护送者。下午找检验员俞源，陈侍郎之弟所荐也。送给俞源等二人洋二百元，旅费也。

七月初一日　午后到泽公府，下午五钟曹排长养谦来，当偕志叔壬面交曹洋一百五十元，系预付自赴陵之日起十日给养。每日十五元，以后由联厚山每五日一发。

初二日　早谒耆少保，谈俞源事。今日定准初四日启行赴东陵。汽车及厨役工匠等，已由联厚山雇妥。出城置办行李食物等。

初三日　午后到泽公府，到者：瀛贝勒、润贝勒、忻贝子、钊公、耆少保、宝宫保、陈侍郎、朱艾卿师傅（益藩）、衡亮生都统（永）。晚沐浴，明早皆在骑河楼第二工厂⑳会齐同行，因奉命严催速行也。

初四日　寅正起。车来，即赴骑河楼宗人府第二工厂。陈诒老住工厂，已起身，各堂及同人陆续咸集。七钟东发，至朝阳门停车检验护照，八钟一刻至通州，进西门，出北门，又停车检验后行。渡二桥；一俗谓里河，乃京北沙河下游及京城附近之水，《水经注》所谓温余水也；一为潮白二河合流，俗谓外河也。又渡箭杆河，亦有浮桥，水亦未涨，道路尚平，两钟至三河县，饭于小肆，申末复行。渡泃河，有桥，过段家岭，欲宿无店。又行二十里，至邦郡镇，各店亦为军队所据。托商会觅宿处，在街市往返数次，始得一小饭铺。屋宇湫隘，仅敷各堂下榻。埋宿于汽车中，虽蜷伏通宵，较卧于豕牢鸡埘之旁清洁远矣。沿途军队络绎不绝，邦郡尤众，皆四集团兵，滦州战线后防也。

初五日　早七钟启行，辰过蓟州，已抵马伸桥，军队亦多。午间埋所乘车轴损折，修毕，行未数里，联厚山之车轮又坏。涉淋河，又名梨河，至石门遇雨，道极难行。午后过昭西陵，入圈墙界，界内旧有乔松巨柏百万余株，参天蔽日，今则戕伐已尽，彼黍离离，拱把之木亦无之矣。大碑楼破坏尤甚，石像生亦均残毁。三钟至裕陵大圈。主内务府和钧家，即同派帮办者也。饭后随泽公、忻贝子，耆、宝、陈三大臣，先谒裕陵。察看被盗情形极重，乃自琉璃影壁前穴地而下，宽约丈余，深至二丈余。闻和仲平云，贼乃自此缒下，蛇形而入，贼去后月余，所司者闻泽公将来，始以砖石乱抛填

孙殿英部盗掘之前雪中的慈禧陵（清东陵管理处提供）

塞，覆以巨石，地宫内之水，多系雨水，由此穴灌入者。又谒菩陀峪定东陵，乃自宝城券前穴地而下，地面情形与裕陵相仿。两陵飨殿破坏不堪，门窗及金属之物，皆被窃去，而髹漆如新，曾几何时，而残毁至此，令人不禁恸哭也。和仲平又出孝钦显皇后葬服黄龙袍一件，乃贼遗弃为村民拾得，和仲平以洋八元买回者。袍上凡龙目及佛字上本皆有珠，已被拆去，察其线痕，珠不甚大，亦不多；又有香册一页，上有今上御名；又由和君交出黄木匣一，内贮骨凡四，一系肋骨，一系膝骨，二系趾骨，云系在裕陵穴内拾得者，各堂当即敬谨保存。本日下午雨甚大，是日添派和琨、和珣随同办事，二人亦和钧之弟也。

初六日　晴。午随泽公各堂谒孝陵、孝东陵、景陵、景妃园寝、双妃园寝，残毁情形大致相同，孝陵、景陵、双妃园寝均完好未动，所司者尚得力也。孝东陵宝城亦无掘痕，惟陵前端顺恭敬妃[21]二穴有发掘痕迹。据守护人云，事在裕陵被盗之前，幸均未掘透，即察觉而罢。景妃园寝温僖妃[22]穴前石阶亦有移动之迹，据云，亦在盗前被掘，因遇水未入。各堂议定先开视裕陵掘处，晚与工头李姓言定明日兴工。

初七日　晨微雨，极凉。黎明即到裕陵隆恩门，候匠人到齐，点名后每人发给白布符号一枚，以便稽查。监视

从慈禧陵盗出的显字金枝叶（清东陵管理处提供）

开挖裕陵隧道，由泥土中检出破碎衣物甚多，又检得脊骨一段，胸前骨一段，色皆黑。又拾得清文㉓香册一页，交泽公、伒贝子阅看，乃菩陀峪定东陵之物，不知何以在此，想是贼人由定东陵携来遗弃者，其扰攘纷乱可知。伒贝子、耆少保之随从行李，因车坏与众相失，行至苇子峪外霸王庄，为人劫去，各人皆彷徨无计。同事某君遣人往索，傍晚居然索回，不失一物，某君之能力亦可见矣。在裕陵明楼下，支搭人字式席棚，高不及五尺，埴自此始，每日宿值其中。夜尚不寒，而蚊蚋扰人，不胜其苦，忆瓯北㉔诗云："一蚊已扰通宵睡，宵小由来不在多。"况纷至沓来耶？

初八日　早晴。仍在裕陵监工，午间隧道已通。埴偕志叔壬至石门察看，见门内水深四尺余，即向各堂报告。是日，各堂谒昭西陵、惠陵、惠妃园寝，归后即来隧道内勘视，均梯而下。埴用笸箩浮水上乘之而入，笸箩虽不沉，惜其漏水，埴衣裤皆湿。至二道石门，因门未大启，笸箩不能入，望见门内水面浮烂木及各物甚多，遥望三层门亦启一缝，内则看不清矣。其中阴寒彻骨，埴下身浸水中，不禁寒栗。晚雨甚大，各堂集议撤水之法，迄无善策，拟借大库撤水机器一试，原定俟裕陵事毕再开定东陵隧道，现以裕陵有水，恐误时日，改为两陵一并动工，遂议定拆开菩陀峪定东陵

国府调查人员在慈禧被盗陵前勘查（清东陵管理处提供）

隧道，倘或无水，可以先殓。是日闻各陵残毁情形以昭西陵为最甚，惠陵次之，幸宝城均完好。惠妃园寝乃春间被盗后新砌者，亦幸无恙。各陵残毁，土人皆取金木之属，不似匪兵发掘裕陵、定东陵之酷也。调查各陵残毁，另有清单附后，兹不具录。是夜改在菩陀峪明楼下宿值。

初九日　夜时雨时止，晨撤水机取到，试之尚能用。是早奉堂谕：令恩君勋和君琳监视裕陵撤水；埴偕志叔壬监视定东陵拆工；并轮流常到裕陵察看。夜半定东陵隧道拆通，前闻定东陵内匪兵因争抢宝物，自相残杀，曾死两兵官，尸尚在内。埴于夜半隧道拆通，因急欲知地宫内真象（相），不及候天明，一手持灯，孤身由匪兵所拆之穴匍匐蛇行而入。见梓宫敧于石床之前，一端在床上，一端在床下，外椁已劈毁，孝钦显皇后玉体在仰置之椁盖中，上有破坏椁板覆之，因各堂未来，不敢擅动。在地宫内察看一周，见无水，亦无死兵，或曰当时已由匪兵曳出埋之野外矣。是日裕陵撤水，竭一日力，已减尺余。午间在地宫内拾得绣花鞋一双，上有缀珠之线，珠已拆去。是夜仍在菩陀峪定东陵明楼下宿值。

初十日　早晴。向各堂报告菩陀峪地宫内情形。午随各堂到菩陀峪地宫隧道，埴与叔壬先下，为之导引，仍由券门下盗发之穴匍匐以进。先至西北隅仰置之椁盖前，启上覆破坏椁板，则孝钦显皇后玉体偃伏于内，左手反搭于背上，头发散乱，上身无衣，下身有裤有袜，一足袜已将脱，遍身已发霉，均生白毛，盖盗发之日为五月十七日，盗去为五月二十四日，至今暴露于梓宫外者四十余日，可惨也。即传妇人差八人，覆以黄绸，移未毁朱棺安于石床，然后以黄缎被褥裹之，缓缓转正。面上白毛已满，两目深陷，成两黑洞，唇下似有破残之痕。又覆以黄缎衾，藉以黄缎褥，殓于原旧朱棺之内，并用泽公所藏前颁遗念衣二件，覆于衾上。又在棺内外检得当日殉敛已落之牙，剪下之指甲，用黄绸包好，放于衾外，所拾珍珠十四粒，锤碎藏之金棺之侧。当殓时，各堂皆敬谨监视，同人亦助抬扶。掩棺后饬匠用漆封口完固，以金贴之，自始事至藏事，不及四小时。随入参观者：哈鲁衡、谭肖岩、罗藏、王占元（晋军营长，山西人）、杜孝穆、齐尚贤、徐鸿宝、常维钧、吴某，皆国民政府及文化会派来调查之人也。先是泽公及各堂在天津奉谕，此次如拾得珠宝，即当众锤碎，仍置地宫内，不必携回天津等语。本日（疑为日前之误）拾得之珠，奉堂谕暂交联厚山保存，有拟以伪珠易之者，为厚山所拒，彼衔之刺骨，遂造为侵吞工款之谣，可见认真任事之难矣。是日裕陵之水撤出甚多，余者仅在二尺之上。仍在菩陀峪宿值。

十一日　晴。在菩陀峪监工。各堂往谒裕陵、定陵、普祥峪定东陵、裕妃园寝、定妃园寝又来菩陀峪定东陵地宫察视梓宫封口贴金及扫除等工。又将前买回之龙袍及香册十页香宝一方，均用黄袱包好，安于册宝石案之上，随即撤退工匠，掩闭头层石门，第二层石门门轴有损坏不稳情形，故未掩闭，饬匠填塞隧道。又由地宫扫出之香末内检出珍珠二粒，奉堂谕锤碎，当眼同和钧及裕陵郎中博尔庄武锤碎，置之隧道石门之外（因石门已封闭故也）。饬匠修砌普祥峪定东陵明楼内北砖墙有凿毁之痕，宝城上金刚墙南北亦有掘毁之处，并饬匠修补裕妃、定妃两园寝残破之处。是日裕陵所余之水约深二尺，因菩陀峪石门已闭，仍回裕陵明楼下宿值。

十二日　晴。晨同叔壬仍在裕陵监工，于石门外拾得踵骨一，呈堂敬谨保存。午后耆、陈两堂同来查勘，水已退至尺余。埴同叔壬用凳支板，度至四层石门，门左扉倾欹，右扉已被炸药轰碎倒地，一棺欹置于上，门槛西段亦碎，门内之水与门外同。门内棺椁破碎颠倒，衾襚散乱堆积，骸骨遍地皆是，混杂于泥水中，不知谁为帝、谁为后、谁为妃也，惨无人道之状，目不忍睹，笔难详述，真堪恸哭。裕陵地宫内山向与外间明楼、隆恩殿山向不同㉕，盖内渐转偏向西也。泽公亦来，各堂步行，循神路至大碑楼，视察一周，埴亦随往。是日叔壬亦来明楼下宿值。

十三日　晴。裕陵之水渐净，尚余水七八寸。埴同叔壬涉水而入，至四层石门，见门内外有泉数处，汩汩自石缝中出，他处无之，忖测当是石门被炸倒地，震动石缝，故然。饬匠以桐油离麻，以石灰捶之，如艌船㉖之法塞之，恐仍难断流也。在明楼下宿值。

十四日　晴。地宫内水已撤净，泉亦断流，堵塞之力也。泽公、忻贝子、宝宫保均来查勘，午后耆少保力疾亦至。各堂察看后，共议移棺之法，久之始返行馆。傍晚泽公招埴及厚山、叔壬、仲平至行馆，指示明日从事清理各事。是日闻遵化一带已见溃兵，大工未毕，为之焦灼。是夜仍在明楼宿值。

十五日　晴。监视扫除地宫，于泥水破碎衾襚之中，共检得颅骨四（内有一具已破碎）；肢骨、肋骨多件，手足指骨则大半无之矣。当匪军盗掘之时，攘取殉物，毁伤遗骸，盗去后，又继以本地土匪，入内翻动践踏，攫取劫余珠宝，用麻袋将泥土及杂物装至河边，以水淘之，大约零碎小骨，被其弃置水滨矣。月余之久，守护者竟不报告，直至遵化县蒋知事函告衡亮生都统（永）详述此变，京城诸懿亲始报告天津行在，辗转旬余，始派人来。设使早日报告，受祸何至如此之重，守护者之罪不容诛矣。拾得金饰两件，交厚山保存，后置之棺。将能用之朱棺三具，安于正面石床之上，以备殓用。忽于地宫西南隅两棺之间衾褥之下，觅得后妃玉体一，身着宁绸云龙袍，已一百四五十年之久，面目如生，并有笑容。年约五十岁，耳环尚在，一足着绣凤黄缎朝靴，又于侧近拾得一靴一袜，以水濯之，靴之花纹与着于足者同（袜亦有花），不知是后是妃也。（宝瑞臣官保回京后，有考据一段，附记于此："谨案胜水峪裕陵宝城内后妃祔葬者五。孝贤皇后崩年仅三十七，哲悯皇贵妃薨在雍正十三年，淑嘉、慧贤二皇贵妃薨逝之年失考，而慧贤皇贵妃薨在孝贤皇后之前，淑嘉皇贵妃则于乾隆二十二年已经祔葬裕陵，三皇贵妃之薨逝，皆在盛年可知。孝仪皇后初封令贵妃，乾隆二十五年诞育仁宗睿皇帝，四十年正月薨，年四十九，谥曰令懿，祔葬裕陵。六十年授受礼成，命册赠孝仪皇后，则裕陵内未损貌若五六十岁人者，为孝仪纯皇后无疑。归检东陵志书及清史稿敬记如右。宝熙记。"当即飞

国民政府调查人员正在勘查被毁的康熙皇帝景陵二柱门（徐广源提供）

报各堂，宝官保闻信即来，并带妇人差四人，拟令移出。因两棺狭迫，两足夹于两棺缝中，妇人差抬移不动，并令填帮同抬扶，移至西北隅暂停，预备明日入殓。有郝君省吾者，于数日前曾经和伟庭介绍来陵参观，今日又

来，又有国民政府委员刘君人瑞等及晋军营长、文化委员会徐君鸿宝等十许人，皆来参观，由埴招待。少选，各堂皆至，敬谨监视，并察看清理情形。商定帝后同棺，仍用原棺，其已毁者移置两边空处，石门之被炸将倾者亦须放平。裕陵系高宗纯皇帝及孝贤纯皇后富察氏、孝仪纯皇后魏佳氏、哲悯皇贵妃富察氏、慧贤皇贵妃高佳氏、淑嘉皇贵妃金佳氏，计金棺六具（椁），皆满贴金，梓宫四具（棺），皆朱红雕漆细卍字地阴交径寸梵字及牡丹花，其二皆外无椁者，当是皇贵妃所用。被匪兵将椁劈碎者五具，其一敬置于破碎石门之上，其一为石门左扉所压，因椁之漆甚坚，仅去椁盖之半，棺盖则斫一大洞，棺内之物及骨，皆自此取出。于此棺内检出颅骨一，此骨决是高宗纯皇帝之骨，因前检得之骨，存在之齿尚多，则此仅存一齿，可为高年之证，且生齿之孔，此为三十六，他骨二十八或三十二也。此颅骨较他骨为大，又同在此棺内检出胫骨一，亦较他胫骨为长，更可证为男骨无疑。朱红雕漆之棺虽与他棺同，而梵字系阳文，亦与他棺阴文梵字者不同。前觅得颅骨四，又有整身玉体一躯，今又得此颅骨，则帝、后、妃颅骨无缺矣。淑嘉皇贵妃金佳氏乃皇十一子成哲亲王生母，将军溥侗成哲亲王元孙也。是日在地宫内拾得工兵所用之铁尖镢一具，王营长（占元）云确系军用之物也。在明楼下宿值。

十六日　晴热。监视扫除地宫，揩拭梓宫，预备入殓。午后各堂来，敬谨入殓，正中奉安帝、后、妃五位同一棺，中为高宗纯皇帝，左右稍次为后妃四位，左右各二，最右者颅骨已破损，由泽公、忻贝子各堂亲手奉安。用新制之黄龙缎衾三重、褥五重，衾上覆龙袍、衮服各一，则泽公府所存德宗景皇帝所颁遗念也。稍西一棺，由妇人差移殓昨日暂安西北隅之整身玉体；稍东一棺则将劫余之衾褥等物贮于其中，因皆血肉之余也。殓毕盖棺后，各堂退出，埴及叔壬连夜督工封口及放平残毁之石门，堆放破碎板片，并预备明日掩闭石门封塞隧道各工料。是夜仍在明楼下宿值。

十七日　阴。晨监视梓宫贴金并扫除洗涤各事，午刻各堂来，则贴金工毕，未刻撤地宫内各匠役，掩闭头二三三层石门，填塞隧道。各堂之意，因地宫内泉水虽经堵塞，终非久计，尚有拟于四层石门内填以黄土之议，须俟向行在请示再行定议，故将尺寸附记于此，以备采择。四层石门内东西长四丈，南北长二丈四尺，石床下东西长一丈八尺，南北长一丈一尺，石床高一

尺四寸，梓宫高五尺，皆用工部营造尺
也。午后雷电交作，大雨如注，继之以
风，薄暮方止。泽公定明日行告祭礼，后
日启身回京。此次东陵被盗情形，以裕陵
为最惨，而办理善后困难已极，既迫于势
力，又促于时期，尤窘于财力，不得不一
切从简。处变之际，固难求全，所最忍痛
不安者，骸骨错乱，且多遗失，若武断强
分，倘致错杂凌乱，则罪戾滋甚，各堂议
论纷纭，迄无两全之策，讨论数日，始决定
同棺，亦行权达变不得已之苦衷矣。是日裕
陵石门已闭，隧道已填将半，回行馆宿。

重新封闭被盗陵寝
入口（清东陵管理
处提供）

　　十八日　晨微雨。泽公来裕陵告祭，
忻贝子分赴菩陀峪定东陵告祭，午后各堂
复诣隧道前验工。填砌已毕，工尚坚实，计裕陵一处已用石
灰八千余斤。夜雨止，检点行装，预备明日回京。

　　十九日　破晓冒雨行。山径确荦，行潦泥泞，车颇颠
顿。引路者误入洰洳，大雨又至，汽车屡陷于淖中不得出，
极跋涉之苦。二十里至石门，天已曛暮，车殆马烦，仆从兵
士衣履尽湿，且一日未得一饭，饥寒交迫，投天后宫破寺
中宿焉。东壁有乾隆辛巳瑶华主人题壁诗曰：初地重来兴倍
赊，琳宫时复焕烟霞。陪游此日春风里，胜境由来羽十家。
西壁有卓斋乾隆己卯题壁诗曰：祇园缔构见深心，碧甃琉璃
地铺金，此日陪游访初地，千年香火耀珠林。瑶华主人名弘
旿，工诗善画，卓斋则不知为谁也。诗虽少年之作，而三百
里中文字之迹仅此两诗，亦难能可贵也。雨仍不已，往访潘赫
亭，未能久谈，赫亭命其子洒桐来照料，并馈食物，可感也。

　　二十日　晨雨，午后止。各堂商量行止，议论不一，派
人探路，淋河水未退，车不能过，仍宿石门。晚晴，夕阳在
山，紫翠万状，忻贝子云：此画家赭石山也。远闻龙门口奔

流澎湃，如蜀江滩声，同侗将军、恒公、志叔壬至龙门口看水，得诗一首：暮宿石门镇，微风生晚凉。有秋平野静，初霁远山苍。壮志随流水，闲愁付夕阳。龙门呜咽水，也似哭先皇。

二十一日　晴。晨西北风起，甚有秋意。探归，淋河水仍未退。午间同瑞臣官保、厚斋将军、纪彭上公至村东石将军庙一游。闻汉末公孙瓒击贼有功于此，故土人祀之，及读其碑，所祀乃孟溢非公孙瓒，又因山上有巨石如人，即所谓石将军，则土人附会之辞，不足信也。午后涛贝勒来，与各堂谈时许，仍乘驴回蓟州。是日仍宿石门。

二十二日　晴。晨发石门，渡淋河后，道路泥泞难行，尽日始行廿余里，宿马伸桥，和琦托保卫团总刘君觅一已关闭之饭铺宿焉。下午五钟，同雪斋贝子、瑞臣官保步往村东，访吴柳堂先生（可读）墓。一抔之土，巍然尚存，而碑碣仆矣，为之怃然。夜与泽、忻、耆、宝、陈、侗诸公联句。

二十三日　晴。晨发马伸桥，出村不远，即陷于淖中，穷半日之力，行十余里。泽公、忻贝子、侗将军、恒公步行至保卫团总刘君家，刘留诸公午餐。埴同耆、宝、陈三堂，联厚山志叔壬诸人皆未得早饭，觅一人引路，始得与泽、忻、侗诸公相遇。午后舍大路而行小路，尚平坦，车行亦速。四钟抵蓟州东门，为守门军士所拒，不得已宿于东门外高家店，自辰至戌，始获一饱。傍晚，曹排长由某处觅得驻蓟州之某团长，始云前接卫戍司令部属其照料之电，请宿于城中，忘记传知部下，致有此阻滞云云。

二十四日　晨发蓟州，进东门，和氏昆仲之车损坏，又买汽油，耽误许久，始出南门，绕道至潵流村，见军队宿营甚众，戒备极严，去前敌当不远矣。沿途晋军炮兵、步兵甚多，皆东行。午后尖于三河西门内小饭肆中，仍来时饭处也。饭后又行，半途行李车轴折损，料理并车，费时甚久，日已向暮，又遇白军炮、步、辎等队，停车让路，夜深始到夏店逆旅，草草休止。夜半大雷雨，幸为时不久。

二十五日　微雨。早发夏店，和君仲平自请引导，至燕郊之西，失道困于泥。忻贝子之车陷于坎中，因开机过猛，致机损不能出，凡事之自恃其能者往往如是，耽搁时许，忻贝子与泽公并车始行。至箭杆河渡口，前有浮桥，水涨后撤去。埴偕叔壬指挥汽车上船，渡毕又行，车行极速。至通州东之小潞邑村，厚山车坏，泽公、忻贝子、宝官保及埴之车皆阻于狭路，修理不易，推置道旁，后车始克前进。厚山与埴并车，入通州城，则耆少保、陈大臣诸公在牛街小饭肆中。午饭后西进，石道上泥滑难行，颠顿极苦，厚山既劳又病，几不能支。抵朝阳门，停车验照，到家已午后矣。东行时共汽车十五辆，去时已损其一，归时又损其六，仅余八车矣。

二十六日　早晴。堂派埴同福隆阿早车赴津递折，兼定旅馆，午间到津，定住息游别墅，并递折。晚车泽公、忻贝子，耆、宝、陈三大臣，恫将军、恒公及联厚山、志叔壬，和仲平到津，埴亦随同各堂诣张园，上病未见，回息游别墅宿焉。

二十七日　晨起，随各堂诣张园，少顷召见各堂，同见者甚多，由泽公详述东陵情形毕，又交议处分守护大臣毓彭，筹画善后各事。先是毓彭同堂郎中麟祥、裕陵郎中兼署定陵郎中博尔庄武、总管恩华伙卖各陵祭器，遂有效尤而卖树者，致生此变，故上以毓彭为罪魁也。傍晚，各堂又至张园行礼，闻是日大祭，有祭文，为胡晴初阁丞（嗣瑗）所撰，祭后撤几筵矣。

二十八日　晴。辰正随各堂诣张园，有谕派议毓彭之罪及东西两陵善后办法，派出者：涛贝勒、泽公、瀛贝勒、润贝勒、忻贝子、陈太傅、朱师傅、耆寿老、宝瑞老、胡晴初、景明九南斋（方昶）。是日手谕议究毓彭盗卖金银器皿及软片事，又谕奖五大臣各匾额一方，皮衣一件，并赏埴与联堃、志林各福寿字一幅，银仿二百元，和钧着开复处分。其余在事员司给奖有差，又赏在张园午饭，饭后各堂同召见，奏对时许，埴及叔壬、仲平亦蒙召见。蒙圣恩优渥，奖励备至，并蒙面奖臣埴有疾风知劲草乱世识忠臣之谕。臣埴世受国恩，涓埃未报，稍有微劳，仍蒙温谕优奖，感激涕零矣。退后归寓，少保交下胡晴老交来六千元，即再请续发之款，并前款共用一万六千元，联厚山因病先一日回京，故未同召见也，宿息游别墅。晚赴卞宅见四妹，又往访徐少笙（世纲）、张松墅（愿）、孙保滋（振家）各戚友，因久别未能一见也。明日早车回京，故早眠。

二十九日　晨起，收拾行李，至车站，巳刻开行，到北京已午后矣。

当东陵的勘查、接收、复葬结束后，无论是清皇室还是各界人士、平民百姓，又把注意的中心移向了东陵盗案的涉嫌者谭温江等人。秉公执法，严惩罪犯的呼声再度高涨起来，清皇室的载沣等人不失时机地抓住国人普遍对盗陵者极度义愤的情绪，再次给阎锡山上书，强烈要求惩办案犯。书中一改过去电文中唯唯诺诺，含糊奉迎的言辞，而突然变得态度明朗，措辞激烈，且列举了大量事实，矛锋直指谭温江和孙殿英，摆出了非惩办谭、孙决不罢休的气势。

载沣在上书中慷慨陈言道：

阎总司令麾下，敬启者：

清室以高宗纯皇帝裕陵、孝钦显皇后菩陀峪定东陵被现役军队盗掘，当派载泽等五人驰往东陵，收殓遗骸，查勘详情。……现载泽等归自东陵据称：两陵横被盗掘情形惨重……裕陵隧道内捡得铁尖锄一具，确为工程营所用之物，非农民所有。旋在马兰峪街影照（按：即拍摄照片）师长谭温江、旅长韩大保本年七月七日告示各一纸，又在马兰峪街揭取军长孙魁元本年六月间告示、旅长韩大保本年七月七日告示各一纸，询之土人陵户，佥谓两陵被盗发掘，其工作积七日之久，系从七日四日起，至七月十止。其炸药之爆发（声），既为附近所共闻，而其军人至市中购取燃料时，人人腿脚均沾有地官灰泥，又为附近所共见。可知谭温江、韩大保张贴告示之日，正其盗掘两陵之时，先后事实，证明毫无疑义。又土人陵户称：七月九、十两日，孙军长夜间乘汽车自马伸桥至马兰峪，亦为大众耳目共见共闻之事。而七月十一日，韩、谭两部遂同时开拔西去，倘非该军、师、旅长预有计划，何以孙来正在掘陵吃紧之时，韩、谭同去，又在掘陵完毕之日，先后踪迹证明，尤属凿凿可据……

于案内已获之谭温江等犯，迅饬归案严讯；其余要犯，并即指名严拿到案究办。务使真相披露，尽法惩治，勿稍轻纵。岂惟清室子孙，感激涕零，中外人士，实企望之。所有影照、告示二件，原写告示二件，军用铁锄一件，均系此案之确凿证据，兹特一并呈请存案备查。伏乞鉴核，迅予施行，不胜悲愤迫切待命之至。专此，敬颂台绥。计附送证物共五件。

除此之外，载沣随后又发来《东陵蹂躏情形》文一份，根据清皇室派人实际勘查，历数了整个清东陵十四座帝后陵寝被盗被毁的悲惨情形，并附有柴云升的名片一张。这张名片被勘查中的清皇室人员宝熙在康熙帝的景陵前捡到，上面清楚地印着"国民革命军十二军第二师师长柴云升，河南人"等字样，这是盗陵时，柴云升应丁绰庭之邀，查看景陵中，在掏烟点火时无意中遗失的那张名片，想不到现在竟成了一项实实在在的证据。

载沣将电文、电信及附件一一发出后，对阎锡山的态度依然没有底，为求万全之策，又联合清皇室旧臣遗老，给南京国民政府发电，陈述东陵被盗经过及惨状，同时向北平市法院对谭温江等人提出起诉。

当时的北平司法界权威人士梁宓、祁耀川等人，认为盗陵案发生的地点属遵化县管辖，不在北平范围之内，并且主要涉嫌犯又是现役军人，普通法院亦未受理，最终还要北平卫戍司令部出面解决。

也就在载沣发文、发电，向法院提出起诉的前后，北平、天津、河北、山东等地又纷纷传出查获东陵珠宝和案犯落网的消息。其中天津海关一次查获古玩、珍宝三十五箱，经查明，此物是北平吉贞宦古玩铺长张月岩委托通运公司由平运津，预备出口，运往法国。所报价值二万二千元，报税三千元。因这些珠宝其中一部分被警方暂认为是东陵之物，故将涉嫌人全部扣留。之后，天津警备司令部和警方一起顺藤摸瓜，在天津展开侦查搜捕，陆续捕获了东陵盗案的嫌疑犯杨震国、巴建功、王张氏等数人，案情由此扩大，已波及社会各个角落。

鉴于案情的不断扩大，清皇室的步步催逼，社会各界的呼吁，新闻传媒的助推，南京国民政府不得不出面电催阎锡山尽快处理案犯，主管全国文化事宜的中央大员张继，还以个人名义通电要求阎锡山对东陵盗案尽快做出最后处理，"以对案犯的严厉惩处，好泄国人之愤慨"。

面对四处围攻，八方呼吁，此时的阎锡山再也无法以和稀泥的态度对待此事，更不能沉默冷淡了。整个社会形势已使他别无选择，他只有顺应历史之潮流，改变原来的目标和航向，以新的姿态和方式随潮流而动。他要做出新的抉择。

案情突变

早在孙殿英的随从兵张岐厚在青岛被捕，将十二军盗陵的丑闻和盘抖出后，孙殿英及其幕僚、部下就已感到大事不妙了。此时十二军已被放在了一个点燃了引线的火药桶上，只要稍一迟钝，就有被炸成碎片的可能。情况万分危急，应付新的突发事变，采取最为有效的补救措施已刻不容缓。于是，孙殿英再度召集梁朗先、冯养田及各师、旅高级军官，召开紧急会议，商讨应付策略，希图力挽狂澜。

孙殿英铁青着脸，两眼迸射着凶光，越发明显的麻子在不住地乱颤。他先是大骂了一通被捕的随从兵张岐厚和保释出狱、仍留在六军团北平办事处的谭温江，然后又急又愤地让众人发表应付险局的意见。

这时，各与会将领都已意识到事情的严重，各种意见、计谋、牢骚倾泻而出，有的主张不论国民政府得到了什么样的证据，也不论政府和舆论的压力多大，十二军就是死不承认，看他们怎么办；有的主张干脆脱离南京国民政府，或出关投奉军张学良，或重新拉杆子进山为匪；有的埋怨当初就不该干这盗陵之事。尤其在盗案过后，财宝分得较少的军官，在大吵着"得不偿失"的同时，又暗骂孙殿英、梁朗先、谭温江等得宝最多的将领、幕僚，伤天害理，罪有应得，恨不得将其立即砍头分尸而后快……会议争吵了一个上午而无结果。最后，孙殿英不得不让"军师"梁朗先出面发表高见。

其实，在会议召开之前，孙殿英就先向梁朗先求过计，梁朗先当即回复了三条。第一，由于张岐厚的招供，十二军死不承认已无可能。但可从盗来的珍宝中，挑选出几十件不起

媒体对马福田盗陵的报道

眼的珠宝，列出清单，公开交于六军团总指挥徐源泉，谎称是在剿匪过程中，从马福田部缴获。东陵被盗完全是马福田匪部所为，以便混淆是非，转移视线。这便是在东陵盗掘之前自己曾提出的"借刀杀人"之计。第二，事已至此，非忍痛放血剜肉不足以保头颅，要从盗来的珍宝中，挑出几件最为贵重的绝世奇品，送北平卫戍司令部及平津、河北各地方要员，更要想方设法送南京国民政府各要员，并以送蒋介石或宋美龄为第一要事。以便达到以毒攻毒，礼到祸免的奇效。第三，速派人秘密到上海等地，通过地下黑道销售珍宝，将换来的钱购买军火，借机扩充、装备军队。万一前二条不见效果，可脱离南京国民政府，拉杆子进山，自立门户，重打天下。此条虽为下策，却是有备无患的万全之计。只要有枪、有人、有钱，就不愁不能东山再起。

孙殿英听罢梁朗先的一番高论，深以为然，并决定就按其计行事。今天的会议，孙殿英本是想听听众将领还有没有其他的高招，更重要的是，看看大家的表现，以做到对部下心理状态的进一步了解。

梁朗先的发言，基本按这三条又重复了一遍。不同的是，面对眼前这乌烟瘴气、军心有些动荡不安的情形，补充了一些要以大局为重，团结一致，共渡险关，扶大厦之倾斜，救十二军于危亡，生死与共，力挽狂澜之类的豪言壮语。

梁朗先不愧号称"小诸葛"，他的一番高谈阔论，再次稳定了各位将领那惊恐、慌乱和愤懑不平之心，各路将领当即表示要不惜抛头颅，协助钧座共渡险境。本来沉闷、压抑又乱哄哄的会议，渐渐变得严肃、悲壮、热血沸腾又情绪高昂起来。连日来处于惊恐、苦闷中的孙殿英，被这会议的动人场面感动得热泪盈眶。"只要有了这样一群铁哥们儿撑腰、追随，还有什么艰险难关不能跨越？"想到此处，他用那双模糊的泪眼扫了下众位将领，极其悲壮又豪情满怀地大声说道："弟兄们，十二军的生死存亡在此一举，抓紧议定下一步的行动方案吧！"

第二天下午，梁朗先、冯养田带着四名亲兵，乘坐两辆装满奇珍异宝的汽车赶赴北平，傍晚时先到了徐源泉的私宅，密见总指挥。想不到这次主宾一见面，徐源泉便一脸怒气，第一句话就劈头盖脸地怒斥道："想不到你们胆大包天，竟干出这等好事来！这个孙大麻子也太混账了，他怎么自己不来见我？"

对徐源泉的态度，梁朗先早有预料。这位老头子从一开始就被稀里糊涂地装进了自己的口袋，并不知不觉地充当了十二军的挡箭牌。如今东窗事发，东陵盗案水落石出，这位总指挥难免要产生被部下蒙骗的感觉，并对保释谭温江一事悔恨不已。所以，当梁朗先这次再度登门，自然会使他异常恼怒，并借机发泄心中之愤。

对付徐源泉的策略，梁朗先早已想好。今日这位总指挥追问盗案底细并不住责骂时，梁朗先、冯养田一副任打任骂的可怜样子，既不承认盗掘，也不否认与此事有牵涉，只说是马福田等匪部正在盗掘乾隆、慈禧两陵，十二军的弟兄们在围剿时，发现了被掘开的地宫，没有进去，只是从匪军手中缴获了一些珍宝，同时有的弟兄也在陵区捡拾了一些陵中之物，是否有弟兄趁长官不注意，私自溜进地宫捡宝，现军部已下令调查……梁朗先故意颠来倒去，含含糊糊地对东陵事件和了一番稀泥，使徐源泉心中明白，但嘴上又得不到证实。这样一番似明似暗的捭阖之后，梁朗先拿出了孙殿英给徐源泉的报告副本，只见上面写道：

一、职前循蓟县绅董之请求，当派第五师于七月二日剿办盘踞马兰峪之悍匪，所有剿匪详细经过，均已转报在案。至截获物品须查追，未即呈报。

二、据第五师谭师长报告如下：

职师于七月二日奉令出剿马兰峪股匪，所有一切情形已均于七月二日报告在案，是役夺获战利品，除银圆当时即由各部官兵分取无余外，其属于装械者已饬各部分配应用，惟珠宝等项关系重大，当掳获之际各该初级长官及无知士兵于仓促之间，无不乘机攫取，以故严密搜查，需时较久，又因迁徙行动迄无定止，调查搜询甚费周折。今奉查询，谨述详情呈请鉴核，所有物品亦仅开单呈缴，伏候睿夺等语。

三、据此谨将各项原委转呈鉴核，所有物品亦并呈缴。

四、附缴呈物品单一纸，右四项谨呈

总指挥徐
十二军军长孙魁元

附，物品清单　计开

鼻烟壶大小式共五个，赤金全珠镯一副，珠十颗，八宝镯一副，大小杂珠二十颗，双珠镯一副，大小珠花四支，翡翠红碧玺双玉连环穗一串，赤金镯三副，珠翠蓝红宝石十八个，赤金八宝镯一副，大小宝石十五件，珊瑚十八件，翡翠各种宝石十五件，又宝石两个，玉镯三只，玉牌两块，玉环两个，钻石一包二十九件，小珠一包共三百一十七颗，长乐永康珠镯一副，小珠一包，玉石牌一个，残破珊瑚一副，断玉簪一根，共二十七件。八月十日交。

　　梁朗先见徐源泉阅毕，说道："这是呈总指挥的副本，正式报告我们明天上午连同物品清单和珠宝，一同交给第六军团北平办事处有关人员，不知总指挥以为如何？"

　　"那你们就交去好了。"徐源泉明白梁朗先的意思是将此事做公开的呈报，以便自己在适当时候同有关方面搪塞和周旋。但他仍然气愤未平，还在嘟嘟囔囔地骂着孙殿英。

　　梁朗先故作尴尬地胡编了一通孙军长如何想念、问候总指挥的话，然后使了个眼色，冯养田心领神会地打开了随身携带的一个黑色手提包，拿出了从慈禧地宫盗出的一件翡翠荷叶、两尊金佛、两尊红宝石佛和一包花花绿绿、五颜六色的珍珠。

　　"这是俺俩临行前，孙军长特意让带来孝敬您老的。"冯养田说着，小心地将珠宝一件件放到徐源泉面前的茶桌上。

　　"这是哪儿来的东西？"徐源泉眼睛明显亮了起来，盯着桌上的珠宝明知故问。

　　"是手下弟兄在剿匪时捡的，可能是陵中的宝物。"梁朗先接口说。

　　"这……这我怎么能收，东陵盗案已是纷纷扬扬，满城风雨，万一传出去，我如何向上峰交代？"徐源泉嘴里说着，眼睛却死死地盯住桌上的珠宝不动，并伸手拿起了那件绿光闪动、艳丽鲜活的翡翠荷叶，在灯下反复端详，脸上露出一副惊讶和爱不释手的样子。

　　"弟兄们还捡到了一些零碎东西，孙军长已托人送给平津卫戍司令部和南京国民政府的大员了，据说蒋夫人和孔夫人都分别得到了一份。"冯养田插话示意说。

　　"这个孙大麻子，真是手眼通天。那好吧，只要这些东西来路分明，我暂且收下，若发现来路不明，尤其是与东陵盗案有瓜葛，我将立即送交阎总司令，并对孙大麻子严惩不贷。"徐源泉听了冯养田的暗示，明白孙殿英要为东陵盗案下大赌注了。既然其他大员都有份，自己理应收下，即使事情最后被抖了出来，有那些大员在前边顶着，料也不会有多大麻烦。徐源泉想到这里，喊过夫人，示意将桌上的珠宝收起来。

梁朗先、冯养田见状，又说了几句请总指挥多关照、多栽培之类的话，接着提出将谭师长带回军部的请求。徐源泉面有难色地答道："此案关系重大，外边舆论和清皇室又不依不饶，还是从长计议吧。先让他待在北平，我会照顾他的。"

梁朗先见总指挥如此说，也不便强求，又说了几句闲话，随之提出明天要秘密见一见谭师长的请求。徐源泉照准，二人便告辞而去。

正当梁朗先等人秘访谭温江并准备向平津等地要员展开全面行贿攻势时，徐源泉不负部下所托，再次致函北平卫戍司令部。

敬启者　查敝部第十二军谭温江师长于本月三日来平公干，在清华池洗澡，忽被贵部员役带去。当派敝部驻平办事处长罗荣衮前往保出，听候随传随到在案。惟谭师长带去，事前莫明真相，嗣后阅报始知为盗掘东陵一案，受有牵扯。如果如报所云，系属刑事问题，法律自有解决。究竟此案系何人举发，如何告诉，敝部极愿闻其真相，祈将全案钞抄赐给，或准由敝部派员往抄，统希裁夺，为荷。此致北平卫戍司令部。

显然，徐源泉的函件是想起到投石问路的作用。一是为自己保释谭温江开脱和解释，二是想弄清事情的真相以及北平卫戍司令部对此案的态度。

此时的徐源泉没有想到，阎锡山已见风使舵，决定对东陵盗案彻底查办了。几乎在徐源泉致函的同时，他也向南京发出了一份密电：

南京国民政府中央执行委员会军事委员会钧鉴：

窃本月十二日北平警备司令部拿获盗犯谭温江、黄伯川两名。当据第六军团总指挥徐源泉函称：谭温江系第六军团第五师师长，愿负随传随到全责。当以徐部点验甫毕，深虞前线发生误会，姑准转押该总指挥部随时听传。仅将黄伯川解部审讯，据供有谭荣九即谭温江之弟卖珍珠与廊坊头条义文斋，由伊与王振波介绍，前后三次得价约六千元等语。查此案系文物临时维持会告发，乾隆陵及慈禧菩陀峪陵皆被发掘，当发掘时附近戒严半月，事后由谭温江将一部分珠玉宝器等物运来北平，价值在十万元左右。并据各报纸登载，陵墓建筑坚固，系用猛烈炸药轰毁。又国民革命军总司令部行营及全国商会联合会并清室载泽、载瀛、溥侗、溥忻、宝熙、遗老陈宝琛等文电交驰，同请严究前来。除饬将人证、赃证严密查拿，并派员前往东陵勘查情况据实陈报外（按：该句下疑有脱落文字），查谭温江现任高级军官于所辖军队经过地方担任剿匪区域内发生盗墓情事，嫌疑重大，中外瞩目，拟请选派大员，组织高等军法会审或特别法庭依法审判，庶足以昭示天下。是否有当伏乞示遵。

平津卫戍司令阎锡山（寒）
朱绶光代

特别法庭成立后的报道

阎锡山一面电请国民政府，一面电令卫戍司令部参谋长朱绶光从速组织军事法庭。朱绶光当即筹备组织军事法庭工作，按照1928年2月17日公布的《陆军审判条例》第九条建立法庭组织。设审判长一人，审判员四人、法官二人，因案情重大，审判长必须具备上将身份，审判官必须具备中将身份，法官也须具备少将身份。当时内定审判长为商震，审判官为杨杰、冷遹、汪泽民。并由朱绶光电呈国民政府核夺。不久接到复电，令各集团军推选审判官。阎锡山接电后立即饬令参谋长朱绶光、军事处长尹扶一、军法科长周仲曾等会同办理。各集团军推选法官三人：第一集团军为阮肇昌，第二集团军为邱山宁，第四集团军为吴中柱。商震受任审判长后，立即电召各法官赴北平召开会议。待人员到齐后，先由商震宣布东陵盗案特别法庭成立，然后报告东陵案情及在各地捕获的涉嫌犯，再由北平卫戍司令部军法科长周仲曾报告东陵案赃物保管情形及调查预审经过，并决定电催天津、山东等处，将破获的盗陵案犯从速押解北平候审，已被保释的谭温江重新收押陆军监狱。会后，商震分别向平津卫戍司令部、国民政府、军政部发出了内容相同的三则通电，其中致南京国民政府的通电称：

南京国民政府各院部政治会议、各政治分会、各集团总司令钧鉴，各级政府、各级师旅长钧鉴：

窃查盗窃清陵一案，奉前军事委员会电令组织高等军法会审，先后派商震为审判长，第一集团阮肇昌、第二集团邱山宁、第三集团李竞容、第四集团吴中柱为审判官。嗣准第四集团电开，吴中桂因公赴湘，改派周学海代理，兹已到平。遵于十一月二十九日成立陆军高等军法会审，并委北平卫戍司令部军法科长周仲曾、河北剿匪司令部军法处长张桂为军法官，均于即日就职。谨电奉闻。商震叩。

通电发出后，社会各界人士、清皇室都对东陵案的审理结果拭目以待。北京总商会和全国新闻界纷纷电请特别法庭，要求从速秉公处理，并准予列席旁听。审判长商震即向新闻界公开做了答复：

……陵案关系重要，震才微任重，深虞弗胜，谬荷藻饰，益当奋勉。本会审对于陵案约分三步进行：第一步调查人证；第二步审问；第三步公判。在一、二步时期案未侦实，依法应守秘密，惟进行至相当程度，亦应酌情披露。俟届公判时期当邀诸君子惠然辱临，藉资鸿播。先此奉复，顺候箸祺。

商震启

就在东陵盗案特别法庭宣布成立，商震发表通电和对新闻界发表谈话时，第六军团总指挥徐源泉突然感觉事态严重起来，尤其是谭温江重新被押往陆军监狱，更使他惶恐不安。为避免引火烧身，他一改过去的态度，向新闻界发表谈话，首先为保释谭温江一事辩词，声称"盗陵为一事，交替为一事，敌部前请转押谭温江系为交替便利，绝非庇护。如果谭温江有盗陵行为，当然移交法庭办理。假使调查明确后，谭温江盗墓有据，不待地方法办，余为整饬军纪计，亦难姑容"。

与此同时，徐源泉又将梁朗先、冯养田代表孙殿英公开向第六军团北平办事处送交的号称在东陵剿匪所得珠宝，全部加封移送北平卫戍司令部，以表自己的清白。北平卫戍司令部在接到这宗珠宝后，决定移存大陆银行，并由总参谋长朱绥光亲自监视将提包加上火漆封存，另派军事处长尹扶一、军法科长周孝鲁，将加封提包持往大陆银行面交该行经理谭荔孙查收。

另附公函一件。

津京卫戍司令部致大陆银行公函

径启者，第六军团总指挥徐源泉，前送该部谭温江师在东陵马兰峪剿匪掳获物品十号。兹经函请北平总商会会长及古玩行人员眼同点验，置于手提箱内，用火漆严密加封，拟请贵行代为保存，俾昭郑重。此致大陆银行。

计开

（第一号）金镶镯三只，嵌红宝石两块，蓝宝石两块，碧玺六块，珠子六颗，翡翠两块，计重三两三钱。

（第二号）……

徐源泉将这宗珠宝交出后，就暗中观风视水，反复考虑是否将梁朗先、冯养田送予自己的那翡翠荷叶等奇珍异宝一并交出。令他感到惊奇的是，东陵盗案除于1928年12月中旬由特别法庭宣布调查后，一连几个月过去，却不见预审的动静。等详细探听内幕，才知道是孙殿英的行贿策略产生了奇效。作为堂堂的军团总指挥，徐源泉不禁为自己几个月来的担惊受怕哭笑不得，禁不住长叹一声："看来廉颇真的老矣，这天下该是年轻人的了！"

注释:

①土棍，当地的恶棍；幼丁，年轻的杂役，清代管理皇陵的员役，绝大多数由朝廷差遣派任，但亦有小部分系雇用当地人担任，皆从事杂务工作。

②软片：殿堂内织绣的桌帷、椅披、幔帐等物件。

③文物维护会：即"北平文物临时维护会"。

④此处所提及的"函"，是指清室众宗族在发出电文的第二天，即阳历8月8日，专事写给阎锡山的一封信，充分表达出溥仪小朝廷对东陵盗案及有关当局的心情、态度。其文稍嫌冗长，兹不具录，请参见《东陵盗案汇编·案一·函电·醇亲王等致阎锡山第一函》。

⑤朱，即朱益藩，与陈宝琛同为溥仪的汉文师傅；陈，即陈夔龙，清室弼德院顾问大臣，陈宝琛等致阎锡山函电时，曾附上一份陈夔龙等致胡嗣瑗，转呈陈宝琛的函电，电文中建议由陈宝琛领衔，南北遗臣合词电请北平当局从严拿办，以寒贼胆，力为保护，以慰人心。

⑥即济南惨案，亦称五三惨案。为阻挠国民革命军北伐，日本借口保护侨民，于1928年4月下旬出兵济南，寻衅闹事。5月3日，日军大举进攻，在济南奸淫掳掠，屠杀中国军民六千一百余人，南京国民政府山东特派交涉员蔡公时被割去耳、鼻，最后与其他十六名外交人员一起遇害。

⑦即明末农民起义领袖李自成、张献忠。明崇祯年间，陕西大饥，高迎祥率众起事，自称"闯王"，李自成、张献忠皆属之，号"闯将"。崇祯九年（1636年）七月，高迎祥在盩厔（属今陕西周至县）战败，被俘就义，李自成承袭闯王名号。

⑧指陈建的《皇明通纪》、王圻的《续文献通考》。"通纪""通考"均属通史类，书中汇集考核历代之典章制度，旨在以实学致用，通古今之变。

⑨蠲租赐复：即由朝廷下令，免除百姓的田租、赋税或劳役。

⑩康熙五十一年（1712年）谕曰："海宇承平日久，户口日增，地未加广，应以现在丁册定为常额，自后所生人丁，不征收钱粮，编审时，止将实数查明造报。"廷议："（康熙）五十年以后，谓之盛世滋生人丁，永不加赋，仍五岁一编审。"即依照上年所报丁数，固定丁银（对丁男征收的代役金）税额，则百姓不必隐匿户口以逃避徭役。

⑪丁随地起：又称摊丁入地、摊丁入亩、地丁合一，即各省将丁口之赋摊入地亩，统称为"地丁"，一并输纳征解。自后丁徭与地赋（按亩征收的农地税）合而为一，民纳地丁之外，别无徭役，既简化了税种和稽征手续，取消了豪强地主逃漏丁赋的特权，亦减轻了无地、少地农民的负担。这是清代赋役制度的重大改革，在中国赋役史上占有重要地位。历代均以人丁、地亩、户籍作为征税标准。明嘉靖、隆庆、万历年间，即1522—1620年，实施"一条鞭法"，通计一省税赋，通派一省徭役，官收官解，除了秋粮外，一律改收银两，计亩折纳，总为一条，但限于各地之经济条件，此法并未通行全国。清代的地丁制，其实是一条鞭法的延续与发展。康熙五十五年（1716年），四川、广东等地首次试行摊丁入亩之法。雍正元年（1723年），从直隶巡抚李维钧所请，准于直隶地方一体仿行，翌年令各省次第推行。唯奉天、贵州以户籍未定，仍丁、地分征。地丁制虽各省实施程度不一，但到乾隆十年（1745年），除了山西阳曲等四十二州县外，已基本上通行全国。

⑫指托津等奉敕纂的《钦定大清会典》。"会典"是记述典章制度之因革损益情形的官修史书。清代在康熙、雍正、乾隆、嘉庆、光绪朝，曾五次修纂《大清会典》，书中将典则与事例分开，称"会典"和"会典事例"，以典为经、例为纬，分门别类，按年排比，便于查阅。

⑬指乾隆朝时嵇璜等奉敕撰的《皇朝文献通考》，和清末民初人刘锦藻撰的《皇朝续文献通考》。

⑭《东华全录》：即《十一朝东华录》，"东华录"是编年体的清代史料集，有蒋录、王录两种。"蒋录"是乾隆三十年（1765年）重开国史馆，蒋良骐任纂修，就《清实录》及其他官书文献，摘录清初六朝五帝（太祖至世宗）史料，成书三十二卷。以国史馆在东华门内，故名。光绪年间，王先谦据改修本《清实录》，仿蒋氏抄录乾隆、嘉庆、道光三朝史料，辑为《东华录续编》，凡二百三十卷：对"蒋录"则重新加以详编和补充，增为一百九十五卷，于光绪十年（1884年）成书，称为《九朝东华录》，后潘颐福辑《咸丰朝东华录》，王先谦亦加以增补，凡一百卷，再加自辑《同治朝东华录》一百卷，合称《十一朝东华录》。全书于有清代二百余年间大事，年经月纬，约略可见，为研究清史的重要史籍。

⑮捻：指捻军。"捻"为淮北方言，一捻就是一群人的意思，小捻子数人、数十人，大捻子则一二百人不等。康熙年间，淝水和涡河流域的贫苦农民和手工业匠人，经常结社组成"捻党"，在皖苏豫鲁鄂等省边界地区贩运私盐，清代中叶受太平天国影响，于咸丰元年（1851年）起而抗清，转化为捻军。同治五年（1866年）秋，捻军分为东、西两部。直至同治七年（1868年），东、西捻始被李鸿章淮军和左宗棠楚军剿灭。捻军是太平天国军在长江北岸的有力同盟，历时十六年，活动范围广达八省。

⑯徐埴《东陵于役日记》中所用日期都是阴历，六月二十二日即阳历8月7日，以下日期类推。

⑰即清道光年间进士陈介祺，其人善鉴别古物。

⑱和钧、和琳、和琦，分别为前任景陵郎中连璧之长子、三子、四子。连璧汉姓黄，字浩然，故称三人为黄姓兄弟。

⑲大圈：管理各陵寝日常扫祭守护的内务府旗人，在陵区

之内都以陵、园寝为单位分建营房居住，外围一道高大的青砖墙，如同军营，故称"内务府八旗营房"，也称"圈"。清东陵九座帝后陵寝，除昭陵为另立圈外，共建了八陵的内府圈，即孝陵圈、孝东陵圈、景陵圈、裕陵圈、定陵圈、旧太后陵圈、新太后陵圈、惠陵圈。从建裕陵圈起，凡帝陵圈都一分为二，各自为圈，两圈有大小之别。大圈为主圈，内务府衙门设于此地，圈内人员专为帝陵服务；小圈为附属圈，圈内人员为妃园寝服务。圈内房屋整齐有序，等级分明，既有大街，也有小巷，其布局形似棋盘。圈内的房屋，没有一座是坐北朝南的正房，全都面向他们当差所在的陵寝，因为内务府圈或位于陵寝之南，或位于陵寝左右，所以圈内的房屋不是面北背南的倒座儿，就是东西向的厢房。

⑳即宗人府第二工厂，全名为宗人府第二教养工厂。为了解决宗族的生计，清室首先将东陵荒地一百九十五顷拨给宗人府，分给无业宗族，招商开垦。以后载涛等人又商定，利用东陵地亩的租金，并广泛募捐，借用内务府三旗操场房屋地基试办教养工厂一处，供宗族贫寒子弟学习工艺，自谋生计。1919年阴历五月，宗人府第一教养工厂正式成立。但当时就业极难，以后宗人府又筹办了第二工厂，以生产地毯为主。

㉑两人皆为博尔济吉特氏，康熙十二年（1673年）始被尊封为皇考端顺妃、恭靖妃。

㉒即钮祜禄氏，孝昭仁皇后之妹，是景陵妃园寝中唯一的贵妃，位居于首。

㉓清文：或称清书，即满文。明万历二十七年（1599年），努尔哈赤命额尔德尼、噶盖以蒙古字母为基础创制满文，颁行国内。此为无圈点的满文，又称"老满文"。后金天聪六年（公元1632年），皇太极以满文文字上下雷同，难于区别，人名、地名尤易舛讹，令达海酌加圈点，满文声、形因而大备。此为有圈点的满文，又称"新满文"。满文创制后，广

译汉书，促进了满汉文化交流。

㉔即清乾隆进士，著名的文人兼史学家赵翼，号瓯北。

㉕裕陵主体建筑和地宫前八券的风水线（中轴线）都正对金星山，只有最后一道金券歪斜约15度。从已开放的崇陵地宫、菩陀峪定东陵地宫、裕陵妃园寝淑惠皇贵妃地宫来看，都没有裕陵这种现象。有人认为裕陵金券的山向是以子午线为准，但经实地测量，金券的山向与子午线有10度的夹角，子午线与风水线更相差25度之多。另有人认为，这是因为工程上的失误，在开凿地宫大槽时挖歪了。但古代的皇陵工程非比寻常，绝不容许有丝毫疏忽，在长仅54米的裕陵地宫中，若出现用肉眼就可以看出的15度角误差，这基本是不可能的。再者，地宫里的所有石雕都是提前在样坑中雕刻好，再将各石块编好号码，从样坑中拆卸出来，然后再按序号砌到地宫里去。如果地宫的槽挖歪了，出现了失误，这些编好号码的石块往地宫里安砌时就不会衔接合缝，图案就会错乱变形。根据现场观察，裕陵地宫各券石块不但安砌得十分整齐、严密，而且所有图案、文字毫无错乱走形之处，这说明金券歪斜不是工程失误，而是特意设计的。

㉖舱船：就是渔民们用白灰、桐油、皮麻结合，把木质渔船船板之间的缝隙连接起来，防止海水进入船舱，还可以起到加固船体的作用。除此之外，渔船每年还要进行维修，把变质的油灰和失效的油灰去掉，换上新的，也叫舱船。

第九章

法庭内外大角逐

日暮皇陵

案情突变，惊险万分，孙殿英再派亲信行贿大员，奇效即出。谭师长出狱，中原大战爆发，孙部兵退山西。末代皇帝悔恨交加，夜逃东北故乡。抗日战争打响，孙部亲赴前线抗敌。说不清的孙殿英，道不明的孙魁元，在一次次翻云覆雨之后，最终病故他乡。

秘访孔祥熙

当梁朗先、冯养田离开徐源泉的府邸，并于第二天将准备公开上交的那份珠宝交予六军团北平办事处有关人员后，又悄悄地会见了虽被保释，但仍规定只能待在办事处院内的谭温江。梁朗先见到谭温江后，嘱他三条应付方略：一、不要怕；二、不要悔；三、对东陵盗案拒不承认。万一受审时抵挡不住，也只能承认手下弟兄可能进入地宫捡过珠宝，但一定咬住这地宫乃马福田等匪兵所开，非手下弟兄所为。之后，梁朗先又告诉他钧座孙殿英正设法派人营救，并让其完全摆脱险境等等。谭温江听罢很是感动，当即表示遵嘱照办。最后，谭温江又向梁朗先提示，河北省主席商震，是自己原在保定陆军军官学校时的师兄，虽无过命交情，但毕竟同出一师之门，若找他通融，总是会给些方便的。

梁朗先听到这个消息，大喜，当场让谭温江写了一封密信，然后驱车向保定驶去。

梁朗先、冯养田的保定之行非常顺利。商震在收下了从慈禧陵中盗出的两个青皮白籽黄瓤的翡翠甜瓜后，表示在适当时候给予这位谭师弟以关照。除此之外，商震还念"师门"之谊，为梁朗先、冯养田回北平结识市长张荫梧、卫戍司令部总参谋长朱绶光等要员，穿针引线，铺路搭桥。如此一来，梁朗先、冯养田再返北平后，便轻而易举地将东陵地宫盗来的部分珍宝，送到了张荫梧、朱绶光等大员的手中。

当这一切办完后，梁朗先、冯养田心中踏实了许多，急忙驱车返回怀柔十二军军部，商量如何赴太原和南京，对阎锡山、蒋介石等最能决定十二军命运的关键人物行贿。

在此之前，梁朗先因为军中无事，经常找一些军官下象棋。军需处有位叫王亚民的军需科长，象棋下得在军中很有些名气，梁朗先就经常找他过招。时间一长，二人便无话不谈。于是梁朗先不但知道了王亚民是山西太谷人，与国民政府的财政部部长是同乡，同时知道了王亚民的一位叔叔王益元，是太谷、太原"元升当铺"的大掌柜，且同孔祥熙是表兄弟，二人过往甚

位于山西定襄县的阎锡山故居

密。据王亚民称，凡是在山西省太原、太谷，以及晋南各县"元兴""元升""元益"等元字号的当铺，全是孔祥熙家的私人买卖。这些买卖又都由他表兄王益元为其代管，孔祥熙对王益元也颇为信任……以前梁朗先在听这些话时并未放在心上，只是随听随忘。而今正需找这些中央大员打通关节而又苦于没有路子时，梁朗先突然想到了王亚民，并将此事向孙殿英做了汇报。

孙殿英听罢一拍大腿，说了声："想不到俺孙老殿手下还有这等人才，这真叫天不灭曹啊！"便立即派人将王亚民找来亲自问话。待王亚民来到军部，孙殿英问了其叔叔的情况，王亚民的回答基本和梁朗先说的相同。孙殿英喜不自禁，接着问这王益元是否跟阎锡山有交情。王亚民只是说肯定熟悉，至于有无深厚的交情并不知晓。孙殿英说："只要是熟悉，事就成了一半，此事就让你走一趟，顺便回老家看看吧。"

经过一番密谋，孙殿英决定双管齐下，由军需处长李德禄携部分珍宝，沿水路到上海秘密出售；冯养田、王亚民和刘副官等人携重要珍宝沿铁路赴太原，通过王益元的关系，先见阎锡山，再赴南京见孔祥熙，对手握生杀重权的中央委员发起全面的贿赂攻势。梁朗先因年事已高，不再同行。在

一切准备就绪后，两路人马各自上路。上路前都开具了执行军事公务的信函，以便应付沿途的检查。

正当冯养田、王亚民上路时，阎锡山早已从太原发出了请国民政府对东陵盗案派人组织特别法庭的电文。冯养田等人尚未抵达太原，国民政府已经批准阎锡山的请求，并紧锣密鼓地组织特别法庭班子了。当他们抵达太原，找到王益元，准备向阎锡山发起贿赂攻势时，东陵盗案特别法庭的各路人员已经到职。审判长商震发出通电，表示对东陵案犯秉公查办，严惩不贷。清皇室和社会各界人士正翘首以待，静候审判结果。

冯养田等人在太原看到了新闻界报道的消息，感到形势紧迫，已成千钧一发之势。他催王益元想尽办法，终于见到了繁忙异常的阎锡山，同时将从慈禧地宫盗出的翡翠桃等珍宝一并送上。

出乎冯养田意料的是，阎锡山在询问了十二军的兵力和装备情况后，显得分外热情。当即暗示："谭温江之事乃个人行为，在未发现其他证据之前，不能牵扯整个军队和军队的其他长官。目前奉军尚未易帜，直鲁军总司令张宗昌还指挥其残部在山东沿海一带活动，全国各处成股抱团的土匪遍地皆是，国家正在用人之时，十二军应以党国之忧而忧，主动请缨奔赴山东前线，为国尽力才好。这样即使有点差错，政府也自会以大局为重，不会难为在前线浴血奋战的将士，国人亦可理解和原谅……"

阎锡山的一番

阎锡山处理军政事务的都督府

热情和暗示，作为十二军参谋长的冯养田自是心领神会。这是阎锡山为孙殿英摆脱东陵盗案寻求的一条最好的路子。这位平津卫戍总司令之所以这样做，无非是想借此机会卖孙殿英一个人情，为将来能控制十二军这几万人做铺垫。世人皆称阎锡山老奸巨猾，冯养田此次算是亲自领教了。

告别了阎锡山，冯养田心中已添了许多的自信和勇气，即使谭温江不能得救，十二军还是能够保住了。这样想着，又同王亚民及其叔王益元一番商量后，决定赶赴南京，面见孔祥熙。

一行人来到南京，很快见到了孔祥熙和宋霭龄夫妇。由于王益元和孔家的特殊关系，孔祥熙夫妇对待冯养田等人，自然要比阎锡山随和、热情了许多。在一番寒暄、客套之后，冯养田知道机不可失，时不再来，趁着双方热络之时，便将从慈禧陵地宫中盗出的旷世珍宝翡翠白菜及一包珍珠拿出来，请面前的"财神"笑纳。孔祥熙和宋霭龄见这棵白菜绿叶白心，上面落了一只绿色的蝈蝈，叶旁还落了两只黄色马蜂，皆做振翅欲飞状，惊奇之中喜不自禁。宋霭龄更是如睹天物，惊诧不已，连连称绝。冯养田料定孔、宋二人必对东陵盗案及十二军的涉嫌知晓，不待主人询问就主动介绍其宝物为部下在东陵剿匪时偶尔所得。这时以贪财恋宝闻名于世的孔、宋二人眼睛盯着面前的旷世奇宝，正如痴如醉，恨不得一口将白菜连同蝈蝈、马蜂全部吞入肚中，哪里还顾得是盗劫而来，还是剿匪所得，便打着哈哈"笑纳"了。

冯养田见宋霭龄将珍宝收起，又拿出从乾隆地宫盗来的莫邪宝剑、从慈禧嘴里抠出的那颗夜明珠和一包零散珍珠，请孔祥熙转交蒋介石和宋美龄夫妇。宋霭龄拿

孔祥熙、宋霭龄夫妇

南京孔祥熙公馆
旧址

起那颗掰开是两瓣、合起来是一个，周身发着灿烂光辉，百步之内可照见人发的夜明珠，爱不释手，一边半真半假地遗憾自己没有占有这颗稀世珍宝的福气，一边答应冯养田一定不负重托，会如数转交自己的小妹及蒋总司令。

冯养田走出孔祥熙府邸，又在南京停留了近一个星期，将带来的珍宝全部送到国民政府大员何应钦等人的手中后，久悬在心中的石头才砰然落地。由于在太原时已给了王益元不少的好处，所以南京的事情一办完，王益元便满意地回到太原，冯养田等人也匆匆赶往北平怀柔十二军军部，向孙殿英汇报。

孙殿英在得知冯养田的太原、南京之行大获成功，尤其是阎锡山的暗示后，又惊又喜，除对冯养田嘉奖一番，立即任命在这次行动中立下汗马功劳的王亚民为独立团长，并当即召梁朗先商量下一步计划。梁朗先表示依阎锡山暗示去做，十二军不但可以转危为安，说不定还会因祸得福，出现新的奇迹。孙殿英则表示若和直鲁军残部开战，最大的顾虑是怕落个不仁不义的名声。梁朗先则认为，直鲁军残部的覆灭已成定局，即使十二军不赴前线，他们也支撑不了多久，不如趁此机会，主动请战，以表效忠国民政府。孙殿英举棋不定，只得再召师、旅长们开会讨论，多数将领都同意梁朗先的意见。于是孙殿英决定给六军团和南京国民政府军事委员会发电，主动请求全军开赴山东前线，配合主力部队围剿直鲁军残部。同时给太原阎锡山去电，请他在其中周旋，促成此事。

孙殿英的电函很快得到批准，于是全军开赴山东前线，配合白崇禧、方振武部展开了对直鲁军残部的决战。由于直鲁军残部已成强弩之末，在白崇禧、方振武和孙殿英部的猛烈攻击下，很快被全部歼灭，不可一世的张宗昌只身逃往日本避难。孙殿英不但在这次战役中收编了两万多名直鲁军残兵败将，还取得了南京国民政府的信任，同时也得了一个"为党国着想"的好名声。或许是他时来运转，或许是在此之前向阎锡山、孔祥熙、蒋介石、何应钦等大员发起的行贿攻势起了作用，这次战役之后，孙殿英除军长的头衔外，

见钱眼开、绰号"孔哈哈"的孔祥熙

还被南京国民政府任命为河北省大名镇守使。从此，他带领已增加到近五万名官兵的十二军，来到冀南大名府驻防，有了属于自己的一方天下。这个意外的结局，算是被梁朗先有幸而言中，孙殿英果真因祸得福。

但福无双至，祸不单行，孙殿英刚刚率部移驻大名，令他愤恨与恼怒的事便接踵而来了。

🌸 上海滩销赃翻船

就在冯养田、王亚民等携重宝赴太原面见阎锡山时，孙殿英的心腹弟兄、军需处长李德禄也由两位副官王登瀛、戴世僖陪同，携带五箱珠宝，从秦皇岛搭乘一艘外国邮轮，赴上海秘密销售。这时的上海地面是青帮①头子黄金荣、杜月笙、张啸林的天下，也是青帮在上海发展的鼎盛时期。上海的各行各业、大小衙门、各个角落，都有青帮的耳目和爪

20世纪初的上海大马路

牙。凡想到上海立足的政客、想发财的商贾、想走红的艺人戏子等等，必须事先走青帮的路子，否则寸步难行。

由于李德禄等人没有到过上海，对青帮的势力虽有耳闻，但从未打过交道。因此，李德禄此次上海之行，便视青帮的家门和势力而不见，自寻他路以图秘密出售。想不到他们的做法却激怒了青帮，引起了一场意想不到的大祸。

自从东陵案发，谭温江、张岐厚等官兵落网，平津、河北纷纷查获销售珠宝的案犯后，在上海的黄金荣也从全国各大报纸和街头巷尾的传闻中，得知了孙殿英部用炸药炸开地宫，进入慈禧、乾隆二陵盗出了无数奇珍异宝的消息。黄金荣看到这些消息，心灵受到极大刺激，既妒又羡，禁不住暗自嗟叹："想不到这世上真有胆大包天之人。世人皆说我黄金荣如何了得，看来比这孙老殿，真好比老鼠比之大象、黄犬比之骆驼，小巫见大巫矣。这天下大乱，中原逐鹿之时，还是枪杆子最吃香。自己手下弟兄所干的偷偷摸摸的行当，比之孙殿英手下弟兄叱咤风云，敢用炸药炸崩皇陵之所作所为，真让人觉得有些脸红和羞愧！"黄金荣这样想着，在

黄金荣用于防身的手枪

一番自责自惭之后，脑筋一转，遂生出一条计策。"从报纸透露的消息分析，孙殿英盗出的珠宝已很难继续在平津、青岛一带出售。鉴于目前政府捉拿案犯的风声越来越紧，孙殿英必定要设法迅速将手中的珠宝处理掉，以免人赃俱获，自己难逃干系。既然北方无法销售，而盗来的宝物又

必须尽快脱手，孙殿英必然派人到暂时尚未有东陵盗案风声的上海滩出售。如果孙大麻子派来的人主动登门表示合作还算罢了，若视我黄金荣如不见，视大名鼎鼎的青帮如草芥，便可牛刀小试，先让孙大麻子尝尝上海滩黄大麻子的厉害。"想到此处，他火速召集各路青帮头目，传下指令，严密监视车站、码头、旅馆、饭店和各家珠宝店铺，待发现孙殿英部下的蛛丝马迹，立即报告。一张巨网就这样悄无声息地撒开了，只待孙殿英部下的到来。

黄金荣

未出黄金荣所料，军需处长李德禄果然携带重宝偷偷摸摸地潜入上海滩。尽管他们俱已化装打扮成商贾的模样，但行伍的言行举止并未能隐藏得住。这一极其微小的破绽，已注定了他们的命运。他们一下邮轮，尚未走出码头，就被黄金荣手下久经沙场的徒子徒孙们那鹰隼一样的嗅觉捕捉到了。随后，李德禄等人一直被青帮爪牙盯梢到上海外滩不远处的百乐门饭店627、629房间。很快，这家饭店的里里外外全部被青帮所控制。

20世纪30年代初的上海霞飞路

李德禄等人在百乐门饭店休息了一个晚上，第二天洗漱完毕，李德禄带着副官王登瀛下楼来，想看看上海滩的新奇景色，顺便清醒一下头脑，准备策划秘密售宝事宜。但就在这时，李德禄凭着军人特有的警觉，感知到四周的各个角落，有无数双贼溜溜的眼睛在注视着自己。开始他以为是连日来的精神紧张，导致心中不免疑神疑鬼，草木皆兵。但当他来到一楼大厅的一张供消闲的圆桌旁坐定，从上衣口袋里抽出一支雪茄洋烟点上，装作悠闲自得的样子，而眼睛却偷偷向四周窥视时，他突然发现，自己的感觉是正确的，他和他的伙伴被人盯上了。李德禄惊得额头之上"唰"地冒出了一层细微的汗珠。他不知道这帮人是来自警察厅，还是上海卫戍司令部，或者是青帮、洪门②，还是什么其他组织。更令他奇怪的是，自己怎么一踏上上海的土地，这样快就会被人盯上？难道他们已经接到密报或有什么内线在策应？李德禄越想越怕，竟忘记了吸烟，直至那炙热的烟头烧痛了自己的手指，方猛地醒悟，并召身旁的副官王登瀛立即赶回房间。所幸，留在那里坚守的副官戴世僖还在，那五箱珠宝还安然无恙。

尽管如此，李德禄已感到大事不妙了。这鱼龙混杂、善恶难辨的上海滩，向以波谲云诡、斑斓万千、弱肉强食、争斗谋杀而著称于世，倘不谨小慎微，警惕行事，不但这五箱珠宝恐难保住，怕是连自己的性命也要搭上。想到这里，李德禄让两个副官各自从腰中拽出手枪，顶上子弹，严密提防随时可能发生的不测。他自己则一口接一口地吸着雪茄烟，在房间里来回踱步，思虑着万全之策。

终于，李德禄在极度的惊恐之后，想起了一个人，一个往日的相识，钧座孙殿英的同乡。他的名字叫鲁干卿。

早些年，这鲁干卿在上海滩的"河南省豫商公货栈"做事，据说还颇得货栈经理的赏识，只是不知今日是否还在。若能和他取得联系，这上海滩的内幕以及珠宝的销售事宜，自然会安全和顺利得多。想到此处，李德禄便派副官戴世僖按照自己记忆中的大体方位，前去打探。

戴世僖走后约两个时辰，就满脸春风地回来了，刚一推开房门，就兴奋地对正在焦急中的李德禄说道："李处长，你看谁来了？"

李德禄抬眼望去，只见戴世僖身后跟着一个四十多岁的男人。此人身穿笔挺的西装，胸前打着一条红花斑点的领带，头发向后梳拢着，有棱有角，很有些大商人的派头。李德禄先是愣怔了一刻，然后蓦地想起，这不就是当年的相识，豫商公货栈的伙计鲁干卿吗？！

接下来两人当然是又惊又喜，既亲又热，推推拉拉地到房间落座。一阵寒暄客套过后，李德禄才得知，这鲁干卿已不再是当年的伙计，而是上海豫商公货栈的总经理了。真是士别三日，当刮目相看。李德禄从谈话中得知，鲁干卿之所以能坐上总经理的位子，与他娶了前总经理家的小姐不无关系，这是人情社会的通病。尽管如此，李德禄对鲁干卿还是从心底里羡慕与敬重。试想一个货栈的普通伙计，眨眼间既得妻子又得位子，这是人生中怎样的快事？当然，至于鲁干卿得到的那个女子是否有如花的美貌，或是身有残疾，惨不忍睹，此时的李德禄没有详细询问，似乎也不该问起。他现在要做的是，必须请鲁干卿帮忙，将珠宝尽快脱手，使自己走出这云谲波诡的险恶之境。

于是，李德禄详细地向鲁干卿说了自己此次来上海，是奉孙殿英军长之命出售古玩玉器，需鲁干卿帮忙秘密成交，事成之后各有好处等等。鲁干卿听罢，当即答应愿意帮忙，不负孙军长重托等。片刻之间，李德禄身上的担子轻松了许多，恐惧之心也荡然无存，觉得此来上海，旗开得胜已成定局。

由于李德禄提出在百乐门饭店居住不大安全，鲁干卿便让他和副官携带珠宝来到豫商公货栈居住，同时发电报和孙殿英联系，告知李德禄等人一切顺利，正在秘密联系买主。经过几日奔波打听，鲁干卿终于和一位叫吴世安的香港人接上了头。经从侧面了解，这吴世安专做中间商的行当，以吃买卖双方的差价为生。此人久跑上海、香港两地，所交往的皆是中外巨商，其本人举止大方，出手阔绰，在一些公开场所，出出进进都有上海名妓前呼后拥，陪酒陪睡，颇有不可一世的巨商派头。鲁干卿和吴世安接触并侧面了解后，觉得此人虽有些华而不实、故弄玄虚的成分，但考虑到此是经纪人的通病，且未闻此人有什么大的劣迹，便将销售珠宝一事如实相告，请他代找商人做成这笔生意。吴世安当场答应。

这人际交往，似乎确是吴世安的强项，第二天上午，他便向鲁干卿传话，说找到了一位外商，对方提出看货成交。鲁干卿回复可行。同一天下午，吴世安便陪着一位外国商人来到豫商公货栈验货。李德禄怕其中有诈，只开了三箱价值相对低下的珠宝让其过目。就是这样三箱，也直把吴世安和外商惊得目瞪口呆，许久说不出话来。经过一番讨价还价，最后双方终于达成共识，商定价格，同时议定买主以金条和美金支付。那位外商当场打开随身携带的小皮箱，从里头摸出几捆美金作为定金，其余款项，待交货时一次付清。验货之事很快结束。

第二天上午，李德禄同副官王登瀛，带着事先验过的三箱珠宝，搭乘豫商公货栈提供的小汽车，来到上海租界霞飞路的一家三层小楼，然后又进入了那位外商事先说好的房间。吴世安和外商早已在此等候，稍做寒暄之后，外商示意将三箱货物搬进自己的卧室，李德禄和副官自然照办。待到卧室后，李德禄又小心地打开皮箱，把珠宝一件件拿出来，请外商过目。那位外商在验看后，点着头，极其小心地又一件件装进靠墙并排摆着的两个皮箱里。待一切交清后，外商给自己的皮箱上了锁，接着又同李德禄等人一起来到会客厅，一边喝茶抽烟，一边交付货款。这时，那位外商说道："按各国银行的规矩，若不提前告知，商家一次不能提取过多的现钞，因时间紧急，来不及告之银行准备，银行以款项太大为由，不予全部提取，只给少部分。我们今天一连跑了三家银行，才凑到约四分之一的款项，不知将余下的款项以支票支付如何？"

李德禄一听，心中颇感没底，这时吴世安在一旁巧嘴弄舌，直言外商所云乃事实情况，如此巨款，银行很难一次兑付，即使支票，怕也要三天才能全部取完。李德禄一听，觉得似乎有理，便答应下来。等点完了约全部货款四分之一的金条和美金后，外商将余款的美金支票开成三张，分别盖好印章，以便取起来方便。李德禄接过支票反复端详了数遍，见无破绽，便放入自己的衣兜，准备去取现金。等一切结算完毕，李德禄准备起身告辞时，只见吴世安插话道："如今银行已下班关门，还是明天一早再去取吧。这次生意顺利做成，双方皆大欢喜，我也赚了一笔，不如由我出面做东，请大家到东方饭店吃顿便饭，逍遥一下吧。这也算是我对诸位的感谢。"

吴世安说完，那位外商立即表示欢迎。李德禄虽心中总有些不踏实，但见吴世安热情相邀，那位外商也兴致勃勃，不好拒绝，只好答应前往。为慎重起见，李德禄让副官王登瀛将收到的黄金和美金乘车送回豫商公货栈，自己则随吴世安和外国商人乘车进了东方饭店。三人在这座闻名上海的大饭店里，先是饮酒作乐，再是打牌跳舞，中间连续换了十几个浓妆艳抹的女人作陪。待三人折腾了大半夜后，吴世安又主动给李德禄在东方饭店开了房间，同时让两名妓女在身边侍候。翌日，待他醒来时，已近中午，吴世安、外国商人连同两名妓女早已无踪无影了。

　　李德禄睡眼蒙眬，如梦如醉地回到豫商公货栈，将昨日情形同鲁干卿一说。鲁干卿大惊，让李德禄速去银行取款，以验真假。李德禄急忙来到外商开具支票的那家银行，想不到银行职员在验过支票后，冷冷地说："我们银行根本就没有这家的存款，怕是你弄错了或被骗了吧！"

　　这句话如同晴天霹雳，震得李德禄半天没回过劲来，当他明白过来时，才知道自己确是受骗了。

　　李德禄转身返回豫商公货栈，找到鲁干卿说了受骗一事，并问有什么办法可以挽回，鲁干卿痛悔不迭，只好带李德禄火速赶往霞飞路那位外国商人居住的小楼去找买主。一路侥幸地想着，跑了和尚庙还在，想不到等叫开门一问，才知这楼房压根不是那位外国商人的，此人只在小楼租住了一天，便退房走了。李德禄自是不肯相信，便让房主打开三楼的那间屋子一看，里边空无一人，两个盛放珠宝的皮箱更是不见踪影。见此情景，鲁干卿又赶紧带李德禄大着胆子以谎话报请了当地警察署及巡捕房，请求派人分赴轮船码头及火车站追寻行骗的外商。偏有巧合的是，当李德禄随巡捕房的巡捕共同赶到码头时，开赴香港的轮船刚刚驶出码头，扬笛长鸣，离岸远去了。

　　李德禄又急又气地在码头跺了一顿脚，然后垂头丧气、无可奈何地回到豫商公货栈。经副官提醒，李德禄觉得此事一定与吴世安有关，并极可能是他设下的圈套，至于鲁干卿在其中扮演了什么角色，也颇值得怀疑。

20世纪20年代末的上海外滩

想到此处，李德禄又请求鲁干卿陪同自己去找经纪人吴世安算账，想不到吴世安早已溜之大吉，不知去向。

李德禄此时眼珠子红得要渗出血来，他深知这三箱珠宝来得是怎样不易，更深知此次上海之行，是带着军长孙殿英以及全军将士怎样的重托和信任。现在这一大宗珠宝却不明不白地丢掉了，而且丢得又是如此窝囊和有口难辩，自己怎么回去向孙殿英和全体将士交代？焦急与悔恨中，李德禄那兵匪的鲁莽与狠劲再次冲入脑际，他暗下决心，此事不弄个水落石出，决不回去。

于是，他和两名副官便在豫商公货栈长期住了下来，那位鲁干卿总经理觉得此事是由自己牵线搭桥而办糟的，自是感到惭愧和窝囊，也只好对李德禄等人一直热情款待，帮忙出谋划策。

李德禄在鲁干卿的帮助下，花了一大笔钱，请了黑道人物为其寻觅吴世安的下落，经过近一个月的打探，终于探听到了吴世安的踪迹。李德禄亲自出面随黑道人物一起参加对吴世安的追踪，并很快在百乐门饭店706房间，将吴世安诱捕，然后又押往上海外滩一个偏僻的角落进行审问。

面对黑洞洞的枪口，吴世安只有如实交代行骗经过。原来那外国商人是黄金荣手下一个青帮头目装扮而成，骗去的三箱珠宝已落到了黄金荣的手中。他本人只不过是受青帮委托，充当了一个行骗的道具而已。

一切真相大白，李德禄觉得对黄金荣无可奈何，只有哑巴吃黄连，有苦往肚里咽，但又感到实在咽不下这口恶气，干脆一不做二不休，索性让黑道人物拿刀将吴世安捅死，又剁下一只手，自己用布包了，留作回去向孙殿英交差的证据。当这一切做完后，又将吴世安的尸体装入麻袋，把口扎严，抛入滚滚大海，算是了结了一段孽缘。此事处理完毕，李德禄返回豫商公货栈，告别鲁干卿，带了副官和余下的两箱珠宝，辗转向军部所在地大名而去。

李德禄等人来到大名府军部，哭丧着脸向孙殿英叙说了上海滩发生的一切后，孙殿英自是既心痛又气恼，但看到自己的哥们儿那可怜兮兮的样子，又无可奈何，只好将李德禄和两位副官臭骂一顿而作罢。当然，李德禄从上海带回的特殊礼物——吴世安的那只已经开始发霉变质的手，也被扔掉喂狗了。

李德禄的悲惨遭遇，说明上海滩是不能再去了，平津、青岛等地风声正紧，暂时亦不可贸然闯入，而孙殿英又觉得大宗的珠宝在自己手里总是放心不下，于是，便再命李德禄携从上海带回的那两箱珠宝赴山西大同，找到阎锡山属下晋军的一个旅长，自己的拜把兄弟田海泉，请他暂时代为收藏。

想不到这两箱财宝刚送去一个多月，田海泉就从山西大同赶来了。一见孙殿英，田海泉伏地大哭道："殿元兄，我实在对不起您，李处长送我那里的两箱东西，由于自己用人不当，交友不慎，被人偷去了一箱，另一箱也被人偷换了好多件，所剩无几了。前几天我接到调往绥远剿匪的命令，收拾行李时才发现，无奈贼人早已远去，我又必须马上离开山西去西北，首尾难顾了。今特地赶来向大哥辞别，顺便禀告此事，剩余的东西也都带过来了。大哥，小弟办事不力，我愿接受一切处罚，毫无怨言……"孙殿英听着，先是惊愕，随后马上明白了这是田海泉见财忘义，起了歹心，将自己的宝物偷偷扣留，又谎称被人窃走，如此无耻的小人，竟和自己称兄道弟这么多年，真是世道险恶，人心难测。孙殿英一咬牙，想给这位昔日的结拜兄弟一点颜色看看，但转念一想，也许这是天意。天意至此，无可挽回，就自认倒霉吧。想到这里，孙殿英铁青着脸，脸上的麻坑突凸而出，极不耐烦地大声说："算了，算了，别他娘的给我装模作样了，你那点小心眼老子清清楚楚。此事以后再说，你他娘的快给我滚蛋吧！"

田海泉爬起来，假惺惺地感谢一番溜了出去。孙殿英望着他的背影气愤难平，暗生杀机。四年之后，当孙殿英率部来到包头时，突然想起了在此地驻守但已被解了军权的田海泉，于是杀心顿起，派手下两名弟兄将其悄悄刺死于包头家中，报了这次失宝之仇。

孙殿英一看那担惊受怕盗来的奇珍异宝，不是用来行贿，就是被拐受骗，最值钱的差不多都折腾光了，不但钱没换回多少，反而自己的一位师长还给关进北平陆军监狱，至今未能出狱。他一气之下，竟不顾一切地再次命令几个手下弟兄，将剩余珠宝的大部运到天津、青岛的英法租界秘密出售。由于有了以往的经验和教训，又是在外国租界内售卖，相对顺利，总算实实在在地换回了为数可观的黄金和美钞。孙殿英在梁朗先的建议下，用这批款子购买了一批军火。其中丹麦式轻机枪528挺，小型平射炮145门，新式套筒步枪5000多支。孙殿英将这批军火装备到各师团后，十二军已成为装备精良、实力雄厚的一股军事力量。为此，全军将士精神大振，孙殿英也一跃成为北方各路军阀中一颗耀眼的新星。

商震

超级军事法庭

由于孙殿英采取的贿赂攻势以及国民政府大员们的内部争斗，东陵盗宝案的审讯暂时搁置下来，直到1929年4月20日，在清皇室及各界人士的呼吁和舆论界的压力下，以商震为首的特别法庭才急急忙忙地开庭预审。当时的《晨报》对预审的情况做了如下报道。

东陵案昨日预审详情
预审将竣王张氏无罪保释 商震昨对记者谈话

东陵案昨日（二十日）下午四时三十五分举行预审，六时散会。兹将其经过详情与省主席商震之谈话，分志于下：

审判情形：昨日（二十日）陵案军法会审预审开庭。由法官张柱宣布一切。三时三十分，审判官邱山宁、赵经世、周学海、李竞容先后到齐，四时二十分审判长商震到会，预审开庭。审判长、审判官依次入庭，张桂与周仲曾坐于两旁，先由法警提出嫌疑犯杨震国，经赵经世亲讯问，杨之供词与前无大异。次提巴建功，巴系军人，与陵案有重大嫌疑，供词甚为狡猾，经审判官反复开导，巴供如实。次提王张氏，审判长谓汝羁押数月，经三次审讯之结果，汝确为嫌

東陵盜墓案

積極預備審理

昨衛戍部軍事審判處議決

二集審判官邱山寧易名趙史

〔明說真寫〕

望天雲·（裴雨雲）

東陵盜案預備審理
的報道

疑，姑从宽，准汝保释。王张氏衣灰布，形容极憔悴，由六七名法警送出卫戍部。次又讯某犯，关防较严，复送原机关还押。

各法官旋在会议庭开会，佥以本案预审，手续大体竣事，即可终结，整理各案件电请中央请示后，即可公开审判，遂散会。

商震对记者谈话

问：陵案本日开审情形如何？

答：今日仅提巴建功、杨震国两犯讯问，口供大致无差，且经质问，均无差错。王张氏仅有嫌疑，下次开会即结束，并可商订公开审判，以结束本案。

（以下问答与陵案无关，从略）

这次预审一个多月之后的6月8日，特别法庭对东陵盗案进行了预审的终审程序，《晨报》为此再做报道：

东陵案预审昨终审

起草判决书送呈军政部 下星期六再开谈话会

东陵盗案昨日（八日）在平津卫戍司令部举行最后预审。审判长商震，审判官邱山宁、李竞容、赵经世先后到庭，军法官周仲曾、张桂依照先例部署一切。兹将其经过详情分志如下：

审判情形 昨日（八日）下午三时四十五分钟开审，审判官邱山宁、赵经世分坐于审判长商震左右。先提巴建功至，讯问去年掘陵墓情形，一一招认不讳，旋又提张岐厚至，讯以造意犯指使之经过，张均承认。最后提某官至，讯以当日指挥部属掘陵及贩卖赃物各情形，某坚不承认，谓本人站在革命立场，万不能做此，且计时日本人并不在遵化。邱山宁谓人证俱在，无容狡辩，遂提巴建功、张岐厚至向之质证，巴、张当谓该人事已至此，赖又何益，国法俱在不如招了，或可希末减云云。赵经世与李竞容反复开导，伊始俯首无言。此项辩论历时三个钟头，审判长遂带（疑落一"回"字）原押。次又提审某军官之弟至，略一讯，时间七时遂宣告预审终结，散会。

临时会议 商震在会客厅与赵经世等举行谈话会佥以上次所拟之审判书，其中情形微有歧异，应另行起草，推周、张两法官起草，先由赵经世、李竞容等审正。约定下星期三开谈话会讨论一切，赵经世主张改在下星期六讨论最后之判决书，呈报军政部请示办法。其中罪轻者得酌量情形分别首从，以资判决，其案由大致分为掘陵、盗窃、军人犯罪等项。

商震谈话 记者于散会后，谒审判长商震，商谓今日仍属预审性质，其详情恕未便奉告。惟本日所审者为巴建功、张岐厚及某军官等，巴、张两人极为痛快，不失为自作自受之一好汉。全案判决其情较重者，当依法办理，其次将判决十一年、九年、七年以致数月徒刑均有之。惟希望法得其平，以保证军法独立之精神。下星期二即开谈话会，将判决书审订后，即送军法部请示执行。军法会议之责，届时可告一结束。本案困难之点亦不在少，好在人证齐全不难执行也。

6月15日，《晨报》报道了特别法庭为东陵案举行最后会议的情况：

复旦社云：陵案自上星期六开会议决本星期六举行最后审判，并拟定审判书呈报中央后，久悬未决之陵案正式结束。关于赃物问题，高等军法会审拟辨定赃物入土几时，辨定何者为乾隆、慈禧殉葬物及估计价值若干。因于前日特函请故宫博物院保管处考古学家马衡及北平总商会玉器行、古玩行派经验之专家会同鉴定。昨日下午二时陵案审判委员赵经世、邱山宁、李竞容，军法官周仲曾、张桂均到卫戍部，先在会议室内开会，商议一

媒体关于东陵盗宝案审判尾声的报道

切办理结束手续，并派军法官周仲曾由大陆银行保险库将赃物取出以供古玩家鉴定。下午三时许，古物保管所长马衡及商会所请专家黄某等六人到会，与审判员先开谈话会，移时周仲曾将赃物取到，即在会议室桌上将赃物包封打开，按号由马衡检视。军法员陈鼎五按号提出，计第一号：天津警备司令部交到赃物八包；第二号：空心镯一对，宝石八颗；第三号：八宝石镯一对（附片子五张）；第四号：义文斋仿珍珠一百七十二粒；第五号：珊瑚金珠镯一对；第六号：大小珠花四枚；第七号：八宝镯一副；第八号：玉带头一对，佩玉两块；第九号：红绿珠一包；第十号：珠一包；第十一号：双玉带一串；第十二号：珠一包，约一二两。由审判员赵经世、李竞容等会同检视。结果已证明：何物出土多年，何物为乾隆、慈禧葬物。马衡并述明鉴定之理由，因乾隆、慈禧棺椁，与普通坟墓不同，普通坟墓入土后即用土掩埋，乾隆、慈禧陵系停于石室内与湿土隔离甚远，且湿气不易侵入，故所有珍珠玉宝均无损伤，惟光色较黯。乾隆陵内葬物较慈禧后葬物反能保存时间最久，珠上光泽未退。至赃物估

价问题，各古玩专家因种种关系并未估价，即姓名亦不愿披露。下午五时将赃物检查完毕后，由审判员赵经世、邱山宁、李竞容将赃物保（疑系"包"字之误）妥，上盖印章。五时半由周仲曾将原物送回大陆银行保存。五时四十分散会，并订于今日下午二时举行最后审判，审判长商震亦出席。同时将判决书原稿拟妥，寄呈中央，听候复示，以便定期公开审判。记者会后特访邱、赵两委员，志其谈话如下：

邱山宁谈话　本日陵案并非会审，系请故宫博物院古物保管所鉴定赃物，以便明日最后审，作一相当证据。检视之结果已将赃物入土时之远近及何为乾隆葬物，何为慈禧葬物，先后检视共十余包。明日下午二时，仍在卫戍部开会，商震审判长亦出席，陵案再经此次审讯，即可结束云。

赵经世谈话　今日陵案会审法庭特请故宫博物院古物保管所马衡鉴定赃物，同时并邀古玩商行六人估计价值，至五时余检视完毕。明日下午二时，开最后审讯，并将审判拟定，由委员长及各委员、军法官共同签署，呈报中央，俟中央复电到后，再行公判，陵案至此已告一段落。此次陵案为全国注目事件，办理手续上格外慎重，遂经此数月时间。余拟于陵案正式公判后即赴济南，至陵案人犯其中有应减轻罪者亦待明日会审中讨论云。

6月16日，《晨报》对东陵盗案做了最后报道，其中透露了包括"判决草案"的全部卷宗，已"汇定一巨册"赍送赴京，静候军政部军法司宣判执行等。报道称：

审判陵案尾声
昨日各军法官会议　派员赍送全案赴京

东陵案自去年秋间发生后，迄上星期六（八日）由高等军法会审处最后预审终结，前日（十四日）检查赃物。昨日各军法官会议，决定将全案卷宗派员赍送北京。兹将详细经过，分志如下：

全案经过　东陵案系去年秋间遵化县驻军勾结守陵满员，将顺治、乾隆、慈禧各陵盗掘，窃盗赃物。经清室载涛与文化保管委员举发，中央遂令商震组织高等军法会审。将青岛、天津、北平各地之军犯提案审讯。分库案与陵案两部，其库案各犯有与陵案有关，亦有无涉者。概于去年十一月间移送普通法院办理，其陵案部分商人七名于夏历十二月，由北平总商会保释，具结随传随到。其属于军人之谭温江、戴明德、巴建功、张岐厚等四人，则始终在卫戍司令部看守所看押。在逃杨震国之女人杨赵氏则押于地方法院看守所内。先逃逸各犯则依法办理。八日预审终结，人证齐全，此案遂告一段落，专听中央军政部依法处置。

会议情形　昨日（十五日）下午三时，高等军法会审法官张柱、周仲曾，先至会议厅，携同判决草案，专候会议。逾时审判官赵经世、邱山宁、李竞容先后莅止，四时二十七分，审判长商震至。各法官皆着军服，态度极其隆重庄严，禁绝外人入室。商震主席由邱、李审判官将判决书理由逐一说明，并声述完全根据军法，毫无偏袒纵徇之处。其判决书内容为合并判决，约八万余字，汇定一巨册。其审判文为盗劫东陵案之情节；其本案理由，则搜集各种证物、证人之实据。所有各犯罪名，均汇一处。最后署名为：审判长商震，审判官赵经世、李竞容、邱山宁等署名盖章。商震等分别翻阅，约有两小时。其中临时修正，补充约有数处。最后决定派员赍送北京，其杨震国之妻杨赵氏，因事前不知，情节可原，准予取保释放。

送京案卷　全卷计有十八卷：一、口供录有，二、存查之件；三、证物清卷；四、各处来文；五、原告诉状；六、移交案卷等。此外尚有所获之赃物及其他一切物件，均行加封缜密保存。借用河北省政府印信，加盖印信诸事，于今日办妥，赍送北京，静候军政部军法司

审判东陵盗宝案的
卷宗

宣判执行。

机关保存 商震等于本案诸事会商告竣后，即继续主持会议。军法会审机关问题，金以本案预审终结，但全案仍在待令执行，机关有保存之必要。处内之法官周仲曾、张桂，助理员陈定五、黄光瀛，皆属卫戍部内调用。其书记官田树勋及书记，数月以来勤慎从公，且将来执行本案时亦需人助理，酌予保留，其他冗员则行裁去。各审判官与军法官，对本案之责任均未解除，宜照常供职。即有因事暂时离平，届时亦当来平参加执行。

特别法庭的案卷上报后，几个月过去了，依然没有批复。这个时候，除军政部长何应钦因收到孙殿英的贿赂和宋氏二姐妹的关照而故意拖延外，更为重要的是，中国的局势又发生了巨大的变化。蒋、冯、阎三大军事巨头在短暂的结合后再次决裂，各方正在酝酿着一场新的争霸战。三方都已刀出鞘，弹上膛，严阵以待，并绞尽脑汁日夜思虑怎样不被对方吃掉而是吃掉对方。在这新的危急的紧要关头，对东陵盗案的首犯谭温江来说，无疑是一个逍遥法外的天赐良机。

冯玉祥：魁元弟，我佩服你的胆量

自1928年初夏北伐胜利之后，蒋介石便以裁军养息为名，想借机削弱李、冯、阎三个北伐方面军的力量。到1928年12月，蒋介石在南京再次召集各路将领商讨裁军事宜。随着这次会议的不欢而散，各方势力再动干戈已不可避免。整个1929年，蒋、冯、阎、李四方将领，都在做着相互拉拢又相互打击的明争暗斗。这种打打拉拉、拉拉打打的翻云覆雨的结局是，李宗仁、白崇禧的桂系首先被蒋介石击垮，然后阎、冯联合的倒蒋序幕拉开。

到了1930年2月，阎锡山发出电文，强烈指责蒋介石武力统一的论调。很快，南京国民政府由行政院院长谭延闿、立法院院长胡汉民、司法院院长王宠惠、考试院院长戴季陶联合发出《忠告全国军人书》。2月13日，阎锡山又回电驳斥。经过一个多月的电报大战，中原大战不可避免了。

1930年4月1日，阎锡山在太原就任陆海空军总司令，并联合冯玉祥通电倒蒋。4月5日，蒋介石正式下达讨伐令，以中原为主战场的近现代史上著名的中原大战由此开始。

1928年，国民革命军北伐成功时的三巨头合影。左起：冯玉祥、蒋介石、阎锡山

就在阎锡山同蒋介石展开电报论战之时，驻在大名的孙殿英先后接到了阎锡山、冯玉祥派来的使者，劝其归顺。这个时候的孙殿英手下已扩充到五六万人，在其驻地的北部是阎锡山手下大将商震、徐永昌等，其南部则是冯玉祥的队伍。由于孙殿英恰好夹在二者之间，而阎、冯联合倒蒋在即，为了扩大自己的实力，更为了不让孙殿英成为插进阎、冯软肋之间的一颗钉子，双方都派人劝孙殿英归顺其部，以全力倒蒋。

孙殿英同时受到阎、冯双方的邀请，受宠若惊，自感脸上很有光彩，何况当年还是暗中受到阎锡山的启示和庇护才来到大名，有了这块地盘的。受人滴水之恩，当涌泉相报，孙殿英爽快地答应，表示要与阎、冯同心协力，共同倒蒋。冯玉祥得知孙殿英的态度后，任命孙殿英为讨蒋第五路军总指挥，兼安徽省主席一职。

孙殿英得到了冯玉祥的任命，惊喜交加，待中原大战开始后，立即召集师、旅长会议，商讨奔赴中原战场之事。当一切商讨完毕后，军部参谋长冯养田又突然提出谭温江一事，说道："由于谭温江师长仍押在北平陆军监狱未得释放，原第五师弟兄军心不稳，有厌战情绪，其他人很难驾驭，官兵盼谭师长归队的呼声很高。现在我们既决定与中央对敌，南京政府法律已无遵守之必要，且阎总司令正在倚重钧座，我军也正急需将领之时，不如趁此机会给阎总司令发个呈文，声明谭师长所得珠宝，都属剿匪所缴获，并无盗陵之事。现本人被误捕，羁押年余，亦无证据，自应还其自由，令其归队就任，为国家之前途效力，我想阎总司令是会照准的。一旦谭师长出狱归队，那些关于十二军盗陵的种种传闻，便不攻自破，十二军全体官兵自此之后与盗陵案便再也没有半点瓜葛了。"

众人听罢，都点头称是，孙殿英更是点头赞许，当即令梁朗先回办公室书写公文，以电报的形式发给阎锡山。同时令各师长、旅长整饬队伍，向中原进发。

阎锡山接到孙殿英发来的关于请求释放谭温江的电报后，当即准许，并发电致北平卫戍司令部，令其放人，谭温江被立即释放。当时一位曾在卫戍司令部任职的军界官员，多少年后对谭温江出狱的情况，以南海胤子的化名回忆道：

这日谭师长正在监狱里请大家吃饭，忽然传达长走来，笑着向谭师长说道，传达给师长道喜。谭师长不知什么事，忙道，有甚喜事呀。传达长道，今天听说总部下了一件公事，大概是前线上用人，孙军长保释师长，仍然回任，公事已到了警备司令部了，今天就许有人来接师长。谭温江听了这句话，哈哈大笑道，我早就料到，河南不开仗，我这条命就算交待了，如果一开仗，前线非用我不可，我便能官复原职。诸位弟兄，谁愿意跟我走，我到了河南，一定可以安置个事做。当时便有两个

北平陆军监狱旧址

宪兵应声说道，我们愿意伺候师长。谭温江道，好极了，我一出狱，你们就去告长假，大约三两天就得动身。两个宪兵自是喜欢。众人借此为由，都说今天借着师长的筵席，我们再添几样菜，就算给师长贺喜了。谭温江向夫役道，好好，你去吩咐厨子，叫他多做些菜来，我们大家要痛饮几杯。当时谭师长非常高兴。大家直吃了三个多钟头的酒饭。果然下午四点多钟，便有孙军长派来的几个军官同总部留平办公处的副官、警备司令部的参谋，会同监狱官，请出谭师长，说道，师长大喜了，总部有命令，请师长仍回本任，现在汽车已来了，请师长就此走吧。谭师长笑道，不要忙，我在这里住了一年多，临走的时候，也应该向各位辞辞行。大家都说师长不要客气了……

谭师长温江在许多人欢送之中，气宇轩昂，满面笑容，迈开虎步出了陆军监狱，坐上汽车，向送行的监狱官等点头，两名马弁随车保护，有如风驰电掣，直奔留平办公处去了。

在他临走之前，由总部驻平办事处，在北京中山公园来今雨轩设宴招待，一是"洗冤"，二是送行。第二天谭温江就在一片欢送声中，乘车直往火车站去了。

当谭温江乘火车来到郑州时，孙殿英的前锋部队已由东明、长垣过黄河，经开封、考城直抵安徽亳州。孙殿英本人则率梁朗先、冯养田等在郑州一面等待冯玉祥，一面等待谭温江的到来。

就在谭温江抵达郑州的当天，冯玉祥也来到了郑州。于是，孙殿英便带着自己的幕僚及谭温江等人，来到冯玉祥下榻的寓所受命。

令孙殿英和随行的幕僚们吃惊的是，冯玉祥显得极其开朗和热情，一见面就对孙殿英说："老弟，我们很早就打过交道，当年南口一战，你可是打得我好苦啊！行，你和你的弟兄都是好样的。"冯玉祥很是真诚地夸赞着，然后又一同来到酒席宴前，举杯言欢。席间，孙殿英及其幕僚不免有些拘束，而冯玉祥却谈笑风生，一副对中原大战胜利在握的得意样。当双方都几杯酒下肚后，孙殿英开始介绍随行人员的情况，当介绍到谭温江并说谭因东陵盗案刚刚从北平陆军监狱释放，就匆匆赶来郑州准备率部参战时，冯玉祥似嬉似娱地说："魁元老弟，我真佩服你们的胆量和行为。就革命而言，我干的是活的（指1924年的逼宫，驱逐溥仪出紫禁城），你干的是死的（暗指东陵盗宝），你我可以说是殊途同归，干的都是反对满清的革命勾当，不过你干得更好，听说那个老太婆也让弟兄们整了……"冯玉祥说完哈哈大笑起来。

孙殿英让谭温江一道出席宴会，本想借此机会向冯玉祥说明，自己手下的弟兄并未盗陵，外边的一切传言都是假的，以表自己和军队的清白。但此次听冯玉祥如此一说，他大为震惊，他万万没有想到，堂堂的冯总司令还赞扬自己的盗陵掠宝为"革命行为"，这和自己在盗陵前向手下弟兄讲的那番话何等相似，甚至相似得如出一辙。冯总司令这番话，不只是对自己当初那番论断的证实，更重要的是，东陵事件由羞于叙说和不敢承认，一下转变成一桩极其光荣和自豪的革命行动了。孙殿英感动万分，大有"识魁元者，乃冯总司令也"的感觉，遂涨红着脸，猛地站起身，举杯在手，对冯玉祥表白道："这次跟冯总司令打老蒋，我孙大麻子决不含糊，决不当孬种。赴汤蹈火，在所不辞！"

冯玉祥听了孙殿英的一番表白，高兴之情溢于言表，当场提议举杯共饮，以示倒蒋之信心。

第二天，孙殿英在郑州领了冯玉祥拨给的弹药、粮饷，奉命向安徽亳州方面开拔而去。

中原大战爆发后，陇海线位于全局的中央，而津浦、京汉两线，则是战区的左右翼，因而作战双方的主力部队都摆在了陇海线上，以示对中央战区的控制。5月2日，蒋介石在南京举行誓师典礼，表示一定要与阎、冯拼杀到底。5月8日，蒋介石渡过长江，先后到蚌埠、济南、兖州视察作战准备情况，然后返回徐州坐镇指挥。5月11日，双方摆在河南、山东的部队开始大规模火力接触，中原大战进入第一阶段。8月1日，双方战斗激烈。时逢雨季，中原上空大雨整日不绝，阎锡山部队的大烟枪因雨季潮湿而点不着火，土炮也无法点燃，官兵精神萎靡不振。而蒋介石部队由铁路运送兵员给养，来势凶猛，更有飞机配合，战事比较顺利。尤其是在战争发生后，孔祥熙帮蒋介石从德国购买了当时世界上最先进的新式大炮运到前线，在阎锡山的土枪、土炮均难以点火发射的情况下，形成了强大的军事优势，蒋军的大炮可以在暴风骤雨中昂首挺立，一点不受外界条件影响地猛轰阎、冯联军阵地，阎、冯联军损失惨重。

在中原大战之前，阎锡山、冯玉祥满以为双方的军队合起来，再加上孙殿英的几万人和所持有的精良武器，打败蒋介石已成定局。因之对东北的张学良未做联合的表示。当时阎、冯的战略是，只要张学良按兵不动，则无关中原的胜负大局。但几个月的战事情形表明，双方尽管依然呈胜负未分的胶着状态，但从整个战局和后劲看，已有不利于阎、冯联军之势。在这危急的紧要关头，阎、冯不得不向东北的张学良求援了。

中原大战时期的宋美龄

此时的张学良尽管按兵不动，但一直密切关注着中原大战的形势。在他看来，中原的鹬蚌相争，正好使他这个渔翁从中得利，不管谁胜谁负，最终双方都要倚重他。果然未出所料，当阎锡山派出贾景德、薛笃弼前往秦皇岛面见张学良，请求助阎、冯一臂之力时，蒋介石派出的说客吴铁城也赶奔而来，请求少帅出兵助蒋。

面对双方的说客，张学良深知自己这颗大号砝码，若加到蒋方，则蒋胜，加到阎、冯一方，则阎、冯胜。但此时他却举棋不定，静观时局的变化，对双方说客都表示冷漠，既不承诺，也不否定，只是在稍做应酬之后，一个人悄悄躲回了沈阳少帅府。

在蒋介石的说客吴铁城颓然回到南京后，蒋介石并不死心，在经过又一番周密的策划后，让其夫人宋美龄亲赴沈阳帅府劝告游说。宋美龄的伶牙俐齿，谈吐风度，真挚承诺，使张学良有些动心。而这时阎、冯联军的颓败迹象已明显表现出来，张学良权衡再三，终于答应了宋美龄的请求，表示发兵进关，抑阎、冯而助蒋。

很快，东北军兵分两路，浩浩荡荡地向关内进发。东路出山海关沿津浦线南下攻击阎锡山部，西路自朝阳、承德进关，沿平汉线夹击冯玉祥、孙殿英部。张学良军队的突然进关，无疑使阎、冯联军雪上加霜。阎、冯见已无取胜的可能，便决定主动退兵以自保。于是，阎锡山急派手下头号大将、能守善战的傅作义进兵涿州，堵截南下的奉军，以保主力部队后撤之路。傅作义不愧是一员智谋双全的儒将，进兵涿州坚守后，使奉军三个月未能攻克，为阎、冯联军从中原顺利撤往山西争得了时间，创造了条件。在这个空隙中，阎锡山部队分别从石家庄、邢台退到山西太原，孙殿英部取道博爱、修武退到晋东南，冯玉祥部自潼关渡河退到山西汾阳。

至此，持续了半年多的中原大战，以张学良的入关，阎、冯联军的失败，蒋介石的胜利而告终。

阎、冯失败后，为减消蒋介石的嫉恨，同时也为保存实力，双双宣告下野，交出兵权，所部统由南京政府编为中央国民革命军，归新任的北平绥靖主任张学良节制。孙殿英部在中原大战中，不但兵员未有减损，反而有所增加，在作战和撤退过程中，收编了多股杂牌军队和当地土匪，人员猛增至八万多人。退往山西后，鉴于他的实力，其军队也由原国民革命军十二军改编为国民革命军第四十一军，进驻山西省晋城、高平、长治一带。

● 溥仪：有我在，大清不会亡

1929年3月5日清晨，溥仪的胞弟溥杰与三妹夫郭布罗·润麒来到了天津张园。当溥杰和润麒给溥仪请过安后，三人便像往常一样十分随便地攀谈起来。谈着谈着，溥杰突然说道："皇上，东陵盗案已发生七个月余，蒋介石政府不但没做任何表示，反而广收盗贼之贿赂，为其包庇开脱。听说孙殿英给蒋介石夫妇送去了一批从陵中盗出的珍宝，慈禧老佛爷凤冠上的珠子成了宋美龄鞋上的饰物了……"

溥杰的话尚未说完，已经触到了溥仪最敏感的地方，只见他神经质地跳起身，径直来到阴气森森的灵堂前，满脸鼻涕眼泪地冲着乾隆和慈禧的牌位说出了不知已说过多少遍的誓言："不报此仇，便不是爱新觉罗的子孙！"

溥杰看到大哥这样子，后悔不该提及东陵盗案一事，便同润麒一道赶紧过来劝说。过了好长时间，

1931年11月10日，在日本人护卫下，溥仪离开天津潜往东北。图为润麒、婉容、溥仪、溥杰

溥仪才从神经质的状态中回过神来，望着溥杰和润麒，突然想起了自己在天津第一次和皇弟溥伟见面时听到的极其振奋人心的话："只要有我溥伟在，大清就不会亡！"于是，随着一股热血和悲怆之情涌向心头，溥仪对溥杰和润麒发誓道："只要我还在，大清就一定不会亡！"

溥杰和润麒随声附和道："是啊，还政于清全依赖皇上了。"

过了一会儿，溥仪极其愧疚地补充道："现在朕苦就苦于没有实力，没有自己的军队和枪杆子啊！"

溥杰和润麒一时默然，并以惊奇的眼神望着溥仪，令他俩想不到的是，现在这位皇上也终于意识到军队和枪杆子的重要了。更令他俩想不到的是，以前看上去软弱无能的皇帝，竟一反常态，变得这样阳刚并热血沸腾起来。若干年后，溥仪在他的回忆录《我的前半生》中，对此时的心情及随后的做法做了这样的描述：

东陵事件后，我的复辟、复仇的思想，这时达到了一个

新的高峰。

在那些日子里，郑孝胥和罗振玉是我最接近的人。他们所谈的每个历史典故和当代新闻，都使我感到激动和愤慨不已，都增强着我的复辟和复仇的决心。和国民党的国民政府斗争到底，把灵堂摆到修复原墓为止，就是他们想出的主意。但是后来形势越来越不利，盗墓的人不追究了，北京天津一带面目全非，当权的新贵中再没有像段祺瑞、王怀庆这类老朋友，我父亲也不敢再住在北京，全家都搬到天津租界里来了。于是我的心情也由激愤转成忧郁。蒋宋两家的结亲，就使张园里明白了英美买办世家和安清帮兼交易所经纪人的这种结合，说明蒋介石有了比段祺瑞、张作霖、孙传芳、吴佩孚这些倒台的军人更硬的后台。这年年末，蒋介石的国民政府得到了包括日本在内的各国的承认，他的势力和地位已超过了以往的任何一个军阀。我觉得自己的前途已十分黯淡，认为在这样一个野心人物的统治下，不用说复辟，连能否在他的势力范围内占一席地，恐怕全成问题。

我在心里发出了狠毒的诅咒，怀着深刻的忧虑，为蒋介石的政府和自己的命运，一次又一次地卜过卦，扶过乩。我曾卜占"国民政府能长久否？"，得"天大同人变离，主申年化冲而散"的一个卦文，其意思是：蒋介石政府将众叛亲离，在一九三二年灭亡。当然，蒋介石的政府如果垮台，可以发泄我的仇恨，使我痛快。

但是任何一个欲望强烈和报仇心切的人，都不会只记得"成事在天"而忘了"求事在人"这句话。我自己几年来的阅历，特别是蒋介石的发家史，给了我一条重要的信念，这就是若求成事必须手握兵权，有了兵权实力，洋人自然会来帮助。像我这样一个正统的"大清皇帝"，倘若有了军队，自然要比一个红胡子或者一个流氓出身的将帅更会受到洋人的重视。因此，我决定派我身边最亲信的亲族子弟去日本学陆军。我觉得这比我自己出洋更有必要。

促成我这个想法的，还有一个原因，就是溥杰正为了要投笔从戎，在家里闹得马仰人翻。他从军的动机本来也颇可笑，与其说是受到母亲遗嘱的影响，立志要恢复清朝，还不如说是由于他羡慕那些手握虎符的青年将帅，自己也想当军官，出出风头。张学良在张作霖死后，临回奉天之前对溥杰说过："你要当军官，我送你进讲武堂（奉军的军官学校）。"于是他便和张学良的家眷乘船离了天津。我父亲看到了他留下的信，急得要命，要我无论如何想个办法把他追回来。天津日本总领事答应了我的请求，发了电报给大连。在大连码头上，溥杰刚从船上走下来，就给日本警察截住了。他被我派去的人接回到天津，见了我就诉说他投军的志向，是为了恢复祖业。他的话触动了我送他去日本学陆军的心思。

我决定了派溥杰和我的三妹夫润麒一同到日本去学陆军。为了准备他们的留学，我请天津日本总领事介绍了一位家庭教师，教他们日文。日本总领事推荐了一位叫远山猛雄的日本人，后来知道，这是一个日本黑龙会的会员，认识不少日本政客。这个人后来也为了我的复辟理想，替我到日本奔走过。我到东北以后，因为他不是军部系统的，受到排挤，离开了我。这位远山教师教了溥杰和润麒不多日子的日文，就为他们的留学问题回到日本去活动了一趟，据说是暂时还不能入日本士官学校，但是可以先进专供日本贵族子弟读书的学习院，并且还得到了日本的大财阀大仓喜八郎的帮助。一九二九年三月，即"东陵事件"发生后七个月，我这两个未来的武将就和远山一起到日本去了。

看得出，此时的溥仪完全是出于一种强烈的复仇、复辟欲，才让二人去日本学习的。他之所以派溥杰和润麒到日本而不是到其他先前一味向往的西方国家学习，是因为这时的西方列强随着第一次世界大战结束，已失去了独占中国的可能性，他们为了保住既得的在华利益，对于被逐出紫禁城的溥仪，只是在表面上给予"关心"和"同情"，实际上却是"敬而远之"。这一点溥仪在刚刚被逐出宫而跑到列强在北京的使馆寻求避难时，就感觉到了。在溥仪求得了日本的庇护，逃往天津之后，尽管西方各国使馆为他提供了优越的生活条件，但每当他为实现"还政于清"的政治主张，向他们请求支援时，西方各国驻津公使亦采取十分"友好"的"回避"态度。而日本方面却表示出异常的"热心"，加紧了对溥仪的控制和拉拢。日本驻津公使按照日本军国主义分子的旨意，一方面给予溥仪优厚的生活待遇，一方面又派出日本便衣警察监视他的行踪和"张园"的一切活动。日本中佐吉冈安直还经常去"张园"，为溥仪进讲"时事"，并暗示日本方面完全可以帮助他重新登上金銮宝座。溥仪在与日本方面频繁接触的过程中，逐渐地改变了原来

溥杰与日本妻子嵯峨浩

将复辟的希望寄于西方列强的想法而转向日本。他认为日本是中国的邻邦，两国在民族心理和地理环境上十分相近；日本自"明治维新"以来，渐已成为亚洲的强国，拥有异常强大的武装力量，唯有效仿日本的"天皇制"，中国才能结束"群龙无首"的军阀混战局面。因而，日本成了溥仪心中复辟大清最合适的"借用力量"。在经过了长时期的观察和筛选之后，他终于把"借助外力"之宝押在了日本身上。而他依赖于日本军国主义分子首先要做到的，就是不惜一切代价培植自己的军事实力。

1931年9月18日，日本关东军采取突然袭击的手段，炮轰国民党东北军奉天北大营，震惊中外的"九一八"事变爆发。

就在事变的当天晚上，奉天大和旅馆1号日本关东军参谋长三宅光治的办公室里，关东军驻奉天特务机关长土肥原贤二，关东军高级参谋板垣征四郎、石原莞尔以及片仓衷等人，按照关东军司令官本庄繁大将的意图，召开了"制定关东军收拾东北局面方针"的紧急会议。会上，板垣、土肥原、石原等三人，围绕着"侵占东北后如何实行殖民统治"的问题，展开了激烈的争辩。他们各持己见，互不相让。平素温文尔雅的土肥原一反常态，竟武断地主张："要建立以日本人为盟主的满蒙五族共和国。"板垣则赤裸裸地提出："将全满作为我国（日本）的领土予以统辖占领。"能言善辩的石原亦与板垣的主张相似。正在这三个人争论得难解难分的时候，日本参谋本部的决策人之一建川美次郎赶到，带来了本部的指示："消灭现有东北政权；树立以宣统皇帝为盟主，接受日本支持的政权，当为上策。"同时还指示土肥原负责"筹划溥仪逃往满洲"的特别任务。土肥原、板垣、石原等三人接到本部的命令后，结束了无休止的争论。土肥原本人则根据本部的指示，立即起程赴天津，准备完成本部交予的重大使命。

溥仪在静园③得知"九一八"事变的消息之后，认为借助日本的武装力量，实现"恢复祖业"的政治主张的时机已经到来。9月30日下午，溥仪怀着喜事临门的预感，前往天津日本驻屯军司令部，会见关东军高参、"九一八"事变策划者之一板垣大佐的代表上角利一。在密谈中，上角讲了事变后日本对整个东北局势的看法，并向溥仪提出潜往东北的意思。当时，溥仪尽管有着即刻返回东北的强烈愿望，但又鉴于上角只不过是板垣的使者，其身份远不能代表日本政府和日本关东军，如仓促做出去东北的决定，怕没有十分的把握。因此，他在是否去东北的问题上，没有给上角利一最终的答复。

正当溥仪顾虑重重、举棋不定之时，庄士敦作为英国外交部的使臣，为办理"庚子赔款"和"归还威海卫遗留事宜"来到了中国。怀揣一种极其复杂的心理，他特地来到天津静园探望溥仪。溥仪在二楼北部的居室内接见了庄士敦。久别重逢，二人甚为欣喜。溥仪为了给庄士敦洗尘，特赐西餐款待。

待酒宴已毕，庄士敦示意溥仪让周围的人退下后，便凑到跟前，拿出了厚厚的一叠手稿，自我表白道："敝人与陛下离别数年，潜心于书斋之中，为陛下撰写的著作已经草成。为纪念我们在紫禁城时的情谊，取名为《紫禁城的黄昏》。此次路经上海时，特到圣约翰大学，请郑广渊一阅。今日能与陛下见面，敬请御笔为本著作序，不知意下如何？"

溥仪接过英文书稿，心中一阵惊喜。他翻开封面，粗略地读了书中的内容，然后又将书稿奉还庄士敦说道："朕与先生相交十余载，砚折之情至今萦绕心怀。作序之事理当由朕完成，只是近来风云突变……"溥仪将事变之后会见上角利一的经过，原原本本地告诉了庄士敦，并颇有感触地说："近来，最使我担心的有几件事：其一，前民国执政段祺瑞与日本频繁往来。日本方面存有推举段组织北方政府的企图。其二，日本人对奉天省长臧式毅也很感兴趣，并有推臧为东北执政的传说。其三，恭亲王溥伟在日本人的支持下，祭祠先祖陵寝④，声称建立'明光帝国'等等。这些消息无论是真是伪，直接关系到复清之大业。不知庄先生对目前的时局有何见教？"

末代帝师庄士敦离
开紫禁城前留影

庄士敦听罢，脸上掠过一丝轻蔑的笑容。他站起身来，呷了一口咖啡，慢条斯理地说道："以敝人所见，东三省事变，是日本吞并中国的第一步。至于目前社会上的传闻，都是受日本方面的指使而为。其实，未来的中国谁主沉浮，上述所有人远不及陛下在中国的地位和声望。日本方面所制造的舆论，无非是刺激陛下尽早出面主持社稷江山罢了。"

溥仪听到这里，转身从书柜中取出一封密信交给庄士敦，并说："这封信，是东北边防军吉林省参谋长兼省政府委员爱新觉罗·熙洽写给朕的。此人是宗室，又在日本留过学，信中也劝我去东北重新登极，主持大计。"

庄士敦看过信后，连连点头称是，并说："熙洽先生对时局的看法是有一定道理的。此时此刻正是陛下借助外力龙归故里，到祖宗的发祥地，先据满洲，再图关内的绝好机会。"

"庄先生与朕所见略同。朕已于辛未九月一日，由孝胥起草、书写黄绢信一封，遣远山猛雄赴日，呈交日本陆相南次郎和'黑龙会'首领头山满，正等待日本方面的消息。"

"好！好！真是绝妙的机会。臣要在我的书中，为陛下加进最后的一章，取名为'龙归故里'！"

后来，庄士敦在《紫禁城的黄昏》一书中这样写道：

把盗陵的犯罪者说成是士兵还是土匪，这无关紧要——在中国内部分裂和混乱的那些日子里，这二者往往是同一含义，没有选择可言。犯罪的主要目的——即使不是唯一的目的——就是盗宝，因为在帝后的坟墓里埋葬大量珠宝和其他珍贵物品已经成为中国的风俗。陵墓都是非常坚固的，只有用炸药才能把它们炸开。棺材被砸开，尸体被抛在地上。曾经占据中国皇位的最大君主之一——高宗皇帝（乾隆）——的遗体和慈禧太后这位"老佛爷"的尸骨被砍为碎片，四处丢散，无从辨认。后来当皇帝派人前去东陵视察时，其惨状真是目不忍睹。视察者回来后将亲眼目击的情景向皇帝做了详细的书面报告，并将其存入皇室档案备查。事发后我曾写信给皇帝表示慰问，皇帝在写给我的回信中附上上述报告的副本。

为了审判几名犯罪的小头目，成立了一个特别法庭，但是尽管如此，他们也只是受到轻微的处罚而已。并没有打算逮捕包括高级军事官员在内的大头目。他们逃避了一切处罚，甚至允许他们保藏盗劫来的赃物，其中的许多珍宝此后便流散到世界各地。中国的国民政府曾两次正式承诺对清陵尽力予以保护，皇帝期待着国民政府能对他说一句同情或遗憾的话，但是他的希望落空了。无论是得势的国民党还是南京政府都没有表示任何遗憾或内疚，他们若无其事，无动于衷。

对皇帝来说，其他一切事情——侮辱、嘲弄、以死威胁、没收财产、撕毁协议——都能宽恕，唯独这种骇人听闻的盗劫祖坟的暴行是无法忍受的。从此以后皇帝对中国——或者更确切地说，对国家管理不善而负有责任的那些人的态度有了很大的变化。就其性格而言，皇帝为人和善，宽宏大量，我从来没有听他对其最残暴的敌人发过一句愤怒的怨言。但这次发生的事他是绝对不能容忍的。在此之前，他也知道满洲的独立运动正愈演愈烈，但他从来没有参加过这种运动，也没有认真地想过将来会有人请他返回满洲故乡的问题。他一直希望中国能够恢复安定，繁荣昌盛。但现在不抱这种希望了。当我第二次访问皇室的时候，这种变化就非常明显了。在我看来，其变化之明显好像他已同其受辱的祖先的灵魂会晤过，而他们却极力劝他不要对使中国本身和使他们都蒙受了耻辱的民国抱有任何幻想，应把注意力集中在三百年前为他们的帝国打下坚实基础的那块土地上。

庄士敦除由于自己和溥仪的特殊感情，而将眼中的皇帝大加美化并有失实之处外，对溥仪心理和思想变化的分析，还是有许多值得后人深思的可信的成分。若干年后，人们可能会找出一千个溥仪出逃满洲并最终成为汉奸与战争罪犯的理由，但东陵盗案以及国民党政府对此事的处理态度和方法，不能不说是加速溥仪彻底堕落成一名卖国者和战争罪犯的一个极其重要的原因。假如东陵盗案没有发生，假如盗案发生后，国民党政府能给清皇室以安慰，并对盗宝者以严惩，溥仪是否会重返满洲并成为后来的溥仪？但是，历史让世人看到的却不是这些假如，却是另外一种相反的情形。

龙归故里

1931年11月1日，号称"东方劳伦斯"的土肥原来到了天津，根据日本参谋本部的指示，加紧了对溥仪的监视和控制。土肥原在天津几乎动用了所有的特务组织，获取了溥仪在静园活动的大量情报。当土肥原得知溥仪"确有逃往满洲之意"的情报之后，便认为采取非常手段，迫使溥仪就范的时机已趋成熟，必须立即将溥仪挟往东北。土肥原即刻以密电请示关东军司令官本庄繁。本庄繁即令板垣征四郎，电示土肥原"应尚待时机"。而这时的土肥原竟全然不顾外务省和驻津总领事的异议，果断地指示天津特务机关按原计划执行，并决定于翌日夜亲赴静园谒见溥仪。

11月2日晚9点以后，土肥原带着金梁来到静园，在客厅中与溥仪会面。为了实现挟持溥仪潜往东北的计划，土肥原在与溥仪单独密谈时，表现出异常的温和与恭顺。尤其是土肥原满口"宣统皇帝"的称道以及带有丰富的政治色彩的"诚恳的允诺"，都使溥仪深深感到，这位在日本关东军中举足轻重的特殊人物所讲出的每句话，都是令人笃信和靠得住的。最后，土肥原凭着自己出色的谍报工作才能，在没有第三者参加的情况下，与溥仪达成了三项政治交易：其一，满足溥仪复辟大清、重登皇帝宝座的要求，决定在东北建立独立自主的帝国，并由溥仪完全做主；其二，要求溥仪无论如何在本月16日前抵达满洲（东北）；其三，谋划了溥仪潜行满洲的具体步骤和方法。土肥原这种经常在没有第三者参加的情况下允诺对方任何要求的特务手段，果然在溥仪的身上发生了效用。土肥原走后，溥仪又怀着异常兴奋的心情，召见了与土肥原同来的金梁，向金梁询问了以袁金铠为首的东北遗老们的情况，以及遗老们在东三省的政治、经济、军事实力等。听完金梁绘声绘色

的介绍之后，溥仪深信潜往东北的时机已经成熟。因此，在11月5日召开的
"御前会议"上，他竟置陈宝琛、胡嗣瑗、铁良、袁大代等遗老们的规劝于
不顾，完全采纳了郑孝胥所提出"潜往东北，借助外力，恢复祖业"的主
张，并决定于11月10日离开天津潜往满洲。

　　土肥原从静园返回特务机关住所后，为了排除挟持溥仪的障碍，他秘密
地背着日本驻津总领事馆，筹划了一起迄今仍是悬案的"天津骚乱"事件。
11月8日晚10时，土肥原指使便衣密探，在临近日本租界的中国管区制造事
端，引出中国驻津部队出动平息骚乱。借此时机，迫使日本驻屯军也调动部
队，占领了日本租界以外沿线，并全部实行戒严。土肥原见计成之后，当夜
向关东军司令部发电报告，直截了当地披露这场骚乱的真相："天津暴乱实
为溥仪出走的一幕。"

　　11月10日黄昏，溥仪做好了潜行前的一切准备。他首先派精通武术的随
侍霍殿阁，前往英租界戈登路王公馆给载沣送信，信中布置了他离津后的一
切安排。然后，他唤来随侍李国雄吩咐道："我今晚要走，你现在去办两件
事。一是告诉司机佟功永随时做好出车的准备；二是将跑车（赛车）的后
厢盖打开，守在那里不得离开。"李国雄答应了一声，便照着他的吩咐去
做了。

　　夜幕刚刚降临，溥仪从静园二楼的居室中走下来，后面跟着随侍祁继
忠。两个人来到停车处，李国雄正准备扶着溥仪上车，谁知这位平时看似笨
拙的皇上转身来到车尾厢处，竟异常灵巧地跳了进去，祁继忠见状也随后跳
了进去。由于他俩的个子高，跳进尾厢后，大半截的身子仍露在外面，怎么
蹲也盖不上厢盖。溥仪见状有些着急地厉声命令李国雄赶快盖好后厢盖。李
国雄看着他俩的样子心中好笑，但又不敢违旨，就使出全身的力气下压，终
于把尾厢盖盖好。而后李国雄又示意佟功永马上开车。车很快抵达日本大和
旅馆，佟司机恭敬地扶着溥仪钻出了尾厢。这时，日本公使馆翻译吉田和日
本军官真方勋大尉迎了上来，将溥仪接入馆中，并让其换上日军军帽和军大
衣，乘日本军车到了码头，然后同郑孝胥、郑垂父子一起，登上"比治山
丸"号汽船，闯过中国驻军哨卡"军粮城"，偷渡白河，于夜半时分抵达大
沽港外，又换乘早已停泊在那里的"淡路丸"号日本商船，两天后的13日清
晨，终于到达了东北营口的满铁码头。

关于溥仪逃往东北的情况，庄士敦在《紫禁城的黄昏》"龙归故里"一节中继续写道：

后来发生的一些事情我就不打算叙述了。皇帝在关东半岛和汤岗子温泉度过了几周之后被正式邀请担任新政府的临时首脑，叫作"执政"（它同1924年段祺瑞出任临时执政之义相同）。"执政"是一个含糊的词儿，意思是"首席行政长官"，中国语言学家是很容易理解的，它指的是临时的性质，决不包含其他任何意思。他们的最终意图是要建立一个君主制的国家。

当皇帝的专车向北开行时，所停各站都有当地和其他官员向其君主表示敬意。他们跪在皇帝面前，并以"皇帝陛下"这一尊号来称呼他。当火车经过沈阳附近早期的清帝陵墓时，发生了一件令人感动的事情，当时火车暂停前进，以便皇帝不离火车而向其祖先的英灵致敬。

龙已回到了故里。

很久以前，中国的一位哲人曾以这样一句谚语教导他的同胞："大难不死，必有后福。"

没有人会否认，皇上已经成功地摆脱了无数巨大的危险：中国革命带来的危机，袁世凯的狼子野心，张勋鲁莽的效忠，对立的军事集团在宫城门前的冲突，冯玉祥无情的暴行，反满狂热分子的暗杀计划，他自己忠实支持者的急躁之情，1931年11月那个漆黑的夜晚之前和之后危及他生命的种种阴谋诡计——正是在那个夜晚，他逃出了他深切热爱的出生之地（正是在那里，他也曾遭到鄙弃、侮辱、劫掠，并被斥之为一个外国人），回到了他祖先的满洲老家。不亚于这些危险的，还有那些潜藏在他自己宫内阴暗角落中，危及他的道德和理智生命的危险——紫禁城中令人不快的有害气氛和令人捉摸不透的毒素。所有危及他的外部危险，使他的安全成了问题。而那些更为致命的内部危险，却未使他遭受创伤。如果上述中国贤哲的话是对的，那么他确实应有一个幸运而幸福的前途……

显然，庄士敦坐在大英帝国那舒适的书房里，喝着咖啡顺手写下这一段的时候，也许未能意识到这个关于溥仪人生命运的结论似乎下得过早了些。而后来的事实证明，溥仪自逃往东北成了由日本军队操纵的伪满洲国的傀儡皇帝后，并未迎来一个"幸运而幸福的前途"。与此恰恰相反的是，随着

1945年日军的投降，溥仪在匆忙潜逃中被苏联红军捕获。由于他在满洲期间同日本侵华分子共同对人民犯下的罪行，他自然地被作为战犯投入监狱，接受审判和改造。如果说有幸运和幸福的话，可能是在十几年后，他出得监狱，作为一个普通公民生活的那段残年晚景⑤吧。

蒋介石：娘希匹，以后不要乱来

1932年，日本帝国主义继占领中国东北三省之后，又举兵侵犯热河、察哈尔以及长城各关隘。中央军一味地避战退让，激起全国人民极大的愤慨，纷纷要求出兵抵抗。是年10月，冯玉祥急忙离开隐居的五台山，来到张家口"爱吾庐"公馆，准备抗战，北方各军亦纷纷开赴长城各关口进行抵御。冯玉祥顺应全民抗日的激情，于1933年5月26日，在张家口发起组织成立了"抗日同盟军"。冯自任总司令，率部开往热河、喜峰口一线和日军干了起来。在冯玉祥及其部下的影响下，在山西汾阳的方振武、鲍刚偕其军校学生亦开赴张家口，准备抗战。其他北方军队、各界民主爱国人士、爱国学生和广大群众，都纷纷响应，誓死抗战，保卫疆土，大有驱逐日寇出中国之威势。当时的热河抗战引发了举国上下的抗日热潮。在这股抗日热潮的影响和阎锡山为了独占山西地盘而有意的撺掇下，孙殿英为雪本人出身低贱和所率军队名声不佳的耻辱，毅然决定响应冯玉祥建立抗日同盟军的号召，率部出兵热河，参加了抗日阵营。

孙殿英的热河抗战，不久即在蒋介石的掣肘和暗中打击下，随冯玉祥的抗日同盟军一道宣告失败。接着，孙殿英被南京国民政府任命为青海省屯垦督办，被迫率部转往青海。意想不到的是，孙部刚到宁夏，就遭到了西北军阀马鸿逵、马鸿宾等马家军的围困和猛烈攻击，孙殿英见西北无以立足，便率部经过血战突围而出，历尽艰难险阻，撤往山西晋祠。也就在这个时候，他手下的几员干将谭温江、柴云升、丁绶庭等，有的阵亡，有的溃逃，有的另有所投，已经没几个人在其身边了。之后，孙殿英被南京国民政府任命为冀南保安司令，又率残部由山西来到冀南。1937年7月7日，卢沟桥事变爆发后，全国再度掀起了抗日热潮，蒋介石在民族抗战浪潮的推拥下，不得不转向抗日，孙殿英被任命为冀察游击总队司令，率部由冀南向山西晋城一带抗敌。其时，国民政府军事委员会将共产党领导的国民革命军第八路军改称国民革命军第十八集团军，但八路军的称呼，仍被广大军民沿用。总司令朱德，副总司令彭德怀，辖林彪、贺龙、刘伯承三个师。1937年底，一二九师刘伯承、邓小平部，由陕北辗转来到晋东南，与孙殿英部相会于山西晋城。因这时孙殿英和部下已有抗日之志，所以和刘、邓部队相处得极为融洽，双方曾在晋城城内大庙前的戏台上，联合举行了多次抗日宣传慰问演出。舞台上下，抗日必胜的口号此起彼伏，两军官兵热血沸腾。孙殿英见一二九师武器弹药比较缺乏，主动从自己部队中拿出一部分慷慨赠予。经过一个多月的相处，孙殿英和部下同刘、邓部队产生了较深的感情，建立了以后若干年内两军互不相伤的友谊。这段友谊，为多少年后，孙殿英在汤阴战役中被解放军俘虏，刘伯承对其格外宽待埋下了伏笔。

日军进攻中条山冀察游击总队孙殿英部

在晋城驻守期间，孙殿英部同一二九师刘、邓部队，共同参加了1938年春反击日本驻太原香月师团进攻晋东南的战役，并在中条山下合力挫败了日军香月师团的进攻，保住了晋东南地区。

之后，孙殿英率冀察游击总队奉命调往河北省武安、涉县一带驻防，同年再调河南省林县驻防。在这期间，曾与日军交战数次，由于官兵作战勇敢，不畏强敌，受到第一战区司令长官卫立煌的通令嘉奖，为鼓舞其斗志，卫立煌还专门下令为孙殿英部补充了兵员和一批新式七九步枪及部分机枪、迫击炮等武器，孙殿英的实力再次得到加强。

也就是在此期间，孙殿英有幸结识了军统⑥头子戴笠。因为两人都以赌术闻名，且出身和经历都极其相近，故两人一见面，便气味相投，一拍即合。后二人交往频繁，并拈香结盟，成为异姓兄弟。1938年春夏之交，在戴笠的引见下，孙殿英赴南京谒见了蒋介石。尽管蒋介石、宋美龄夫妇在几年前就接受了孙殿英从东陵盗出的宝物，外间并有宋美龄将慈禧口中含的夜明珠缀在鞋子上出没于交际场所的传闻，但蒋介石夫妇和孙殿英面对面相见还是第一次。

意想不到的是，孙殿英这次面见蒋介石和宋美龄，竟闹出了让世人闻后足以喷饭的"大令"和黄瓜事件。

"大令"（Darling）一词来源于英文，意即"亲爱的"，宋美龄自恃自己受的是美式教育，喝的是太平洋彼岸的洋墨水，便在言谈举止中也经常搞些洋味以装饰自己。不知从何时起，蒋介石深受其影响和感染，开始和宋美龄在公开场合互称起"大令"来。由于蒋宋的身份，"大令"一词很快在军政等界传开。

不识几个汉字的孙殿英，只偶尔听说蒋宋夫妻互称"大令"，但不解其意，以为是"最大的司令"。所以等孙殿英一见到蒋介石，就诚惶诚恐地喊起："卑职孙魁元晋见大令！"蒋介石听后一愣，以为孙殿英是有意戏弄自己崇洋媚外，故弄玄虚，立即板起面孔望着孙殿英不言语。此时的孙殿英见宋美龄在身边，顾不得蒋介石的脸色，又冲宋美龄弯腰低头喊了声："大令，您好！"

这两声"大令"，令蒋介

戴笠陪蒋介石检阅部队

石、宋美龄都非常尴尬和恼火，但一时又不好当面指责。正在这时，在内室的孔二小姐听着不对劲，赶紧走出来，一看蒋介石和自己的干妈宋美龄那极其不快的神色，便冲上前来，指着孙殿英的鼻子大声骂道："你他妈是从哪个山旮旯里蹦出的混账东西，跑到这里叫'大令'？"

孙殿英一看这阵势，马上意识到这"大令"可能并非自己想象的那个意思，便越发惶恐地辩解道："我，我这可是尊称啊！"

"哪个王八蛋告诉你这是尊称？"孔二小姐并不罢休地反问道。

"这'大令'不是最大的司令的意思吗?！"孙殿英一副憨直真诚的样子，话一出口就将所有的人逗笑了。

蒋介石明白了孙殿英确实不知道"大令"的意思后，才将绷紧的脸舒展开来，但仍余气未消地骂道："娘希匹，不明白的话，以后不要乱来！"

这时的宋美龄倒觉得孙殿英此人很有意思，想起了几年前他托姐姐宋霭龄送给自己的宝物，便怀着一份感激之情，笑着走上前来，一边打圆场，一边请孙殿英坐下，还热情地将一盘水果推上前来说："孙将军真有意思，快吃水果吧。"

孙殿英懵懵懂懂地劈头挨了一闷棍，在慌乱中，不知如何是好，情不自禁地伸手从水果盘里摸起一根香蕉，皮也不剥，放到嘴里就猛咬了一口，随后又龇牙闭眼地说："这根黄瓜咋这么苦啊！"

这一句话和一个动作，使宋美龄、孔二小姐都忍不住哈哈大笑起来，连蒋介石也转怒为喜，开心地微笑了。刚才的不快随之一扫而光，孙殿英以他那质朴憨厚之相，赢得了蒋介石夫妇的好感和欢喜。

这时的蒋介石、宋美龄当然不知，孙殿英在意识到自己因"大令"一词闯了大祸的瞬间，便急中生智，故意把香蕉当成黄瓜，以憨厚朴直之相，证实自己确实不知道"大令"就是"亲爱的"之意。借此消除误会的同时，达到扭转乾坤的目的。

后来的事实证明，孙殿英果然是这次会见的赢家。多少年后，他对一个亲信部下回忆这次谒见情况时说："那次我到南京，得雨农（戴笠的字）弟的保引，亲自谒见了蒋委员长。委员长叫我坐，我不坐，一直叫了四五次，我才坐下半边屁股，表示这是见了皇帝，不敢正坐而视。委员长开口向我说：'你的情形戴科长向我说明白了，你好好地为国出力，我已手令何部长

扩编你的部队为一个暂编军的番号。'
当我听到扩编为一个军的番号，立即站
起来谢恩，又经过几次叫坐，我才坐下
去问了一句，今后还有啥要指点的。委
员长瞪着眼睛把我从头到脚瞧了一遍，
然后才慢吞吞地说出："老殿，你很能
干，有作为，就是过去的历史不太清
白，趁抗日救国之机，好好地洗刷一
番，以后不要乱来，有困难找我。'此
语一出，可把我出了一身冷汗，我立即
又站起来倒身便拜。我说："我过去没有找到亲爹亲娘，这
次雨农引我找到了亲爹亲娘，走上了正道，从此忠贞不贰，
委员长要我生就生，要我死就死。我早向雨农盟过誓……'
我话没有说完，委员长赶忙命一个侍从参谋将我扶起来，立
刻改变了严肃的面容，含笑地连说了几声好好好。第二天见
了何部长，果然发表了陆军新编第五军军长的任命状。"

孙殿英被任命为新
编第五军军长后，
特制纪念章赠部下
纪念

关于孙殿英谒见蒋介石的"大令"和黄瓜事件，孙殿英
没有提起，或许真有其事而羞于叙说，或许是一个世人言传
的笑话，借以讽刺孙殿英的粗俗。但不管此事是否属实，反
正孙殿英从南京回来不久，就成为陆军暂编第五军军长了，
其中是否有蒋介石夫妇、何应钦等人暗中报答他当年赠送东
陵珍宝之意，别人已无法知晓了。

孙殿英所制纪念
章背面。有"新
五军军长孙魁元
赠"字样

此后，孙殿英恃其新军武器精良、
官兵英勇善战的本钱，经常主动骚扰日
军，袭击炮楼、碉堡，破坏公路、铁
路、桥梁，截击军车，使邻近的日本驻
军终日惶恐不安。孙殿英的恃强逞勇，
终于引起了日军的愤怒和仇恨。1943年
4月，日军调集两倍于孙部的兵力突袭
而来。孙殿英部猝不及防，在敌众我

寡和日军的强大围攻下，新编第五军寡不敌众，全军被俘。经日军与南京
汪伪政府联系接洽，孙殿英通电全国，表示全军参加汪伪政府的"和平运
动"⑦，走上了汉奸之路，其部队番号仍沿用陆军新编第五军，孙殿英本人
晋升为陆军第二十四集团军副总指挥，后晋升为汪伪第六方面军总指挥兼第
十一军军长。

1945年8月15日，日本天皇宣布无条件投降，中国军民十四年的抗日战
争终于取得了胜利。孙殿英预感到一个新的时代到来了，便凭着他的聪明和
机智，一改汪伪军队的面目，立即派人到大街小巷洗掉做汉奸时张贴的标
语，换上庆祝胜利的新标语。孙殿英自己亲赴郑州，谒见第十一战区司令长
官孙连仲，陈述自己被俘后，改为汪伪军队是不得已而为之，同时也是按照
国民政府的旨意而行，况且在改编成汪伪军队后，并未做对不起国家民族的
事，表示今后愿意继续听从国民政府的调遣，等等。孙连仲被他的一番陈述
所打动，有意要拉他一把，但又不敢自作主张，只是许诺愿向南京国民政府
请示，尽量为其美言襄助等。孙殿英回驻地不久，孙连仲便依据国民党中央
的指示精神，当即以快邮代电给孙殿英下了一道命令，令其部队守防待命，
维持地方治安、严惩汉奸，部队番号仍按陆军新编第五军称。

孙殿英看到这封电文，知道这是蒋委员长的又一次关照，自己和自己的
军队已从汉奸的行列中摆脱出来，可以以新的国军形象和权威插手地方上的
一切事务了。在暗自庆幸之余，他派出军队趁混乱之机，在驻地周围各县以
维持地方治安为名，大肆劫掠民众财物，查抄一切日伪财产。当他得知中国
联合准备银行新乡分行由于和汪伪集团、日本商人等有干系，其发行的"大
龙票"没人再敢用来交易时，便心生一计，以当年东陵盗宝的"大无畏精
神"，先将这家银行作为敌产查抄，然后将所积存的大量"大龙票"收集起
来，由手下弟兄携带，搭乘军用飞机飞往北平，向中国联合准备银行总行请
求兑换储备金。总行总经理考虑到银行既定的倒闭兑付的章程，同时慑于孙
殿英部下的威胁，无可奈何地答应按票款的百分比予以换取黄金。这样孙殿
英又轻而易举地捞到了上万两黄金的外快，发了一笔接收的横财。

抗战胜利后，蒋介石急调在南方的大军沿平汉铁路北上，欲和共产党领
导的军队争夺胜利果实。孙殿英接到了国民党中央军委新的任命，将陆军新
编第五军番号撤销，其部改为国民军中央第三纵队，孙殿英为纵队司令，辖

第五、第六两个总队和三个独立团。由于孙殿英在盗陵时的手下将领在连绵不断的转战中死的死、散的散，故第五、第六总队的司令，由新派军人杨克猷和王遂庆分别担任，其他三个独立团的团长位子也由新派军人分别坐定。这时孙殿英的总兵力相当于国民党一个军两个师。改编后的孙殿英看到驻地各县农村渐已成为八路军晋冀鲁豫军区的天下，遂将所部调到平汉铁路沿线驻扎，并配合国民党北上部队接收沿线各县区的财政大权。

1945年11月，蒋介石在重庆主持召开军事会议，并发表讲话，诬称中国共产党是"革命的反动派"，明确提出要在半年内击溃八路军、新四军主力，然后分区围剿。按照其军事部署，国民党军队首先控制皖北、苏北、山东，打通津浦线，然后再集结重兵于平津，扫荡华北，最后打通平绥线，占领察绥。

1946年1月7日，蒋介石电令各部队昼夜前进，秘密迅速抢占解放区，积极准备内战。

1946年2月中旬，蒋介石亲临豫北前线，向各路将官面授机宜。在河南新乡接见豫北前线各路长官时，蒋介石再次给予关照，当众和孙殿英合影留念，以抬高孙殿英的身份，让各路军队改变往日对孙部之成见。孙殿英对此感激涕零，遂下定决心要追随蒋介石到底。

⚫ 孙殿英的最后归宿

1946年4月，孙殿英奉命调往豫北平汉铁路上的汤阴县城驻防。1947年，全国各地的解放军，已开始由战略防御转为战略进攻，并在华北战场上取得了辉煌的战果。到1947年3月初，解放军开始调集重兵围攻汤阴，力在尽快拔除国民党中央军设在豫北的这个重要据点，为全面进攻河南打开通道。

当汤阴城外的几个据点被包围之后，为减少人员伤亡，争取以和平方式解决孙殿英部，负责指挥这次战役的解放军第三十六纵队司令员姚一鸣，派一当地农民给孙殿英送去了一封劝降书，劝其放下武器，接受投降条件。想不到孙殿英见信后，恼怒异常，当场把劝降书撕得粉碎，并对前来送信的农民说："你回去转告姚一鸣，等我打完了仓库里的三千发炮弹再说，现在不谈。"

姚一鸣见劝降无效，知道这孙殿英乃是不见棺材不落泪的悍夫匪类，便下令各部对孙部发起猛烈攻击。经过十几天的激战，汤阴城外的国民党军队据点，全部被解放军三十六纵队占领，汤阴县城极度吃紧。孙殿英见势不妙，急忙发电向驻扎在新乡的国民党第十一战区司令长官王仲廉求援。王仲廉闻讯大惊，立即命令所部四十九旅旅长李守正率部北上增援汤阴孙部。当李守正点齐人马匆匆向汤阴赶来时，却在宣沟附近遭到了解放军三十六纵队一部的伏击，李守正部在挨了一闷棍后，不敢再行前进，出于保存各自实力的目的，全旅官兵索性按原道逃回新乡。汤阴城岌岌可危，孙殿英部眼看已成瓮中之鳖。

此时的孙殿英见自己孤军奋战，独木难支，军心动摇，他在大骂王仲廉见死不救的同时，又故技重演，找来庙道会的师兄弟谢鸣武、王尚文，命他们二人速在汤阴南大街城墙下的广场上布设祭坛，祈求祖师爷显灵解困。当然，孙殿英知道祖师爷显灵是假，借此稳定军心，坚定守城信念是真。

刘伯承指挥部队围攻汤阴

于是，孙殿英亲自率领庙道会的徒子徒孙以及官兵一千多人，齐跪广场，焚香祈祷。正在道徒、官兵们诚惶诚恐地祈求神灵保佑之时，副官却随一个守城军官慌慌张张地跑到孙殿英的跟前报告："共军又围上来了，这次炮火比往日更加凶猛，弟兄们快顶不住了，请司令速想应付策略。"

孙殿英闻听，有些惊慌和颓

丧地说："事到如今，我还有什么策略可想，你们先回去给我顶住，我马上率部队登城参战。"

前来的二人转身走去，孙殿英随后亲率一千余官兵登城参战。也就在这个时候，整个汤阴县城外围在解放军三十六纵队官兵的重重包围攻击下，东关、北关、西关相继失守，紧接着，县城以北的城墙被解放军的重炮又轰开了三丈多宽的大豁口，三十六纵队一部官兵冲了进来，城内顿时乱作一团，第六总队司令王遂庆以及手下将领杨明卿等，因负伤被抬进了作为临时医院的岳王庙，军队由于缺少将领指挥，更加混乱不堪，盲目乱窜，孙部显然是大势已去，无半点战斗力了。

孙殿英在慌乱中，却发觉南关的枪声并不紧，就感到有点疑惑，随身带了参谋长，顺着交通沟来到了南关第六总队的队部，觉得这里的气氛不对头。解放军并没有攻击这里，这里的部队也没有主动攻击四周的解放军。孙殿英看到这种情势，心里也就明白个七八，再也没说什么，一头躺在床上，面向墙壁，一言不发。愣了一会儿，急令教导团主任杨鉴快派人去请解放军姚司令员。杨主任同李鸿庆二人带了他的信出城去找姚一鸣。若干年后，李鸿庆回忆道：他们找了个农民带路，到了小李各庄很快就把姚一鸣司令员请了来。这时王遂庆也由岳王庙来到第六总队队部。姚司令员进门，见到孙殿英依然面朝着墙蜷缩在床上，姚把他叫了起来，上前握了握手，开口问了孙殿英一句："不打啦？"孙殿英羞惭难言，没有开口。姚司令员则继续说："算啦！你们对外发个通电，声明全军起义，再把你们的炮掉转过来，向着四十军阵地、北边宝莲寺打上一番炮，就算是你们起义吧！"孙殿英这时感激之余也只有从命，命令炮兵向宝莲寺车站四十军阵地稀稀落落地打了一阵子炮。等到秘书主任赵璞生拟好通电电文，四下里寻找发报员时，满街已然是乱成一团，人人惊恐万状，游走不定，发报员已是无从寻觅了。秘书李鸿庆同赵璞生一同到岳王庙伤员中去寻找，也没找到，致使起义的通电未能发出，汤阴城就整个解放了。孙殿英的部队等于全部被俘，是时正是1947年5月。

汤阴解放以后，孙殿英被解放军刘伯承部队带到了峰峰矿区，而后又转到了武安。在武安，刘伯承将军念当年两军相会于山西晋城的情谊，待他还算不错。后来大军南下，刘伯承走了，就再没人能对他那样优待了。孙殿英独处孤室，忧郁成病，后竟不起。一代枭雄，历经沧桑，在1947年底病死在武安战俘营，终年五十九岁。

注释:

①青帮：或作清帮、安清帮，近代重要的秘密会社之一，明代罗祖教的支流。最初分布在北京、直隶、山东一带，后沿运河发展到江苏、浙江、江西等地，号称"潘门"，亦称"潘家"。内分两派，一是主帮，系浙东温州、台州人；一为客帮，系皖北、江北人，别称"巢湖帮"。从康、雍至嘉、道年间，其成员大都为下层社会的运输工人，主要为清廷承办漕运。它按辈分收徒，长期在漕运中保持行帮的地位，要求其成员相互"帮丧助婚，济困扶危"，因而将许多粮船水手团结在一起。后因漕运改海运，粮船水手生计无着，流为游民，便"密行贩盐，或以偷税为业"，并出没于皖北、江北，逐渐转往太湖流域，旋又向上海发展，成员也有所变化，除了破产农民、失业工匠、地痞无赖外，不少被裁革的兵勇也参加了这一组织。青帮由于势力庞大，帮徒众多，民国时期遂成为各方政治人物争相笼络、利用的对象。

②洪门：或作洪帮或红帮。清代有一民间秘密结社"天地会"，又称三点会、三合会，其支派有小刀会、红钱会、哥老会等。相传创立于康熙十三年（1674年），从福建、台湾沿海

地区逐步扩大到长江流域各省及两广地区，会员成分有农民、手工业工人、城乡劳动者和游民等。天地会以"反清复明"为宗旨，因明太祖朱元璋年号洪武，故对内自称"洪门"，会员互称"洪家兄弟"，后来洪门逐渐演变成天地会之代称。天地会在清代曾多次发动武装起义，也参与过孙中山的同盟会革命，民国时期被各方势力操纵与利用，遂日趋没落。

③张彪死后，其子要求收取房租，所以溥仪于1929年7月从日租界宫岛街的张园，迁居协昌里的静园。这是安福系（即安福俱乐部，成员均拥戴皖系军阀段祺瑞）政客陆宗舆的宅邸，原名"乾园"，由溥仪为之改名，用意是在此"静观变化，静待时机"。

④清入关前有所谓"盛京三陵"。最早的是永陵，位于辽宁新宾满族自治县永陵镇西北启运山下的苏子河畔，占地约一万二千平方米。初建于明万历二十六年（1598年），原名兴京陵，顺治十六年（1659年）改称永陵。内葬努尔哈赤之远祖孟特穆（肇祖原皇帝），曾祖福满（兴祖直皇帝）、祖父觉昌安（景祖翼皇帝）、父塔克世（显祖宣皇帝）、伯父礼敦与叔父塔察篇古及他们的妻室等人，其建筑迄今基本保持完整。

其次是福陵，坐落在沈阳东郊浑河北岸的天柱山上，故俗称东陵（与本书所述之清东陵有别），为清太祖努尔哈赤和孝慈高皇后叶赫那拉氏的陵墓。后金天聪三年（1629年）选定陵址，天聪八年（1634年）兴建，清崇德元年（1636年）定名，顺治八年（1651年）基本完成，现已辟为东陵公园。

最后是昭陵，位于沈阳北郊，故俗称北陵，为清太宗皇太极与孝端文皇后博尔济吉特氏（孝庄之姑母）的陵墓。始建于清崇德八年（1643年），竣工于顺治八年（1651年），并封陵墓后方以人工堆造的假山为"隆业山"，是关外规模最大、保存最好的清代帝陵，占地十八万平方米，康熙、嘉庆朝曾有扩建，现已辟为北陵公园。

⑤1959年12月4日，溥仪被特赦释放，翌年3月发至北京植物园劳动学习。1961年3月任全国政协文史资料研究委员会专员。1964年任第四届全国政协委员。1967年10月17日凌晨2时30分，因肾癌等病在北京首都医院逝世，享年六十二岁。其尸体火化，骨灰盒先送至北京八宝山人民骨灰堂，1980年5月29日下午，再移到八宝山革命公墓第一室。1995年1月26日，在未亡人李淑贤陪同下，溥仪的骨灰盒安葬于华侨张世义在崇陵西北兴建的"华龙陵园"。其实早在1915年，溥仪已在河北易县的清西陵界内选妥万年吉地（因他是同治皇帝之嗣子，故依兆葬制度而定宅西陵），位置在泰东陵后宝山转东北口子处，即今旺隆村之北，俗名狐仙楼，但因财政困难而一直未能兴工建造陵寝。溥仪的最终归宿华龙陵园，与此陵址相距不远。

⑥军统：即军统局，"国民政府军事委员会调查统计局"的简称，是国民党两个主要特务组织之一。前身是复兴社的核心组织"力行社"的特务处，1938年改称军统局。长期由戴笠控制，负责搜集军事情报，从事特务工作。1946年7月，军统局改组，属于公开武装特务部分划归国防部二厅，秘密核心部分则组成国防部保密局。

⑦在抗日战争期间，和平运动不管在日本或中国，都公开或秘密地进行着。为了瓦解抗日阵营，日军由参谋本部第一部长石原莞尔少将出面倡导"和平运动"。当时国民政府中有一派人抱持失败主义，认为中国的军事力量无法与日本对抗，与其最后亡国灭种，不如早些妥协和谈。这一派的中心人物是汪精卫，而外交部亚洲司司长高宗武则为谋和计划的执行者。后来汪由重庆出走越南的河内，再北返上海，并于1940年3月30日在南京成立伪政权，一直听命于日本政府，倡议"和平运动"，甚至不惜签下卖国密约。

尾声

劫后余生清东陵

日暮皇陵

景陵残碑

就在末代皇帝溥仪离开天津静园，偷偷跑回大清帝国爱新觉罗氏的发祥地——中国东北部的白山黑水之间，并在日本军国主义势力的扶持下，成立伪满洲国后，日本方面出于笼络溥仪和监视长城沿线、控制华北地区的目的，自1933年始，便以守护清东陵为公开名义，将伪满洲国兵、"日本宪兵队"开进东陵地区驻扎，并成立了"东陵地区管理处"等机构，并由这个机构全面负责清东陵防护、祭祀等一切事宜。直到1945年8月15日，日本宣布投降，这个名义上护陵，实际上却是一个特务机构的组织才解体。日本军队和伪"满洲国"兵驻守的十三年里，除了举行一些简单的祭祀之外，客观上对清东陵的现状起到了一定的保护作用。

1945年8月，日本投降并将军队撤出清东陵后，因时局动荡不安，当年图谋盗陵而被孙殿英部击溃的马福田、王绍义残部，在外流窜多年后，又突然卷土重来，欲实现当年那个未竟的梦想。只是这次马福田没有露面，由王绍义具体组织实施。这王绍义经过十几年的养精蓄锐，势力似乎比当年大得多，为匪做盗的经验也越发丰富。他率领一千余众，携枪扛炮，借着月黑风高，向清东陵扑来，并一口气盗掘了康熙的景陵、咸丰的定陵、同治的惠陵、慈安太后的定东陵等四座帝后陵寝。地宫中的棺椁被劈，尸骨被抛，珠宝几乎被盗抢一空。在盗掘康熙帝的景陵时，由于四周流水不止，王绍义指挥兵匪和随从的一帮流氓，费了九牛二虎之力，动用炸药和炸弹，耗时三个昼夜才在宝顶的侧角直着打开了坚固异常的地宫，当匪众们进入地宫时，发现里面存积了比乾隆陵地宫还要多的污水，根本无法靠近棺椁。王绍义等匪众没

有采取当年孙殿英盗墓时用抽水
机抽出积水的办法，而是在一个
当地大盗墓贼的指点下，扎起几
个木筏，顺水划入后室的棺椁
前，挥刀扬斧，总算将已浮在水
面上的棺椁劈开，并将大部分珍
宝盗出。

　　在景陵地宫盗出的所有珍宝
中，最为知名的是康熙帝生前
最为看重的心上之物——九龙
玉杯。据史典记载，此杯为白
玉质，长方体，长6厘米，宽4厘
米，高3厘米，有盖。四角各有
二龙戏珠，把手为一条龙，共为
九条龙，故称作"九龙玉杯"。

被砸毁的石狮以自
身形象，向世人诉
说着过去的沧桑岁
月（作者摄）

其用料白玉细腻无瑕，半透明，所雕云龙工艺精巧，活灵活
现。更为奇特的是，只要盛满酒水，就可从杯外看到九条蛟
龙翻转飞腾。此物堪称宝中之宝。传说康熙年间，一代名盗
杨香武为取得侠盗圈内的霸主地位，曾三进紫禁城，想盗取
九龙玉杯，但终未成。不过，随着杨香武三盗九龙杯的惊险
故事在社会上的演义和流传，这件酒杯更是身价倍增，秘不
可测。康熙后的历代名盗，都把盗取九龙杯看作终生追求的
最高目标，盗术修炼的最高境界。可惜，由于康熙生前对九
龙杯防护甚严，死后又带进景陵地宫，一代又一代的名盗只
能望陵兴叹。

　　此次在盗掘景陵前，有一个在匪众内部地位仅次于王绍
义的田姓匪首曾和王绍义有约："盗开景陵，我啥也不要，
只要康熙爷的那件九龙玉杯还在，我仅要此一件足矣。"景
陵地宫的棺椁被劈开后，匪众果然找到了当年紫禁城的那件
镇城之宝——九龙玉杯，田姓匪首如愿以偿。

当王绍义率匪众打开同治帝后惠陵的地宫大门，将尸体从劈开的棺椁中拖出来时，只见那位倒了一辈子霉的同治皇帝只剩一把枯骨。当年为殉情吞金而死的皇后阿鲁特氏，虽已死七十多年，尸身竟保存完好，如同刚刚逝去一般鲜活。匪众将金银珠宝抢夺一空，扬长而去。而当王绍义等匪众志得意满狞笑着撤离清东陵地区后，当地的一伙歹徒又趁混乱之机，高举灯笼、火把纷纷拥进尚未封口的惠陵地宫。歹徒们看到地宫的珍宝已被抢劫一空，再无其他可掠，便将那位赤身裸体的同治皇后阿鲁特氏，用刀剖开肚子，只为了搜寻七十年前她殉情时吞下的那一点点金子。

王绍义率部盗陵事件发生后，中共冀东区党委、蓟县公安局、八路军冀东第十五军分区及第三专署，当即派军警进入东陵地区，对盗陵匪众进行打击和搜捕。经过一番艰苦的努力，共捕获匪众三百多人，其中有六名罪大恶极的匪首，被押赴景陵大碑楼前枪决示众。遗憾的是，这次盗陵的最大匪首王绍义却逃之夭夭，直到五年后，才被当地公安部门捕获并枪决。

虽然这次盗陵事件很快平息，但随着国民党军队的进攻，东陵地区又很快乱腾起来。1946年，国民党军队开始进入玉田、武清等县区，驻守马兰峪和清东陵的中共军队很快奉命开赴前线作战，清东陵地区再成真空状态，并越发混乱不堪，致使一伙又一伙贼心不死的歹徒，再次图谋盗掘陵寝，并开始小规模地实施盗掘。到1949年，当地新立村一个叫郑存的流氓，终于按捺不住心中的贪欲，开始联络一伙歹徒，有组织、有计划地实施大规模的盗陵行动。从1949年1月至1950年2月，在一年多的时间里，先后盗掘了惠陵、昭西陵、定东陵、定陵、惠妃陵、孝陵等近十座陵寝，尽管有些陵寝此前已被匪徒们盗过不止一次，但他们还是从一些陵寝中盗取了大量珠宝。

自孙殿英部于1928年首次大规模地盗掘清东陵后，至1950年2月的二十二年中，清东陵地区的所有帝后陵寝，除顺治皇帝的孝陵由于传说里面没有珍宝而没被打开地宫外，其他陵寝地宫全部打开并被盗掘一空。陵中的珍宝除极少一部分回缴到人民手中外，绝大部分在军匪、歹徒的手中，或变卖，或藏匿，或被毁，或遗失，至今下落不明。

新中国成立后，于1952年成立了清东陵文物保管所。1961年，国务院把清东陵列为首批全国重点文物保护单位，并逐年拨发专款对陵寝建筑进行维修和保护。1978年，清理整修后的乾隆裕陵地宫对外开放，1979年，清理整修后的慈禧、慈安两陵对外开放。随后，裕陵妃园寝、景陵皇贵妃园寝及咸丰帝的定陵相继开放。曾经辉煌无比又凄惨无比，历尽劫难和屈辱的清东陵，在经历了一个个月黑风高、鬼哭狼嚎、群魔乱舞的漫漫长夜之后，总算迎来了一个新的黎明。

1997年2—3月　采访于清东陵

1997年3—7月　一稿于明十三陵北新村

1997年11—12月　二稿于北京花园村

2011年4月15日　于北京亚运村修订

主要参考文献

著作

《清史编年》 中国人民大学清史研究所编

《剑桥中国晚清史》（美）费正清 刘广京编

《紫禁城的黄昏》（英）庄士敦著

《康熙帝传》 （法）白晋著

《慈禧写照记》 （美）卡尔著

《乾隆英使觐见记》 （英）濮兰德 白克好司著

《慈禧外纪》 （英）濮兰德 白克好司著

《慈禧大传》 徐彻著

《史说慈禧》 许指严等著

《慈禧与我》 容龄等著

《慈禧野史》 （美）德龄著 秦瘦鸥译

《慈禧故事》 清东陵旅游服务实业总公司编著

《禁宫艳史》 叶赫颜扎·仪民著

《紫禁城行走漫笔》 杨乃济著

《清代皇帝传略》 左步青主编

《禁宫探秘》 上官丰编

《中国历史上的大阴谋》 骆玉明编著

《清宫八大疑案》 李秉新 石玉新 武永召著

《十大画家》 邵洛羊主编

《八大胡同》（中国台湾）高阳著

《清末政局回忆录》 德龄著

《话说太监》（日）寺尾善雄著

《民国怪状大观》 薛暮冬等著

《中国后妃的生死歌哭》 门岿著

《清西陵纵横》 陈宝蓉编著

《清东陵》 唐山市政协文史资料委员会编

《清东陵大观》 于善浦编著

《蒋介石年谱》 李勇 张仲田编

《清宫十三朝》 王浩沅著

《溥仪外记》 杨照远 刘晓晖编著

《兽性人生——张宗昌》 翟野著

《明十三陵大观》 胡汉生著

《艳妃秘闻》 祁人主编

《夜盗珍妃墓》 吴长城著

《中国历代帝王陵寝》 罗哲文 罗扬著

《中国帝陵》 王重光 陈爱娣编著

《洪承畴传》 王宏志著

《东陵盗宝记》 于善浦 石玉新著

《中国古代文化史》 阴法鲁 许树安主编

《丧葬与中国文化》 罗开玉著

《佛教与雕塑艺术》 陈聿东著

《承德之谜》 安忠和等编著

《佛教与中国文化》 净慧主编

《慈禧乾隆墓被盗始末》 于善浦著

《我的前半生》 爱新觉罗·溥仪著

《孔二小姐》 芜影山 侯新书著

《中国十大陵墓秘闻》 乐静著

《东陵于役日记》 徐埴著

《盗陵将军孙殿英》 程一民 李鸿庆著

《东陵盗》　文通编

《成吉思汗的白羊》　蒲韦著

《黄土屋　黑土屋》　钟亦非著

《鬼才李鸿章》　诰明著

文章

《康熙大帝的景陵》　康明著

《裕陵》　李寅著

《定东陵》　晏子友著

《道光陵搬迁始末》　徐广源著

《清代东陵的防护》　徐广源著

《东陵劫》　佚名著

《孙殿英畅谈一生得意事》　文强著

《流氓军阀孙殿英》　张述孔著

其他

中国第一历史档案馆有关文档

中国军事博物馆有关文档

中国国家博物馆有关文档

北京故宫博物院有关文档

台北故宫有关文档

中国军事科学院有关文档

国家文物局档案室有关文档

清东陵文物管理处有关文档

后　记

　　谨向以上列目参考书已故的、健在的著者、编者们致以诚挚的谢意。

　　在本书采访过程中，得到了清东陵文物管理处的帮助和支持，受到了管理处的领导李生，研究室于善浦、徐广源、晏子友、李寅等专家以及宣传部门的董淑颖、周丽娜、武振仓、蓝景辉等同志及好友裴倩的热情支持和协助。特别应该指出的是，本书所用彩色插图均由徐广源、刘满仓提供。谨此表示感谢。

岳南

2011年4月25日